Kompendien
für Studium, Praxis und Fortbildung

Prof. Dr. Arne von Boetticher
Prof. Dr. Gabriele Kuhn-Zuber

Rehabilitationsrecht

Ein Studienbuch für soziale Berufe

2. Auflage

Die Deutsche Nationalbibliothek verzeichnet diese Publikation in
der Deutschen Nationalbibliografie; detaillierte bibliografische
Daten sind im Internet über http://dnb.d-nb.de abrufbar.

ISBN 978-3-8487-7660-3 (Print)
ISBN 978-3-7489-1036-7 (ePDF)

2. Auflage 2022
© Nomos Verlagsgesellschaft, Baden-Baden 2022. Gesamtverantwortung für Druck und Herstellung bei der Nomos Verlagsgesellschaft mbH & Co. KG. Alle Rechte, auch die des Nachdrucks von Auszügen, der fotomechanischen Wiedergabe und der Übersetzung, vorbehalten. Gedruckt auf alterungsbeständigem Papier.

Vorwort zur 2. Auflage

Nur knapp zwei Jahre nach Erscheinen der ersten Auflage des Lehrbuchs Rehabilitationsrecht ergab sich die Notwendigkeit einer Überarbeitung. Nicht nur, dass mit der Einordnung des Rechts der Eingliederungshilfe in das Neunte Sozialgesetzbuch ab 1.1.2020 die dritte Reformstufe des Bundesteilhabegesetzes in Kraft getreten ist, und eine Aktualisierung des Kompendiums erforderte. Vielmehr hat der Gesetzgeber in den vergangenen zwei Jahren bis kurz vor Ende der 19. Legislaturperiode Konkretisierungen, Aktualisierungen und Änderungen der bestehenden Vorschriften zum Recht der Teilhabe von Menschen mit Behinderungen vorgenommen. Die vorliegende Neuauflage ist auf dem gesetzgeberischen Stand vom Herbst 2021; alle bis dahin in Kraft getretenen Gesetze, insbesondere das Teilhabestärkungsgesetz und die Teilhabeberatungsverordnung zur dauerhaften Finanzierung von ergänzenden unabhängigen Beratungsstellen, haben Eingang in die Überarbeitung gefunden. Darüber hinaus nimmt das Lehrbuch auch prospektiv bereits beschlossene, aber erst zukünftig wirksame Gesetzesänderungen in den Blick und verweist darauf an den jeweiligen Stellen. Das betrifft u.a. das Recht der Sozialen Entschädigung, das mit dem Vierzehnten Sozialgesetzbuch (SGB XIV) zum 1.1.2024 in Kraft treten wird, oder das Kinder- und Jugendstärkungsgesetz, welches – ähnlich wie das Bundesteilhabegesetz – zeitlich gestaffelt das Recht der Kinder- und Jugendhilfe im Achten Sozialgesetzbuch auch in Bezug auf Kinder und Jugendliche mit Behinderungen reformiert bzw. reformieren wird. Am Ende dieses Reformprozesses soll die Kinder- und Jugendhilfe zum 1.1.2028 inklusiv, d.h. u.a. für alle Kinder und Jugendlichen mit und ohne Behinderung zuständig sein.

Die Autor:innen danken den Leser:innen für das freundliche Feedback und die zahlreichen Hinweise zur inhaltlichen und formalen Verbesserung des Lehrbuches. Diese haben wir weitgehend bei der Überarbeitung berücksichtigt, dabei die Grundstruktur des Lehrbuches beibehalten. Wir hoffen auch weiterhin, dass es Menschen in sozialprofessionellen Berufen hilft, das komplexe Recht der Rehabilitation und Teilhabe von Menschen mit Behinderungen besser zu verstehen und gewinnbringend für die Menschen anzuwenden, die auf Leistungen der Rehabilitation und Teilhabe angewiesen sind.

Über kritische Stellungnahmen und weitere Hinweise freuen wir uns! Richten Sie diese bitte an die E-Mail Adresse reha-recht@nomos.de.

Potsdam/Berlin im September 2021
Arne von Boetticher, Gabriele Kuhn-Zuber

Vorwort

Menschen mit Beeinträchtigungen sind häufig auf Unterstützung angewiesen, um an der Gesellschaft teilhaben und ihr Leben selbstbestimmt gestalten zu können. Die notwendigen Unterstützungsleistungen werden auch durch Angehörige sozialer und medizinischer Berufe erbracht, finanziert von unterschiedlichen Leistungsträgern. Wer im konkreten Fall zuständig ist, ist aufgrund des gegliederten Sozialsystems in Deutschland schwer durchschaubar; zudem folgen die Leistungsträger unterschiedlichen Systemlogiken. Es gibt Versicherungs-, Versorgungs- oder Fürsorgeleistungen mit der Folge, dass sowohl die Voraussetzungen für Leistungen zur Rehabilitation als auch deren Inhalte variieren. Die Komplexität des Rehabilitationsrechts steht dabei in einem deutlichen Kontrast zu den Bedürfnissen der Menschen mit Beeinträchtigungen, „einfach nur" ihren Platz in einer Gesellschaft zu finden, die (noch) von Menschen ohne Behinderung ausgestaltet wird. Mit der Reform des Rehabilitationsrechts durch das Bundesteilhabegesetz in den Jahren 2017 – 2020 wurde und wird den Betroffenen in Aussicht gestellt, ihre Menschenrechte auf Teilhabe in verschiedenen Lebensbereichen im Sinne der Behindertenrechtekonvention der Vereinten Nationen voll, wirksam und gleichberechtigt wahrnehmen zu können.

Das Lehrbuch ist dazu gedacht, die komplexen Strukturen des Rehabilitationsrechts für angehende und bereits praktizierende Angehörige sozialer und medizinischer Berufe nachvollziehbar zu machen. Ausführlich erläutert werden

- die Grundsätze und Grundbegriffe des ersten Teil des SGB IX sowie die Verfahrensweisen zur Koordinierung der Leistungen unter den verschiedenen Rehabilitationsträgern,
- die Leistungen zur Teilhabe einschließlich deren Voraussetzungen nach den Sozialgesetzbüchern der sieben Rehabilitationsträger und deren Besonderheiten sowie
- das ab dem 1.1.2020 geltende Recht der Eingliederungshilfe im zweiten Teil des SGB IX und die damit verbundenen Änderungen gegenüber der derzeitigen Praxis der Eingliederungshilfe nach dem Recht der Sozialhilfe.

Inhaltlich abgerundet wird das Lehrbuch durch die Darstellung der Grundzüge des Schwerbehindertenrechts im dritten Teil des SGB IX, einschließlich des Rechts der Werkstätten für Menschen mit Behinderungen (WfbM) sowie des Rechts der durch das Bundesteilhabegesetz geschaffenen alternativen Leistungen dazu (andere Leistungsanbieter, Budget für Arbeit), sowie durch ein Kapitel zum Verwaltungs- und Klageverfahren.

Mit Hilfe klarer Strukturen, erklärender Beispiele, Übersicht schaffender Schaubilder und weiterführender Hinweise soll das Buch Verständnis-Pfade in das Gewirr aus Vorschriften des SGB IX und der übrigen Sozialgesetzbücher und deren Verhältnis zueinander legen. Wiederholungsfragen und Übungsfälle mit ausführlichen Lösungen aus der sozialgerichtlichen Praxis am Ende eines jeden inhaltlichen Abschnitts sollen eine methodische Hilfestellung sein, um den eigenen Wissenserwerb überprüfen zu können und sich in der Anwendung der jeweiligen Materie zu üben.

Wir hoffen, mit diesem Buch sowohl angehenden wie auch bereits praktizierenden Angehörigen sozialer und medizinischer Berufe die rechtlichen Grundlagen dieses für jeden einzelnen Menschen mit Beeinträchtigung ebenso wie für die Gesamtgesellschaft wichtigen Arbeitsfeldes näher zu bringen und damit einen kleinen Beitrag hin zu einer inklusiven Gesellschaft leisten zu können.

Schon allein durch die Komplexität der Materie ist nicht ausgeschlossen, dass sich Fehler eingeschlichen haben oder Verständnisfragen entstehen, die von uns nicht ausreichend berücksichtigt wurden. Wir danken deshalb den Leser*innen für kritische Stellungnahmen und Hinweise zur Verbesserung des Buches und freuen uns auf Ihre Rückmeldungen unter der eMail Adresse reha-recht@nomos.de.

Jena/ Berlin im November 2018

Arne von Boetticher, Gabriele Kuhn-Zuber

Inhaltsverzeichnis

Abkürzungsverzeichnis 13
Kapitel 1: Regelungen für Menschen mit Behinderungen 17
  I. Rehabilitation und Teilhabe 20
    Wiederholungsfragen 23
  II. Begriffe und Grundsätze 23
    1. Selbstbestimmungsrecht 23
    2. Begriff der Behinderung 26
    3. Leistungsgruppen und Zuständigkeiten 34
    4. Das Verhältnis des SGB IX zu den anderen Leistungsgesetzen 41
    5. Wunsch- und Wahlrecht 43
    6. Kinder mit Behinderungen 49
    Übungsfälle zu den Faustregeln 53
    Übungsfall zum Wunsch- und Wahlrecht 53
    Wiederholungsfragen 54
  III. Koordinierung der Leistungen und Teilhabeplan 55
    1. Leistender Rehabilitationsträger (§ 14 SGB IX) 55
    2. Aufteilung der Leistungsverantwortung (§ 15 SGB IX) 61
    3. Erstattung selbstbeschaffter Leistungen 64
    4. Das Teilhabeplanverfahren 66
    Übungsfall zur Koordinierung der Leistungen 71
    Wiederholungsfragen 72
  IV. Rehabilitationsträger, ihre Zusammenarbeit und die BAR 72
    1. Die Bundesarbeitsgemeinschaft für Rehabilitation (BAR) 72
    2. Trägerübergreifende Zusammenarbeit 74
    Wiederholungsfragen 75
  V. Ergänzende unabhängige Teilhabeberatung (EUTB) 76
    Wiederholungsfragen 79
  VI. Persönliches Budget 79
    1. Überblick und Begriffsbestimmung 79
    2. Budgetfähige Leistungen 81
    3. Beteiligte Leistungsträger 83
    4. Verfahren 85
    5. Rechtsschutz 88
    Übungsfall zum Persönlichen Budget 89
    Wiederholungsfragen 89

Kapitel 2: Rehabilitationsleistungen nach dem SGB IX 90
  I. Medizinische Rehabilitation 91
    1. Ziele 91
    2. Voraussetzungen 92
    3. Leistungen 94
    4. Leistungsentscheidung 97
    5. Zuständigkeit 98
    6. Besonderheiten bei der Kinder-Rehabilitation 99
    Übungsfall zur medizinischen Rehabilitation 101
    Wiederholungsfragen 101

II.	Teilhabe am Arbeitsleben	102
	1. Ziele	102
	2. Voraussetzungen	102
	3. Leistungen	103
	4. Leistungsentscheidung	106
	5. Besondere Leistungsformen	107
	6. Zuständigkeiten und Trägerbesonderheiten	109
	Übungsfall zur Leistung zur Teilhabe am Arbeitsleben	111
	Wiederholungsfragen	112
III.	Unterhaltssichernde und andere ergänzende Leistungen	113
	1. Ziele	113
	2. Voraussetzungen	113
	3. Leistungen	113
	4. Leistungsentscheidung	121
	5. Zuständigkeiten	121
	Übungsfall zu den ergänzenden Leistungen	122
	Wiederholungsfragen	123
IV.	Leistungen zur Teilhabe an Bildung	123
	1. Ziele	123
	2. Voraussetzungen	125
	3. Leistungen	125
	4. Leistungsentscheidung	126
	5. Zuständigkeiten	127
	Übungsfall zu den Leistungen zur Teilhabe an Bildung	129
	Wiederholungsfragen	129
V.	Leistungen zur Sozialen Teilhabe	130
	1. Ziele	130
	2. Voraussetzungen	131
	3. Leistungen	132
	a) Leistungen für Wohnraum	132
	b) Assistenzleistungen	133
	c) Heilpädagogische Leistungen	136
	d) Leistungen zur Betreuung in einer Pflegefamilie	136
	e) Leistungen zum Erwerb und Erhalt praktischer Fähigkeiten	137
	f) Leistungen zur Förderung der Verständigung	138
	g) Leistungen zur Mobilität	139
	h) Hilfsmittel	140
	4. Leistungsentscheidung	141
	5. Zuständigkeiten	141
	Übungsfall zu den Leistungen zur Sozialen Teilhabe	142
	Wiederholungsfragen	143

Kapitel 3: Recht der Eingliederungshilfe   144

I.	Allgemeine Vorschriften	146
	1. Aufgaben und Ziele der Eingliederungshilfe	146
	2. Verantwortung	147
	3. Zuständigkeit	149
	4. Nachrang der Eingliederungshilfe	150
	a) Verhältnis zu existenzsichernden Leistungen	150
	b) Verhältnis zu besonderen Hilfen nach dem SGB XII	151
	c) Verhältnis zu Ansprüchen gegenüber Dritten	151

Inhaltsverzeichnis

5. Verhältnis zu eigenem Einkommen und Vermögen	152
6. Verhältnis zu Pflegeleistungen	152
a) Leistungen der Pflegeversicherung	153
b) Leistungen der Hilfe zur Pflege	154
II. Leistungsvoraussetzungen	156
1. Leistungsberechtigter Personenkreis	156
2. Leistungen nach der Besonderheit des Einzelfalls	160
3. Ausschlüsse	161
4. Antragserfordernis	161
Übungsfall zu den Voraussetzungen der Eingliederungshilfe	162
Wiederholungsfragen	162
III. Besonderheiten bei den Leistungen	163
1. Medizinische Rehabilitation	163
2. Teilhabe am Arbeitsleben	164
3. Teilhabe an Bildung	164
4. Soziale Teilhabe	166
Übungsfall zu den Leistungen der Eingliederungshilfe	171
Wiederholungsfragen	171
IV. Gesamtplanverfahren	172
1. Verfahrensgrundsätze, Beteiligungsrechte und -pflichten	173
2. Bedarfsermittlung	176
3. Gesamtplankonferenz	179
4. Feststellung der Leistungen und Gesamtplan	179
5. Leistungsgewährung durch Verwaltungsakt	181
6. Teilhabezielvereinbarung	181
Wiederholungsfragen	182
V. Einsatz von Einkommen und Vermögen	182
1. Eigenbetrag aus Einkommen	184
a) Definition des Einkommens	184
b) Einkommensgrenze	184
c) Höhe des Eigenbetrages und Zahlungsweg	186
d) Eigenbetrag in Sonderfällen	187
2. Vermögensanrechnung	188
3. Übergang von Ansprüchen	190
Übungsfall zum Einsatz von Einkommen und Vermögen	190
Wiederholungsfragen	191
VI. Prüfungsschema für Leistungen der Eingliederungshilfe	191
VII. Vertragsrecht	194
1. Das sozialrechtliche Dreiecksverhältnis	194
2. Geeignete Leistungserbringer	196
3. Zu vereinbarende Inhalte	197
4. Vertragsschluss und Schiedsstellenverfahren	198
5. Sonderregelung für Minderjährige	199
Wiederholungsfragen	199
Kapitel 4: Grundzüge des Schwerbehindertenrechts	**201**
I. Anerkennung und Merkzeichen	202
1. Anerkennung und Schwerbehindertenausweis	202
2. Merkzeichen	205
Wiederholungsfragen	207

II.	Beschäftigung von Menschen mit Schwerbehinderungen	207
	1. Pflichten der Arbeitgeber	208
	2. Unterstützung durch Integrationsämter und -fachdienste	211
	3. Begleitende Hilfe im Arbeitsleben und Arbeitsassistenz	213
	4. Besonderer Kündigungsschutz	215
	5. Unterstützung durch Schwerbehindertenvertretungen	216
	6. Sonstige Rechte im Zusammenhang mit Beschäftigung	217
	Übungsfall zur Beschäftigung schwerbehinderter Menschen	218
	Wiederholungsfragen	219
III.	Werkstätten für Menschen mit Behinderungen	219
	1. Gesetzliche Regelungen zur WfbM	220
	2. Leistungsberechtigter Personenkreis	221
	3. Verfahren und Leistungen in WfbM	223
	a) Eingangsverfahren	224
	b) Berufsbildungsbereich	224
	c) Arbeitsbereich	225
	4. Sozialversicherungsrechtliche Stellung der WfbM-Beschäftigten	227
	5. Mitbestimmungsrechte der WfbM-Beschäftigten	228
	6. Alternativen zur Beschäftigung in einer WfbM	229
	a) Andere Leistungsanbieter (§ 60 SGB IX)	229
	b) Wahlrecht des Menschen mit Behinderung (§ 62 SGB IX)	230
	c) Budget für Arbeit, Budget für Ausbildung (§§ 61, 61a SGB IX)	231
	Übungsfall zur Beschäftigung in WfbM	234
	Wiederholungsfragen	235
IV.	Nachteilsausgleiche für schwerbehinderte Menschen	235
	1. Beförderung und Verkehr	236
	2. Steuerrecht	237
	3. Sozialrecht	238
	4. Kommunikation und Medien	238
	Wiederholungsfragen	239

Kapitel 5: Verfahren und Rechtsschutz 240

I.	Verwaltungsverfahren	240
	1. Antrag und Verfahren	241
	2. Mitwirkungspflichten	243
	3. Ausbleibende Entscheidung des Leistungsträgers	244
II.	Rechtsschutzverfahren	245
	1. Widerspruchsverfahren	246
	2. Gerichtsverfahren	247
	3. Einstweiliger Rechtsschutz	250
	Übungsfall zum Rechtsschutzverfahren	251
	Wiederholungsfragen	251

Kapitel 6: Lösungen der Übungsfälle 252

Literaturverzeichnis 271

Stichwortverzeichnis 275

Abkürzungsverzeichnis

a.E.	am Ende
a.F.	alte Fassung
AG	Ausführungsgesetz
AGG	Allgemeines Gleichstellungsgesetz
Art.	Artikel
BAföG	Bundesausbildungsförderungsgesetz
BAG	Bundesarbeitsgericht
BAR	Bundesarbeitsgemeinschaft für Rehabilitation
Bay	Bayern/ Bayerischer
BB	Berlin-Brandenburg
BEM	Betriebliches Eingliederungsmanagement
BetrVG	Betriebsverfassungsgesetz
BGB	Bürgerliches Gesetzbuch
BGBl.	Bundesgesetzblatt
BGG	Gesetz zur Gleichstellung von Menschen mit Behinderungen
BIH	Bundesarbeitsgemeinschaft der Integrationsämter und Hauptfürsorgestellen
BMAS	Bundesministerium für Arbeit und Soziales
BR-Drucks.	Bundesratsdrucksache
BRK	Behindertenrechtskonvention der Vereinten Nationen (sonst oftmals auch UN-BRK abgekürzt)
BSG	Bundessozialgericht
BSGE	Entscheidungssammlung des Bundessozialgerichts
BT-Drs.	Bundestags-Drucksache
BTHG	Bundesteilhabegesetz
BVerfG	Bundesverfassungsgericht
BVerwG	Bundesverwaltungsgericht
BW	Baden-Württemberg
BZRG	Bundeszentralregistergesetz
CRPD	Convention on rights of people with disabilities, englischer Originaltext der BRK der Vereinten Nationen
EGH-VO	Eingliederungshilfe-Verordnung
EStG	Einkommensteuergesetz
EUTB	ergänzende und unabhängige Teilhabeberatung
EUTBV	Teilhabeberatungsverordnung
f.	folgender (Paragraf)
ff.	fortfolgende (Paragrafen)
FrühV	Frühförderungsverordnung
FTB	Fachstelle Teilhabeberatung

GdB	Grad der Behinderung
GE	Gemeinsame Empfehlungen
GG	Grundgesetz
ggf.	gegebenenfalls
GKV	Gesetzliche Krankenversicherung
GV(O)Bl.	Gesetz- und Verordnungsblatt
Hess	Hessen
HK	Handkommentar
HSRB	Handbuch der Sozialrechtsberatung
ICF	International Classification of Functioning, Disability and Health (Internationale Klassifikation der Funktionsfähigkeit, Behinderung und Gesundheit der WHO)
i.d.F.	in der Fassung
i.d.R.	in der Regel
IFD	Integrationsfachdienst
i.H.v.	in Höhe von
InBeQ	individuelle betriebliche Qualifizierung
i.S.d./v.	im Sinne der/des bzw. im Sinne von
i.V.m.	in Verbindung mit
KfzHV	Kraftfahrzeughilfeverordnung
KHV	Kommunikationshilfen-Verordnung
KJ	Kritische Justiz (Zeitschrift)
KJSG	Kinder- und Jugendstärkungsgesetz
LSG	Landessozialgericht
LTA	Leistungen zur Teilhabe am Arbeitsleben
LPK	Lehr- und Praxiskommentar
LSG	Landessozialgericht
MdE	Minderung der Erwerbsfähigkeit
MTA	medizinisch-technische:r Assistent:in
m.w.N.	mit weiteren Nachweisen
m.W.v.	mit Wirkung vom
n.F.	neue Fassung
NDV	Nachrichtendienst des Deutschen Vereins für öffentliche und private Fürsorge e.V. (Zeitschrift)
NRW	Nordrhein-Westfalen
NSB	Niedersachsen-Bremen
OEG	Opferentschädigungsgesetz
OVG	Oberverwaltungsgericht
RBEG 2017	Regelbedarfsermittlungsgesetz vom 21.12.2016

Abkürzungsverzeichnis

Rn.	Randnummer
RP	Rheinland-Pfalz
s.	siehe
SAN	Sachsen-Anhalt
SAR	Saarland
SchwbAV	Schwerbehinderten-Ausgleichsabgabeverordnung
SchwbAwV	Schwerbehindertenausweisverordnung
SchwbG	Schwerbehindertengesetz (Vorläufer des 2. bzw. ab 2018 3. Teils SGB IX)
SchwbR	Schwerbehindertenrecht (Zeitschrift)
SG	Sozialgericht
SGb	Die Sozialgerichtsbarkeit (Zeitschrift)
SGB	Sozialgesetzbuch
SGG	Sozialgerichtsgesetz
S-H	Schleswig-Holstein
SN	Sachsen
sog.	so genannte/-r/-s
SWK	Stichwortkommentar
u.a.	unter anderem
UB	Unterstützte Beschäftigung
v.a.	vor allem
VersMedV	Versorgungsmedizin-Verordnung
VGH	Verwaltungsgerichtshof (= Oberverwaltungsgericht)
vgl.	vergleiche
VWGO	Verwaltungsgerichtsordnung
WBVG	Wohn- und Betreuungsvertragsgesetz
WfbM	Werkstatt für Menschen mit Behinderung
WHO	Weltgesundheitsorganisation der Vereinten Nationen („World Health Organisation")
WMVO	Werkstätten-Mitwirkungsverordnung
WVO	Werkstättenverordnung
WzS	Wege zur Sozialversicherung (Zeitschrift)
ZPO	Zivilprozessordnung

Kapitel 1: Regelungen für Menschen mit Behinderungen

Das Recht der Rehabilitation und Teilhabe von Menschen mit Behinderungen ist seit 2001 im SGB IX geregelt. Es ist Teil des Sozialrechts (§§ 10, 28a, 29 SGB I) und setzt gemeinsam mit dem Behindertengleichstellungsgesetz von 2001 und dem Allgemeinen Gleichbehandlungsgesetz von 2006 das **besondere Gleichbehandlungsgebot** nach deutschem Verfassungsrecht aus Art. 3 Abs. 3 S. 2 GG um. Diesem zur Folge darf niemand wegen seiner Behinderung benachteiligt werden. Das Rehabilitationsrecht soll dazu beitragen, dass Menschen selbstbestimmt, gleichberechtigt und diskriminierungsfrei am Leben der Gesellschaft teilhaben können. Mit dem SGB IX ging ein Paradigmenwechsel in der Politik und im Recht für Menschen mit Behinderungen einher; während bis zu diesem Gesetz das Verständnis des Umgangs und der Leistungen für Menschen mit Behinderungen eher von Fürsorge und bevormundender Hilfe geprägt waren, setzt das SGB IX auf **Selbstbestimmung, Chancengleichheit und gleichberechtigte Teilhabe**.

Dieser Weg wurde mit der **UN-Behindertenrechtskonvention** (BRK)[1] konsequent weiter verfolgt. Diese ist ein völkerrechtlicher Vertrag, der bestehende menschenrechtliche Standards, die sich aus der Allgemeinen Erklärung der Menschenrechte der Vereinten Nationen von 1948 und den internationalen Pakten für bürgerliche und politische Rechte und für wirtschaftliche, soziale und kulturelle Rechte von 1966 ergeben, unter Berücksichtigung der besonderen Bedarfe von Menschen mit (drohenden) Behinderungen ergänzt und präzisiert. Deutschland hat die BRK zusammen mit dem Fakultativ-Protokoll unterzeichnet, durch das eine **Individualbeschwerde** bei einem internationalen Ausschuss für die Rechte von Menschen mit Behinderungen eingelegt werden kann, wenn Vertragsstaaten die Rechte aus der Konvention verletzen. Durch Beschluss des Bundestages ist die BRK im März 2009 für Deutschland im Rang eines einfachen Bundesgesetzes in Kraft getreten. Sie folgt dem **Diversity-Ansatz**[2]: Menschen mit Behinderungen sind Teil der Normalität menschlichen Lebens und des gesellschaftlichen Zusammenlebens. Die Vertragsstaaten sind verpflichtet, die „volle Verwirklichung aller Menschenrechte und Grundfreiheiten für alle Menschen mit Behinderungen ohne jede Diskriminierung aufgrund von Behinderung zu gewährleisten und zu fördern" (Art. 4 Abs. 1 S. 1 BRK) und die entsprechenden notwendigen Maßnahmen („angemessene Vorkehrungen") zu ergreifen. Leitmotiv der BRK ist die [3] von Menschen mit Behinderungen in der Gesellschaft. Gesellschaftliche Strukturen müssen so barrierefrei verändert und gestaltet werden, dass sie auch Menschen mit (drohenden) Behinderungen voll umfänglich gerecht werden. Die **grundlegenden Prinzipien** der BRK sind in Art. 3 festgehalten. Hierzu gehören:

- die Achtung der Menschenwürde, der Autonomie, der Selbstbestimmung und Unabhängigkeit,
- die Nichtdiskriminierung,

---

1 Inkrafttreten mit dem Gesetz zu dem Übereinkommen der Vereinten Nationen vom 13.12.2006 über die Rechte von Menschen mit Behinderungen sowie zu dem Fakultativprotokoll vom 13.12.2006 zum Übereinkommen der Vereinten Nationen über die Rechte von Menschen mit Behinderungen vom 21.12.2008, BGBl. II 1419.
2 Vgl. Bielefeldt, S. 6f.
3 Zur Inklusion vgl. https://www.aktion-mensch.de/dafuer-stehen-wir/was-ist-inklusion.html (23.2.2021).

- die volle und wirksame Teilhabe an der Gesellschaft und die Einbeziehung in die Gesellschaft,
- die Achtung vor der Unterschiedlichkeit von Menschen mit Behinderungen und ihre Akzeptanz als Teil der menschlichen Vielfalt,
- Chancengleichheit,
- Zugänglichkeit,
- Gleichberechtigung von Mann und Frau sowie
- die Achtung der Fähigkeiten von Kindern mit Behinderungen und ihres Rechts auf Wahrung ihrer Identität.

Diese grundlegenden Prinzipien bilden den Rahmen, innerhalb dessen die Vorschriften ausgelegt und verstanden werden müssen. Die BRK enthält neben einer Reihe von grundlegenden Menschenrechten (z.B. Art. 10 – Recht auf Leben, Art. 12 – Gleichheit vor dem Gesetz, Art. 14 – Freiheit und Sicherheit der Person, Art. 17 – Schutz der körperlichen und seelischen Unversehrtheit, Art. 21 – Meinungs- und Informationsfreiheit) auch soziale Rechte. Hierzu gehören z.b. das Recht auf unabhängige Lebensführung und Einbeziehung in die Gemeinschaft (Art. 19), das Recht auf Bildung (Art. 24), das Recht auf Habilitation und Rehabilitation (Art. 26) oder das Recht auf Arbeit und Beschäftigung (Art. 27). Inwiefern diese Rechte aus der BRK unmittelbar anwendbar sind, ist umstritten.[4] Jedenfalls sind diese sozialen, wirtschaftlichen und kulturellen Rechte Grundlage und **Maßstab für die Auslegung** und das Verständnis der im deutschen Recht verankerten Rechte und Ansprüche von Menschen mit (drohenden) Behinderungen und bei der Gestaltung der Leistungen für Menschen mit Behinderungen zu berücksichtigen.[5] Relevant wird dies bei der Auslegung unbestimmter Rechtsbegriffe, z.B. ob die individuelle Einschränkung der Teilhabe wesentlich ist oder nicht (§ 99 SGB IX → Rn. 287), und bei der Festlegung von Art, Dauer und Umfang der Leistungen durch den Rehabilitationsträger nach sog. pflichtgemäßem Ermessen (→ Rn. 131 und Rn. 294).

3 Rehabilitation und Teilhabe von Menschen mit (drohenden) Behinderungen sind sozialrechtlich allerdings nicht nur im SGB IX geregelt. Seit der Einführung von Rehabilitationsleistungen für Kriegsversehrte nach dem Ersten Weltkrieg und der Erweiterung auf Zivilisten nach dem Zweiten Weltkrieg[6] ist die Zuständigkeit für unterschiedliche Aspekte der Rehabilitation, wie z.B. die medizinische Versorgung und die Teilhabe am Arbeitsleben, verschiedenen Sozialleistungsträgern mit unterschiedlichen systemeigenen Regelungen zugewiesen. Rehabilitation wurde als **Querschnittsaufgabe im sog. gegliederten Sozialsystem** verankert, das sich unterteilt in Vorsorge gegenüber sozialen Risiken durch Sozialversicherung, Versorgungsleistungen als Entschädigung für erlittene Sonderopfer, staatliche Hilfen zur Deckung existenzieller Bedarfe – früher auch als Fürsorge bezeichnet – und staatliche Förde-

---

4 Zum Recht auf Bildung s. Poscher/Rux/Langer, S. 37 f. gegen eine unmittelbare Anwendbarkeit („Verpflichtung zur schrittweisen Umsetzung" statt unmittelbar anwendbare Verpflichtung) einerseits und Riedel, Gutachten zur Wirkung der internationalen Konvention über die Rechte von Menschen mit Behinderungen und ihres Fakultativprotokolls auf das deutsche Schulsystem, 2010 andererseits für eine unmittelbare Anwendbarkeit insbesondere i.V.m. dem Gleichbehandlungsgrundsatz. Vgl. auch gegen die unmittelbare Anwendbarkeit des Art. 19 BRK: LSG Baden-Württemberg 22.2.2018 – L 7 SO 3516/14 und LSG Nordrhein-Westfalen 6.2.2014 – L 20 SO 436/13 B ER sowie gegen die unmittelbare Anwendbarkeit des Art. 25 BRK: BSG 6.3.2012 – B 1 KR 10/11 R. Das Diskriminierungsverbot aus Art. 5 Abs. 2 BRK sei hingegen (im Zusammenhang mit Art. 3 Abs. 3 S. 2 GG) unmittelbar anwendbar, vgl. BSG 11.8.2015 – B 9 SB 1/14 R; LSG Berlin/Brandenburg 21.11.2019 – L 13 SB 63/18.
5 Vgl. hierzu z.B. BVerwG 23.1.2018 – 5 C 9/16 (Rn. 16); BSG 11.8.2015 – B 9 BL 1/14 R (Rn. 26); zur Bedeutung der BRK zur Auslegung der Grundrechte BVerfG 23.3.2011 – 2 BvR 882/09 (Rn. 52 f.).
6 Zur Geschichte des Rehabilitationsrecht s. Neumann in Deinert/ Neumann, S. 1 ff.

rungsleistungen zur Gewährleistung von Chancengleichheit.[7] Diese Aufteilung wurde sowohl bei Einführung des SGB IX im Jahr 2001 als auch bei dessen vollständiger Überarbeitung durch das BTHG zum 1.1.2018 beibehalten. Daher bestimmt das SGB IX selbst weder einen einheitlichen Leistungsträger noch regelt es – außer der grundlegenden **Definition einer (drohenden) Behinderung** – die konkreten Voraussetzungen für bestimmte Rehabilitationsleistungen noch legt es konkrete Leistungen und den zuständigen Leistungsträger im Einzelfall fest. Es ist – zumindest was den ersten Teil des Gesetzbuches betrifft – kein Leistungsgesetz; das Leistungssystem ist weiterhin in unterschiedliche Zuständigkeiten zergliedert (vgl. § 29 Abs. 2 SGB I); die verschiedenen Leistungs- oder Anspruchsvoraussetzungen und die konkrete Zuständigkeit sind in den einzelnen Leistungsgesetzen der jeweiligen Rehabilitationsträger zu finden (vgl. § 7 Abs. 1 S. 2 SGB IX). Insofern ist es erforderlich, neben dem SGB IX immer auch diese jeweiligen Leistungsgesetze in den Blick zu nehmen. Der erste Teil des SGB IX zielt vor allem darauf ab, die einzelnen Vorschriften der verschiedenen Rehabilitationsträger zu **harmonisieren**, die Leistungen zusammenzufassen und die Zusammenarbeit der zuständigen Träger zu **koordinieren**, zu verbessern und aufeinander abzustimmen. Seit dem 1.1.2020 ist indessen der zweite Teil des SGB IX, in dem das **Recht der Eingliederungshilfe** geregelt ist, ein Leistungsgesetz für die Träger der Eingliederungshilfe (§ 7 Abs. 1 S. 3 SGB IX). Letztlich begründet der Umstand der verschiedenen Leistungsträger und Leistungsgesetze in Kombination mit dem SGB IX eine große Komplexität des Leistungs- und Teilhaberechts; der Zugang hierzu ist aus diesen Gründen nicht immer einfach.

---

7 S. Trenczek/Behlert in Trenczek et al. (2018), S. 113 ff.

4 Im Überblick stellt sich das SGB IX seit Inkrafttreten des BTHG wie folgt dar:

Abbildung 1

Die Regelungen des SGB IX werden ergänzt durch das **Behindertengleichstellungsgesetz** (BGG) aus dem Jahre 2002,[8] welches ein Benachteiligungsverbot auf Bundesebene und die Barrierefreiheit in verschiedenen Bereichen regelt[9] sowie durch das **Allgemeine Gleichbehandlungsgesetz** (AGG) aus dem Jahre 2006,[10] das in Umsetzung von vier europäischen Antidiskriminierungsrichtlinien Benachteiligungen (auch) von Menschen mit Behinderung in Beschäftigung und Beruf sowie im Zivilrechtsverkehr abbauen will.

I. Rehabilitation und Teilhabe

5 Das SGB IX beinhaltet Regelungen zur Rehabilitation und Teilhabe von Menschen mit (drohenden) Behinderungen. Geht man zunächst von der **Einweisungsvorschrift** des § 10 SGB I aus, der das SGB IX zugrunde liegt bzw. die ihre Umsetzung im Rehabilitations- und Teilhaberecht findet, spricht diese Norm von „Teilhabe behin-

---

[8] Gesetz zur Gleichstellung behinderter Menschen vom 27.4.2002, BGBl. I 1467, zuletzt geändert durch das Gesetz zur Weiterentwicklung des Behindertengleichstellungsrechts vom 19.7.2016, BGBl. I 1757.
[9] S. die Internetseite der Bundesfachstelle für Barrierefreiheit https://www.bundesfachstelle-barrierefreiheit.de/DE/Home/home_node.html (23.2.2021).
[10] Gesetz zur Umsetzung europäischer Richtlinien zur Verwirklichung des Grundsatzes der Gleichbehandlung vom 14.8.2006, BGBl. I 1897.

derter Menschen",[11] nicht von Rehabilitation. § 29 SGB I allerdings, der die Einweisungsvorschrift im Rahmen der einzelnen Sozialleistungen konkretisiert, spricht wieder von „Rehabilitation und Teilhabe". Teilhabe scheint daher der übergreifende Begriff zu sein, der den der Rehabilitation umfasst.[12] Im SGB IX selbst ist i.d.R. von „Leistungen zur Teilhabe" die Rede. So bestimmt § 4 SGB IX „Leistungen zur Teilhabe" und deren Zielrichtung; die Leistungsgruppen in § 5 SGB IX werden zur „Teilhabe am Leben in der Gesellschaft" erbracht. Hier taucht der Begriff Rehabilitation ausdrücklich nur bei den Leistungen zur medizinischen Rehabilitation auf. Der Begriff der Rehabilitation wird so allmählich vom Begriff der Teilhabe abgelöst.

Hinweis

Der Begriff Rehabilitation leitet sich vom lateinischen Wort »habil« ab, das gewandt oder vermögend i. S. von können bedeutet. Zusammen mit der Vorsilbe »Re-« für »wieder« lässt es sich am besten mit Wiederherstellung übersetzen. Teilhabe ist insoweit der weitere, offenere Begriff, da er auch auf Menschen zutrifft, die aufgrund angeborener Beeinträchtigungen überhaupt erst in die Lage versetzt werden müssen, an unserer barrierereichen Gesellschaft teilhaben zu können, und gibt zugleich auch das Ziel der Sozialleistungen wieder.

Rehabilitation, deren Verständnis als solche für die (Wieder)Eingliederung von Menschen mit Behinderungen seit der Zeit nach dem Zweiten Weltkrieg gebräuchlich ist,[13] umfasst sowohl das Ziel der (Wieder)Eingliederung in Arbeit, Beruf und Gesellschaft als auch die Gesamtheit der Leistungen und Maßnahmen, die notwendig sind, um dieses Ziel zu erreichen.[14] Die **WHO** definiert Rehabilitation auch als **6**

„koordinierten Einsatz medizinischer, sozialer, beruflicher, pädagogischer und technischer Maßnahmen sowie Einflussnahmen auf das physische und soziale Umfeld zur Funktionsverbesserung zum Erreichen einer größtmöglichen Eigenaktivität zur weitestgehenden Partizipation in allen Lebensbereichen, damit der Betroffene in seiner Lebensgestaltung so frei wie möglich wird."[15]

Rehabilitation findet unabhängig von der Ursache der Behinderung statt. Die Leistungen werden nach dem sog. **Finalprinzip** erbracht. Die Ursache der Behinderung kann unter Umständen gleichwohl dann eine Rolle spielen, wenn es um die Zuständigkeit der Leistungsträger geht (→ Rn. 36 ff.). Geht es um eine erstmalige Eingliederung, z.B. nach einem Unfall oder einer Erkrankung, die zu einer Behinderung führt, spricht man auch von „Habilitation".[16]

Leistungen zur Teilhabe von Menschen mit Behinderungen oder von Behinderung bedrohter Menschen werden erbracht, um (§ 4 Abs. 1 SGB IX): **7**

---

11 Die Formulierung des § 10 SGB I wurde noch nicht an den inzwischen üblichen Sprachgebrauch angepasst, so dass an dieser Stelle immer noch von „behinderten Menschen" statt von Menschen mit Behinderungen gesprochen wird.
12 Vgl. Kessler in HSRB Teil 1 § 13 Rn. 10.
13 Zur geschichtlichen Entwicklung, Neumann in Deinert/ Neumann, § 1 Rn. 1 ff.
14 Im Einzelnen Stähler in Fachlexikon Soziale Arbeit, Stichwort Rehabilitation.
15 WHO Disability prevention and rehabilitation, Technical Report Series 668. Genf. 1981. Seite 9, download unter http://whqlibdoc.who.int/trs/WHO_TRS_668.pdf (23.2.2021); zu den Lebensbereichen → Rn. 331.
16 Vgl. z.B. Art. 26 UN-BRK.

- Behinderungen abzuwenden, zu beseitigen, zu mindern, ihre Verschlimmerung zu verhüten oder ihre Folgen zu mildern,
- Einschränkungen der Erwerbsfähigkeit oder Pflegebedürftigkeit zu vermeiden, zu überwinden, zu mindern oder eine Verschlimmerung zu verhüten sowie den vorzeitigen Bezug anderer Sozialleistungen zu vermeiden oder laufende Sozialleistungen zu mindern,
- die Teilhabe am Arbeitsleben entsprechend den Neigungen und Fähigkeiten dauerhaft zu sichern oder
- die persönliche Entwicklung ganzheitlich zu fördern und die Teilhabe am Leben in der Gesellschaft sowie eine möglichst selbstständige und selbstbestimmte Lebensführung zu ermöglichen oder zu erleichtern.

Entsprechend der Aufgabe des ersten Teils des SGB IX, die Tätigkeit der verschiedenen Rehabilitationsträger zu koordinieren, verpflichtet § 4 Abs. 2 SGB IX bei der Erbringung von Leistungen zur Beachtung aller diese Ziele. Daraus folgt auch, dass ein Träger, der nur für einen Teilausschnitt an Leistungen zuständig ist, sich nicht auf „seine" Leistungen beschränken darf, sondern darauf achten muss, ob und ggf. welche Schnittstellen zu Leistungen anderer Träger bestehen und verpflichtet ist, diese Leistungen mit seinen entsprechend abzustimmen. Verfahrenstechnisch ist dies über den sog. **leistenden Rehabilitationsträger** (→ Rn. 70 ff.) und das **Teilhabeplanverfahren** (→ Rn. 88 ff.) zu gewährleisten. Von besonderer Bedeutung ist diese nahtlose Leistungserbringung, wenn es um die Sicherung der Erwerbsfähigkeit geht. Unter Beteiligung der BA und ggf. des Integrationsamtes ist nach § 10 SGB IX bereits bei Einleitung einer Leistung zur medizinischen Rehabilitation, während ihrer Ausführung und nach ihrem Abschluss zu prüfen, ob Leistungen zur Teilhabe am Arbeitsleben die Erwerbsfähigkeit von Menschen mit (drohenden) Behinderungen erhalten, bessern oder wiederherstellen können bzw. ob und wie der bisherige Arbeitsplatz erhalten werden kann.

Beispiel:
Durch einen Autounfall erleidet ein 35-jähriger Mann einen Bruch in der Lendenwirbelsäule, aufgrund dessen er künftig querschnittsgelähmt und auf einen Rollstuhl angewiesen ist. Er hat bis zu diesem Zeitpunkt ein kleines Garten- und Landschaftsbauunternehmen betrieben und entsprechende Tätigkeiten ausgeführt. Er ist freiwillig in der GKV versichert, eine Versicherung in der gesetzlichen Rentenversicherung besteht hingegen nicht. Während der durch die Krankenkasse finanzierten Anschlussrehabilitation ist diese verpflichtet zu prüfen, ob dieser Mann auch weitere Teilhabeleistungen – hier insbesondere Leistungen zur Teilhabe am Arbeitsleben in Form einer Umschulung – benötigt. Durch eine solche Leistung kann die Erwerbsfähigkeit des Mannes ggf. wiederhergestellt werden, da er als Garten- und Landschaftsbauer aufgrund seiner Lähmung nicht mehr tätig sein kann. Z.B. eine kaufmännische Umschulung, die auf seine Erfahrungen als Unternehmer des Garten- und Landschaftsbaus aufbauen kann, würde ihm ggf. erlauben, weiter erwerbstätig zu sein.

Die Teilhabeleistungen für **Kinder mit (drohenden) Behinderungen** sind gemäß § 4 Abs. 3 SGB IX so zu planen und auszugestalten, dass nach Möglichkeit Kinder nicht von ihrem sozialen Umfeld getrennt und gemeinsam mit Kindern ohne Behinderungen betreut werden können. In die Planung und Ausgestaltung der einzelnen Hilfen sind nicht nur Sorgeberechtigten einzubinden, sondern auch die Kinder mit (drohenden) Behinderungen selbst entsprechen ihrem Alter und ihrer Entwicklung. Beide Ziele sind aus Art. 7 und Art. 23 BRK ins SGB IX übernommen worden (→ Rn. 60 f.). Geht es hingegen um **Mütter und Väter mit Behinderungen,** sind diese gemäß § 4 Abs. 4 SGB IX mit Hilfe von Leistungen bei der Versorgung und Betreuung ihrer Kinder zu unterstützen. Auch für diese Zielsetzung hat § 23 BRK Pate gestanden und ist zur Auslegung bei der Umsetzung dessen heranzuziehen.

II. Begriffe und Grundsätze 23

Um die **Ziele** des § 4 Abs. 1 SGB IX zu erreichen, werden Teilhabeleistungen in fol- **8**
genden Leistungsgruppen erbracht (vgl. § 5 SGB IX):
1. Leistungen zur medizinischen Rehabilitation,
2. Leistungen zur Teilhabe am Arbeitsleben,
3. unterhaltssichernde und ergänzende Leistungen,
4. Leistungen zur Teilhabe an Bildung sowie
5. Leistungen zur Sozialen Teilhabe.

Diese Teilhabeleistungen sind i.d.R. nicht einem Sozialleistungsbereich bzw. einem Sozialleistungsträger zugeordnet. Zuständig für diese Leistungen sind die in § 29 Abs. 2 SGB I und in § 6 Abs. 1 SGB IX genannten Leistungsträger; die Voraussetzungen für die Erbringung dieser Leistungen sind in den jeweiligen Leistungsgesetzen dieser Rehabilitationsträger geregelt (→ Rn. 45 f.).

Wiederholungsfragen

1. Welche Ziele verfolgt das besondere Gleichbehandlungsgebot des Art. 3 Abs. 3 S. 2 GG?
2. Welche Rechtsnatur hat die UN-Behindertenrechtskonvention?
3. Was besagt der mit der UN-Behindertenrechtskonvention verfolgte Diversity-Ansatz?
4. Was verstehen Sie unter Inklusion im Sinne der UN-Behindertenrechtskonvention?
5. Welche grundlegenden Prinzipien sind in der UN-Behindertenrechtskonvention geregelt?
6. In welche Teile ist das SGB IX gegliedert?
7. Was ist der Unterschied zwischen Rehabilitation und Teilhabe?
8. Was verstehen Sie unter dem Finalitätsprinzip?
9. Welche Ziele haben Teilhabeleistungen?
10. Welche Leistungsgruppen werden im Teilhaberecht unterschieden?

II. Begriffe und Grundsätze

1. Selbstbestimmungsrecht

Die grundlegenden Ziele des Rechts für Menschen mit (drohenden) Behinderungen **9**
sind im § 1 SGB IX festgelegt:

> „Menschen mit Behinderungen oder von Behinderung bedrohte Menschen erhalten Leistungen ..., um ihre Selbstbestimmung und ihre volle, wirksame und gleichberechtigte Teilhabe am Leben in der Gesellschaft zu fördern, Benachteiligungen zu vermeiden oder ihnen entgegenzuwirken..."

Diese Ziele – Selbstbestimmung, Teilhabe, Benachteiligungsverbot – sind bei der Auslegung des SGB IX von zentraler Bedeutung; sie sind Leitlinien bei der Bedarfsfeststellung, bei der Koordinierung von Leistungen und bei der Ausführung der Leistungen.[17] Der Begriff der **Selbstbestimmung** ist bei diesen Zielbestimmungen ganz zentral. Er verkörpert in besonderer Weise den mit dem SGB IX eingetretenen und

---

17 Welti, HK SGB IX § 1 Rn. 1. Vgl. auch bei der Bestimmung von Leistungsansprüchen BSG 28.5.2003 – B 3 KR 30/02 R; LSG Baden-Württemberg 9.9.2003 – L 11 KR 1850/03.

mit der BRK weiter geführten Paradigmenwechsel vom Fürsorgeparadigma zum gleichberechtigten Teilhabeparadigma.[18] Das Recht auf Selbstbestimmung bedeutet eine Abkehr von Fremdbestimmung. Es gilt: Inklusion und Integration statt Separation, gleichberechtigte Teilhabe und Abbau von Benachteiligungen statt Ausgrenzung.[19] Menschen mit (drohenden) Behinderungen sind Teil der menschlichen Vielfalt und damit genauso wie Menschen ohne Behinderungen berechtigt, ihr Leben selbstbestimmt, ggf. mit notwendiger Unterstützung, gestalten zu können. Dieses Recht verdeutlicht auch Art. 19 BRK: **Unabhängige Lebensführung** und Einbeziehung in die Gemeinschaft. Hiernach erkennen die Vertragsstaaten das gleiche Recht aller Menschen mit Behinderungen an, mit gleichen Wahlmöglichkeiten wie andere Menschen in der Gemeinschaft zu leben. Es muss gewährleistet sein, dass Menschen mit Behinderungen

- gleichberechtigt die Möglichkeit haben, ihren Aufenthaltsort zu wählen und zu entscheiden, wo und mit wem sie leben, und **nicht verpflichtet** sind, **in besonderen Wohnformen** zu leben,
- Zugang zu gemeindenahen Unterstützungsdiensten zu Hause und in Einrichtungen haben, einschließlich persönlicher Assistenz zur Unterstützung des Lebens in der Gemeinschaft und zur Einbeziehung in die Gemeinschaft sowie zur Verhinderung von Isolation und Absonderung und
- gemeindenahe Dienstleistungen und Einrichtungen, die für die Allgemeinheit bestimmt sind, nutzen können und dort ihren Bedürfnissen Rechnung getragen wird.

Selbstbestimmung heißt damit, Menschen mit (drohenden) Behinderungen so weitgehend wie möglich in ihren sozialen Bezügen zu belassen und bei den Leistungen zur Teilhabe diese Bezüge zu berücksichtigen.[20] Die aus Art. 19 BRK folgende Wahlfreiheit bezüglich der Wohnform ist im Recht der Eingliederungshilfe ausdrücklich verankert (→ Rn. 58).

10 Das Recht auf Selbstbestimmung ist darüber hinaus Teil des **allgemeinen Persönlichkeitsrechts** und steht damit jedem Menschen unabhängig von einer (drohenden) Behinderung zu. Das Bundesverfassungsgericht leitet dieses Grundrecht aus Art. 2 Abs. 1 (allgemeine Handlungsfreiheit) i.V.m. Art. 1 Abs. 1 (Menschenwürde) ab.[21] Die Berücksichtigung von Selbstbestimmung bei der Ausführung von benötigten Sozialleistungen macht die Menschen nicht zum Adressaten oder Objekt öffentlicher „Fürsorge", sondern respektiert sie als eigenständige Persönlichkeiten.[22] § 1 S. 2 SGB IX nimmt drei verschiedene Personengruppen besonders in den Fokus:

- **Frauen** mit (drohenden) Behinderungen,
- **Kinder** mit (drohenden) Behinderungen und
- **Menschen** mit (drohenden) **seelischen Behinderungen**.

Hintergrund dieser Hervorhebung ist, dass damit besonders auf die Bedürfnisse von Gruppen reagiert werden soll, die auch ohne Behinderung in besonderer Weise verwundbar sind und durch eine Behinderung Gefahr laufen, doppelt benachteiligt zu

---

18 Im Vorgängergesetz zum SGB IX, dem Rehabilitations-Angleichungsgesetz, findet sich der Begriff der Selbstbestimmung noch nicht – vgl. Gesetz über die Angleichung der Leistungen zur Rehabilitation vom 7.8.1974, BGBl. I 1881.
19 Vgl. Kampmeier in Persönliches Budget, S. 104.
20 Joussen in LPK-SGB IX, § 1 Rn. 11.
21 Vgl. Pieroth/Schlink, Grundrechte, Rn. 373 f.
22 Vgl. Joussen in LPK-SGB IX, § 1 Rn. 9.

II. Begriffe und Grundsätze

werden (vgl. Art. 6 und 7 BRK → Rn. 59).[23] Das SGB IX greift den Schutzgedanken für diese Gruppen an verschiedenen Stellen auf; insbesondere wurde mit dem Teilhabestärkungsgesetz[24] eine Vorschrift zur Verpflichtung von Leistungserbringern verankert, besondere Vorkehrungen zum Schutz vor Gewalt zu treffen (§ 37a SGB IX, → Rn. 373).

Berücksichtigt man die verschiedenen rechtlichen Verankerungen des Selbstbestimmungsrechts – einfachgesetzlich durch das SGB IX, verfassungsrechtlich durch das allgemeine Persönlichkeitsrecht, völkerrechtlich durch die BRK – lässt sich **selbstbestimmtes Leben** oder independent living für Menschen mit Behinderungen wie folgt bestimmen: 11

> „Kontrolle über das eigene Leben zu haben, basierend auf der Wahlmöglichkeit zwischen akzeptablen Alternativen, die die Abhängigkeit von den Entscheidungen anderer bei der Bewältigung des Alltags minimieren. Es schließt das Recht ein, seine eigenen Angelegenheiten selbst regeln zu können, an dem öffentlichen Leben in der Gemeinde teilzuhaben, verschiedenste soziale Rollen wahrzunehmen und Entscheidungen selbst fällen zu können, ohne dabei in die psychologische oder körperliche Abhängigkeit anderer zu geraten."[25]

Allerdings – und das wird bei dieser Definition auch deutlich – ist Selbstbestimmung ein relatives Konzept, das jeder Mensch persönlich für sich ausfüllen muss. Selbstbestimmung bedeutet **nicht Selbstständigkeit**. Selbstbestimmt kann auch ein Mensch mit Behinderung leben, der rund um die Uhr auf Hilfe oder Assistenz angewiesen ist; entscheidend ist das Ausmaß der Kontrolle, die jemand über sein eigenes Leben hat. Selbstbestimmung bedeutet auch **nicht Eigenständigkeit**. Dies ist nur eine sehr schwache Form von Selbstbestimmung; eigenständig tut auch jemand etwas, das ein anderer ihm (fremdbestimmt) vorgibt. Selbstbestimmung ist darüber hinaus **nicht** identisch mit **Eigenverantwortlichkeit**. Diese ist vielmehr eine Konsequenz von Selbstbestimmung; jemand der selbstbestimmt handelt, ist für die Folgen seines Handelns auch verantwortlich. 12

Um das Recht auf Selbstbestimmung wahrzunehmen, müssen Menschen mit Behinderungen dazu befähigt werden. In diesem Zusammenhang spricht man auch vom **Empowerment**. Dieses gründet auf einem bedürfnis- und ressourcenorientierten Verständnis der Unterstützung von Menschen mit Behinderungen unter Berücksichtigung von Partnerschaftlichkeit, Partizipation und Dialog. Bildung, Erziehung, Förderung und Begleitung von Menschen mit Behinderungen führen zu einer „Selbstaneignung von Macht, Kompetenzen und Gestaltungskraft".[26] Empowerment setzt somit an den Bedürfnissen der Menschen an und stärkt den Blick der Leistungsberechtigten. Das Konzept wendet sich von einer defizitorientierten Wahrnehmung der zu unterstützenden und zu begleitenden Menschen hin zu einem stärkenorientierten Verständnis.[27] 13

Das Recht auf Selbstbestimmung im Sozialrecht findet sich häufig nicht nur im Kontext von Behinderung, sondern vor allem auch im Zusammenhang mit **Pflegebedürftigkeit** Nach § 2 SGB XI sind die Leistungen der Pflegeversicherung danach 14

---

23 Vgl. Joussen in LPK-SGB IX § 1 Rn. 13.
24 Gesetz zur Stärkung der Teilhabe von Menschen mit Behinderungen vom 02.06.2021, BGBl. I 1387.
25 S. hierzu Arnade, Selbstbestimmung und Empowerment, http://www.lebensnerv.de/index.php/projekte/empowerment/selbstbestimmung (25.2.2021).
26 Vgl. ausführlich zum Konzept des Empowerment Theunissen, S. 39 ff.
27 Kampmeier in Persönliches Budget, S. 104.

auszurichten, dass pflegebedürftige Menschen trotz ihres Pflegebedarfs ein möglichst selbstständiges und selbstbestimmtes Leben führen können.[28] Auch in den einzelnen Bundesländern finden sich fast durchgängig Vorschriften zur Durchsetzung des Selbstbestimmungsrechtes in Einrichtungen, in denen Menschen mit Behinderungen und/oder Pflegebedarf leben (z.B. § 1 Abs. 2 Alten- und Pflegegesetz Nordrhein-Westfalen [AGP NRW],[29] § 2 Selbstbestimmungsstärkungsgesetz [SbStG] Schleswig-Holsteins;[30] § 1 Wohn- und Teilhabegesetz Sachsen-Anhalt [WTG LSA][31] oder § 1 Wohn- und Teilhabegesetz Berlin [WTG Bln]).[32] Deutlich wird daran, dass das Selbstbestimmungsrecht vor allem dann besonders betont wird oder – vielmehr – betont werden muss, wenn Menschen aufgrund ihrer körperlichen, geistigen oder seelischen Beeinträchtigungen auf Unterstützung, Begleitung und Hilfe durch andere Menschen angewiesen sind und Gefahr laufen, zum „Objekt" dieser Unterstützung zu werden.

2. Begriff der Behinderung

15 Bis zur Einführung des SGB IX im Jahr 2001 war der Begriff der Behinderung nicht gesetzlich definiert. diesem Zeitpunkt wurde Behinderung im Verständnis des Schwerbehindertenrechts verstanden als Auswirkung einer nicht nur vorübergehenden Funktionsbeeinträchtigung, die auf einem regelwidrigen körperlichen, geistigen oder seelischen Zustand beruhte (§ 3 Abs. 1 Schwerbehindertengesetz). Dieser medizinisch dominierten Begriffsdefinition folgte dann in § 2 SGB IX a.F. eine zweigliedrige **Definition von Behinderung**, die bis 31.12.2017 galt: :

Menschen waren behindert, wenn

1. ihre körperliche Funktion, geistige Fähigkeit oder seelische Gesundheit mit hoher Wahrscheinlichkeit länger als sechs Monate von dem für das Lebensalter typischen Zustand abwich – medizinischer Teil –

und dadurch

2. ihre Teilhabe am Leben in der Gesellschaft beeinträchtigt war – sozialer Teil.

16 Mit der BRK kam ein neues Verständnis von Behinderung auf. Behinderung sollte nicht als medizinisches Problem verstanden werden bzw. als individuelles Defizit der betroffenen Menschen. Behinderung entsteht vielmehr aus gesellschaftlichen Barrieren, die nicht nur materiell (z.B. fehlende Leitsysteme oder Rollstuhlrampen), sondern auch ideell (Barrieren „in den Köpfen") bestehen. Oder anders gesagt: Menschen **sind** nicht behindert, sie **werden** behindert. Dieses Verständnis knüpft an den von der WHO in den 1990er Jahren entwickelten Behinderungsbegriff in der *Internationalen Klassifikation der Funktionsfähigkeit, Behinderung und Gesundheit* (= ICF –

---

28 Siehe auch Art. 1 der – rechtlich nicht verbindlichen – Charta der Rechte hilfe- und pflegebedürftiger Menschen unter https://www.wege-zur-pflege.de/pflege-charta (25.2.2021). Die Charta wurde vom Runden Tisch Pflege im Jahr 2005 verabschiedet und gilt als Leitlinie guter Pflege vor allem in stationären Einrichtungen.
29 Gesetz zur Weiterentwicklung des Landespflegerechtes und Sicherung einer unterstützenden Infrastruktur für ältere Menschen, pflegebedürftige Menschen und deren Angehörige vom 2.10.2014 i.d.F. vom 24.7.2019, GV. NRW S. 374.
30 Gesetz zur Stärkung von Selbstbestimmung und Schutz von Menschen mit Pflegebedarf oder Behinderung Schleswig-Holstein vom 17.7.2009, zuletzt geändert durch geändert durch Art. 25 Haushaltsbegleitgesetz 2011/2012 vom 17. 12. 2010, GVOBl. Schl.-H. S. 789.
31 Gesetz über Wohnformen und Teilhabe des Landes Sachsen-Anhalt vom 17.2.2011, GVBl. LSA S. 136.
32 Gesetz über Selbstbestimmung und Teilhabe in betreuten gemeinschaftlichen Wohnformen (Wohnteilhabegesetz – WTG) vom 3.6.2010, zuletzt geändert durch Gesetz vom 2.2.2018, GVBl. S. 160.

II. Begriffe und Grundsätze

International Classification of Functioning, Disability and Health) an. Danach sollen mögliche Beeinträchtigungen in den Bereichen der Funktionen und Strukturen des menschlichen Organismus, der Aktivitäten einer Person und ihrer Teilhabe an Lebensbereichen vor dem Hintergrund ihrer sozialen und physikalischen Umwelt abgebildet werden, um die funktionale Gesundheit einer Person zu beschreiben. Unter Behinderung wurde dabei die negative Wechselwirkung zwischen einer Person mit einem Gesundheitsproblem und ihren Kontextfaktoren auf ihre Funktionsfähigkeit, insbesondere die Teilhabe verstanden.[33] Dieser Behinderungsbegriff der ICF entspricht dem **bio-psycho-sozialen Verständnis** von Behinderung. Diesen Ansatz aufgreifend definiert die BRK den Begriff der Behinderung nicht abschließend, sondern führt in Art. 1 S. 2 aus: *„Zu den Menschen mit Behinderungen zählen Menschen, die langfristige körperliche, seelische, geistige oder Sinnesbeeinträchtigungen haben, welche sie in Wechselwirkung mit verschiedenen Barrieren an der vollen, wirksamen und gleichberechtigten Teilhabe an der Gesellschaft hindern können."* Damit soll deutlich gemacht werden, dass Behinderung kein statischer Begriff ist; sie entsteht aus der **Wechselwirkung** zwischen Beeinträchtigung und einstellungs- und umweltbedingten Barrieren. Durch diese Barrieren werden Menschen an ihrer vollen, wirksamen und gleichberechtigten Teilhabe gehindert.

Durch das BTHG wurde auch der Behinderungsbegriff des SGB IX weiterentwickelt und unter Berücksichtigung der Vorgaben der BRK konkretisiert. § 2 Abs. 1 SGB IX lautet seit 1.1.2018: **17**

> *„Menschen mit Behinderungen sind Menschen, die körperliche, seelische, geistige oder Sinnesbeeinträchtigungen haben, die sie in Wechselwirkung mit einstellungs- und umweltbedingten Barrieren an der gleichberechtigten Teilhabe an der Gesellschaft mit hoher Wahrscheinlichkeit länger als sechs Monate hindern können. Eine Beeinträchtigung nach S. 1 liegt vor, wenn der Körper- und Gesundheitszustand von dem für das Lebensalter typischen Zustand abweicht."*

Die Neudefinition macht stärker deutlich, dass sich Behinderung erst durch eine **gestörte oder nicht entwickelte Interaktion** zwischen dem einzelnen Menschen mit Beeinträchtigung und seiner materiellen und sozialen Umwelt manifestiert[34] und nicht durch einen defizitären Zustand eines Menschen. Funktionale Probleme sind nicht mehr persönliche Eigenschaften, sondern das negative Ergebnis einer Wechselwirkung zwischen Beeinträchtigung, Aktivität und Partizipation auf der Grundlage des bio-psycho-sozialen Verständnisses der ICF.

---

33 Ausführlich zur Entwicklung Welti in HK SGB IX, § 2 Rn. 19 f.
34 BT-Drs. 18/9522, S. 192.

18 Die Wechselwirkung lässt sich wie folgt darstellen:

Abbildung 2

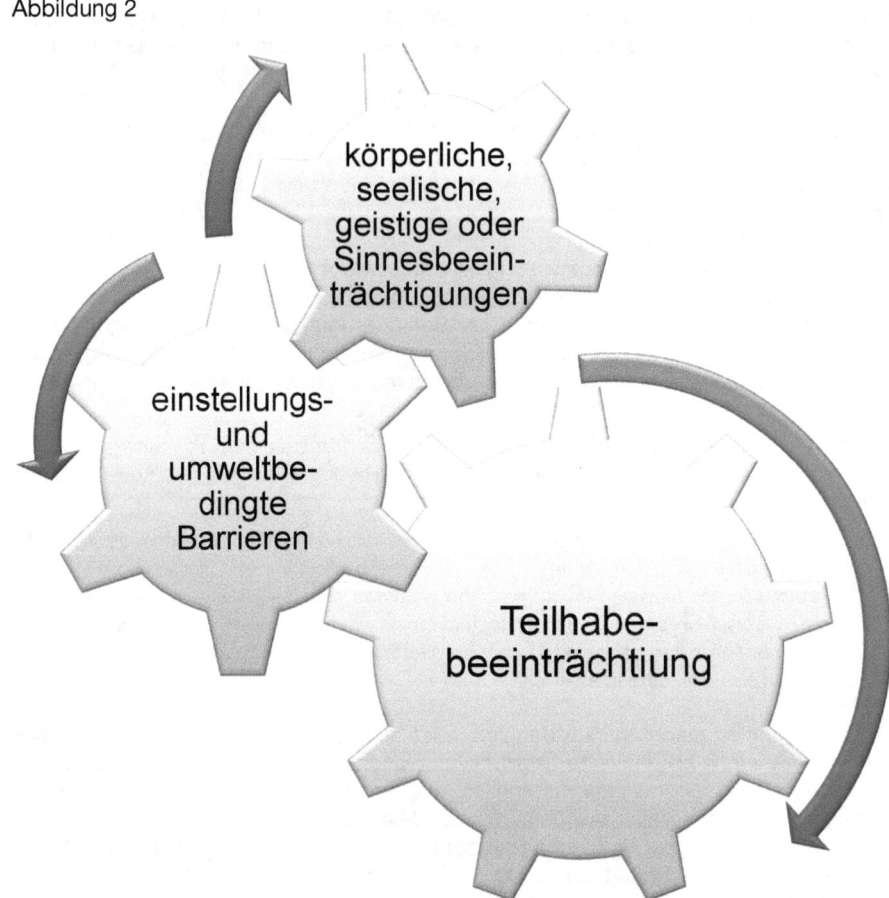

19 Körperliche Beeinträchtigungen sind organischer oder orthopädischer Art. Sie liegen vor, wenn infolge einer körperlichen Regelwidrigkeit die Funktionsfähigkeit nicht nur vorübergehend gemindert ist (z.B. Beeinträchtigung des Stütz- oder Bewegungssystems, Spaltbildungen des Gesichts oder des Rumpfes, Entstellungen oder auch Erkrankungen, Schädigungen oder Fehlfunktionen eines inneren Organs oder der Haut). Bis zum Inkrafttreten des BTHG waren auch die **Sinnesbeeinträchtigungen** (Sehvermögen, Hörvermögen, Geruchs-, Geschmacks- und Tastsinn, Störungen von Empfindungen gegenüber Reizen u.Ä.) bei den körperlichen Beeinträchtigungen mit inbegriffen. Diese werden nunmehr ausdrücklich und in Übereinstimmung mit der BRK benannt, ohne dass damit eine Ausweitung des Behinderungsbegriffes verbunden sein soll.[35] **Geistige Beeinträchtigungen** sind vorrangig intellektuelle und kognitive Beeinträchtigungen. Sie umfassen Personen mit einer Schwäche der geis-

---

35 BT-Drs. 18/9522, S. 227.

tigen Kräfte. Eine geistige Störung kann z.B. in Form eines IQ-Tests gemessen werden; sie liegt auch bei vorzeitigem (auch altersbedingtem) Abbau dieser geistigen Kräfte vor. Geistige Behinderungen sind z.b. frühkindliche Hirnschädigungen, auch in Folge einer Infektionskrankheit des Gehirns, als Folge von Anfallsleiden, einer Traumatisierung des Gehirns oder einer körperlich nicht begründbaren Psychose, Imbecillität oder Demenzerkrankungen.[36] Eine **seelische Beeinträchtigung** hat ein Mensch, der infolge seelischer Störungen in der Funktionsfähigkeit gemindert ist. Die Klassifizierung kann anhand des Kapitel V (Psychische und Verhaltensstörungen) der ICD beurteilt werden.[37] Danach zählen zu den seelischen Beeinträchtigungen z.B. psychische und Verhaltensstörungen durch psychotrope Substanzen, Schizophrenie, schizotype und wahnhafte Störungen, affektive Störungen, Persönlichkeits- und Verhaltensstörungen oder Entwicklungsstörungen.[38]

Die Beeinträchtigung muss mit hoher Wahrscheinlichkeit **länger als sechs Monate** 20 vorliegen, und sie muss ein von dem für das Lebensalter typischen abweichender Zustand sein. Damit soll einerseits vermieden werden, dass vorübergehende Erkrankungen als Behinderung eingestuft werden und andererseits, dass Funktionseinschränkungen, die typischer Weise mit altersbedingten Entwicklungsstufen einhergehen, wie z.B. bei Kleinkindern oder die nachlassende Leistungsfähigkeit im Alter,[39] als Behinderung anerkannt werden. Pflegebedürftigkeit ist allerdings keine altersbedingte Erkrankung, die die Annahme einer Behinderung ausschließt.[40]

Nach dem Wechselwirkungsansatz manifestieren sich Behinderungen erst durch **gestörte oder unzureichende Interaktionen** zwischen einem Menschen mit Beeinträchtigung und seiner materiellen und sozialen Umwelt. Ursache sind dabei zum einen **umweltbedingte** bauliche und technische **Barrieren**. Wann in diesem Sinne Barrieren vorliegen, kann anhand § 4 BGG ermittelt werden. Die Vorschrift definiert **Barrierefreiheit**, d.h. sie legt fest, wenn keine Barrieren vorliegen.[41] Barrierefrei sind danach 21

> „bauliche und sonstige Anlagen, Verkehrsmittel, technische Gebrauchsgegenstände, Systeme der Informationsverarbeitung, akustische und visuelle Informationsquellen und Kommunikationseinrichtungen sowie andere gestaltete Lebensbereiche, wenn sie für Menschen mit Behinderungen in der allgemein üblichen Weise, ohne besondere Erschwernis und grundsätzlich ohne fremde Hilfe auffindbar, zugänglich und nutzbar sind", auch wenn dies nur mit Hilfsmitteln möglich ist.

Zum anderen führen auch **einstellungsbedingte Barrieren** zu Problemen bei der Interaktion mit der Umwelt. Diese entstehen durch Vorurteile, Unkenntnis, Berührungsängste, Kommunikationshemmnisse.[42] Kommt es zu einem ausgrenzendem Verhalten muss politisch vorrangig durch Aufklärung begegnet werden. Allerdings kann dieses auch eine individuelle Leistungsberechtigung begründen, insbesondere dann,

---

36 Jabben in Neumann/Pahlen/Greiner/Winkler/Jabben § 2 Rn. 10.
37 https://www.dimdi.de/static/de/klassifikationen/icd/icd-10-gm/kode-suche/htmlgm2021/chapter-v.htm (1.3.2021).
38 Im Einzelnen s. Kuhn-Zuber in SWK Behindertenrecht, Stichwort Seelische Behinderung, Rn. 2.
39 BT-Drs. 10/5071, S. 9.
40 BT-Drs. 18/9522, S. 227.
41 Zur Auslegung umweltbedingter Barrieren mithilfe des BGG s. von Boetticher (2020), § 3 Rn. 11.
42 Vgl. BT-Drs. 18/9522, S. 227.

wenn die Ausgrenzungserfahrung zu Rückzugstendenzen und Isolation des Menschen mit Behinderung führen.

Hinweis:

Im Recht der Kinder- und Jugendhilfe besteht bezüglich des Behinderungsbegriffes eine widersprüchliche Situation. Im § 35a Abs. 1 SGB VIII, der die Eingliederungshilfe für Kinder mit seelischer Beeinträchtigung beinhaltet, war entgegen dem Modernisierungsschub durch das BTHG am alten Behinderungsbegriff festgehalten worden: Danach haben sie Anspruch auf Eingliederungshilfe, wenn *"ihre seelische Gesundheit mit hoher Wahrscheinlichkeit länger als sechs Monate von dem für ihr Lebensalter typischen Zustand abweicht* **und daher** *ihre Teilhabe am Leben in der Gesellschaft beeinträchtigt ist oder eine solche Beeinträchtigung zu erwarten ist."* Die Teilhabebeeinträchtigung muss hier also ursächlich auf dem Gesundheitszustand des Kindes beruhen und nicht darauf, dass die gesellschaftlichen Rahmenbedingungen die Teilhabe behindern. Im Rahmen der Reform des SGB VIII durch das zum 10.06.2021 in Kraft getretene Kinder- und Jugendhilfestärkungsgesetz (KJSG)[43] wurde zwar auf Drängen von Betroffenenverbänden in § 7 Abs. 2 SGB VIII die an der ICF orientierte Definition der Behinderungsdefinition übernommen. Gleichzeitig hat sich der Gesetzgeber des KJSG in § 35a Abs. 1 SGB VIII jedoch davon distanziert, indem dem S. 2 zur Folge - ausschließlich bezogen auf die Eingliederungshilfe (*"im Sinne dieser Vorschrift"*) - Behinderung weiterhin unverändert nach der alten oben genannten Begriffsdefinition zu verstehen sei. Dieses Festhalten am defizitorientierten Begriffsverständnis verstößt zwar gegen die Vorgaben der BRK und ist damit eindeutig völkerrechtswidrig. Nach der Rechtsprechung des Bundesverfassungsgerichts soll eine solche spätere Abweichung von Pflichten aus völkerrechtlichen Verträgen zulässig sein, sofern sich der spätere Gesetzgeber bewusst davon distanziert.[44] Dem zur Folge gelten bis auf weiteres innerhalb eines Jugendamtes zwei unterschiedliche Definitionen von Behinderung – je nachdem, ob es um die Eingliederungshilfe einerseits geht oder die Kinder- und Jugendhilfe im Allgemein andererseits geht, z.B. beim Auftrag aus § 9 Nr. 4 SGB VIII, wonach *"bei der Ausgestaltung der Leistungen und der Erfüllung der Aufgaben [...] die gleichberechtigte Teilhabe von jungen Menschen mit und ohne Behinderung umzusetzen und vorhandene Barrieren abzubauen"* sind.

22 Teilhabe am Leben in der Gesellschaft ist nicht näher definiert. Da jedoch der Behinderungsbegriff nach dem BTHG am Konzept der ICF ausgerichtet ist, kann man sich an den dort beschriebenen elementaren Aktivitäten der Teilhabe orientieren.[45] Diese sind:

- Lernen und Wissensanwendung,
- allgemeine Aufgaben und Anforderungen,
- Kommunikation,
- Mobilität,
- Selbstversorgung,
- häusliches Leben,
- interpersonelle Interaktionen und Beziehungen,
- bedeutende Lebensbereiche (u.a. Bildung, Arbeit, Wirtschaft) sowie
- Gemeinschafts-, soziales und staatsbürgerliches Leben.

---

43 Gesetz zur Stärkung von Kindern und Jugendlichen (Kinder- und Jugendstärkungsgesetz – KJSG) vom 3.6.2021, BGBl. I 1444.
44 BVerfG 15.12.2015 – 2 BvL 1/12, sog. "treaty override".
45 So auch von Boetticher (2020), § 3 Rn. 13.

II. Begriffe und Grundsätze

Eine **Beeinträchtigung der Teilhabe** aufgrund der Wechselwirkung einer Beeinträchtigung mit den Barrieren in der Umwelt kann in einem Bereich oder auch in mehreren Bereichen auftreten.

Teilhabebeeinträchtigt und damit leistungsberechtigt können auch Menschen sein, die **von einer Behinderung bedroht** sind. Von einer Behinderung bedroht ist ein Mensch, wenn eine Beeinträchtigung seiner Teilhabe mit hoher Wahrscheinlichkeit zu erwarten ist – durch eine erwartbare Einschränkung der körperlichen Funktionen, der geistigen oder seelischen Fähigkeiten oder der Sinneswahrnehmung als auch daraus folgend und unter Berücksichtigung der Kontextfaktoren . „Drohen" meint dabei nicht das sichere Eintreten einer Behinderung, allerdings ist mehr als eine vage Möglichkeit vonnöten.[46]

23

Der Begriff der Behinderung des § 2 Abs. 1 SGB IX muss zu anderen, in diesem Zusammenhang möglicherweise auftretenden Begriffen abgegrenzt werden. Von besonderer Bedeutung sind hierbei die Begriffe:
1. Schwerbehinderung
2. Erwerbsminderung und
3. Minderung der Erwerbsfähigkeit

24

Schwerbehinderung ist in § 2 Abs. 2 und 3 SGB IX definiert. Menschen sind nach § 2 Abs. 2 SGB IX schwerbehindert, wenn

25

- bei ihnen ein Grad der Behinderung (GdB) von wenigstens 50 vorliegt und
- sie ihren Wohnsitz, ihren gewöhnlichen Aufenthalt oder ihre Beschäftigung rechtmäßig im Geltungsbereich des Gesetzes, d.h. in Deutschland, haben.

Dem Grunde nach knüpft der Begriff der Schwerbehinderung an eine Behinderung i.S.d. § 2 Abs. 1 an, die allerdings einen bestimmten Schweregrad erreichen muss. Eine Schwerbehinderung muss i.d.R. förmlich festgestellt werden (§ 152 SGB IX), damit die besonderen Regelungen des Teil 3 SGB IX Anwendung finden (im Einzelnen → Kapitel 4). Nach § 2 Abs. 3 SGB IX können Menschen mit einem GdB unter 50 aber mehr als 30 den Menschen mit einer Schwerbehinderung **gleichgestellt** werden, wenn es um den Erhalt oder die Erlangung eines Arbeitsplatzes geht (zur Gleichstellung → Rn. 381).

Die **Erwerbsminderung** ist im Wesentlichen im Rentenrecht geregelt. Sie ist Voraussetzung für den Bezug einer Erwerbsminderungsrente oder auch für Leistungen der Grundsicherung bei Erwerbsminderung und knüpft an die Fähigkeit an, in einem bestimmten Umfang erwerbstätig bzw. nicht erwerbstätig sein zu können. § 43 SGB VI unterscheidet zwischen einer teilweisen und einer vollen Erwerbsminderung. Eine teilweise Erwerbsminderung liegt vor, wenn jemand wegen einer Krankheit oder Behinderung auf nicht absehbare Zeit außerstande ist, unter den üblichen Bedingungen des Arbeitsmarktes mindestens sechs Stunden täglich erwerbstätig zu sein; kann das jemand keine drei Stunden täglich, liegt eine volle Erwerbsminderung vor. Menschen mit einer Behinderung sind nicht zwangsläufig voll oder teilweise erwerbsgemindert; auch eine festgestellte Schwerbehinderung sagt nichts darüber aus, ob und wie lange ein Mensch noch arbeiten kann. Entscheidend sind die „**üblichen Bedingungen des allgemeinen Arbeitsmarktes**":[47]

26

---

46 Joussen in LPK-SGB IX, § 2 Rn. 16. Die Rechtsprechung nimmt eine hohe Wahrscheinlichkeit an, wenn diese über 50% liegt, BVerwG 26.11.1998 – 5 C 38.97; OVG Thüringen 10.6.2009 – 3 EO 136/09 und 22.5.2018 – 3 EO 192/18 zu § 35a SGB VIII, der ebenfalls eine „drohende" Behinderung mit aufgenommen hat.
47 Hierzu im Folgenden Hoenig in GK SRB SGB VI § 43 Rn. 10.

- *Bedingungen* sind alle Faktoren, die wesentliche Grundlage eines Arbeitsverhältnisses sind, z.B. Pausen- und Urlaubsregelungen, Arbeitsschutzvorschriften, gesetzliche und tarifvertragliche Regelungen.
- *Üblich* sind Bedingungen, die nicht nur in Einzel- oder Ausnahmefällen anzutreffen sind, sondern in nennenswertem Umfang und in beachtlicher Zahl.
- *Arbeitsmarkt* umfasst alle denkbaren selbstständigen oder unselbstständigen Tätigkeiten, für die es tatsächlich einen Arbeitsmarkt gibt. Nicht zum „allgemeinen" Arbeitsmarkt gehören Arbeitsmarktbereiche, wie z.B. der „zweite Arbeitsmarkt" für Leistungsbeziehende nach dem SGB II oder SGB III oder Arbeitsplätze in Werkstätten für Menschen mit Behinderungen bzw. bei anderen Leistungsanbietern i.S.d. § 60 SGB IX.

27 Als voll erwerbsgemindert gelten nach dem Rentenrecht auch Menschen mit Behinderungen, die wegen Art oder Schwere der Behinderung nicht auf dem allgemeinen Arbeitsmarkt tätig sein können (§ 43 Abs. 2 S. 3 Nr. 1 SGB VI). Dabei handelt es sich v.a. um Menschen, die in einer anerkannten Werkstatt für Menschen mit Behinderungen oder in einer Blindenwerkstatt i.S.d. § 226 SGB IX oder für diese Einrichtungen in Heimarbeit tätig sind oder die bei einem anderen Leistungsanbieter i.S.d. § 60 SGB IX beschäftigt sind (zu den WfbM und anderen Leistungsanbietern → Rn. 422 ff. und → Rn. 448).

28 Die **Minderung der Erwerbsfähigkeit** (MdE) ist ein Begriff aus dem gesetzlichen Unfallversicherungsrecht. Sie ist Voraussetzung für die Gewährung einer Verletztenrente nach § 56 SGB VII. Dabei wird geprüft, ob ein Gesundheitsschaden aufgrund eines für das Unfallversicherungsrecht relevanten Versicherungsfalls (Arbeitsunfall oder Berufskrankheit) vorliegt. Dieser Gesundheitsschaden muss über die 26. Woche nach dem Versicherungsfall hinaus bestehen und eine Minderung der Erwerbsfähigkeit um mindestens 20 v.H. nach sich ziehen. Anknüpfungspunkt sind dabei die Beeinträchtigungen des körperlichen und geistigen Leistungsvermögens, aufgrund derer die Arbeitsmöglichkeiten auf dem gesamten Gebiet des Erwerbslebens vermindert sind. Entscheidend ist nicht der Gesundheitsschaden als solcher, sondern der Funktionsverlust unter medizinischen, juristischen, sozialen und wirtschaftlichen Gesichtspunkten.[48]

29 Der **Begriff der Behinderung** ist zwar im SGB IX definiert und gilt dort sowohl für den ersten Teil (ggf. ergänzt durch die Voraussetzungen der einzelnen Leistungsgesetze) als auch für den dritten Teil (Schwerbehindertenrecht) als auch für das Recht der Eingliederungshilfe im zweiten Teil des SGB IX. Darüber hinaus findet sich aber in einer Vielzahl anderer (Leistungs)Gesetze der Begriff der Behinderung wieder. Bei der Anwendung dieser Gesetze wird i.d.R. auf die (Legal)Definition des SGB IX zurückgegriffen. Dazu gehören z.B.:

---

48 Zu allem Kunkel in GK SRB SGB VII §§ 56, 62 Rn. 8.

II. Begriffe und Grundsätze

Abbildung 3

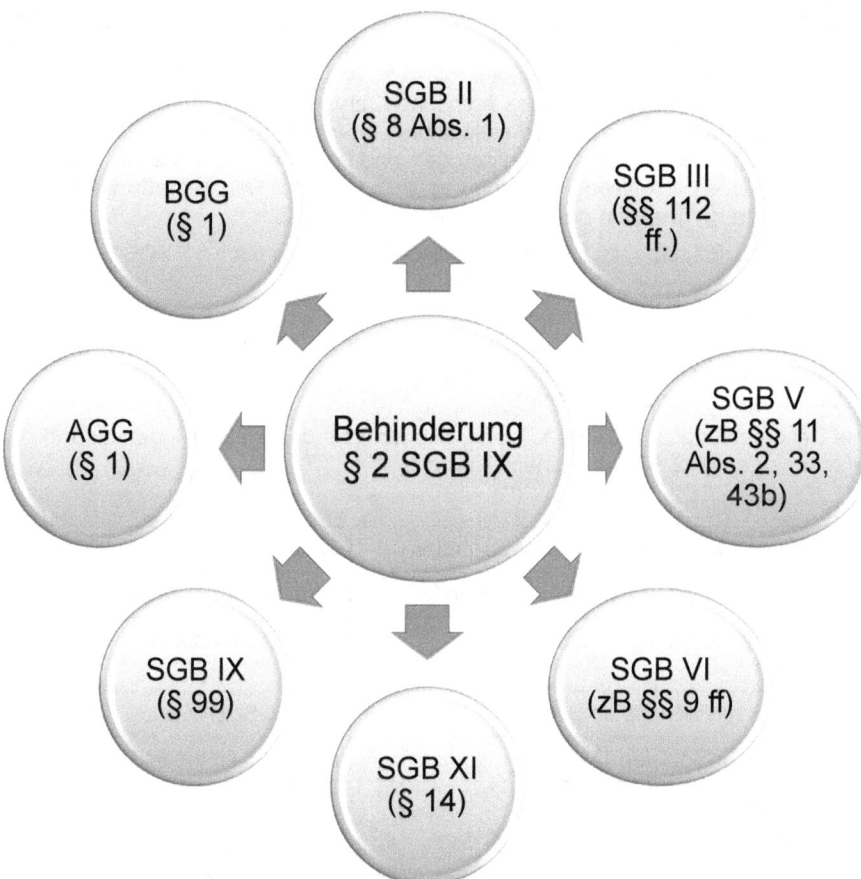

Obwohl die einzelnen Leistungsgesetze an den Begriff der Behinderung im SGB IX anknüpfen, konkretisieren sie diesen teilweise für ihr eigenes Leistungsrecht. In diesen Fällen handelt es sich um eine „**abweichende Regelung**" i.S.d. § 7 Abs. 1 S. 1 SGB IX (→ Rn. 43). So setzt z.B. § 99 SGB IX eine „wesentliche" Teilhabebeeinträchtigung voraus[49] oder knüpft § 19 Abs. 1 S. 1 SGB III daran an, dass die Aussichten der Menschen mit (drohenden) Behinderungen zur Teilhabe am Arbeitsleben wesentlich gemindert sind. Die Regelungen setzen also am allgemeinen Behinderungsbegriffs des § 2 SGB IX an, legen die Schwelle für eine Leistungsberechtigung aber höher.

---

49 Dies ist auch nach der Neubestimmung der Leistungsberechtigung in § 99 SGB IX durch das Teilhabestärkungsgesetz so geblieben(→ Rn. 287 ff.).

3. Leistungsgruppen und Zuständigkeiten

30 Im ersten Teil des SGB IX finden sich die Leistungsgruppen der Leistungen zur Teilhabe und die in Frage kommenden jeweiligen Rehabilitationsträger im Überblick (§§ 5 und 6 SGB IX). Mit dieser Aufzählung steht zwar nicht fest, wer im Einzelfall für die jeweilige Teilhabeleistung eines Menschen mit einer (drohenden) Behinderung zuständig ist, da die konkreten Voraussetzungen für die Leistung und Zuständigkeit in den jeweiligen Leistungsgesetzen geregelt sind (§ 7 Abs. 1 S. 2 SGB IX, → Rn. 45). Aus diesem Überblick lässt sich jedoch ersehen, welcher **Rehabilitationsträger** für welche **Leistungsgruppen** grundsätzlich in Frage kommt.

Leistungen zur Teilhabe am Leben in der Gesellschaft sind nach § 5 SGB IX:
1. Leistungen zur medizinischen Rehabilitation,
2. Leistungen zur Teilhabe am Arbeitsleben,
3. unterhaltssichernde und ergänzende Leistungen,
4. Leistungen zur Teilhabe an Bildung und
5. Leistungen zur Sozialen Teilhabe.

31 Eine Beschreibung der Ziele und der typischen Leistungsinhalte finden sich in den Vorschriften ab § 42 SGB IX. Danach sind die

Leistungen zur medizinischen Rehabilitation	in den §§ 42 bis 47 SGB IX,
Leistungen zur Teilhabe am Arbeitsleben	in den §§ 49 bis 63 SGB IX,
unterhaltssichernden und ergänzenden Leistungen	in den §§ 64 bis 74 SGB IX,
Leistungen zur Teilhabe an Bildung	im § 75 SGB IX und
Leistungen zur Sozialen Teilhabe	in den §§ 76 bis 84 SGB IX

näher geregelt.

32 Welcher **Rehabilitationsträger** für welche Teilhabeleistung grundsätzlich zuständig sein kann, bestimmt § 6 SGB IX. Danach ergibt sich folgender Überblick (in Klammern jeweils die entsprechenden Leistungsgesetze):

II. Begriffe und Grundsätze 35

Abbildung 4

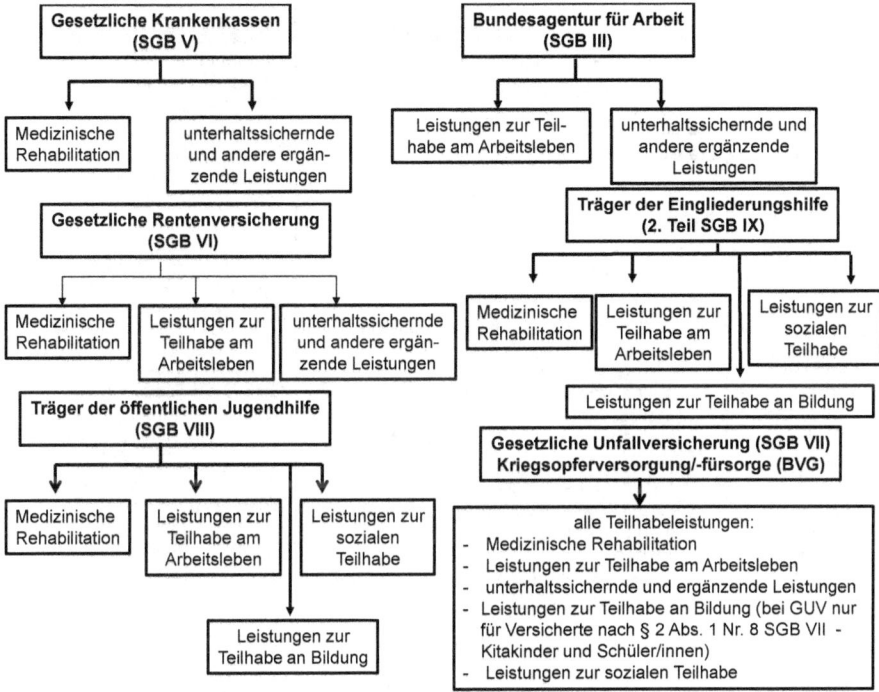

Die **Träger der Eingliederungshilfe** werden von den einzelnen Bundesländern festgelegt (§ 94 Abs. 1 SGB IX). Aus den einzelnen Landesgesetzen zur Ausführung des BTHG ergeben sich folgende Träger der Eingliederungshilfe:

Bundesland	Träger der Eingliederungshilfe	Gesetzliche Grundlage
Baden-Württemberg	Stadt- und Landkreise	Gesetz zur Umsetzung des BTHG vom 21.3.2018; GBl. Baden-Württemberg 2018 Nr. 6 S. 113
Bayern	Bezirke	Art. 66d des Gesetzes zur Ausführung der Sozialgesetze (AGSG), Fassung durch das Bayerische Teilhabegesetz II vom 23.12.2019, BayGVBlNr. 23 S. 747
Berlin	Land Berlin, Durchführung durch die Teilhabefachdienste der Bezirke und das Landesamt für Soziales und Gesundheit	Berliner Teilhabegesetz vom 25.09.2019, GVBl. Nr. 27 S. 602

Bundesland	Träger der Eingliederungshilfe	Gesetzliche Grundlage
Brandenburg	örtliche Träger: Kreise und kreisfreie Städte überörtliche Träger: Land Brandenburg (Wahrnehmung der Aufgaben durch Landesamt für Soziales und Versorgung)	§ 2 Gesetz zur Ausführung des Neunten Sozialgesetzbuches (AG-SGB IX) vom 18.12.2018, GVBl. I Nr. 38.
Hamburg	Freie und Hansestadt Hamburg Durchführung durch das Bezirksamt Wandsbek, die Behörde für Arbeit, Gesundheit, Soziales, Familie und Integration (Vertragsrecht, Suchtkrankenhilfe, Schiedsstelle) und die Behörde für Schule und Berufsbildung (für Schüler:innen-Hilfe)	Hamburgisches Gesetz zur Ausführung des Neunten Buches Sozialgesetzbuch (AG SGB IX) vom 21.6.2018, HmbGVBl. 26.6.2018 S. 214; Anordnung zur Durchführung des SGB IX vom 25.02.2020, Amtl. Anz. S. 265
Hessen	■ örtliche Träger der Sozialhilfe für ambulante Eingliederungshilfeleistungen ■ überörtlicher Träger der Sozialhilfe, der Landeswohlfahrtsverband Hessen, für alle Leistungen der Eingliederungshilfe und Hilfe zur Pflege in stationären bzw. teilstationären Einrichtungen oder im betreuten Wohnen ■ unterschiedliche Regelungen bei gleichzeitiger Erbringung von Leistungen der Eingliederungshilfe und Hilfe zur Pflege oder Grundsicherung in einer stationären oder teilstationären Einrichtung	Gesetz zur Änderung des Hessischen Ausführungsgesetzes zum Zwölften Buch Sozialgesetzbuch und zur Aufhebung der Verordnung über Zuständigkeiten nach dem Zwölften Buch Sozialgesetzbuch vom 29.9.2017, GVBl. 2017, 310
Mecklenburg-Vorpommern	Landkreise und kreisfreien Städte, Kommunaler Sozialverband Mecklenburg-Vorpommern für zentrale Aufgaben (	Gesetz zur Ausführung des Neunten Buches Sozialgesetzbuch vom 16.12.2019, GVBl. 2019, 796
Nordrhein-Westfalen	Landschaftsverbände für Leistungen für erwachsene Menschen mit Behinderungen Kreise und kreisfreien Städte für Eingliederungshilfe für Kinder und Jugendliche mit Behinderungen bis zum Abschluss einer ersten allgemeinen Schulausbildung	Ausführungsgesetz zum Neunten Buch SGB IX für das Land Nordrhein-Westfalen vom 21.07.2018, GV.NRW 2018 Nr. 19 S. 414
Rheinland-Pfalz	■ Land, dessen Aufgaben vom Landesamt für Soziales, Jugend und Versorgung wahrgenommen werden, für erwachsene Menschen mit Behinderungen ab dem 18. Lebensjahr sowie für Leistungen zur Teilhabe am Arbeitsleben bei minderjährigen Menschen mit Behinderungen ■ Landkreise und kreisfreie Städte für Kinder und Jugendlichen mit körperlichen, geistigen und seelischen Behinderungen bis zum 18. Lebensjahr beziehungsweise bis zum Ende des Regelschulbesuches, falls dieser nach Vollendung des 18. Lebensjahres der Leistungsberechtigten liegt	§ 1 Landesgesetz zur Ausführung des Neunten Buches Sozialgesetzbuch (AGSGB IX) vom 19.12.2018, GVBl. 2018, 463

II. Begriffe und Grundsätze

Bundesland	Träger der Eingliederungshilfe	Gesetzliche Grundlage
Saarland	Land, dessen Aufgaben durch das Landesamt für Soziales wahrgenommen werden	Gesetz zur Umsetzung des BTHG vom 13.6.2018, AmtsBl. Saarland I vom 12.7.2018 S. 384
Sachsen	kreisfreien Städte und Landkreise und der Kommunale Sozialverband Sachsen (KSV) für Leistungen an Volljährige in besonderen Wohnformen und in Tageseinrichtungen sowie Leistungen zur Teilhabe am Arbeitsleben, hochschulische (Weiter-)Bildung und Kfz-Hilfe	§ 10 Sächsisches Gesetz zur Ausführung des Sozialgesetzbuches (SächsAGSGB) vom 28.6.2018, SächsGBVl. 2018 Nr. 11 S. 472
Sachsen-Anhalt	Land Sachsen-Anhalt Durchführung durch Landkreise und kreisfreie Städte, die Sozialagentur Sachsen-Anhalt für zentrale Aufgaben (u.a. Vertragsrecht, Planung) und das Sozialministerium für den Landesrahmenvertrag und die Schiedsstelle	Gesetz zur Ausführung des Neunten Buches Sozialgesetzbuch (AG SGB IX) vom 5.12.2019, GVBl. LSA 2019, 948
Schleswig-Holstein	■ Kreise und kreisfreien Städte, und ■ Das Sozialministerium für zentrale Steuerungs- und Koordinierungsaufgaben	Gesetz zur Ausführung des Neunten Buches Sozialgesetzbuch (AG-SGB IX) vom 22.3.2018, GVBl. SchlH 2018 Nr. 7 S. 94
Thüringen	■ Landkreise und kreisfreie Städte als örtliche Träger der Eingliederungshilfe ■ Land als überörtlicher Träger der Eingliederungshilfe; Durchführung durch das Sozialministerium	Thüringer Gesetz zur Ausführung des Neunten Sozialgesetzbuches (ThürAGSGB IX) vom 21.9.2018, GVBl. Thüringen 2018 Nr. 10 S. 386

Eine Besonderheit gilt für die **Jobcenter**. Diese sind zwar nicht selbst Rehabilitationsträger, wirken aber gemäß § 6 Abs. 3 SGB IX mit an der Entscheidung über Leistungen zur Teilhabe am Arbeitsleben für erwerbsfähige Leistungsberechtigte mit Behinderungen. **Erwerbsfähige Leistungsberechtigte** i.S.d. § 7 Abs. 1 S. 1 SGB II sind Menschen, die im Alterskorridor zwischen 15 und 65 (bzw. Gemäß § 7a SGB II ab Geburtsjahr 1947 stufenweise ansteigend bis Geburtsjahr 1964, dann endet die Leistungsberechtigung erst mit vollendetem 67. Lebensjahr) liegen, erwerbsfähig (§ 8 SGB II) und hilfebedürftig (§ 9 SGB II) sind und die ihren gewöhnlichen Aufenthalt (§ 30 Abs. 3 S. 2 SGB I) in Deutschland haben. Rehabilitationsträger für Leistungen zur Teilhabe am Arbeitsleben nach dem SGB II bleibt die Bundesagentur für Arbeit. Diese stellt den Rehabilitationsbedarf fest und beteiligt das Jobcenter im Rahmen des Teilhabeplanverfahrens nach § 19 Abs. 1 S. 2 SGB IX und berät dieses über die von ihm zu erbringenden Leistungen zur Teilhabe am Arbeitsleben nach § 16 Abs. 1 S. 3 SGB II. Das Jobcenter entscheidet unter Berücksichtigung dieses Eingliederungsvorschlages über die Leistungen zur Teilhabe am Arbeitsleben und innerhalb der Fristen des § 14 SGB IX (→ Rn. 74) bzw. § 15 SGB IX (→ Rn. 78).

Die Träger der gesetzlichen **Pflegeversicherung** sind keine Rehabilitationsträger. Sie werden allerdings mit Zustimmung der Leistungsberechtigten in das Teilhabe- und Gesamtplanverfahren eingebunden, wenn im Einzelfall Anhaltspunkte für eine

Pflegebedürftigkeit nach dem SGB XI bestehen, sofern dies für die Feststellung des Rehabilitationsbedarfs bzw. zur Feststellung der Leistungen der Eingliederungshilfe erforderlich ist (§ 22 Abs. 2 SGB IX → Rn. 90, § 117 Abs. 3 SGB IX → Rn. 327). Die Leistungen der Pflegeversicherung sind zudem im Rahmen eines Persönlichen Budgets budgetfähig (§ 35a SGB XI, § 29 SGB IX → Rn. 117 f.)

36 Die Bestimmung der (vorrangigen) **Zuständigkeit** der jeweiligen Rehabilitationsträger ist nicht im SGB IX normiert, sondern ergibt sich erst aus einer Zusammenschau der Zuständigkeitsregelungen in den einzelnen Leistungsgesetzen der Rehabilitationsträger. Für die meisten Fälle lässt sich die Zuständigkeit anhand folgender **Faustregeln** bestimmen. Dabei ist zu berücksichtigen, dass die nach Faustregel 1 und 2 zuständigen Rehabilitationsträger die einzigen sind, bei denen die Zuständigkeit durch eine bestimmte Ursache der (drohenden) Behinderung begründet wird. Liegt diese Ursache vor, besteht eine vorrangige Zuständigkeit. Alle anderen Rehabilitationsträger erbringen Teilhabeleistungen unabhängig von der Ursache der Behinderung.

37 **Faustregel 1:**

Ist die (drohende) Behinderung Folge eines Arbeits- bzw. Wegeunfalls oder einer Berufskrankheit, sind grundsätzlich die **Träger der gesetzlichen Unfallversicherung** für Leistungen zur medizinischen Rehabilitation, zur Teilhabe am Arbeitsleben, für unterhaltssichernde und ergänzende Leistungen sowie für Leistungen zur Sozialen Teilhabe zuständig. Handelt es sich bei den Versicherten um Kinder in Kindertageseinrichtungen bzw. in Kindertagespflege, um Schüler:innen oder um Studierende (§ 2 Abs. 1 Nr. 8 SGB VII), übernimmt die gesetzliche Unfallversicherung auch die Leistungen zur Teilhabe an Bildung. **Voraussetzungen** für die (vorrangige) Zuständigkeit der gesetzlichen Unfallversicherung sind:

1. Versicherung (§§ 2, 3 SGB VII)
2. Versicherungsfall (§§ 8, 9 SGB VII)
3. Kausalität zwischen Versicherungsfall und (drohender) Behinderung.

38 **Faustregel 2:**

Ist die (drohende) Behinderung Folge eines Schadens, der während eines Kriegs-, Wehr- oder Zivildienstes eingetreten ist oder der auf einem gesetzlich geregelten Tatbestand eines "Sonderopfers" beruht (z.B. Impfschaden, rechtswidrig tätlicher Angriff, bei in der ehemaligen DDR zu Unrecht strafrechtlich Verfolgten oder durch verwaltungsrechtliches Unrecht betroffene Personen) und das entsprechende Gesetz auf das Bundesversorgungsgesetz verweist, sind die **Versorgungsämter und Hauptfürsorgestellen** als Träger der Kriegsopferversorgung bzw. -fürsorge vorrangig zuständige Rehabilitationsträger für alle Rehabilitationsleistungen. **Voraussetzungen** hierfür sind:

1. Eintritt eines gesetzlich definierten Schadensfalls (z.B. § 1 BVG, § 80 SVG, § 47 ZDG, § 60 IfSG, § 1 OEG, § 21 StRehaG, § 3 VwRehaG)
2. Kausalität zwischen Schadensfall und (drohender) Behinderung.

Ab 1.1.2024 werden die bisherigen Träger der Kriegsopferfürsorge / Kriegsopferversorgung durch die Träger der Sozialen Entschädigung ersetzt, die durch Landesrecht bestimmt werden (§ 111 SGB XIV). Die Einzelheiten hierzu finden sich in dem dann neu in Kraft tretenden SGB XIV.[50] Danach werden Leistungen zur Rehabilitation durch die Träger der Sozialen Entschädigung erbracht, wenn Menschen durch ein

---

50 Gesetz zur Regelung des Sozialen Entschädigungsrechts vom 12.12.2019, BGBl. I 2652.

II. Begriffe und Grundsätze

schädigendes Ereignis, für das die staatliche Gemeinschaft eine besondere Verantwortung trägt, unmittelbar eine (drohende) Behinderung erleiden. Schädigende Ereignisse sind Gewalttaten, Kriegsauswirkungen beider Weltkriege, Ereignisse im Zusammenhang mit der Ableistung des Zivildienstes sowie Schutzimpfungen oder anderen Maßnahmen der spezifischen Prophylaxe (§ 1 SGB XIV). Zwischen schädigendem Ereignis und (drohender) Behinderung muss Kausalität bestehen. Die Leistungen zur Teilhabe sind dann in Kapitel 6 des SGB XIV geregelt. Sie umfassen auch weiterhin alle Leistungsgruppen (vgl. § 62 SGB XIV).

Faustregel 3

Bei den Leistungen zur medizinischen Rehabilitation und zur Teilhabe am Arbeitsleben ist vorrangig die **gesetzliche Rentenversicherung** zuständig, sofern kein Fall der Faustregeln 1 oder 2 vorliegt. Bei der medizinischen Rehabilitation folgt die Vorrangigkeit vor der gesetzlichen Krankenversicherung aus § 40 Abs. 4 SGB V. Bei den Leistungen zur Teilhabe am Arbeitsleben ist die Rentenversicherung vor der Bundesagentur für Arbeit leistungspflichtig; das ergibt sich aus § 22 Abs. 2 SGB III. Die gesetzliche Rentenversicherung ist allerdings nur dann zuständiger Rehabilitationsträger, wenn folgende **Voraussetzungen** vorliegen:

1. *persönliche Voraussetzungen* (§ 10 SGB VI)

   Sie liegen vor, wenn die Erwerbsfähigkeit wegen Krankheit oder körperlicher, geistiger oder seelischer Behinderung erheblich gefährdet oder gemindert ist und die begehrte Rehabilitationsmaßnahme diese Gefahr abwendet oder bei Minderung der Erwerbsfähigkeit diese bessert oder die Erwerbsfähigkeit mit der Maßnahme wieder hergestellt werden kann. Handelt es sich um Leistungen zur Teilhabe am Arbeitsleben, liegen die persönlichen Voraussetzungen auch bei einer teilweisen Erwerbsminderung ohne Aussicht auf Besserung vor, wenn durch die Teilhabeleistung der bisherige Arbeitsplatz erhalten oder ein anderer in Aussicht stehender Arbeitsplatz erlangt werden kann und der Erhalt des bisherigen Arbeitsplatzes sonst nicht möglich ist.

2. *versicherungsrechtliche Voraussetzungen* (§ 11 SGB VI)

   Sie sind grundsätzlich für alle Teilhabeleistungen erfüllt, wenn die Leistungsberechtigten die Wartezeit von 15 Jahren erfüllt haben oder wenn sie bereits eine Erwerbsminderungsrente beziehen. Alternativ dazu sind besondere versicherungsrechtliche Voraussetzungen für die medizinische Rehabilitation in § 11 Abs. 2 SGB VI, für die Leistungen zur Teilhabe am Arbeitsleben in § 11 Abs. 2a SGB VI geregelt.

3. *kein Leistungsausschluss* (§§ 12, 13 SGB VI)

   Die Zuständigkeit der Rentenversicherung ist für bestimmte Fälle ausgeschlossen, z.B. bei vorrangiger Zuständigkeit nach den Faustregeln 1 und 2, für Beamte und bestimmte Personen beim Übergang in die Altersrente. Speziell Leistungen der medizinischen Rehabilitation erbringt die Rentenversicherung u.a. dann nicht, wenn noch eine akute Krankenversorgung erforderlich ist (zur Abgrenzung → Rn. 137 f.) oder die gleichen Rehabilitationsleistungen bereits innerhalb der letzten vier Jahre erbracht worden sind (zur Begründung → Rn. 147).

Erbringt die gesetzliche Rentenversicherung Leistungen zur medizinischen Rehabilitation und/oder zur Teilhabe am Arbeitsleben ist sie auch zuständig für die **unterhaltssichernden und ergänzenden Leistungen**.

40 Faustregel 4

Sind Faustregeln 1 bis 3 nicht anwendbar, dann ist

1. für Leistungen der medizinischen Rehabilitation und die sie begleitenden unterhaltssichernden und ergänzenden Leistungen die **gesetzliche Krankenversicherung** zuständig, wenn die Menschen mit (drohender) Behinderung oder chronischer Erkrankung krankenversichert sind und die Voraussetzungen der §§ 27 ff. SGB V erfüllen.
2. für Leistungen zur Teilhabe am Arbeitsleben und die sie begleitenden unterhaltssichernden und ergänzenden Leistungen die **Bundesagentur für Arbeit** für erwerbsfähige, nicht nach den SGB II leistungsberechtigte Menschen mit (drohenden) Behinderungen zuständig. Für erwerbsfähige, nach dem SGB II hilfebedürftige Menschen mit (drohenden) Behinderungen ist die Bundesagentur für Arbeit für die Feststellung des Rehabilitationsbedarfs zuständig; für die Entscheidung über die Leistungen und die Übernahme der Kosten sind die Jobcenter zuständig (→ Rn. 34).

41 Faustregel 5

Nachrangig sind für die Leistungen der medizinischen Rehabilitation und zur Teilhabe am Arbeitsleben die **Träger der Eingliederungshilfe** zuständig. Dabei entspricht der Leistungsumfang bei medizinischer Rehabilitation dem der gesetzlichen Krankenversicherung (§ 109 Abs. 2 SGB IX). Leistungen zur Teilhabe am Arbeitsleben erbringt der Träger der Eingliederungshilfe nach § 111 SGB IX nur für Menschen mit Behinderungen, die Leistungen im Arbeitsbereich einer WfbM (→ Rn. 437), bei anderen Leistungsanbietern (→ Rn. 448) oder als Budget für Arbeit (→ Rn. 452) erhalten können. Eine Besonderheit gilt für Kinder und Jugendliche mit (nur) seelischen Behinderungen, für deren Rehabilitationsleistungen (medizinische und berufliche Rehabilitation) nachrangig der **Träger der Kinder- und Jugendhilfe** zuständig ist. Hier gilt im Grundsatz § 10 Abs. 1 SGB VIII: medizinische Rehabilitationsleistungen in z.B. stationärer Form werden durch die Krankenversicherung erbracht,[51] es sei denn, die Behandlung oder Therapie wird nicht vom Leistungskatalog der GKV erfasst.[52] In diesen Fällen ist der Träger Kinder- und Jugendhilfe zuständig. Ähnliches gilt bezüglich der Leistungen zur Teilhabe am Arbeitsleben. Für Ausbildungsförderung (Ausbildung, berufsvorbereitende Maßnahmen) ist die Bundesagentur vorrangig gemäß § 10 Abs. 1 SGB VIII zuständig gegenüber der Eingliederungshilfe nach § 35a SGB VIII, auch wenn diese Maßnahmen innerhalb einer Einrichtung der Jugendhilfe erbracht werden.[53] Nur wenn im Ausnahmefall eine betriebliche Ausbildung wegen Unzumutbarkeit ausscheidet, kommt ausnahmsweise eine schulische Ausbildung als Leistung der Eingliederungshilfe in Frage.[54] Für den Bereich der **Frühförderung** (§ 46 SGB IX) können nach § 10 Abs. 4 S. 3 SGB VIII die Länder den zuständigen Leistungsträger gesondert bestimmen. Unterhaltssichernde und andere ergänzende Leistungen erbringen weder die Träger der Eingliederungshilfe noch die der Kinder und Jugendhilfe.

---

51 Kepert in LPK-SGB VIII § 10 Rn. 17.
52 Kepert in LPK-SGB VIII § 10 Rn. 18; z.B. bei Lernstörungen wie Lese- und Rechtschreibschwäche; s. auch SG Regensburg 10.11.2004 – S 14 KR 38/04).
53 Bundesagentur für Arbeit, S. 6.
54 BVerwG 23.11.1995 – 5 C 13/94.

Faustregel 6

42

Für Leistungen zur Teilhabe an Bildung und zur Sozialen Teilhabe sind für diejenigen, die nicht unter Faustregel 1 und 2 fallen,

1. die **Träger der Kinder- und Jugendhilfe** für Kinder und Jugendliche mit (nur) seelischen Behinderungen und
2. die **Träger der Eingliederungshilfe** für allen anderen Menschen mit Behinderungen, einschließlich Kinder und Jugendliche mit geistigen, körperlichen oder mehrfachen Behinderungen

grundsätzlich zuständig. In manchen Bundesländern sind die Träger der Kinder- und Jugendhilfe für alle Kinder und Jugendlichen mit Behinderungen oder die Träger der Eingliederungshilfe auch für Kinder und Jugendliche zuständig. Dies hängt von den jeweiligen Ausführungsgesetzen der einzelnen Bundesländer ab.[55]

4. Das Verhältnis des SGB IX zu den anderen Leistungsgesetzen

Das Teilhaberecht von Menschen mit (drohenden) Behinderungen ist nicht ausschließlich im SGB IX geregelt, sondern zudem auch noch in den Leistungsgesetzen der sieben Rehabilitationsträger (→ Rn. 3). Das Verhältnis des ersten Teils des SGB IX zu diesen Leistungsgesetzen regelt § 7 SGB IX. Hiernach gelten die Vorschriften des SGB IX so lange und insoweit, wie die jeweiligen Leistungsgesetze der Rehabilitationsträger nichts Abweichendes regeln (§ 7 Abs. 1 S. 1 SGB IX). Ist in einem Leistungsgesetz also eine Regelung enthalten, die vom 1. Teil SGB IX abweicht, ist diese vom betroffenen Rehabilitationsträger anzuwenden, nicht die allgemeine Regelung des SGB IX.

43

Beispiel 1:
Dem allgemeinen Wunsch- und Wahlrecht in § 8 Abs. 1 SGB IX zur Folge ist "berechtigten Wünschen" bezüglich der Ausführung der Leistungen (z.B. Wahl des Leistungserbringers) zu entsprechen. Im Recht der Eingliederungshilfe ist das Wahlrecht gemäß § 104 Abs. 2 SGB IX beschränkt auf "angemessene Wünsche". Ein Träger der Eingliederungshilfe hat gemäß § 7 Abs. 1 Satz 1 SGB IX also die Beachtlichkeit von Wünschen nach § 104 SGB IX zu prüfen, nicht nach § 8 Abs. 1 SGB IX (ausführlich dazu → Rn. 47 ff.).

Umgekehrt bedeutet das, dass die Vorschriften des SGB IX nur solange und soweit anwendbar sind, wenn die Leistungsgesetze **keine spezielle Regelung** zu der jeweiligen Teilhabeleistung treffen.

Beispiel 2:
Hilfsmittel sind (unter anderem auch) Teil der medizinischen Rehabilitation nach §§ 42 Abs. 2 Nr. 6, 47 SGB IX. Zuständige Rehabilitationsträger können (unter anderem) sowohl die gesetzliche Rentenversicherung als auch die gesetzliche Krankenversicherung sein. Nach § 7 Abs. 1 S. 1 SGB IX sind die Vorschriften des ersten Teils – hier insbesondere § 47 SGB IX – nur dann anwendbar, wenn die Leistungsgesetze nichts Abweichendes regeln. Um zu prüfen, ob solche Abweichungen vorliegen, ist in das jeweilige Leistungsgesetz zu schauen – in das SGB V für die gesetzliche Krankenversicherung und in das SGB VI für die gesetzliche Rentenversicherung. Im SGB V regelt § 33 Hilfsmittel ausführlich – hier ist vorrangig das SGB V anzuwenden. Das SGB VI hingegen verweist in § 15 im Wesentlichen auf die Vorschriften der medizinischen Rehabilitation des SGB IX; in diesem Fall findet § 47 SGB IX Anwendung.

---

[55] Vgl. z.B. § 53 Gesetz zur Ausführung des Kinder- und Jugendhilfegesetzes (AG KJHG) des Landes Berlin. Die Träger der öffentlichen Jugendhilfe sind hier auch zuständig für die Eingliederungshilfe nach dem SGB IX und somit für alle Kinder und Jugendliche mit Behinderungen.

44 Solche **Abweichungen** sind gemäß § 7 Abs. 2 S. 1 SGB IX allerdings nicht möglich, wenn es sich dabei um Regelungen handelt, die denen der:
- Kapitel 2: Einleitung der Rehabilitation von Amts wegen,
- Kapitel 3: Bedarfserkennung und Bedarfsermittlung (→ Rn. 72 f.) sowie
- Kapitel 4: Koordinierung der Leistungen (→ Rn. 69 ff.)

entsprechen. Diese Regelungen gehen denen der Leistungsgesetze der jeweiligen Rehabilitationsträger vor; sie gelten unmittelbar und uneingeschränkt, um dadurch eine **einheitliche Bedarfsermittlung** und eine **nahtlose Feststellung und Erbringung** der Leistungen sicherzustellen und den Beteiligten einen aufwändigen Abgleich mit anderen Leistungsgesetzen bei der Ermittlung und Koordinierung der Leistungen zu ersparen.[56] Von den Regelungen des Kapitel 4 darf auch nicht durch Landesrecht abgewichen werden (§ 7 Abs. 2 S. 2 SGB IX). Dies betrifft vor allem die Koordinierungsvorschriften für kommunale Träger, überörtliche Träger oder Behörden der Länder als Rehabilitationsträger, die keine anderen Verfahren der Koordinierung, Beschleunigung und Teilhabeplanung festlegen können. Sollen Träger der Eingliederungshilfe oder der Kinder- und Jugendhilfe von der Geltung bestimmter Vorschriften des Kapitel 4 ausgenommen werden, so ist das ausdrücklich im SGB IX geregelt worden (z.B. für die Erstattung selbstbeschaffter Leistungen in § 18 Abs. 7 SGB IX, → Rn. 84).

45 Nach § 7 Abs. 1 S. 2 SGB IX sind die **Zuständigkeit und die Voraussetzungen** für die Teilhabeleistungen nur in den für die Rehabilitationsträger geltenden Leistungsgesetzen geregelt. Das bedeutet, dass das SGB IX nur regeln kann, welche Rehabilitationsträger für welche Teilhabeleistungen grundsätzlich in Betracht kommen. Es regelt hingegen nicht, ob sie im konkreten Einzelfall auch tatsächlich zuständig sind und welche Leistungsvoraussetzungen vorliegen müssen. Hierfür müssen immer die jeweiligen Leistungsgesetze herangezogen werden.

Beispiel:
Ob für ein Hilfsmittel im Rahmen der medizinischen Rehabilitation nun die gesetzliche Krankenversicherung oder die gesetzliche Rentenversicherung im konkreten Fall zuständig ist, richtet sich nach den Leistungsgesetzen – hier SGB V und SGB VI. Die Zuständigkeit für die gesetzliche Krankenversicherung ergibt sich aus den §§ 5 Abs. 2, 28 Abs. 1 Nr. 3 SGB V; die Voraussetzungen sind in § 33 SGB V geregelt. Die Zuständigkeit der vorrangig gesetzlichen Rentenversicherung ergibt sich aus den §§ 9, 15 SGB VI, die Voraussetzungen müssen sowohl in persönlicher als auch in versicherungsrechtlicher Hinsicht (§§ 10, 11 SGB VI, → Rn. 39) erfüllt sein.

46 Zusammenfassend lässt sich das Verhältnis zwischen SGB IX und den Leistungsgesetzen der Rehabilitationsträger wie folgt bestimmen:
1. Leistungsvoraussetzungen und Zuständigkeit ergeben sich ausschließlich aus den Leistungsgesetzen und
2. der Leistungsinhalt ergibt sich nur aus dem SGB IX, wenn es keine abweichenden Regelungen in den besonderen Leistungsgesetzen gibt.
3. Von den Verfahrensvorschriften der Kapitel 2 bis 4 SGB IX darf nicht abgewichen werden.
4. Die Grundsätze und Teilhabeziele des SGB IX sind bei allen Rehabilitationsträgern zu berücksichtigen.

---

[56] BT-Drs. 18/9522, S. 229.

5. Wunsch- und Wahlrecht

Das Wunsch- und Wahlrecht im Sozialleistungsrecht folgt dem Grundsatz der **indivi-** 47
duellen Leistungskonkretisierung. Auf diese Weise soll verhindert werden, dass Leistungsträger und Leistungserbringer nur standardisierte Leistungen anbieten, die der Lebenssituation und den Bedürfnissen der Leistungsberechtigten nicht vollumfänglich gerecht werden.[57] Wenn diese bei der Ausgestaltung der Leistungen mitbestimmen dürfen, werden i.d.R. die Bereitschaft zur Annahme der Unterstützung sowie die Motivation zur Mitwirkung.[58] Aus diesem Grund findet sich ein Wunsch- und Wahlrecht in einer Vielzahl von Leistungsgesetzen.

Abbildung 5

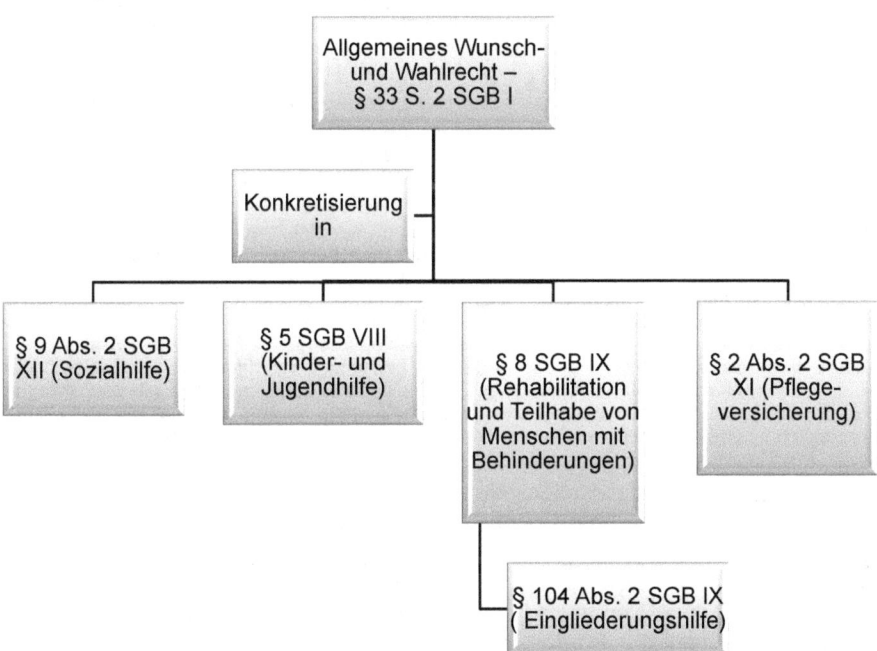

Das Wunsch- und Wahlrecht ist ein wesentliches Element im sozialrechtlichen Dreiecksverhältnis (→ Rn. 114, → Rn. 366 ff.). Leistungsberechtigte haben das Recht, bei der Inanspruchnahme von Sozialleistungen zwischen unterschiedlichen Hilfe- und Unterstützungsangeboten, Einrichtungen, Diensten und Trägern zu wählen und Wünsche bei der Ausgestaltung der Leistungen zu äußern. Dabei ist das Wunsch- und Wahlrecht häufig an die **Angemessenheit der Wünsche** und **das Gebot der Wirtschaftlichkeit** gebunden.

Im Recht der Teilhabe für Menschen mit (drohenden) Behinderungen ist das allge- 48
meine Wunsch- und Wahlrecht aus dem SGB I in § 8 SGB IX konkretisiert. Es soll die Selbstbestimmung, Selbstständigkeit und Eigenverantwortung von Menschen mit

---

57 Vgl. Amann/Theben in SWK Behindertenrecht, Stichwort Wunsch- und Wahlrecht, Rn. 1.
58 Vgl. Joussen in LPK-SGB IX § 8 Rn. 2.

(drohenden) Behinderungen stärken und damit der Vorstellung von **Autonomie**, so wie sie auch die BRK fordert, Rechnung tragen.[59] § 8 SGB IX enthält keine eigene Anspruchsgrundlage; die Vorschrift bestimmt nur die Art und Weise der Leistungserbringung.[60] Die Vorschrift erfasst nicht nur **angemessene**, sondern auch **berechtigte** Wünsche.[61] Berechtigt sind Wünsche, wenn sie sich im Rahmen des Leistungsrechts und der mit ihm verfolgten Zielsetzung sowie anderer geltender Rechtsvorschriften halten.[62] Das Wunsch- und Wahlrecht gilt daher nur innerhalb des Leistungsrechts und erweitert dieses nicht.

Beispiel 1:
Wünschen Leistungsberechtigte eine bestimmte, von der gesetzlichen Rentenversicherung finanzierte Rehabilitationsmaßnahme in einer bestimmten stationären Einrichtung, setzt dies i.d.R. voraus, dass die gewünschte Einrichtung entweder vom Träger der Rentenversicherung selbst betrieben wird oder mit ihr ein Vertrag gem. § 38 SGB IX besteht (§ 15 Abs. 2 SGB VI). Das Wunsch- und Wahlrecht beschränkt sich mithin auf diese Einrichtungen; eine andere – nicht selbst betriebene oder vertraglich gebundene – Einrichtung kommt nur dann in Betracht, wenn keine eigene oder Vertragseinrichtung die benötigten Leistungen anbieten kann.[63]

49 Andererseits bleibt – falls die Wünsche der Leistungsberechtigten im Rahmen des Leistungsrechts sind – kein Raum mehr für eine andere Entscheidung der Leistungsträger, die dann zur Erbringung der gewünschten Leistung verpflichtet sind.[64]

Beispiel 2:
Eine 48-jährige Frau hat dem Grunde nach Anspruch auf eine medizinische Rehabilitation in einer neurologischen Klinik. Der zuständige Rentenversicherungsträger bewilligt ihr eine entsprechende Maßnahme in der Klinik A. Als die Leistungsberechtigte im Internet nach der Klinik recherchiert, liest sie eine Reihe von negativen Bewertungen von Menschen, die sich zur Rehabilitation dort aufgehalten haben. Sie macht gegenüber dem Leistungsträger geltend, dass sie lieber in die Klinik C möchte, von der sie schon viel Gutes gehört hat. Sowohl A als auch C können vom Leistungsumfang her den Bedarf der Leistungsberechtigten decken; beide haben einen Vertrag mit der Rentenversicherung. Da sich der Wunsch der Leistungsberechtigten im Rahmen des Leistungsrechts bewegt und die Leistung in der Klinik C geeignet ist, die Rehabilitationsziele zu erfüllen, muss der Rentenversicherungsträger auch eine Rehabilitationsmaßnahme in C bewilligen.

Gleichwohl sind die Rehabilitationsträger nicht verpflichtet, faktisch unmögliche oder nur unter enormen Aufwand realisierbare Wünsche zu berücksichtigen.

50 Auch wenn § 8 Abs. 1 S. 1 SGB IX ein Wunsch- und Wahlrecht bei den Entscheidungen *über* die Leistungen („ob") ebenso vorsieht wie bei der *Ausgestaltung* („wie"), wird es doch i.d.R. erst im zweiten Fall – bei der Ausübung des **Auswahl- oder Gestaltungsermessens** (→ Rn. 131) – relevant. Voraussetzung für die Ausübung des Wunsch- und Wahlrechts ist zunächst grundsätzlich eine Leistungsberechtigung. Bei mehreren Leistungsarten sind die Wünsche dann im Rahmen des Leistungsrechts zu berücksichtigen.

Beispiel 3:
Ein 28-Jähriger ist beim Hantieren mit Feuerwerkskörpern, die explodiert sind, erblindet. Seinen Beruf als Altenpfleger kann er nicht mehr ausüben; er benötigt Leistungen zur Teilhabe am Arbeitsleben in Form einer Umschulung. Hier besteht eine grundsätzliche Leistungsberechtigung; bei der Frage, wie diese Leistungen ausgestaltet sind (z.B. welche Umschulung zu welchem Beruf gewünscht ist, wo sie durchgeführt wird, welcher Leistungserbringer verpflichtet

---

59 Von Kries, Fachlexikon der Sozialen Arbeit, Stichwort Wunsch- und Wahlrecht.
60 Welti in HK-SGB IX § 9 Rn. 1.
61 Zur Diskussion s. Amann/Theben in SWK Behindertenrecht, Stichwort Wunsch- und Wahlrecht, Rn. 5.
62 BT-Drs. 14/5074, 100.
63 Vgl. LSG BW 23.6.2014 – L 11 R 2199/14 ER-B; LSG RP 12.1.2004 – L 2 RI 160/03.
64 Vgl. LSG NRW 27.3.2014 – L 9 SO 497/11.

II. Begriffe und Grundsätze 45

wird, ob sie ambulant oder in einem Berufsförderungswerk mit angeschlossenem Wohnen stattfindet u.Ä.), kann der 28-Jährige Wünsche äußern, die vom leistenden Rehabilitationsträger zu berücksichtigen sind (→ Rn. 170 f.).

Nach § 8 Abs. 1 S. 2 SGB IX sind auch die persönliche Lebenssituation, das Alter, **51** das Geschlecht, die Familie sowie die religiösen und weltanschauliche Bedürfnisse der Leistungsberechtigten zu berücksichtigen. Dazu gehört z.b., dass Rehabilitationsangebote wohnortnah gemacht werden, wenn Leistungsberechtigte eine Familie zu versorgen haben, dass konfessionelle Einrichtungen gewählt werden können oder dass berufliche Rehabilitationsmaßnahmen auch ggf. in Teilzeit angeboten werden müssen. Insbesondere den Bedürfnissen von Müttern, Vätern und Kindern mit Behinderungen ist Rechnung zu tragen (§ 1 S. 2 → Rn. 10 und § 4 Abs. 3 und 4 SGB IX → Rn. 10). Der **individuellen Situation** muss auch dann Rechnung getragen werden, wenn sie nicht in ein Wunschrecht einfließen.[65]

Hinweis

Stehen Menschen mit Behinderungen unter Betreuung, stellt sich zunächst die Frage, ob der Aufgabenkreis der **rechtlichen Betreuung** auch den Umgang mit Rehabilitationsträgern, -diensten und -einrichtungen umfasst. In diesen Fällen sind Betreuer:innen an die Wünsche des Menschen mit Behinderung gebunden (§ 1901 Abs. 3 BGB), wenn diese nicht dem Wohl des oder der Betroffenen zuwiderlaufen. Betreuer:innen haben innerhalb ihres Aufgabenkreises nach § 1901 Abs. 4 BGB darauf hinzuwirken, dass Möglichkeiten zur Verhinderung, Beseitigung oder Besserung einer Behinderung genutzt werden und Maßnahmen gegen eine Verschlimmerung oder zur Milderung von Folgen einer Behinderung ergriffen werden. Allerdings können Teilhabeleistungen nur mit Zustimmung der Leistungsberechtigten erbracht werden (§ 8 Abs. 4 SGB IX).

Der Rehabilitationsträger ist verpflichtet, im Rahmen des Wunsch- und Wahlrechts, **52** die Betroffen an der Planung und Gestaltung der einzelnen Hilfe zu beteiligen und ihre Mitwirkung zu fördern. Aus diesen Gründen muss nach § 19 Abs. 2 S. 2 Nr. 7 SGB IX die Berücksichtigung des Wunsch- und Wahlrechts im **Teilhabeplan** (→ Rn. 95 f.) dokumentiert werden. So soll verhindert werden, dass Rehabilitationsträger nur eine Leistung anbieten, ohne auf die Möglichkeiten der Mitbestimmung und Mitgestaltung durch die Ausübung des Wunsch- und Wahlrechts hinzuweisen.[66] Gleichwohl haben auch die **Leistungserbringer**, Dienste und Einrichtungen die Pflicht, den Leistungsberechtigten möglichst viel Raum zur eigenverantwortlichen Gestaltung ihrer Lebensumstände zu ermöglichen und ihre Selbstbestimmung zu fördern (§ 8 Abs. 3 SGB IX). Die Rehabilitationsträger haben dafür zu sorgen, dass die Mitwirkungsmöglichkeiten – gerade in stationären Einrichtungen – auch wahrgenommen werden können; dabei sind Selbstständigkeit, Selbstverständnis und Unabhängigkeit der Einrichtungen zu wahren. Der zwischen der Einrichtung und dem Menschen

---

[65] Vgl. Welti in HK-SGB IX § 9 Rn. 17.
[66] Amann/Theben in SWK Behindertenrecht, Stichwort Wunsch- und Wahlrecht, Rn. 9 unter Hinweis auf eine Studie, in der festgestellt wurde, dass nur jeder Zweite über sein Wunsch- und Wahlrecht informiert war.

mit Behinderung geschlossene (privatrechtliche) **Betreuungsvertrag** muss entsprechende Regelungen enthalten.

Hinweis

In der Praxis gibt es in den verschiedenen Landesheimgesetzen,[67] die auch vollstationäre Einrichtungen der Behindertenhilfe oder bestimmte betreute Wohneinrichtungen erfassen, Regelungen zur Berücksichtigung dieser Verpflichtung gegenüber den Bewohner:innen. Dazu gehören neben Leistungs- und Informationspflichten der Einrichtungsträger (z.B. §§ 6, 7, 8, 10 WTG Berlin) vor allem Mitwirkungsrechte über Bewohner:innenvertretungen, deren Namen variiert (z.B. Bewohnervertretung, Bewohnerbeirat, Bewohnerschaftsrat). Diese Vertretungen waren bereits in der Heimmitwirkungsverordnung des Bundes festgelegt. Einige Bundesländer haben eigene Mitwirkungsverordnungen für die Bewohner:innen stationärer Einrichtungen (z.B. Brandenburg, Hamburg, Mecklenburg-Vorpommern). In den anderen Bundesländern gilt die Heimmitwirkungsverordnung weiter.

53 § 8 Abs. 2 SGB IX sieht vor, dass an Stelle von Sachleistungen zur Teilhabe, die nicht in Rehabilitationseinrichtungen, d.h. ambulant, ausgeführt werden, auf Antrag der Leistungsberechtigten diese als **Geldleistung** erbracht werden können, wenn die damit selbstbeschafften Leistungen voraussichtlich bei gleicher Wirksamkeit jedenfalls nicht teurer sind. In diesem Fall besteht ein **Wahlrecht** zwischen Sachleistung und Geldleistung. Die Entscheidung hierüber trifft der Rehabilitationsträger nach pflichtgemäßem Ermessen. Erfasst werden von dieser Vorschrift Leistungen aller Leistungsgruppen nach § 5 SGB IX (→ Rn. 30 f.), die außerhalb von Einrichtungen erbracht werden können. Voraussetzung ist, dass sich die Leistung anhand von Unterlagen, die die leistungsberechtigte Person vorzulegen hat,

- gleich wirksam und
- zumindest wirtschaftlich gleichwertig

darstellt. Diese Form der Geldleistung ist eine Vorstufe zum Persönlichen Budget (→ Rn. 113 ff.).[68] Für aufwändigere Leistungen müssen die Leistungsberechtigten die **Mehrkosten** selbst tragen.

Hinweis

Mit dem GKV-IPReg[69] wurde eine Neuregelung in Bezug auf stationäre Maßnahmen der medizinischen Rehabilitation aufgenommen. Danach müssen Leistungsberechtigte, die eine stationäre Rehabilitationsmaßnahme erhalten, diese zwar grundsätzlich in einer nach § 37 Abs. 3 SGB IX zertifizierten Einrichtung wahrnehmen, mit der die Krankenkasse einen Vertrag hat. Wollen sie ihre Rehabilitationsmaßnahme in einer anderen, nicht vertraglich gebundenen (allerdings ebenfalls zertifizierten) Einrichtung erhalten, müssen sie grundsätzlich nur die Hälfte der Mehrkosten selbst tragen. Entspricht die

---

67 Ein aktueller Überblick über alle Heimgesetze der Länder, die allerdings nicht mehr den Begriff „Heim" im Namen tragen, sondern je nach Herangehensweise ein „Selbstbestimmungsstärkungsgesetz" (Schleswig-Holstein) oder ein „Wohnteilhabegesetz" (Berlin) oder „Einrichtungsqualitätsgesetz" (Mecklenburg-Vorpommern) u.v.m. haben, findet sich bei Zinsmeister im SWK Behindertenrecht Stichwort Betreutes Wohnen Rn. 8 oder unter https://www.aok-verlag.info/de/news/UEberblick-Heimgesetzgebung-in-den-Bundeslaendern/2/ (1.3.2021).
68 von Boetticher in Trenczek et al. (2018), S. 599.
69 Gesetz zur Stärkung von intensivpflegerischer Versorgung und medizinischer Rehabilitation in der gesetzlichen Krankenversicherung (Intensivpflege- und Rehabilitationsstärkungsgesetz – GKV-IPReg) vom 23.10.2020, BGBl. I 2220.

II. Begriffe und Grundsätze

Wahl dieser Einrichtung indessen dem Wunsch- und Wahlrecht nach § 8 SGB IX, muss die Krankenkasse die Kosten komplett tragen (§ 40 Abs. 2 S. 4 SGB V).

Das Wunsch- und Wahlrecht steht häufig unter dem Vorbehalt des **Wirtschaftlichkeitsgebots**. Dieses gilt nach § 69 SGB IV für alle Versicherungsträger; für die Krankenversicherung insbesondere nach § 12 Abs. 1 S. 1 SGB V und umfasst auch die Rehabilitationsleistungen.[70]

Beispiel:
So wird ein Hilfsmittel nicht bewilligt, wenn es lediglich der Bequemlichkeit und dem Komfort bei der Nutzung, nicht hingegen der Funktionalität dient.[71]

Gleichwohl gilt nicht grundsätzlich ein Vorrang der billigsten Leistung; entscheidend ist, dass die gewünschte Maßnahme dem Bedarf der Leistungsberechtigten am besten entspricht und für ihn die geeignetste ist. Einen generellen Mehrkostenvorbehalt gibt es nicht (aber → Rn. 57).[72] Kommt der Rehabilitationsträger den Wünschen der Leistungsberechtigten nach § 8 Abs. 1 und 2 SGB IX nicht nach, muss er dies in seinem **Bescheid** begründen. Auf diese Art und Weise besteht die Gelegenheit, die Rechtmäßigkeit der Entscheidung im Rechtsbehelfsverfahren (→ Rn. 482 ff.) überprüfen zu lassen.

Im Recht der **Eingliederungshilfe** (→ Rn. 295) wird mit § 104 Abs. 2 und 3 SGB IX das in § 8 SGB IX bestehende Wunsch- und Wahlrecht für die Leistungen der Eingliederungshilfe konkretisiert bzw. eingeschränkt. Die Regelung geht als speziellere Vorschrift vor (§ 7 Abs. 1 S. 1 SGB IX, → Rn. 44). Hiernach werden Wünsche der Leistungsberechtigten in Bezug auf die Gestaltung der Leistungen, einschließlich der Wahl der Leistungen und dem Ort der Leistungserbringung, berücksichtigt, soweit sie **angemessen** sind. Die Prüfung der Angemessenheit hat dabei in drei Schritten zu erfolgen:
1. ob es alternativ zu der gewünschten Leistung eine **vergleichbar bedarfsdeckende Leistung** gibt,
2. ob diese vergleichbare Leistung der leistungsberechtigten Person **zumutbar** ist und - nur, wenn das der Fall ist -,
3. ob die **Kosten** der gewünschten Leistung die der vergleichbaren Leistung **unverhältnismäßig** übersteigen.

In die Angemessenheitsprüfung sind gemäß § 104 Abs. 2 S. 2 Nr. 1 SGB IX nur solche **Leistungen** als **vergleichbar** einzubeziehen, die **genauso geeignet sind**, den festgestellten **Bedarf zu decken,** und die von Leistungserbringern angeboten werden, mit denen der Eingliederungshilfeträger eine vertragliche Vereinbarung nach den §§ 123 ff. SGB IX geschlossen hat.

Bevor der Träger der Eingliederungshilfe indessen entscheidet, dass eine Leistung unangemessen ist, hat er die **Zumutbarkeit** einer von den Wünschen der Leistungsberechtigten abweichenden Leistung zu prüfen (§ 104 Abs. 3 SGB IX). Dabei sind die persönlichen, familiären und örtlichen Umstände einschließlich der gewünschten Wohnform zu berücksichtigen. Erweist sich danach eine vom Leistungsträger vorgeschlagene alternative Leistung als unzumutbar, wird kein Kostenvergleich vorgenommen (§ 104 Abs. 3 S. 5 SGB IX). In diesen Fällen werden andere Aspekte herangezo-

---

70 Vgl. LSG BW 1.8.2007 – L 4 KR 2071/05; BSG 7.5.2013 – B 1 KR 53/12 R.
71 BSG 6.6.2002 – B 3 KR 68/01 R. Hier allerdings war § 8 Abs. 1 S. 3 SGB IX (bis 1.1.2018 § 9 Abs. 1 S. 3 SGB IX) einschlägig, der das gewünschte Hilfsmittel einer Mutter zugestand, die hiermit ihrem Erziehungsauftrag für ihre minderjährigen Kinder besser erfüllen konnte.
72 Vgl. Amann/Theben in SWK Behindertenrecht Stichwort Wunsch- und Wahlrecht Rn. 7.

gen, wie z.B. Qualität und Geeignetheit des Teilhabeziels.[73] Die Rechtsprechung beurteilt die Zumutbarkeit einer alternativen Leistung, die nicht den Wünschen der Leistungsberechtigten entspricht, nicht allein danach, ob diese objektiv geeignet ist, sondern orientiert sich an der konkreten Lebenssituation des Menschen mit Behinderung einschließlich seiner sozialen Bindungen und prüft, ob der Eingliederungserfolg durch die Ablehnung der gewünschten Maßnahme schwerwiegend beeinträchtigt ist.[74]

Beispiel:
So ist einem jungen Menschen mit Behinderung i.d.R. nicht die Unterbringung in einem Altenpflegeheim zumutbar, auch wenn er einen erheblichen Pflegebedarf hat.

57 Erst nachdem eine vergleichbare Leistung als zumutbar eingestuft wurde, ist ein **Vergleich der Kosten** vorzunehmen. Dabei sind die **Durchschnittskosten** aller Angebote für eine bestimmte, für den Leistungsberechtigten bedarfsdeckende Leistung im Zuständigkeitsbereich des Leistungsträgers zu ermitteln und diese der Höhe nach ins Verhältnis zu der gewünschten Leistung zu setzen; unzulässig wäre ein Vergleich mit den Kosten der Leistung eines besonders günstigen Leistungserbringers.[75] Nur weil die gewünschte Maßnahme teurer ist, ist sie nicht automatisch unangemessen; vielmehr müssen die **Mehrkosten unverhältnismäßig** sein. Die Rechtsprechung sieht dann Mehrkosten als „unverhältnismäßig" an, wenn aus den höheren Kosten für die Leistung eine solche Mehrbelastung des Leistungsträgers entsteht, die nicht durch die von den Leistungsberechtigten angeführten Gründe gerechtfertigt werden können. Dabei erschöpft sich die Frage nach der (Un-)Verhältnismäßigkeit wunschbedingter Mehrkosten nicht in einem rein rechnerischen Kostenvergleich, sondern verlangt eine wertende Betrachtungsweise.[76] Während bis zu einer Grenze von 20 % Kostendifferenz eine Unangemessenheit von Mehrkosten übereinstimmend verneint wird,[77] wird die Einschätzung bei darüber hinausgehenden Mehrkosten uneinheitlich.[78] Das Bundesverwaltungsgericht jedenfalls hat eine Überschreitung der Kosten für eine gewünschte Maßnahme von mehr als 75 % als unverhältnismäßig angesehen.[79]

Hinweis

Bei den Tatbestandsmerkmalen der Vergleichbarkeit, Zumutbarkeit, Angemessenheit und Unverhältnismäßigkeit, handelt es sich um **unbestimmte Rechtsbegriffe**, die vom Träger der Eingliederungshilfe bei der Anwendung auszulegen sind. Er hat dabei – anders als bei Ermessensentscheidungen – jedoch keinen Handlungsspielraum, vielmehr sind die Auslegungen im Einzelfall voll gerichtlich überprüfbar (→ Rn. 486 ff.).

58 Wünschen sich Menschen mit Behinderungen ein Wohnen außerhalb von besonderen Wohnformen, d.h. außerhalb von vollstationären Einrichtungen der Behinderten-

---

[73] BT-Drs. 18/9522, S. 278 f.
[74] LSG NSB 26.5.2016 – L 8 SO 166/12, Rn. 36 m.w.N. zu § 13 SGB XII; LSG BW 2.9.2010 – L 7 SO 1357/10 ER-B.
[75] Von Boetticher (2020), § 4 Rn. 81. Roscher in LPK-SGB XII § 9 Rn. 34 verlangt für die Ermittlung der Durchschnittskosten die Berücksichtigung der Kosten, wie sie bei Leistungserbringern im gesamten Bundesland entstehen; bei Stadtstaaten müssten andere Bundesländer mit einbezogen werden.
[76] Vgl. LSG BW 22.2.2018 – L 7 SO 3516/14 m.w.N. Siehe auch LSG Niedersachsen-Bremen 10.11.2020 – L 8 SO 84/20 ER, Rn. 25.
[77] SG Karlsruhe 20.5.2015 – S 1 SO 4334/14, Rn. 33 m.w.N.
[78] LSG BW 2.9.2010 – L 7 SO 1357/10 ER-B, Rn. 10 m.w.N. BVerwG 11.2.1982 – 5 C 85/80: 75 %-ige Mehrkosten unverhältnismäßig.
[79] Vgl. BVerwG 11.2.1982 – 5 C 85/80.

hilfe, **ist** der gewünschten **Wohnform** der **Vorzug zu geben** (§ 104 Abs. 3 S. 3). Diese Sonderregelung ist zurück zu führen auf Art. 19 BRK, der ausdrücklich Menschen mit Behinderungen das Recht zugesteht, ihren Aufenthaltsort zu wählen und zu entscheiden, wo und mit wem sie leben wollen, und die demnach nicht verpflichtet sind, in besonderen Wohnformen zu leben. § 104 Abs. 3 S. 3 SGB IX setzt voraus, dass ein Wohnen außerhalb besonderer Wohnformen von den Leistungsberechtigten gewünscht wird und dabei die Deckung ihrer individuellen Bedarfe gesichert ist. Liegen diese Voraussetzungen vor, ist eine abweichende Leistung dem Grunde nach nicht zumutbar; ein Kostenvergleich dürfte nicht stattfinden.[80] Wird unter diesen Voraussetzungen ein Wohnen außerhalb besonderer Wohnformen gewünscht, schließt Abs. 3 S. 4 auch die gemeinsame Erbringung von Assistenzleistungen bezüglich der Gestaltung sozialer Beziehungen und der persönlichen Lebensplanung an mehrere Leistungsberechtigte (sog. Poolen von Leistungen → Rn. 318) gegen den Willen der leistungsberechtigten Person aus.

6. Kinder mit Behinderungen

Der Gesetzgeber hat im SGB IX die Belange von Kindern mit (drohenden) Behinderungen an verschiedenen Stellen besonders in den Fokus genommen. Dies folgt daraus, dass Kinder als besonders verwundbare Gruppe gelten, die auch ohne Behinderung Gefahr laufen, benachteiligt zu werden. Tritt eine Behinderung hinzu, kann es zu **doppelter Diskriminierung** kommen (→ Rn. 10).[81] Darüber hinaus geht es gerade bei Kindern nicht allein um die (Re-)Habilitation im engeren Sinne, sondern um eine Förderung und Unterstützung der **Integration** in die Gesellschaft, es geht nicht allein um die Vermeidung von Ausgrenzungen, sondern um Inklusion.[82] Hinzu kommt, dass die besondere Erwähnung von Kindern und ihrer Bedürfnisse auch der **Kinderrechtskonvention der Vereinten Nationen** genügen soll, die ihrerseits Kindern mit Behinderungen einen besonderen Schutz- und Förderungsrechtsstatus verleiht (Art. 23 Kinderrechtskonvention). So findet sich bereits in § 1 S. 2 SGB IX die Vorgabe – wenn auch an dieser Stelle v.a. als Zielbestimmung –, dass den besonderen Bedürfnissen von Kindern mit (drohenden) Behinderungen bei den Leistungen zur Teilhabe Rechnung getragen werden muss. Die Verpflichtung hierzu gilt für alle Rehabilitationsträger und für den gesamten Rehabilitationsprozess.[83] „Kind" ist dabei umfassend zu verstehen. Dabei kann auf die Regelung des § 7 Abs. 2 SGB VIII zurückgegriffen werden. Erfasst werden damit **alle minderjährigen Personen** bis zur Vollendung des 18. Lebensjahres.[84] Dies entspricht ebenfalls den Regelungen der Kinderrechtskonvention (dort Art. 1).

Der Grundsatz der Berücksichtigung der Bedürfnisse von Kindern mit (drohenden) Behinderungen wird in § 4 Abs. 3 SGB IX konkretisiert. Hiernach sind Leistungen für diese Kinder so zu planen und zu gestalten, dass sie nach Möglichkeit nicht von ihrem sozialen Umfeld getrennt und **gemeinsam mit Kindern ohne Behinderung** betreut werden können. Auf diese Weise soll wechselseitiges, emotionales, soziales

---

80 So von Boetticher (2020), § 4 Rn. 84 m.w.N. A.A. LSG Sachsen-Anhalt 8.3.2021 – L 8 SO 33/20 B ER –, Rn. 40.
81 Joussen in LPK-SGB IX § 1 Rn. 13.
82 Jabben in Neumann/Pahlen/Greiner/Winkler/Jabben, SGB IX § 4 Rn. 6.
83 Bieritz-Harder in SWK Behindertenrecht, Stichwort „Kinder mit Behinderungen" Rn. 1. Diese Vorgabe gilt auch bei Leistungen der Pflegeversicherung an Kinder mit Behinderungen – vgl. BSG 17.7.2008 – B 3 P 12/07 R, Rn. 17 (jL).
84 Welti in HK-SGB IX § 4 Rn. 32.

und kognitives Lernen gefördert werden.[85] Die Planung bedarfsgerechter Leistungen meint dabei nicht nur die Bedarfsermittlung und Leistungsdurchführung im konkreten Einzelfall, sondern ebenso die Verpflichtung der Rehabilitationsträger zur Schaffung **strukturell passender Angebote** (vgl. § 36 SGB IX). Das bedeutet, dass Rehabilitationsträger bereits im Vorfeld Konzepte für eine wirksame wohnortnahe und integrative Rehabilitation entwickeln müssen, zumindest dann, wenn es um gleichartige Bedarfslagen geht.[86] Gemeinsame Betreuung mit Kindern ohne Behinderung zielt v.a. auf den Bereich der vorschulischen und außerschulischen Betreuung, z.B. in Kindertagesstätten oder Horten. Im Bereich der **Schule** besteht allerdings eine Verpflichtung der Rehabilitationsträger, den Schulbesuch von Kindern mit (drohenden) Behinderungen in Regelschulen zu fördern und dies vorrangig vor dem Besuch von Sonderschulen oder Förderzentren.[87] So sind v.a. auch die Träger der Eingliederungshilfe an eine Entscheidung der Schulrechtsträger für eine Beschulung des Kindes mit Behinderung in einer Regelschule gebunden und können nicht aus Kostengründen auf den Besuch einer Sonderschule verweisen.[88] Im Rahmen des **Teilhabeplanverfahrens** (§§ 19 ff. SGB IX, → Rn. 88 ff.) soll der leistende (verantwortliche) Rehabilitationsträger andere öffentliche Stellen unter Berücksichtigung der Interessen der Leistungsberechtigten in geeigneter Art und Weise mit einbeziehen (§ 22 Abs. 1 SGB IX). Handelt es sich bei den Leistungsberechtigten um Schüler:innen mit (drohenden) Behinderungen, ist es sinnvoll und ggf. auch erforderlich, die Schulträger entsprechend von Anfang an in das Verfahren einzubinden. Auf diese Weise können die Bedarfe der Schüler:innen für den Schulbesuch ermittelt und Abgrenzungsfragen geklärt werden, die v.a. dann notwendig sind, wenn es um die persönliche Unterstützung und die Bereitstellung erforderlicher Hilfsmittel geht.[89]

61 Nach § 4 Abs. 3 S. 2 SGB IX sind Kinder **alters- und entwicklungsentsprechend** an der Planung und Ausgestaltung der einzelnen Hilfen zu beteiligen und ihre **Sorgeberechtigten** intensiv in Planung und Gestaltung der Hilfen einzubeziehen. Insbesondere Letzteres folgt aus dem elterlichen Erziehungsgrundrecht (Art. 6 Abs. 2 S. 1 GG) und dem in § 1626 BGB ausgestalteten Personensorgerecht[90] und ist daher nicht nur eine objektive Verpflichtung der Rehabilitationsträger, sondern **ein subjektives Recht**.[91] Dieses folgt daraus, dass sorgeberechtigte Eltern (bzw. Elternteile) für die Erziehung, Förderung und Versorgung ihrer Kinder zuständig sind (§ 1631 BGB); diese Verantwortung lässt sich von der Rehabilitation von Kinder mit (drohenden) Behinderungen kaum trennen.[92] Das Gebot der altersspezifischen Beteiligung der Kinder mit (drohenden) Behinderungen konkretisiert wiederum den Grundsatz aus § 1 S. 2 SGB IX, denn ohne eine solche Beteiligung lassen sich die konkreten Bedürfnisse eines Kindes im jeweiligen Einzelfall nicht ermitteln und berücksichtigen.[93] Aus diesem Grund unterliegen einzelne Teilhabeleistungen kinderspezifischen Besonderheiten, denen die Rehabilitationsträger Rechnung zu tragen haben. So ist z.B. für die stationäre medizinische Rehabilitation von Kindern, die das 14. Lebensjahr noch nicht vollendet haben, gemäß §§ 40 Abs. 3 S. 17 i.V.m. 23 Abs. 7 SGB V eine Dauer

---

85 Grauthoff in Kossens/von der Heide/Maaß, SGB IX § 4 Rn. 12.
86 Bieritz-Harder in SWK Behindertenrecht, Stichwort „Kinder mit Behinderungen" Rn. 5.
87 Vgl. OVG Brandenburg 27.11.2002 – 4 B 196/02 Rn. 22 (jL).
88 OVG RP 25.7.2003 – 12 A 10410/03; VGH BW 14.1.2003 – 9 S 2199/02; BVerwG 28.4.2005 – 5 C 20/04; BSG 23.8.2013 – B 8 SO 10/12 R; LSG NRW 15.3.2016 – L 20 SO 545/11.
89 Vgl. hierzu ausdrücklich BT-Drs. 18/9522 S. 240.
90 Sind beide Eltern Personensorgeberechtigte, steht das Recht dem Vormund nach § 1773 BGB zu.
91 Welti in HK-SGB IX § 4 Rn. 34.
92 Bieritz-Harder in SWK Behindertenrecht, Stichwort „Kinder mit Behinderungen" Rn. 8.
93 Bieritz-Harder in SWK Behindertenrecht, Stichwort „Kinder mit Behinderungen" Rn. 8.

II. Begriffe und Grundsätze

von vier bis sechs Wochen anstelle der für Erwachsenen üblichen Zeitspanne von 3 Wochen gemäß § 40 Abs. 3 S. 13 SGB V vorgesehen (→ Rn. 155).

Kinder, die noch nicht eingeschult sind, erhalten Leistungen der **Früherkennung und Frühförderung** als Komplexleistung aus medizinischen Rehabilitationsleistungen einerseits und aus Leistungen zur Sozialen Teilhabe, hier insbesondere heilpädagogische Leistungen, andererseits (§§ 42 Abs. 2 Nr. 2, 76 Abs. 2 Nr. 3, 79 SGB IX). Auf diese Weise berücksichtigt der Gesetzgeber die besondere Entwicklung von Kindern, bei der sich medizinische und soziale Bedarfe häufig nicht eindeutig abgrenzen lassen und medizinische und nichtmedizinische Rehabilitationsleistungen miteinander verknüpft werden müssen (→ Rn. 141). 62

Eine ähnliche Schnittstelle gibt es bei der Erbringung von **Heilmitteln**. Kinder erhalten immer wieder Therapien, die von den Krankenkassen (noch) nicht als Heilmittel im Rahmen der medizinischen Rehabilitation gewährt werden, weil sie nicht durch den Gemeinsamen Bundesausschuss in die Heilmittelrichtlinie aufgenommen wurden (§ 138 SGB V).[94] Diese Therapien können dann zwar nicht Teil der Leistungen der gesetzlichen Krankenversicherung sein, allerdings im Rahmen der **Leistungen zur Sozialen Teilhabe** (vor dem 1.1.2018 als Leistung zur Teilhabe am Leben in der Gemeinschaft bezeichnet) durch die Träger der Eingliederungshilfe bewilligt werden. 63

Beispiel 1:
Die Petö-Therapie kann – auch wenn sie als Heilmittel der gesetzlichen Krankenversicherung ausgeschlossen ist – durch den Träger der Eingliederungshilfe als Leistung zur Teilhabe am Leben in der Gemeinschaft erbracht werden.[95]

Beispiel 2:
Therapeutisches Reiten (Hippotherapie) können Kinder auch nach der Einschulung als heilpädagogische Leistung im Rahmen der Eingliederungshilfe erhalten.[96]

Beispiel 3:
Auch eine Delphin-Therapie kann als Leistung zur Teilhabe an der Gemeinschaft in Betracht kommen, wenn zumindest eine individuell zu bestimmende Aussicht auf Erfolg der Maßnahme besteht.[97]

Ein Schwerpunkt der Rehabilitation von Kindern mit (drohenden) Behinderungen liegt bei **Leistungen zur Sozialen Teilhabe** bzw. bei den Leistungen zur **Teilhabe an Bildung**. Zuständige Leistungsträger sind hier in erster Linie entweder die Träger der Eingliederungshilfe oder die Träger der Kinder- und Jugendhilfe (zur Abgrenzung der Zuständigkeit s. Faustregel 6 → Rn. 42). 64

Hinweis:
Das am 3.6.2021 beschlossene KJSG hat zum Ziel, die Kinder- und Jugendhilfe inklusiv weiterzuentwickeln. Vorgesehen ist darin u.a. in § 10 Abs. 4 SGB VIII die Gesamtzuständigkeit der Träger der Kinder- und Jugendhilfe (sog. "große Lösung") für alle Kinder mit Behinderungen. Allerdings tritt die Gesamtzuständigkeit erst ab dem 1.1.2028 in

---

94 Zur Hippotherapie s. BSG 19.3.2002 – B 1 KR 36/00 R; zur Petö-Therapie s. BSG 3.9.2003 – B 1 KR 34/01 R. Das BSG hat allerdings auch Therapien als medizinische Rehabilitationsmaßnahmen zulasten der Krankenkassen zugestanden, die nicht in der Heilmittelrichtlinie aufgeführt waren, so zur Erweiterten ambulanten Psychotherapie (EAP), BSG 17.2.2010 – B 1 KR 23/09 R.
95 BSG 29.9.2009 – B 8 SO 19/08 R. Vgl. zur Petö-Therapie auch BSG 28.8.2018 – B 8 SO 5/17 R – es kommt – so diese Entscheidung – auf den Leistungszweck an; dieser muss unmittelbar, nicht nur mittelbar Ziele der Sozialen Teilhabe verfolgen, damit ein Träger von Leistungen der Sozialen Teilhabe zuständig wird, hierzu Kuhn-Zuber, RP Reha 2020, 16 ff.
96 BVerwG 18.10.2012 – 5 C 15/11.
97 LSG Hamburg 12.6.2017 – L 4 SO 35/15.

Kraft, und das auch nur dann, wenn zuvor in einem weiteren noch zu erlassenden Gesetz Personenkreis, Art und sowohl Umfang der Leistungen sowie der Kostenbeteiligung konkretisiert worden sind. Zur Vorbereitung dieses Gesetzes hat das BMFSFJ gemäß § 107 Abs. 2 SGB VIII eine sog. prospektive Gesetzesfolgenabschätzung vorzunehmen. Dies soll sicherzustellen, dass die Zusammenführung in der Hand der Jugendämter insbesondere nicht zu Leistungs- und Fallausweitungen und damit nicht zu Mehrkosten führt.[98]

65 Zu den Leistungen der Teilhabe an Bildung gehört z.B. auch die Gewährung eines **Integrations- bzw. Inklusionshelfers**, zumindest in den Fällen, in denen keine vorrangige Verpflichtung der Bereitstellung durch den Schulträger besteht. Auch **andere Unterstützungsleistungen** kommen in Betracht wie die Gewährung von Hilfsmitteln für die Schule (z.B. ein blindengerechtes Notebook nebst Zubehör für den Besuch eines Gymnasiums durch eine blinde Schülerin),[99] die Übernahme der Kosten für Gebärdendolmetscher[100] oder auch eine notwendige Begleitung auf dem Weg zur und von der Schule.[101] Für die Träger der Eingliederungshilfe sind die Leistungen der Teilhabe an Bildung in § 112 SGB IX geregelt (→ Rn. 306 ff.); die Vorschrift ist über den Verweis in § 35a Abs. 3 SGB VIII auch für die öffentlichen Träger der Kinder- und Jugendhilfe, die für Kinder mit seelischen Behinderungen zuständig sind, anwendbar. Inwiefern ein Rechtsanspruch eines Kindes mit (drohenden) Behinderungen auf den Besuch einer Regelschule besteht oder inwieweit die Eltern in die Entscheidung über den Besuch einer Regelschule eingebunden sind, ist vom jeweiligen Landesrecht abhängig.[102] Dabei sind i.d.R. die **Entscheidungen der Schulrechtsträger** von großer Bedeutung. Die Art der Schulbildung bestimmt sich also häufig danach, welche Schule bzw. welche Schulart die zuständigen Schulträger, ggf. unter Berücksichtigung der Wünsche der Eltern, dem Kind zuweisen.[103]

66 Sind Kinder mit Behinderungen auch **pflegebedürftig** i.S.d. SGB XI und benötigen sie während des Besuchs der Schule oder der Kindertagesstätte neben Leistungen der Eingliederungshilfe auch Pflegeleistungen, muss der Träger der Eingliederungshilfe die Kosten für diese notwendigen Pflegeleistungen übernehmen, wenn die pflegerischen Maßnahmen in den Hintergrund treten und den Schulbesuch lediglich ermöglichen.[104]

---

98 Zu den Details ausführlich s. Meysen/ Lohse/ Schönecker/ Smessaert (2021): Das neue Kinder- und Jugendstärkungsgesetz – KJSG.
99 LSG BW 19.4.2018 – L 7 SO 39/16.
100 LSG Sachsen 27.3.2018 – L 8 SO 123/17 B ER.
101 LSG Niedersachsen-Bremen 13.3.2017 – L 4 KR 65/17 B ER.
102 Vgl. hierzu ausführlich Kuhn-Zuber in Kinderrechte, S. 310 f. Vgl. auch BVerfG vom 16.7.2020 – 1 BvR 1525/20, das das Bestehen eines Elternteils auf eine fortgesetzte Beschulung eines Kindes mit Behinderung in einer Regelschule trotz sonderpädagogischen Förderbedarfs als Kindeswohlgefährdung – entsprechend der Anregung des zuständigen Jugendamtes – ansah, weil dieser Elternteil einen zu großen Leistungsdruck auf das Kind ausübe.
103 Vgl. BSG 23.8.2013 – B 8 SO 10/12 R. In diese Richtung zur Feststellung der – nach dem bis 31.12.2019 geltendem Recht – notwendigen Prüfung der Angemessenheit einer Schulbildung auch OVG BB 22.5.2002 – 4 B 60/02; VGH BY 14.5.2001 – 12 B 98.2022.
104 LSG BW 28.6.2007 – L 7 SO 414/07.

II. Begriffe und Grundsätze

Übungsfälle zu den Faustregeln

(Lösung: Rn. 495) **67**

Ordnen Sie in den folgenden Fällen:
a) die notwendige Leistung einer Leistungsgruppe zur Teilhabe zu

und bestimmen Sie

b) unter Zugrundelegung der Faustregeln, den zuständigen Rehabilitationsträger!
   1. Die 38-jährige B arbeitet seit 16 Jahren als kaufmännische Angestellte in einem Baumarkt. Nach einer schweren Krebserkrankung benötigt sie eine Nachsorge in einem Reha-Zentrum.
   2. Der 48-jährige A ist selbstständiger Unternehmer und nicht gesetzlich rentenversichert. Bei der Reparatur seines Garagendaches erleidet er einen Bruch des dritten Brustwirbels. A muss – um weiter erwerbstätig sein zu können – eine Umschulung machen.
   3. Der 22-jährige M wird bei einer Schlägerei durch mehrere, rechtsgerichtete Jugendliche schwer verletzt und benötigt eine aufwändige Behandlung in einer Rehabilitationsklinik.
   4. Die 33-jährige C arbeitet als Gesundheits- und Krankenpflegerin in einem Krankenhaus in Berlin. Nach einer Nachtschicht verunglückt sie mit dem Auto, weil sie kurz am Steuer einschläft, und verliert dadurch ein Bein. Sie benötigt eine Prothese, ärztliche Heilbehandlungen und eine berufliche Anpassung.
   5. Der 5-jährige K ist Autist. Seine Behinderung ist seelischer Natur. Er benötigt heilpädagogische Begleitung für den Besuch eines Regelkindergartens.
   6. Die 21-jährige T ist gehörlos. Sie benötigt für ein angestrebtes Studium Unterstützung durch Gebärden- oder Sprachdolmetscher.

Übungsfall zum Wunsch- und Wahlrecht[105]

(Lösung: Rn. 496) **68**

Die 23-jährige O hat eine leichte geistige Behinderung und erhält Leistungen der Eingliederungshilfe. Sie lebt bei ihren Eltern und arbeitet seit März 2016 tagsüber in einer Werkstatt für behinderte Menschen des Trägers L. Zuvor hat sie 12 Jahre lang eine Waldorfschule in J besucht. Im Mai 2018 beantragt sie beim zuständigen Träger der Eingliederungshilfe die Kostenübernahme für eine stationäre Betreuung in der Einrichtung des Trägers K, der auch eine WfbM angeschlossen ist. Zur Begründung führte sie aus, dass die Betreuung in der Einrichtung des K auf der Grundlage der Waldorfpädagogik stattfindet und sie in der Einrichtung des L lediglich mit monotonen Arbeitsgängen betraut werde. Ihrem Wunsch nach einer Tätigkeit im Hauswirtschaftsbereich sei dort nur anfänglich nachgekommen worden. Ihre Entwicklung stagniere; eine Förderung finde nicht ausreichend statt. In der Einrichtung des K werde familiär und individuell gefördert; bereits ihre Beschulung in der Waldorfschule habe gezeigt, dass diese Pädagogik ihren Interessen am nächsten komme. Sie könne dort im hauswirtschaftlichen Bereich arbeiten und hätte engeren Kontakt zu Menschen, die sie schon aus der Schule kenne. Sie habe schon in der Einrichtung probegewohnt; es bestünde auf diese Weise zudem die Möglichkeit, sich aus ihrem Elternhaus zu lösen und dadurch ihre persönliche Entwicklung zu fördern. Obwohl die

---

[105] Nach SG Hildesheim 19.5.2010 – S 34 SO 212/07.

Empfehlung nach dem Berufsfindungsjahr in der WfbM ergeben habe, dass sie entweder im hauswirtschaftlichen, gärtnerischen oder Kleintierpflegebereich eingesetzt werden soll, werde sie seit einem Jahr nur mit der Verpackung von Kondomen oder dem Ausstanzen von Dichtungsringen betraut. Der Träger der Eingliederungshilfe lehnt die Kostenübernahme für die Einrichtung des K ab, weil diese im Vergleich zu den Kosten des L unverhältnismäßig hoch seien (ca. 23 % Mehrkosten bezogen auf die Beschäftigungsmaßnahme).

Prüfen Sie unter Berücksichtigung des Wunsch- und Wahlrechts der O, ob die Entscheidung des Trägers der Eingliederungshilfe rechtmäßig war! Gehen Sie davon aus, dass die Anspruchsvoraussetzungen ansonsten vorliegen! Die Kosten für Unterkunft und Verpflegung sind aufgrund der Trennung von behinderungsspezifischen Fachleistungen der Eingliederungshilfe und existenzsichernden Leitungen insbesondere der Grundsicherung nach dem SGB XII (dazu (→ Rn. 258) bei der Lösung des Falles außer Betracht zu lassen.

Wiederholungsfragen

1. Was verstehen Sie unter dem Recht auf Selbstbestimmung für Menschen mit Behinderungen? Welcher Unterschied besteht zwischen Selbstständigkeit und Selbstbestimmung?
2. Was verstehen Sie unter Behinderung? Wo ist der Begriff definiert? Welche Elemente beinhaltet der Behinderungsbegriff?
3. Was verstehen Sie unter einer Teilhabebeeinträchtigung?
4. Was bedeutet der Begriff Schwerbehinderung und Erwerbsminderung? Wo finden sich entsprechende Regelungen hierzu?
5. Welche Leistungsgruppen zur Teilhabe kennen Sie?
6. Welche Rehabilitationsträger sind für welche Teilhabeleistungen zuständig? Benennen Sie die gesetzliche Vorschrift hierfür!
7. Wie werden die Träger der Pflegeversicherung in die Teilhabeleistungen eingebunden?
8. Wiederholen Sie die Faustregeln zur Bestimmung der zuständigen Rehabilitationsträger!
9. In welchem Verhältnis steht das SGB IX zu den Leistungsgesetzen der Rehabilitationsträger?
10. Wo ist das Wunsch- und Wahlrecht im SGB IX geregelt? Wann ist ein Wunsch i.S.d. SGB IX berechtigt?
11. Wie wird im Verfahren das Wunsch- und Wahlrecht der leistungsberechtigten Menschen mit Behinderungen berücksichtigt?
12. Was kennzeichnet das Wunsch- und Wahlrecht im Recht der Eingliederungshilfe?
13. An welchen Vorschriften des SGB IX zeigt sich die besondere Stellung von Kindern mit Behinderungen? Was ist der Grundgedanke bei der Leistungserbringung für Kinder mit Behinderungen?
14. Bei welchen Leistungen zeigen sich besondere Schnittstellen bei der Leistungserbringung für Kinder mit Behinderungen?
15. Wer entscheidet darüber, ob ein Kind mit Behinderungen in einer Regelschule beschult werden kann?

III. Koordinierung der Leistungen und Teilhabeplan

Durch die Verfahrensvorschriften zur Koordinierung der Leistungen in den §§ 14 ff. SGB IX soll erreicht werden, dass Leistungsberechtigte trotz der Vielzahl an Rehabilitationsträgern (→ Rn. 32) schnell eine Entscheidung über ihren Antrag bzw. ihren bekannt gewordenen Bedarf erhalten. Zudem soll auch bei Leistungen mehrerer Rehabilitationsträger gewährleistet werden, dass diese „wie aus einer Hand" aufeinander abgestimmt werden.[106] Zu Beginn steht daher das Verfahren zur **Bestimmung des fallverantwortlichen,** sog. **leistenden Rehabilitationsträgers** in § 14 SGB IX (→ Rn. 70 f.) gefolgt von dem Verfahren zur Verteilung der **Leistungsverantwortung** im Fall der Zuständigkeit **mehrerer Rehabilitationsträger** in § 15 SGB IX (→ Rn. 78). Ist zur Feststellung des Bedarfs der leistungsberechtigten Person die Einholung eines Sachverständigengutachtens erforderlich, ist dies in § 17 SGB IX mit dem Ziel geregelt, Doppelbegutachtungen zu vermeiden (→ Rn. 75). Zur Beschleunigung sind für die verschiedenen Verfahrensschritte Fristen vorgeschrieben, so dass die antragstellende Person je nach Verfahrensgang (→ Übersicht Rn. 74) nach drei Wochen bis zu zwei Monaten mit einer Entscheidung rechnen kann. Als Druckmittel zur Einhaltung dieser Fristen sieht § 18 SGB IX eine sog. Genehmigungsfiktion vor. Die beantragte Leistung gilt nach Ablauf einer Frist von zwei Monaten als genehmigt und die somit leistungsberechtigte Person darf sich **Leistungen selbst beschaffen** und die **Kosten dafür erstatten lassen** (→ Rn. 83 ff.). Zentrales Instrument zur Dokumentation ist das in den §§ 19 – 23 SGB IX geregelte **Teilhabeplanverfahren,** durch welches mittels Abstimmung der Rehabilitationsträger mit der leistungsberechtigten Person und untereinander das nahtlose Ineinandergreifen der Leistungen koordiniert werden soll (→ Rn. 88 ff.). Um die Wirksamkeit der Koordinierungsregelung des 4. Kapitels zu gewährleisten, haben deren Vorschriften gemäß § 7 Abs. 2 SGB IX **Vorrang gegenüber** den jeweiligen **Leistungsgesetzen** der Rehabilitationsträger (→ Rn. 43). Damit sind die Koordinierungsvorschriften der §§ 14-23 SGB IX auch dann anzuwenden, wenn in dem Leistungsgesetz eines Rehabilitationsträgers, also einem der anderen Sozialgesetzbuch oder in einem Landesausführungsgesetz zum SGB IX, eine andere Verfahrensweise geregelt ist. Man spricht davon, dass die Koordinierungsvorschriften "abweichungsfest" sind.

69

1. Leistender Rehabilitationsträger (§ 14 SGB IX)

Im allgemeinen Sozialverwaltungsverfahren hat gem. § 16 Abs. 2 SGB I der bei einem unzuständigen Leistungsträger gestellte Antrag zur Folge, dass der Antrag unverzüglich an den zuständigen Träger weiterzuleiten ist (→ Rn. 474). Im Rehabilitationsrecht gibt es angesichts der Vielzahl an Rehabilitationsträgern jedoch mit § 14 SGB IX ein spezielleres und damit vorrangiges Verfahren zur Zuständigkeitsklärung. Mithilfe des § 14 SGB IX wird innerhalb enger Fristen bestimmt, wer im Verhältnis zur antragstellenden Person als **leistender Rehabilitationsträger** zuständig ist. Der Rehabilitationsträger, bei dem der Antrag gestellt worden ist (sog. **erstangegangener Träger**), muss **binnen 14 Tagen** ab Antragseingang prüfen, ob er zuständig ist. Nimmt er an, dass er für den Antrag insgesamt nicht zuständig ist, muss er diesen spätestens am 15. Tag nach Antragseingang an den seiner Meinung nach zuständigen Rehabilitationsträger weiterleiten. Erfolgt die Weiterleitung nicht fristgerecht (oder geht er davon aus, dass er zuständig ist), wird der erstangegangene Träger au-

70

---

106   BT-Drs. 18/9522, S. 192 f., s. auch § 19 Abs. 1 SGB IX.

tomatisch zum leistenden Rehabilitationsträger.[107] Im Jahr 2019 wurde laut dem 2. Teilhabeverfahrensbericht der BAR (→ Rn. 103) in 14,9 % der gemeldeten Anträge die 2- Wochenfrist zur Prüfung der Zuständigkeit überschritten;[108] damit waren schon deswegen die erstangegangenen Träger für die Erbringung der Rehabilitationsleistungen verantwortlich.

Beispiel 1:
Bei einer Krankenkasse wird am 1.3. ein Antrag auf Teilhabe am Arbeitsleben gestellt. Da eine Krankenkasse dafür nicht zuständig sein kann (→ Rn. 32), sollte die Krankenkasse den Antrag weiterleiten, z.B. an die Bundesagentur für Arbeit. Erfolgt die Weiterleitung jedoch nicht spätestens am 15.3., wird die Krankenkasse zum leistenden Rehabilitationsträger; sie muss die BA in das Verfahren einbeziehen (→ Rn. 78), behält aber die Fallverantwortung.

71 Wird der Antrag hingegen rechtzeitig weitergeleitet, erhält der sog. **zweitangegangene Träger** damit automatisch die Funktion des leistenden Rehabilitationsträgers. Die antragstellende Person muss **über jede Weiterleitung informiert** werden, damit sie im Bilde darüber ist, wer für die Entscheidung verantwortlich ist. Damit zügig eine Entscheidung in der Sache getroffen wird, darf der zweitangegangene Träger den Antrag **nicht erneut** wegen Unzuständigkeit **weiterleiten**, sondern muss darüber entscheiden. Nur wenn er **insgesamt** für die geltend gemachten Leistungen **unzuständig** ist *und* einen weiteren Rehabilitationsträger findet, der sich bereit erklärt, die Verantwortung für den Fall tatsächlich zu übernehmen, darf der Antrag **ausnahmsweise** ein zweites Mal an den sog. **drittangegangenen Träger** weitergeleitet werden. Das Verfahren zur Bestimmung des leistenden Rehabilitationsträgers kann im Sinne der Verfahrensbeschleunigung dazu führen, dass ein Rehabilitationsträger die Entscheidung zu treffen und die Leistungen zu erbringen hat, der in der Sache entweder gar nicht oder jedenfalls nicht allein zuständig wäre. Die Frage der inhaltlich "richtigen" Zuständigkeit ist davon getrennt zu betrachten. Diese ist separat im Innenverhältnis der Rehabilitationsträger untereinander zu klären,[109] zum einen im Wege Beteiligung nach § 15 SGB IX noch vor der Entscheidung über den Antrag (→ Rn. 78) und/oder ggf. der nachträglichen Kostenerstattung nach § 16 SGB IX. Das Verfahren kommt auch bei verschiedenen Rehabilitationsträgern eines Leistungsgesetzes (z.B. unterschiedliche Krankenkassen oder Unfallversicherungsträger) zur Anwendung. Das Gleiche muss gelten, wenn ein Antrag von einem Träger der Kinder- und Jugendhilfe an den Träger der Eingliederungshilfe (oder umgekehrt) weitergeleitet wird und beide Träger im Zuständigkeitsbereich eines Landkreises oder einer kreisfreien Stadt liegen. § 7 Abs. 2 SGB IX schließt abweichende landesrechtliche Regelungen aus.

Beispiel 2:
Bei der Krankenkasse A wird ein Antrag auf Kostenübernahme für eine stationäre Entwöhnung eines 16-Jährigen mit Suchtmittelabhängigkeit gestellt. Die Krankenkasse A stellt fest, dass der 16-jährige nicht bei ihr versichert ist. Die Krankenkasse A muss den Antrag binnen zwei Wochen an die für zuständig gehaltene Krankenkasse B weiterleiten, sonst wird sie leistender Rehabilitationsträger und muss selbst über die Entwöhnungsmaßnahme entscheiden. Leitet A den Antrag fristgerecht weiter, muss die zweitangegangene Krankenkasse B in jedem Fall selbst entscheiden. Selbst wenn der 16-Jährige auch nicht bei ihr versichert sein sollte, scheidet eine weitere Weiterleitung aus, da sie nach dem SGB V für stationäre Entwöhnungen grundsätzlich zuständig ist.

---

107 So z.B. LSG NSB 4.11.2013 – L 2 R 438/13 ER.
108 BAR (2020) S. 74.
109 BSG 24.1.2013 – B 3 KR 5/12 R.

III. Koordinierung der Leistungen und Teilhabeplan

Abbildung 6

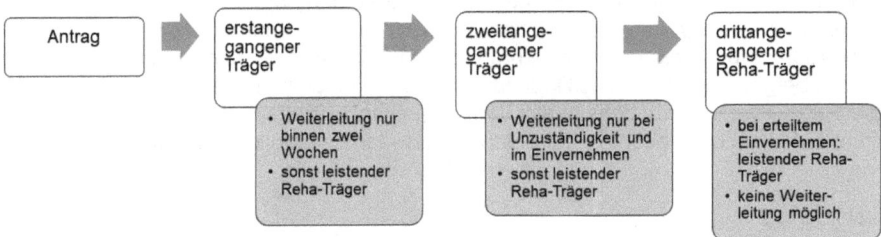

Der Begriff des leistenden Rehabilitationsträgers beschreibt dessen Rolle jedoch nicht umfassend. Zwar wird er i.d.R. selbst aufgrund eigener (Teil-) Zuständigkeit auch Leistungen erbringen, aber sofern auch Leistungen weiterer Träger erforderlich sind, ist der leistende Rehabilitationsträger auch für die Koordinierung des Teilhabeplanprozesses verantwortlich. Ihm kommt die **Fallverantwortung** zu, selbst dann, wenn er selbst keine Leistungen aufgrund eigener Zuständigkeit erbringt (s. Beispiel 2). Um eine **Leistungsgewährung „aus einer Hand"** zu erreichen, wird dem leistenden Rehabilitationsträger auch die Verantwortung für diejenigen Leistungen „aufgedrängt", für die er im konkreten Fall eigentlich nicht zuständig ist.[110] Die so begründete Fallverantwortung des leistenden Rehabilitationsträgers besteht gemäß dem Grundgedanken der "Leistung aus einer Hand" auch für **Verlängerungs- bzw. Folgeanträge** fort, solange es sich um einen "einheitlichen Leistungsfall handelt",[111] der Reha-Bedarf also im Wesentlichen unverändert bleibt.

Der leistende Rehabilitationsträger muss unverzüglich, d.h. ohne schuldhaftes Zögern (vgl. § 121 BGB), feststellen, ob und ggf. welchen Bedarf bzw. welche Bedarfe die antragstellende Person hat. Dabei sind alle notwendigen Leistungen zu ermitteln, die den individuellen Rehabilitations-, Teilhabe- und Pflegebedarf decken. Dazu verweist § 14 Abs. 2 S. 1 SGB IX auf die Instrumente der **Bedarfsermittlung** nach § 13 SGB IX. Diese Vorschrift verpflichtet die einzelnen Rehabilitationsträger, **standardisierte Instrumente zur Ermittlung des Rehabilitationsbedarfs** zu entwickeln bzw. entwickeln zu lassen und anzuwenden. § 13 Abs. 2 gibt vor, dass die Instrumente eine **individuelle und funktionsbezogene Bedarfsermittlung** zu gewährleisten und folgende Aspekte zu erfassen haben:

- ob eine Behinderung vorliegt oder einzutreten droht,
- welche Auswirkung die Behinderung auf die Teilhabe der Leistungsberechtigten hat,
- welche Ziele mit Leistungen zur Teilhabe erreicht werden sollen und
- welche Leistungen im Rahmen einer Prognose zur Erreichung der Ziele voraussichtlich erfolgreich sind.

Diese Instrumente sollen auf einer von den Rehabilitationsträgern selbst zu erarbeitenden **Gemeinsamen Empfehlung** nach § 26 Abs. 2 Nr. 7 SGB IX basieren (→ Rn. 105 ff.). Diese ist das einzige Bindeglied zwischen den verschiedenen Bedarfsermittlungsinstrumenten, obwohl die Notwendigkeit trägerübergreifender einheitlicher Maßstäbe für die Ermittlung des Rehabilitationsbedarfs allgemein anerkannt ist.[112]

---

110 BT-Drs. 18/9522, 233 f.
111 LSG Ba-Wü 25.03.2021 – L 4 KR 3741/20 ER-B, Rn. 37; so auch BSG 28.11.2019 – B 8 SO 8/18 R, Rn. 18 m.w.N.
112 Vgl. BT-Drs. 18/9522, S. 231.

Den Rehabilitationsträgern verbleibt also ein entsprechender Handlungsspielraum, um die standardisierten Instrumente zur Bedarfsermittlung jeweils auf die Notwendigkeiten ihrer Leistungsvoraussetzungen auszurichten unter Berücksichtigung von entsprechenden Abweichungen untereinander mit Abstimmungs-Schnittstellen bei trägerübergreifenden Fällen. Doch trotz dieses Handlungsspielraumes haben sich die Reha-Träger auch dreieinhalb Jahre nach Inkrafttreten des § 13 SGB IX noch nicht auf eine Gemeinsame Empfehlung zur Bedarfsfeststellung verständigt.[113]

Abbildung 7

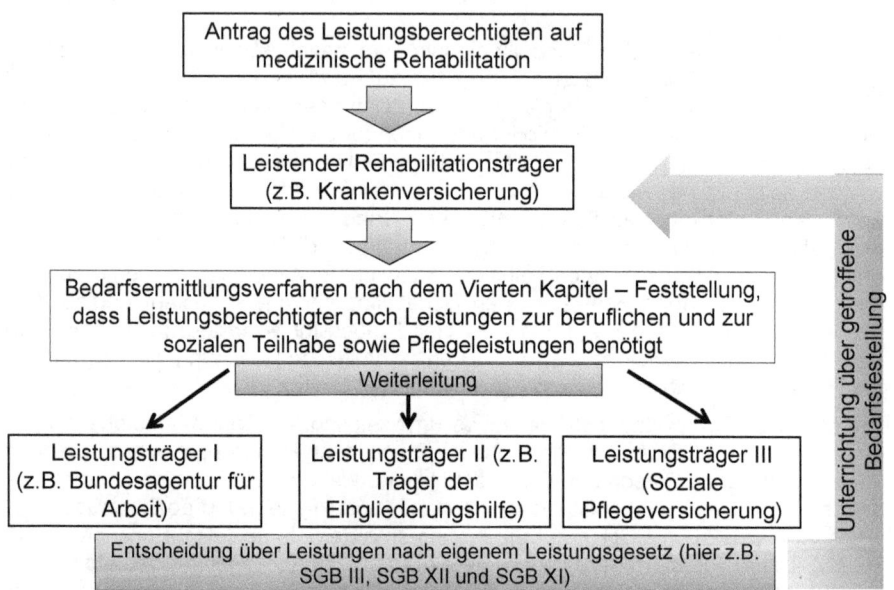

Beispiel 3:
Ein 45-jähriger Mann ist seit einem Sportunfall im unteren Körperbereich gelähmt. Er stellt einen Antrag bei der Krankenkasse auf Rehabilitationsleistungen, Hilfsmittel und Haushaltshilfe. Die Krankenkasse stellt fest, dass der Mann auch eine berufliche Umschulung benötigt, weil er in seinem bisherigen Beruf nicht weiterarbeiten kann. Sie muss deshalb diesen Teil des Antrags an die Bundesagentur für Arbeit oder ggf. die gesetzliche Rentenversicherung weiterleiten. Diese entscheidet nach eigenem Leistungsgesetz (SGB III bzw. SGB VI) anhand der eigenen Bedarfsermittlungsinstrumente über die notwendigen Leistungen zur beruflichen Teilhabe.

> **Hinweis**
>
> Speziell für die **Träger der Eingliederungshilfe** sieht § 118 SGB IX eine eigene Regelung für die jeweils zu entwickelnden Instrumente der Bedarfsermittlung vor. Für diese ist zumindest die **Orientierung an der ICF** der WHO vorgeschrieben (→ Rn. 330 f.). Auch wenn dies nur eine lose Anbindung an die ICF bewirkt und auch die Bedarfsermittlungsinstrumente der Eingliederungshilfeträger voneinander abweichen, geht diese **inhaltliche Mindestanforderung** weiter als die für die übrigen Rehabilitationsträger.

---

113 Vgl. Die Übersicht der vorhandenen Gemeinsamen Empfehlungen unter https://www.bar-frankfurt.de/themen/gemeinsame-empfehlungen/zu-den-gemeinsamen-empfehlungen.html (23.06.2021)

III. Koordinierung der Leistungen und Teilhabeplan

Die Fristen, innerhalb derer der leistende Rehabilitationsträger über den Antrag entscheiden muss, richten sich – wenn er allein über den Antrag zu entscheiden hat - danach, ob er den Rehabilitationsbedarf selbst feststellen kann oder dafür ein Gutachten einholen muss: **74**

- ohne Begutachtung durch einen Sachverständigen muss innerhalb von **drei Wochen nach Antragseingang** (zu den Anforderungen an einen Antrag → Rn. 473) entschieden werden (§ 14 Abs. 2 S. 2 SGB IX),
- bei erforderlicher externer Begutachtung muss innerhalb von **zwei Wochen nach Vorlage des Gutachtens** entschieden werden (§ 14 Abs. 2 S. 3 SGB IX), wobei die Beauftragung gemäß § 17 Abs. 1 SGB IX unverzüglich zu erfolgen hat und das Gutachten innerhalb von zwei Wochen nach der Auftragserteilung zu erstellen ist (§ 17 Abs. 2 S. 1 SGB IX).

Im Falle einer erstmaligen Weiterleitung beginnen die o.g. Fristen mit Eingang des Antrags beim zweitangegangenen Rehabilitationsträger. Leitet dieser den Antrag ausnahmsweise wegen Unzuständigkeit im Einvernehmen mit dem Empfänger ein weiteres Mal weiter, beginnt die Frist beim drittangegangenen Rehabilitationsträger nicht erneut. Vielmehr muss auch er innerhalb der Fristen ab Eingang des Antrags beim zweitangegangenen Rehabilitationsträger entscheiden, weswegen das Verfahren auch als **Turbo-Klärung** bezeichnet wird.[114]

Abbildung 8

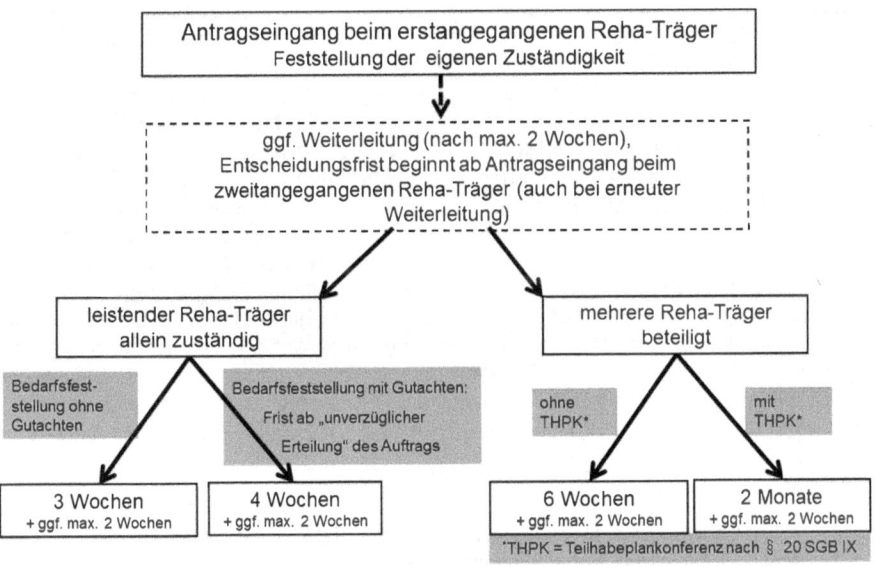

Im Jahr 2019 wurde laut dem 2. Teilhabeverfahrensbericht der BAR (→ Rn. 103) 87,9 % der 2.641.860 gemeldeten Anträge ohne Einholung eines Gutachtens entschieden.[115] Davon wurde im Durchschnitt in knapp einem Fünftel der Fälle (19,9 %)

---

114 BT-Drs. 18/9522, S. 233.
115 Eigene Durchschnittsberechnung auf der Grundlage von BAR (2020) S. 81.

die 3-wöchige Entscheidungsfrist ab Antragseingang nicht eingehalten.[116] Dabei reichte die Bandbreite der Fälle mit Nichteinhaltung dieser Frist z.b. sowohl bei den 223 beteiligten Trägern der Eingliederungs- als auch bei den 312 Trägern der Kinder- und Jugendhilfe von 0% bis 100 %.[117] Bei den Fällen, in denen ein Gutachten eingeholt wurde, liegt der Anteil der Fälle, in denen die 2-Wochen Entscheidungsfrist nach Vorlage des Gutachtens nicht eingehalten wurde, mit 19,4% ähnlich hoch.[118] Hinzu kommt, dass in den gemeldeten Begutachtungsfällen, in denen auch die Dauer der Gutachtenerstellung ab Erteilung des Auftrages erfasst wurde, diese im Durchschnitt über 35 Tage betrug,[119] also mehr als das 1,5-fache der vorgeschriebenen 2-Wochen-Frist. Bei keiner der sechs Rehabilitationsträger-Gruppen (aus dem Bereich der gesetzlichen Unfallversicherung lagen keine Angabe vor) scheinen die Kapazität an Sachverständigen so hinreichend und/oder die Begutachtungsverfahren so eingespielt zu sein, dass die Frist zur Vorlage der Gutachten binnen 2 Wochen im Durchschnitt einzuhalten wäre. Am besten funktioniert es im Bereich der Gesetzlichen Krankenversicherung mit durchschnittlich 15,8 Tagen, die Trägern der Eingliederungshilfe mussten im Schnitt 34,0 Tage warten, die der Kinder- und Jugendhilfe 41,3 Tage; Schlusslicht ist der Bereich des Sozialen Entschädigungsrechts, wo die Vorlage eines Gutachtens durchschnittlich 73,3 Tage, also fast 2,5 Monate, dauerte.[120]

75 Kann der leistende Rehabilitationsträger den Bedarf nicht durch eigenes Personal feststellen, hat er zur Durchführung der **sozialmedizinischen** und ggf. auch psychologischen **Begutachtung** gemäß § 17 Abs. 1 SGB IX **drei wohnortnahe Sachverständige** vorzuschlagen, von denen sich die antragstellende Person eine:n aussuchen kann. Diese:r ist dann unverzüglich vom Rehabilitationsträger zu beauftragen. Es ist durch die Rehabilitationsträger sicherzustellen, dass Sachverständige benannt werden, bei denen keine Zugangs- und Kommunikationsbarrieren bestehen (§ 17 Abs. 4 SGB IX). Gemäß § 62 SGB I ist es Bestandteil der **Mitwirkungspflicht** der antragstellenden Person, sich den für die Leistungsentscheidung erforderlichen ärztlichen und psychologischen Untersuchungsmaßnahmen zu unterziehen. Sind mehrere Rehabilitationsträger am Verfahren beteiligt (→ Rn. 78), hat der leistende Rehabilitationsträger die anderen über Anlass, Ziel und Umfang der Begutachtung zu informieren, damit diese unverzüglich weitergehenden Aufklärungsbedarf melden können. Das folgt daraus, dass zum einen die Rehabilitationsträger unterschiedliche Voraussetzungen für die Gewährung von Leistungen haben (→ Rn. 45) unf zum anderen ihre Instrumente der Bedarfsermittlung nicht aufeinander abgestimmt sein müssen (→ Rn. 72 m.w.N.). Auf diesem Wege sollen aufwändige und belastende **Doppelbegutachtungen vermieden** werden.[121] Die im Gutachten getroffenen Feststellungen sind gemäß § 17 Abs. 3 S. 4 i.V.m. Abs. 2 S. 3 SGB IX für alle beteiligten Rehabilitationsträger bindend.

Hinweis

In der Kinder- und Jugendhilfe besteht bei Kindern und Jugendlichen mit einer (drohenden) seelischen Beeinträchtigung die Besonderheit, dass dort gemäß § 35a SGB VIII ein zweigliedriges Verfahren für die Bedarfsfeststellung vorgeschrieben ist. Hinsichtlich der

---

116 BAR (2020) S. 78.
117 BAR (2020) S. 78.
118 BAR (2020) S. 79.
119 Eigene Berechnung auf der Grundlage BAR (2020) S. 86, wobei der dort angegeben Durchschnittswert von 18,2 nicht plausibel ist.
120 BAR (2020) S. 86.
121 BT-Drs. 18/9522, S. 191.

III. Koordinierung der Leistungen und Teilhabeplan

(drohenden) Abweichung der seelischen Gesundheit hat das Jugendamt eine fachärztliche bzw. fachtherapeutische Stellungnahme einer:eines externen Sachverständigen mit besonderer Erfahrung auf dem Gebiet seelischer Störungen bei Kindern und Jugendlichen einzuholen. Auf deren Grundlage hat das Jugendamt eine sozialpädagogische Einschätzung vorzunehmen, ob diese (drohende) seelische Störung auch die Teilhabe des Kindes bzw. des:der Jugendlichen am Leben in der Gesellschaft beeinträchtigt. Im Fall des § 35a SGB VIII ist also eine externe Begutachtung im Sinne des § 17 SGB IX vorgeschrieben. Allerdings ist aufgrund der fehlenden fachärztlichen bzw. fachtherapeutischen Kapazitäten eine Begutachtung innerhalb der dafür vorgeschrieben Fristen in der Praxis kaum umsetzbar (→ Rn. 74).

76 Das Verfahren und die Fristen gelten nicht nur für antragsabhängige Leistungen, sondern gemäß § 14 Abs. 4 SGB IX sinngemäß auch für **Rehabilitationsleistungen**, die **von Amts wegen** nach Kenntniserlangung zu erbringen sind. Das gilt insbesondere für Rehabilitationsleistungen der gesetzlichen Unfallversicherung (§ 19 S. 2 SGB IV).

77 Sind **mehrere Rehabilitationsträger beteiligt**, verlängert sich die **Entscheidungsfrist** gemäß § 15 Abs. 4 SGB IX auf **sechs Wochen** ab Antragseingang; bei Durchführung einer **Teilhabeplankonferenz** (→ Rn. 97 ff.) sogar auf **zwei Monate** ab Antragseingang. Die ausdifferenzierten Fristenregelungen werden allerdings dadurch relativiert, dass die leistungsberechtigte Person gemäß § 18 Abs. 1 SGB IX erst dann mittels einer begründeten Mitteilung (→ Rn. 85 f.) informiert werden muss, wenn nicht innerhalb von zwei Monaten ab Antragseingang entschieden werden kann.[122]

Hinweis

Gemäß § 26 SGB X gelten zur Bestimmung von Fristen und Terminen im Sozialverwaltungsrecht auch die Regelungen der §§ 187 – 193 BGB.

2. Aufteilung der Leistungsverantwortung (§ 15 SGB IX)

78 In § 15 SGB IX sind Verfahren beschrieben für die Fälle, in denen der leistende Rehabilitationsträger neben den eigenen auch noch Leistungen anderer Rehabilitationsträger für erforderlich oder für vorrangig hält, so dass eine **Mehrheit von Rehabilitationsträgern** tätig werden muss. In diesen Fällen ist immer ein **Teilhabeplan** zu erstellen (→ Rn. 89 ff.). Die Vorschrift unterscheidet zunächst zwei Konstellationen:
1. Kann der leistende Rehabilitationsträger für einzelne der beantragten Leistungen grundsätzlich nicht zuständig sein, weil diese nicht in sein Leistungsspektrum nach § 6 Abs. 1 SGB IX fallen (→ Rn. 32), hat er diesen Teil des Antrags an den seiner Meinung nach zuständigen Rehabilitationsträger weiterzuleiten. Dieser muss dann i.d.R. die Leistungsverantwortung für diesen Teilantrag übernehmen.[123] **Der Antrag wird aufgesplittet** und die antragstellende Person erhält von beiden Rehabilitationsträgern einen Bescheid, gegen die sie – gegebenenfalls – separate Rechtsbehelfe einlegen müsste.

Beispiel 4:
Eine Krankenkasse ist leistender Rehabilitationsträger. Neben einer medizinischen Rehabilitation (§ 5 Nr. 1 SGB IX) wird zusätzlich eine Leistung zur Sozialen Teilhabe (§ 5 Nr. 5

---

122 s. von Boetticher (2020) § 3 Rn. 105.
123 Zu dem gesetzlich nicht geregelten Fall, dass der Rehabilitationsträger, an den der Teilantrag nach weitergeleitet wurde, seinerseits unzuständig ist, s. von Boetticher (2020) § 3 Rn. 71.

SGB IX) beantragt, z.B. auf persönliche Assistenz. Da die Krankenkasse für diese Leistung nicht zuständig sein kann (vgl. § 6 Abs. 1 Nr. 1 SGB IX), leitet sie diesen Teilantrag z.B. an den Träger der Eingliederungshilfe weiter (§ 6 Abs. 1 Nr. 7 SGB IX). Dieser entscheidet darüber und schickt der antragstellenden Person einen eigenen Bescheid, ebenso die Krankenkasse bezüglich der medizinischen Rehabilitation.

2. Handelt es sich um Leistungen, für die der leistende Rehabilitationsträger nach § 6 Abs. 1 SGB IX – unabhängig vom konkreten Fall – zwar grundsätzlich zuständig sein kann, kommt aber im konkreten Fall eine vorrangige Zuständigkeit eines anderen Rehabilitationsträgers in Betracht, muss er diesen gemäß § 15 Abs. 2 SGB IX unverzüglich an der Bedarfsfeststellung beteiligen. Dieser hat den Fall nach seinem jeweiligen Leistungsgesetz zu prüfen und seine Feststellungen binnen zwei Wochen nach der Aufforderung bzw. im Fall einer notwendigen Begutachtung zwei Wochen nach Vorlage des Gutachtens zurückzumelden. Der leistende Rehabilitationsträger ist an diese Feststellungen gebunden und arbeitet sie in den Teilhabeplan ein. Auf dieser Grundlage hat der **leistende Rehabilitationsträger sämtliche Leistungen** zu erbringen, d.h. auch diejenigen, für die im konkreten Fall ein anderer Rehabilitationsträger zuständig ist. In diesen Fällen wird weder der Antrag noch die Leistungsverantwortung aufgesplittet, es bleibt beim Prinzip der **Leistungsgewährung aus einer Hand**.

Beispiel 5:
Wie Beispiel 4 nur umgekehrt: leistender Rehabilitationsträger ist ein Träger der Eingliederungshilfe, der gemäß § 6 Abs. 1 Nr. 7 SGB IX i.V.m. § 109 SGB IX auch für die medizinische Rehabilitation zuständig sein kann. I.d.R. ist die Krankenkasse jedoch vorrangig zuständig (→ Rn. 40). Der Träger der Eingliederungshilfe hat die Krankenkasse zu beteiligen, letztere hat ihm ihre Feststellungen fristgemäß zurückzumelden. Die antragstellende Person erhält dann nur vom Träger der Eingliederungshilfe einen Bescheid über die Gewährung der Leistungen, einschließlich derjenigen der medizinischen Rehabilitation.

79 Haben die Feststellungen die Zuständigkeit eines anderen Rehabilitationsträger ergeben, im Beispiel 5 die der Krankenkasse, kann der leistende Rehabilitationsträger im Anschluss der Erbringung der Leistungen insoweit die **Erstattung der Kosten** nach § 16 Abs. 2 S. 1 SGB IX vom anderen Rehabilitationsträger verlangen. Meldet der andere Rehabilitationsträger seine Feststellung nicht oder nicht fristgerecht zurück, muss der leistende Rehabilitationsträger den Bedarf selbst nach allen in Betracht kommenden Leistungsgesetzen feststellen, im Beispiel 5 also auch die Frage, ob die Voraussetzungen einer medizinischen Rehabilitation nach dem SGB V, gesetzliche Krankenversicherung, vorliegen. In diesem Fall kann der leistende Rehabilitationsträger die Erstattung der Kosten nach § 16 Abs. 2 S. 2 SGB IX verlangen, d.h. in diesem Fall trägt der andere, eigentlich für die Leistungen zuständige Rehabilitationsträger das Risiko, dass der leistende Reha-Träger die Leistungen insgesamt fälschlich oder im falschen Umfang erbracht hat.

80 Obwohl die beiden genannten Konstellationen bereits alle Fälle der Trägermehrheit abbilden, ist in § 15 Abs. 3 S. 1 SGB IX eine Ausnahme zur 2. Konstellation formuliert, die geeignet ist, den Grundgedanken der „Leistungsgewährung aus einer Hand" in Frage zu stellen. Wenn die Bedarfsfeststellung von allen beteiligten Rehabilitationsträger nach ihren jeweiligen Leistungsgesetzen getroffen wurde und die Erbringung der erforderlichen Leistungen durch den jeweils zuständigen Rehabilitationsträger auf der Grundlage des Teilhabeplans gewährleistet ist, muss die **Leistungsgewährung nicht gebündelt** durch den leistenden Rehabilitationsträger erfolgen, sondern kann **nach Zuständigkeiten getrennt** vom jeweils zuständigen Rehabilitationsträger durch separate Bescheide bewilligt und erbracht werden. Dadurch droht im Fall der Beteiligung von mehreren Rehabilitationsträgern die eigentlich als

Ausnahme vorgesehene Möglichkeit der **Antragsaufsplittung**, bei der sich die antragstellende Person nicht nur mit dem leistenden, sondern mit allen beteiligten Rehabilitationsträgern auseinandersetzen muss, **zum Regelfall** zu werden. Als Begründung dafür werden verringerter Verwaltungsaufwand, eine Beschleunigung des Verfahrens und die Vermeidung der Kostenerstattung nach § 16 SGB IX angeführt.[124]

Beispiel 6:
Im Beispiel 5 hat der Träger der Eingliederungshilfe die Krankenkasse eingebunden und diese ihre Feststellungen rechtzeitig zurückgemeldet. Ist im Teilhabeplan festgehalten, dass der Träger der Eingliederungshilfe die Leistung zur Sozialen Teilhabe erbringt und die Krankenkasse diejenige der medizinischen Rehabilitation, erhält die antragstellende Person von beiden Rehabilitationsträger jeweils einen separaten Bescheid.

Diese Variante der Antragsaufsplittung soll die „häufig anzunehmenden" Konsensfälle regeln,[125] in denen zwischen allen Beteiligten Einvernehmen besteht, von welchem Rehabilitationsträger die leistungsberechtigte Person welche Leistungen erhält.[126] Aber anstatt diese Vorgehensweise i.S.d. der Selbstbestimmung nach § 1 SGB IX von der Zustimmung der leistungsberechtigten Person abhängig zu machen, räumt § 15 Abs. 3 S. 1 Nr. 3 SGB IX ihr nur ein **Widerspruchsrecht aus wichtigem Grund** ein. Es soll also nicht genügen, mit der getrennten Erbringung der Leistung nicht einverstanden zu sein, obwohl dann kein Einvernehmen mehr vorliegt, sondern man benötigt zudem einen wichtigen Grund. Als **Beispiele** für solch einen wichtigen Grund werden Schwierigkeiten der antragstellenden Person mit einem der beteiligten Rehabilitationsträger in der Vergangenheit genannt oder aber **Kontaktbarrieren**, weil einer der beteiligten Rehabilitationsträger keine wohnortnahe Geschäftsstelle unterhält „und dies für den Leistungsberechtigten von Bedeutung ist".[127] Darüber hinaus ist auch **die persönliche Lebenssituation** der leistungsberechtigten Person als möglicher wichtiger Grund anzusehen, wenn ihr eine Auseinandersetzung mit mehr als nur einem Rehabilitationsträger nicht oder im weiteren Verlauf nicht mehr zuzumuten ist. In jedem Fall ist allein das **Widerspruchsrecht eine Barriere**, denn die antragstellende Person muss dieses Recht und dessen Bedeutung überhaupt kennen, muss von ihm Gebrauch machen und dabei auch noch einschätzen können, ob ihre Motive einen „wichtigen Grund" darstellen.[128]

81

> **Hinweis**
> Das Widerspruchsrecht gegen eine getrennte Leistungsbewilligung und -erbringung nach § 15 Abs. 3 S. 1 Nr. 3 SGB IX ist ein spezielles Verfahrensrecht des Teilhabeplanverfahrens und zu unterscheiden vom förmlichen Rechtsbehelf des Widerspruchsrechts gegen Verwaltungsakte (wie z.B. die Leistungsentscheidung) gemäß § 62 SGB X i.V.m. §§ 83 f. SGG (→ Rn. 483 f.).

Die Frage, wer darüber zu entscheiden hat, ob der Widerspruch der leistungsberechtigten Person aus wichtigem Grund erfolgt oder nicht, ist nicht gesetzlich festgelegt. Aufgrund seiner Koordinierungsfunktion ist insoweit von der **Zuständigkeit** des **leistenden Rehabilitationsträgers** auszugehen. Dessen Entscheidung über die

82

---

124 BT-Drs. 18/9522, S. 234.
125 Dabei hat die Bundesregierung in ihrem Teilhabebericht vom 31.7.2013 den Rehabilitationsträgern in der Praxis bei der Koordination und Kooperation ein „kompliziertes System von unterschiedlichen Trägerschaften und Zuständigkeiten" und ein „Kompetenzgerangel unterschiedlicher Zuständigkeiten" attestiert, BT-Drs. 17/14476, S. 52 f.
126 BT-Drs. 18/9522, S. 234 f.
127 BT-Drs. 18/9522, S. 235.
128 Zur Systemwidrigkeit dieses Widerspruchsrechts s. von Boetticher (2020) § 3 Rn. 78.

Nicht-/ Anerkennung des wichtigen Grundes stellt einen **Verwaltungsakt** dar, denn die Nichtanerkennung bürdet der leistungsberechtigten Person die Last auf, bei auftretenden Versorgungslücken die entsprechende Zuständigkeit zu klären,[129] beinhaltet also eine Regelung mit Außenwirkung. Wurde die Annahme eines wichtigen Grundes abgelehnt, kann deshalb binnen eines Monats ab Bekanntgabe der Ablehnung dagegen Widerspruch i.S.d. § 62 SGB X i.V.m. §§ 83, 84 SGG und anschließend eine Anfechtungsklage eingelegt werden (→ Rn. 483 ff.).

3. Erstattung selbstbeschaffter Leistungen

83 Als Sanktion bezüglich der Einhaltung der Entscheidungsfristen in §§ 14 und 15 SGB IX ist vorgesehen, dass sich die leistungsberechtigte Person **nach Fristablauf** gemäß § 18 SGB IX die beantragten Leistungen **selbst beschaffen** und vom leistenden Rehabilitationsträger die dafür anfallenden **Kosten ersetzt verlangen** kann. Dieser Anspruch hat durch die Reform des BTHG zum 1.1.2018 deutliche Veränderungen erfahren. Positiv für die Leistungsberechtigten ist dabei die Neuregelung, dass eine beantragte Leistung mit Fristablauf automatisch als genehmigt gilt. Der Kostenerstattungsanspruch umfasst **sämtliche getätigten Aufwendungen**, unabhängig davon, ob diese erforderlich oder zweckmäßig waren (→ Rn. 87).[130] Der leistende Rehabilitationsträger, der nicht rechtzeitig entschieden hat, trägt also das finanzielle Risiko, wenn sich die antragstellende Person mehr Leistungen oder aufwändigere Leistungen selbst beschafft, als ihr bewilligt worden wären. Ausgeschlossen ist der Kostenerstattungsanspruch nur dann, wenn gar kein Anspruch auf die selbst beschaffte Leistung bestanden hat und die leistungsberechtigte Person dies wusste oder auf der Grundlage ihres Kenntnisstandes hätte wissen müssen.

84 Trotz dieser nominellen Verbesserungen ist in dem Selbstbeschaffungsrecht kein in der Breite wirksames Druckmittel zu sehen. Da ist zunächst der tatsächliche Aspekt der notwendigen finanziellen Mittel, die die leistungsberechtigte Person i.d.R. zur Vorfinanzierung der Selbstbeschaffung benötigt. Hinzu kommt, dass die Erstattungspflicht selbst beschaffter Leistungen wegen verspäteter Entscheidung **beschränkt** ist auf **Träger der Sozialversicherung**, denn gemäß § 18 Abs. 7 SGB IX gelten die Erstattungsregeln wegen säumiger Entscheidungen nicht für die Träger der Eingliederungshilfe, der öffentlichen Jugendhilfe und der Kriegsopferfürsorge (bzw. ab 1.1.2024 die Träger der Sozialen Entschädigung). Somit bleibt insbesondere bei den **Leistungen der Eingliederungshilfe**, die zum einen für eine selbstbestimmte Lebensplanung und -führung unabdingbar sind und zum anderen in finanzieller Hinsicht den Großteil der Rehabilitationsleistungen insgesamt ausmachen, im Fall einer nicht fristgemäßen Entscheidung nur die Erhebung einer Untätigkeitsklage (→ Rn. 480) oder ggf. der Weg des einstweiligen Rechtsschutzes (→ Rn. 492 f.).

85 Das Selbstbeschaffungsrecht mit Kostenerstattung wird durch eine widersprüchliche Fristenregelung noch weiter verwässert, denn auch die grundsätzlich hiervon erfassten Rehabilitationsträger müssen der antragstellenden Person erst dann eine sog. **begründete Mitteilung** schicken, wenn sie **nicht innerhalb von zwei Monaten** ab Antragseingang **entscheiden** können. Damit werden die in § 14 Abs. 2 bzw. § 15 Abs. 4 SGB IX gesetzten Entscheidungsfristen praktisch ausgehebelt. Insbesondere in dem Fall, in dem eigentlich innerhalb von drei Wochen nach Antragseingang durch

---

129 Umkehrschluss zur Aussage in BT-Drs. 18/9522, S. 235.
130 BT-Drs. 18/9522, S. 237.

III. Koordinierung der Leistungen und Teilhabeplan

den erstangegangenen Träger entschieden werden muss, weil weder ein Gutachten für die Bedarfsermittlung nötig noch ein Teilhabeplan zu erstellen ist (→ Rn. 74), bedeutet das fast eine Verdreifachung der Entscheidungsfrist.

In der begründeten Mitteilung sind nicht nur die Gründe für die Fristverlängerung, sondern auch das konkrete **Datum anzugeben**, bis zu dem spätestens entschieden wird. Allein zulässige Gründe der Fristüberschreitung über zwei Monate hinaus und der jeweilige Umfang der Verlängerung sind im Gesetz aufgezählt: 86

- bis zu zwei Wochen, sofern vorher nachweisbar keine geeigneten Sachverständigen verfügbar waren,
- bis zu vier Wochen, wenn ein:e Sachverständige:r diese Zeit für die Begutachtung benötigt und dies schriftlich bestätigt oder
- solange die antragstellende Person eine notwendige Mitwirkung unterlässt und schriftlich zur Mitwirkung aufgefordert worden ist.

Werden die in der begründeten Mitteilung enthaltenen Entscheidungstermine nicht eingehalten, **gelten die Leistungen** – sofern sie von einem Rehabilitationsträger, der gleichzeitig Sozialversicherungsträger ist, zu erbringen sind – **als genehmig**t (sog. Genehmigungsfiktion). Die Aufzählung ist abschließend, d.h. weitere Fälle der begründeten Fristüberschreitung sind nicht vorgesehen, so dass die Genehmigungsfiktion in allen übrigen Fällen mit Ablauf der Zweimonatsfrist eintritt. Sie bewirkt im Verhältnis zum Reha-Träger, dass die antragstellende Person die Leistungen zunächst auf eigene Rechnung einkaufen darf und die Erstattung dieser Kosten vom säumigen leistenden Reha-Träger verlangen kann. Was sie nach neueren BSG-Entscheidungen **hingegen nicht** bewirkt, ist, dass der Antrag auch im Verhältnis zum Leistungserbringer als genehmigt gilt, die leistungsberechtigte Person die beantragten Leistungen also ohne Bezahlung in Anspruch nehmen könnte und der Leistungserbringer den Aufwand (nur) dem säumigen Reha-Träger in Rechnung stellen könnte.[131] Obwohl die Selbstbeschaffung der Leistungen damit faktisch Personen vorbehalten bleibt, die finanziell entsprechend leistungsfähig sind, sieht das BSG dies nicht als Verstoß gegen den Gleichbehandlungsgrundsatz aus Art. 3 Abs. 1 GG an, weil alle Betroffenen rechtlich die gleiche Möglichkeit haben.[132] Da für die Träger der Kinder und Jugendhilfe, der Eingliederungshilfe und der Kriegsopferfürsorge (bzw. ab 1.1.2024 die Träger der Sozialen Entschädigung) gemäß § 18 Abs. 7 SGB IX die Erstattung selbstbeschaffter Leistung nach Fristüberschreitung nach den Abs. 1–5 nicht gelten, müssen sie innerhalb der in §§ 14 Abs. 2, 15 Abs. 4 SGB IX genannten Fristen entscheiden. Eine **Verlängerung** auf zwei Monate oder gar darüber hinaus ist nach dem Wortlaut des § 18 Abs. 7 SGB IX **ausgeschlossen.** Ein Druckmittel hat die leistungsberechtigte Person insoweit jedoch nicht.

Außer in den Fällen der Versäumnis der Entscheidungsfristen ist die Möglichkeit der **Selbstbeschaffung** gemäß § 18 Abs. 6 SGB IX auch dann vorgesehen, wenn ein Rehabilitationsträger eine **unaufschiebbare Leistung** nicht rechtzeitig erbringen konnte oder eine **Leistung zu Unrecht abgelehnt** hat. In diesen Fällen kann die leistungsberechtigte Person sich ebenfalls selbst mit der Leistung versorgen und anschließend eine Erstattung der Kosten verlangen. Diese beiden Varianten können gegenüber allen Rehabilitationsträgern geltend gemacht werden. Hier ist allerdings die **Höhe des Erstattungsanspruchs beschränkt** darauf, „soweit die Leistung notwendig war". Der Erstattungsanspruch besteht also in den Eilfällen nur dann, wenn tatsächlich ein Leistungsanspruch bestand und ist der Höhe nach beschränkt darauf, 87

---

131 BSG, Urt. v. 26.5.2020 – B 1 KR 9/18 R; BSG, Urt. v. 18.6.2020 – B 3 KR 14/18 R.
132 BSG, Urt. v. 26.5.2020 – B 1 KR 9/18 R; BSG, Urt. v. 18.6.2020 – B 3 KR 14/18 R.

was der Rehabilitationsträger für die Leistung ausgegeben hätte. Das bedeutet, dass die leistungsberechtigte Person in diesen Fällen das **Kostenrisiko** dafür trägt, sich entweder unnötige und/oder zu teure Leistungen besorgt zu haben. Warum die Rehabilitationsträger bei bloßem Nichtstun schärfer haften als nach falschen Entscheidungen im Fall zu Unrecht abgelehnter Leistungen,[133] ist unter dem Gesichtspunkt der Gleichbehandlung aber nicht nachvollziehbar. Alternativ zur Selbstbeschaffung der Leistungen mit genanntem Kostenrisiko kommt bei bestehender Eilbedürftigkeit ("unaufschiebbare Leistungen), weil z.B. eine untragbare Unterversorgung droht, die Beantragung einstweiligen Rechtschutzes in Frage (→ Rn. 492)

4. Das Teilhabeplanverfahren

88 Das Teilhabeplanverfahren ist das **zentrale Instrument zur Koordinierung der Leistungen** und in den §§ 19 – 23 SGB IX geregelt. Dabei muss der leistende Rehabilitationsträger als Inhaber der Fall- und Koordinierungsverantwortung (→ Rn. 70 ff.) in Abstimmung mit den anderen einbezogenen Rehabilitationsträgern und der leistungsberechtigten Person insbesondere die Beteiligten, den festgestellten Bedarf, die Berücksichtigung des Wunsch- und Wahlrechts und die voraussichtlich erforderlichen Leistungen in einem Teilhabeplan **schriftlich** festhalten. Wird der Teilhabeplan nicht nur schriftlich mit Beteiligten abgestimmt, sondern findet eine gemeinsame Besprechung im Rahmen einer **Teilhabeplankonferenz** nach § 20 SGB IX statt, sind deren Ergebnisse ebenfalls im Teilhabeplan zu dokumentieren. Den vorläufigen **Abschluss** des Teilhabeplanverfahrens bildet der Erlass der **Leistungsentscheidung**, welcher der Teilhabeplan zugrunde zu legen ist. Allerdings ist der Teilhabeplan auch danach noch fortzuschreiben und dem Verlauf des Rehabilitationsprozesses entsprechend anzupassen.[134]

> **Hinweis**
>
> Beim Teilhabeplanverfahren wird - abweichend von § 14 SGB IX - vom „verantwortlichen Rehabilitationsträger" gesprochen. Diese Rolle ist zwar zunächst vom leistenden Rehabilitationsträger zu übernehmen, allerdings räumt § 19 Abs. 5 SGB IX anderen Rehabilitationsträgern die Befugnis ein, diese Aufgabe im Einvernehmen mit allen Beteiligten zu übernehmen. Speziell für die Träger der Eingliederungshilfe schreibt § 119 Abs. 3 SGB IX sogar vor, dass sie die Übernahme dieser Verantwortung anbieten „sollen", also dieses Angebot nur in Ausnahmefällen unterlassen sollen. Gemäß § 36b Abs. 2 S. 4 SGB VIII[135] gilt das auch in den Fällen, in denen absehbar die Zuständigkeit für einen jungen Menschen vom Träger der Kinder- und Jugendhilfe auf den der Eingliederungshilfe übergeht.

89 Eine **Pflicht zur Aufstellung** eines Teilhabeplans besteht immer dann, wenn

1. entweder **mehrere Rehabilitationsträger** Leistungen erbringen müssen (→ Rn. 90) oder
2. zwar nur der leistende Rehabilitationsträger involviert ist, aber **Leistungen verschiedener Leistungsgruppen** erforderlich sind (→ Rn. 91),
3. es der **Wunsch** der leistungsberechtigten Person ist (→ Rn. 92),

---

133 Zum „privilegierten Vertrauensmaßstab […] bei bloßer Nichttätigkeit der Leistungsträger" vgl. BT-Drs. 18/9522, S. 238.
134 Zahlenmaterial zur Geltungsdauer und Anpassungen von Teilhabeplänen ist zu finden bei BAR (2020) S. 124 ff.
135 Eingefügt durch das KJSG vom 3.6.2021, BGBl. I 1444.

4. bei absehbarem Zuständigkeitsübergang vom Jugendamt auf den Träger der Eingliederungshilfe (§ 36b Abs. 2 SGB VIII) oder
5. auch SGB II Leistungen beantragt sind oder bereits erbracht werden (§ 19 Abs. 1 S. 2 SGB IX ab 1.1.2022).

Laut dem 2. Teilhabeverfahrensbericht der BAR wurden im Jahr 2019 gerade mal in 0,3 % der 2.524.931 gemeldeten Fälle ein Teilhabeplanverfahren durchgeführt.[136] Aus dem Bericht ergibt sich zwar nicht, in wie vielen Fällen ein Teilhabeplan hätte erstellt werden müssen, aber das überhaupt nur in 0,3 % der Fälle mehr als ein Rehabilitationsträger beteiligt war oder Leistungen aus mehr als einer Leistungsgruppe erforderlich gewesen wären, erscheint wenig plausibel. In der Eingliederungshilfe wurde immerhin in 1,6 % der Fälle ein Teilhabeplanverfahren durchgeführt, in der Kinder- und Jugendhilfe sogar in 2,7 % der gemeldeten Fälle.[137]

Mithilfe des Teilhabeplans sollen im Einzelfall erforderliche komplexe Leistungen aufeinander abgestimmt werden. Dies ist nicht nur der Fall, wenn eine **Mehrheit von Rehabilitationsträgern** am Leistungsgeschehen beteiligt ist, sondern auch dann, wenn neben Leistungen des leistenden Rehabilitationsträgers zusätzlich solche der **sozialen Pflegeversicherung** zu erbringen sind. Gemäß § 13 Abs. 4a SGB XI hat der für das Teilhabeplanverfahren verantwortliche Rehabilitationsträger mit Zustimmung der Leistungsberechtigten die zuständige Pflegekasse einzubeziehen, um insbesondere die Modalitäten der Übernahme und der Durchführung der erforderlichen Pflegeleistungen abzustimmen. Auch wenn diesbezüglich die Einbeziehung der **Hilfe zur Pflege** nach dem 7. Kapitel des SGB XII nicht ausdrücklich gesetzlich geregelt ist, ist angesichts des ebenso bestehenden Abstimmungsbedarfes analog § 13 Abs. 4a SGB XI ein Teilhabeplanverfahren unter **Beteiligung des zuständigen Sozialhilfeträgers** durchzuführen. Der Bezug oder die zeitgleiche Beantragung von Leistungen der Grundsicherung für Arbeitssuchende nach dem SGB II (Alg II) führen ab dem 1.1.2022 gemäß § 19 Abs. 1 S. 2 SGB IX n.F. auch dazu, dass ein Teilhabeplan zu erstellen und das zuständige Jobcenter daran zu beteiligen ist.

Hinweis

Weder die Pflegekassen noch die Träger der Sozialhilfe sind in den Kreis der Rehabilitationsträger aufgenommen (→ Rn. 33, 35). Sie sind jedoch bei Pflegebedarf zur Abstimmung der Leistungen in das Teilhabeplanverfahren einzubeziehen. Jobcenter haben gemäß § 6 Abs. 3 SGB IX insoweit eine Sonderrolle, als sie selbst auch nicht Rehabilitationsträger sind, aber sozusagen der "verlängerte Arm" der Bundesagentur für Arbeit für erwerbsfähige Leistungsberechtigte mit Behinderungen nach dem SGB II.

Ein Sonderfall für die Erstellung eines Teilhabeplans stellt der Zuständigkeitsübergang von der Kinder- und Jugendhilfe hin zu den Trägern der Eingliederungshilfe dar. Gemäß § 36b Abs. 2 SGB VIII[138] ist frühzeitig, i.d.R. ein Jahr, bevor der:die Jugendliche bzw. der:die Heranwachsende der Zuständigkeit der Jugendämter "entwächst", ein Teilhabeplanverfahren einzuleiten, um eine reibungslose Fallübergabe zu gewährleisten. Mit Zustimmung der leistungsberechtigten Person oder ggf. ihre:r Personensorgeberechtigten ist eine Teilhabeplankonferenz durchzuführen (→ Rn. 97).

Ebenfalls zwingend aufzustellen ist ein Teilhabeplan dann, wenn zwar nur ein Rehabilitationsträger zuständig ist, aber **Leistungen verschiedener Leistungsgruppen**

---

136 BAR (2020) S. 120.
137 BAR (2020) S. 120.
138 I.d.F. durch das KJSG vom 3.6.2021, BGBl. I 1444.

i.S.d. § 5 SGB IX (→ Rn. 30 f.) zu erbringen sind. Hierbei soll sichergestellt werden, dass die Leistungen trotz unterschiedlicher Zielrichtung so aufeinander abgestimmt werden, dass sie nahtlos ineinandergreifen. Da unterhaltssichernden Leistungen (→ Rn. 189 ff.) typischerweise nur ergänzende Leistungen sind, gelten sie in diesem Zusammenhang nicht als eigene Leistungsgruppe.

Beispiel 1:
Ein Träger der gesetzlichen Rentenversicherung ist als leistender Rehabilitationsträger sowohl für eine medizinische Rehabilitation zuständig, z.B. für eine Kur als Anschlussrehabilitation, als auch für eine Leistung zur Teilhabe am Arbeitsleben, z.B. für eine Umschulung, weil der bisherige Beruf nicht mehr ausgeübt werden kann. Da es sich um Leistungen zweier Leistungsgruppen handelt, hat der Rentenversicherungsträger zur Abstimmung der Leistungen, z.B. bezüglich der Zeit und des Ortes der Leistungserbringung, ein Teilhabeplanverfahren durchzuführen.

92 Außer in den genannten Fällen ist ein Teilhabeplan gemäß § 19 Abs. 2 S. 3 SGB IX **auf Wunsch** der leistungsberechtigten Person zu erstellen; es besteht also ein **Rechtsanspruch** darauf. **Unterbleibt** die Durchführung eines **Teilhabeplanverfahrens**, obwohl ein solches hätte durchgeführt werden müssen, macht dies die in diesem Verfahren ergangene **Entscheidung rechtswidrig** und damit angreifbar. Eine Heilung dieses Verfahrensfehlers ist weder vorgesehen noch sinnvoll möglich, da es der Abstimmung der beteiligten Träger untereinander bzw. komplexer Leistungen aufeinander dient und gemäß § 19 Abs. 4 SGB IX in der Begründung der Leistungsentscheidung auf die Feststellungen im Teilhabeplan Bezug zu nehmen ist. Der Leistungsbescheid ist bzw. die Leistungsbescheide sind auf Widerspruch oder ggf. nachfolgender Klage (→ Rn. 483 ff.) der leistungsberechtigten Person aufzuheben; ein ordnungsgemäßes Teilhabeplanverfahren ist durchzuführen.

93 In das Teilhabeplanverfahren, d.h. sowohl in die Aufstellung des Teilhabeplans als auch in die ggf. durchzuführende Teilhabeplankonferenz, sind vom leistenden Rehabilitationsträger außer der leistungsberechtigten Person und den nach § 15 SGB IX beteiligten Rehabilitationsträgern gemäß § 22 SGB IX **weitere öffentliche Stellen** einzubinden, soweit dies zur Feststellung des Rehabilitationsbedarfs erforderlich ist. Ausdrücklich als verpflichtend zu Beteiligende werden insoweit die **Pflegekassen** bei Anhaltspunkten für eine Pflegebedürftigkeit, **Integrationsämter** bei Leistungen für schwerbehinderte Menschen (→ Rn. 401) und die **Jobcenter** bei gleichzeitigem Bezug oder gleichzeitiger Beantragung von Leistungen nach dem SGB II[139] benannt. Der Einbezug der Jobcenter ist v.a. deshalb notwendig, weil ein Antrag dort bei erkennbarem Rehabilitationsbedarf zugleich das Verfahren nach § 14 SGB IX auslöst und die BA ihre Zuständigkeit binnen zwei Wochen prüfen muss (→ Rn. 34).[140]

Beispiel 2:
Werden bei einem Träger der Eingliederungshilfe Leistungen zur Teilhabe an Bildung z.B. in Form einer Schulbegleitung beantragt, ist es zur Feststellung des Rehabilitationsbedarfs sinnvoll, die Schule einzubeziehen, die das Kind aktuell besucht.

94 Eine Sonderrolle nehmen die **Betreuungsbehörden** ein. Liegen bei der leistungsberechtigten Person Anhaltspunkte für den Bedarf einer rechtlichen Betreuung i.S.d. § 1896 Abs. 1 BGB (bzw. § 1814 BGB ab 1.1.2023) vor, ist mit deren Zustimmung die zuständige Betreuungsbehörde zu informieren (§ 22 Abs. 4 SGB IX).[141] Voraussetzung ist, dass im Teilhabeplan Unterstützungsleistungen vorgesehen sind oder Unterstützungsstrukturen aufgezeigt werden, die die leistungsberechtigte Person in die

---

139 § 22 Abs. 3 i.d.F. ab 01.01.2022 durch das Teilhabstärkungsgesetz (BGBl I 1393).
140 BSG 04.04.2019 – B 8 SO 12/17 R, Rn. 20.
141 § 22 Abs. 4 i.d.F. ab 01.01.2022 durch das Teilhabstärkungsgesetz (BGBl. I 1393).

III. Koordinierung der Leistungen und Teilhabeplan

Lage versetzen, ihre Angelegenheiten zumindest teilweise selbst zu besorgen. Diese Unterstützungsleistungen bzw. -strukturen sind von den Betreuungsbehörden darauf zu prüfen, ob sie eine sog. „andere Hilfe" i.S.d. § 1896 Abs. 2 BGB (bzw. § 1814 Abs. 3 Nr. 2 BGB ab 1.1.2023) darstellen, so dass ggf. entweder überhaupt keine rechtliche Betreuung angeordnet oder eine bereits bestehende Betreuung ggf. aufgehoben oder aber nur eine in geringerem Umfang angeordnet werden muss.

Der Inhalte eines Teilhabeplans sind in § 19 Abs. 2 S. 2 SGB IX vorgegeben: **95**
1. der Tag des Antragseingangs beim leistenden Rehabilitationsträger und das Ergebnis der Zuständigkeitsklärung und Beteiligung nach §§ 14 und 15,
2. die Feststellungen über den individuellen Rehabilitationsbedarf auf Grundlage der Bedarfsermittlung nach § 13,
3. die zur individuellen Bedarfsermittlung nach § 13 eingesetzten Instrumente,
4. die gutachterliche Stellungnahme der Bundesagentur für Arbeit nach § 54,
5. die Einbeziehung von Diensten und Einrichtungen bei der Leistungserbringung,
6. erreichbare und überprüfbare Teilhabeziele und deren Fortschreibung,
7. die Berücksichtigung des Wunsch- und Wahlrechts nach § 8, insbesondere im Hinblick auf die Ausführung von Leistungen durch ein Persönliches Budget,
8. die Dokumentation der einvernehmlichen, umfassenden und trägerübergreifenden Feststellung des Rehabilitationsbedarfs in den Fällen nach § 15 Abs. 3 S. 1,
9. die Ergebnisse der Teilhabeplankonferenz nach § 20,
10. die Erkenntnisse aus den Mitteilungen der nach § 22 einbezogenen anderen öffentlichen Stellen,
11. die besonderen Belange pflegender Angehöriger bei der Erbringung von Leistungen der medizinischen Rehabilitation und
12. die Leistungen zur Eingliederung in Arbeit nach dem SGB II, soweit das Jobcenter wegen zeitgleich beantragter oder gewährter Leistungen zu beteiligen ist.

Dabei sind nicht zwingend in jedem Teilhabeplan alle Einzelpunkte aufzunehmen, sondern nur diejenigen, die im Einzelfall von erkennbarer Relevanz sind. Diesbezüglich müssen sich die Beteiligten am Teilhabeplanverfahren ggf. untereinander abstimmen. Immer relevant sind die von den beteiligten Rehabilitationsträgern zu treffenden **Feststellungen** im Hinblick auf Ziel, Art und Umfang der voraussichtlich **notwendigen Leistungen**.[142]

Hinsichtlich der **Form** ist lediglich vorgesehen, dass der Teilhabeplan entweder **96** schriftlich oder elektronisch zu erstellen ist. Damit muss zu dessen Erstellung nicht unbedingt ein persönlicher Austausch stattfinden, sondern es ist z.B. auch ein schriftliches Verfahren unter Wahrung des Datenschutzes möglich.[143] Dabei ist sicherzustellen, dass die leistungsberechtigte Person den Teilhabeplan wahrnehmen kann und so in das Verfahren eingebunden ist, dass sie die Feststellungen der beteiligten Rehabilitationsträger und der ggf. weiteren Beteiligten zur Kenntnis nehmen und sich dazu äußern kann. Die Verantwortung für das Teilhabeplanverfahren beinhaltet gemäß § 23 SGB IX auch die Aufgabe als verantwortliche Stelle für den **Sozialdatenschutz** sowohl bei der Erstellung des Teilhabeplans als auch bei der Durchführung einer Teilhabeplankonferenz (→ Rn. 97). Sind **Träger der Eingliederungshilfe** bzw. diejenigen der **Kinder- und Jugendhilfe** für das Teilhabeplanverfahren verantwortlich, müssen sie den Teilhabeplan gemäß § 21 SGB IX in ihr jeweiliges Planverfahren einbinden (Gesamtplanverfahren der Eingliederungshilfe gemäß

---
142 Zur Frage der Dokumentation eines Widerspruchs gegen eine getrennte Leistungsbewilligung und -erbringung (→ Rn. 81) s. von Boetticher (2020) § 3 Rn. 122.
143 BT-Drs. 18/9522, S. 238.

§§ 117 ff. SGB IX bzw. Hilfeplanverfahren der Kinder- und Jugendhilfe gemäß § 36 SGB VIII).

97 Für einen persönlichen Austausch im Rahmen des Teilhabeplanverfahrens ist in § 20 SGB IX die Option einer **Teilhabeplankonferenz** vorgesehen. Deren Durchführung ist in das **Ermessen des verantwortlichen Rehabilitationsträgers** gestellt („kann"). Es bedarf der **Zustimmung** der leistungsberechtigten Person, gegen deren Willen keine Teilhabeplankonferenz stattfinden darf. Sie hat ihrerseits zwar keinen Rechtsanspruch auf die Durchführung einer Teilhabeplankonferenz, jedoch – ebenso wie die anderen beteiligten Rehabilitationsträger und die Jobcenter – diesbezüglich ein **Vorschlagsrecht**. Einen solchen Vorschlag darf der verantwortliche Rehabilitationsträger gemäß § 20 Abs. 1 S. 3 SGB IX nur aus folgenden Gründen ablehnen:
- der Sachverhalt kann auch schriftlich ermittelt werden,
- der Aufwand einer Konferenz wäre unverhältnismäßig angesichts der beantragten Leistungen oder
- die leistungsberechtigte Person hat keine Einwilligung zur Verarbeitung und Nutzung ihrer Sozialdaten erteilt.

Will der verantwortliche Rehabilitationsträger dem Vorschlag nicht folgen, hat er die leistungsberechtigte Person gemäß § 20 Abs. 2 SGB IX über die diesbezüglichen Gründe zu informieren und ihr Gelegenheit zur Stellungnahme zu geben. Laut den Angaben des 2. Teilhabeverfahrensberichts der BAR wurden im Jahr 2019 Teilhabeplankonferenzen überhaupt nur von Trägern der Eingliederungshilfe und von Trägern der Kinder- und Jugendhilfe durchgeführt, aber auch in diesen Bereichen nur in 702 von 99.462 Fällen der Eingliederungshilfe, das entspricht 0,7 %, bzw. in 375 von 17.565 Fällen der Kinder- und Jugendhilfe, anteilig bedeutet das 2,1 %.[144]

98 **Zwingend** durchzuführen ist eine Teilhabeplankonferenz gemäß § 20 Abs. 2 S. 2 SGB IX allerdings dann, wenn ein leistungsberechtigter **Elternteil mit Behinderung** Leistungen zur Versorgung und Betreuung eines eigenen Kindes oder mehrerer eigener Kinder dies beantragt. Das ist insbesondere bei Leistungen der Elternassistenz bzw. der begleiteten Elternschaft nach § 78 Abs. 3 SGB IX (→ Rn. 237) sowie den Leistungen der Haushaltshilfe und der Kinderbetreuungskosten aus der Leistungsgruppe der unterhaltssichernden und anderen ergänzenden Leistungen nach § 74 SGB IX (→ Rn. 203 ff.) der Fall.

99 **Ort und Form** der Teilhabeplankonferenz sind nicht vorgegeben. Voraussetzung ist, dass sich die leistungsberechtigte Person adäquat beteiligen kann, also die Kommunikation in einer für sie wahrnehmbaren Form erfolgt; neben einem Treffen aller Beteiligten kommt insoweit auch eine virtuelle Konferenz unter Nutzung neuer Medien („Web-Konferenz" bzw. „Video-Konferenz") in Frage.[145] Die **Ergebnisse** der Teilhabeplankonferenz sind für den Teilhabeplan zu protokollieren. Als **Teilnehmende** der Teilhabeplankonferenz kommen gemäß § 20 Abs. 3 SGB IX neben der leistungsberechtigten Person, ggf. deren Vertraute und Bevollmächtigte (einschließlich rechtlicher Betreuer, soweit der Aufgabenkreis betroffen ist, für den sie bestellt sind) und dem für das Teilhabeplanverfahren verantwortlichen Rehabilitationsträger je nach Einzelfall die weiteren beteiligten Rehabilitationsträger und die nach § 22 SGB IX einzubeziehenden öffentlichen Stellen (→ Rn. 93 f.) in Betracht. Auf Wunsch oder mit Zustimmung der leistungsberechtigten Person können auch **sonstige beteiligte Leistungserbringer** teilnehmen, die im Einzelfall zur Ermittlung des Rehabilitations-

---
144 BAR (2020) S. 121.
145 BT-Drs. 18/9522 S. 287 zu der Parallelvorschrift des § 119 SGB IX.

III. Koordinierung der Leistungen und Teilhabeplan

bedarfs beitragen können, wie z.B. sozialpsychiatrische Dienste, psychiatrische Krankenhäuser, Krankenpflegedienste, Suchtberatungsstellen oder Dienste und Einrichtungen der Behindertenhilfe.[146] **Gesprächsgegenstand** der Teilhabeplankonferenz sollen die Feststellungen zum Rehabilitationsbedarf sein. Sinnvollerweise ist diese also erst dann durchzuführen, wenn entweder die Feststellungen der beteiligten Rehabilitationsträger rechtzeitig an den leistenden Rehabilitationsträger übermittelt wurden, oder aber dieser wegen nicht rechtzeitiger Rückmeldungen eigene Feststellungen getroffen hat (→ Rn. 79). Gesprochen werden muss auch über die **Leistungen**, mit denen der festgestellte Bedarf gedeckt werden soll. Soll die Leistungsverantwortung aufgesplittet werden unter mehreren beteiligten Rehabilitationsträgern, ist auch zu klären, welcher Träger jeweils die Verantwortung für welche Leistung inne hat (→ Rn. 78). Vor der Durchführung soll der verfahrensverantwortliche Rehabilitationsträger die leistungsberechtigte Person auf das Angebot der **ergänzenden unabhängigen Teilhabeberatung** (→ Rn. 108 ff.) hinweisen. Durch dieses Beratungsangebot soll die Position der Leistungsberechtigten angesichts der „anspruchsvollen Gesprächssituation mit erheblicher Tragweite für das Verfahren der Leistungserbringung" gestärkt werden.[147] Eine Teilnahme der Berater:innen an der Teilhabeplankonferenz ist zwar nicht ausdrücklich vorgesehen, jedoch möglich, sofern sie dabei auf Wunsch der leistungsberechtigten Person die Rolle eines Beistandes i.S.d. § 13 SGB X einnehmen.

Übungsfall zur Koordinierung der Leistungen[148]

(Lösung: Rn. 497)   **100**

Der 43-jährige B erleidet bei einem Verkehrsunfall eine Querschnittslähmung. Nach Abschluss der medizinischen Rehabilitation ist er wieder voll erwerbsfähig. Sein bisheriger Arbeitgeber will B auch weiterhin beschäftigen. Das von B bewohnte Haus liegt verkehrsgünstig zur Erreichung der Arbeitsstätte, aber der Hauseingang mit zwei Stufen ist nicht rollstuhlgerecht. Auch in Küche und Bad kommt B mit dem Rollstuhl nicht zurecht. B beantragt am 2. Februar beim Träger der Rentenversicherung (RVT) die Kostenübernahme für einen barrierefreien Umbau dieser Stellen unter Beifügung von Bauskizzen des Hauses. Der RVT fordert B auf, weitere Unterlagen einzureichen, was B am 9. Februar persönlich erledigt. Am 23. Februar leitet der RVT den Antrag an den Träger der Eingliederungshilfe (EGHT) weiter mit dem Vermerk, dass B Leistungen zur Sozialen Teilhabe beantragt habe, für die der RVT nicht zuständig sei. Der EGHT schickt den Antrag am 28. Februar mit der Begründung zurück, B habe eine Leistung zur Teilhabe am Arbeitsleben beantragt, zudem sei die RVT durch die verspätete Weiterleitung des Antrags für die gesamten beantragten Leistungen zuständig geworden. Am 12. März erlässt der RVT einen Ablehnungsbescheid mit der Begründung, er könne die beantragten Leistungen nicht erbringen, B möge ggf. einen neuen Antrag beim zuständigen EGHT stellen.
1. *Welcher der beiden beteiligten Reha-Träger hat sich rechtswidrig verhalten und ist – unabhängig von der Frage, ob die beantragten Leistungen der beruflichen Rehabilitation und/oder der Sozialen Teilhabe zuzuordnen sind – als leistender Rehabilitationsträger für die Gewährung der Leistung zuständig?*

---

146 Vgl. BT-Drs. 18/10523, S. 56.
147 BT-Drs. 18/9522, 240.
148 In Anlehnung an LSG NRW 23.3.2007 – L 14 RJ 28/04.

2. Gesetzt den Fall, der Umbau des Hauseingangs ist der Leistungsgruppe der Teilhabe am Arbeitsleben zuzurechnen und derjenige von Küche und Bad der Sozialen Teilhabe: wie hat der leistende Rehabilitationsträger zur Feststellung des Bedarfes vorzugehen?
3. Innerhalb welcher Frist muss über den Antrag entschieden worden sein, wenn der Bedarf ohne Einholung eines Gutachtens möglich ist?

Wiederholungsfragen

1. Wen bezeichnet man als leistenden Rehabilitationsträger?
2. Warum ist i.d.R. nur eine einmalige Weiterleitung eines Antrags zulässig?
3. Unter welchen Voraussetzungen ist ausnahmsweise eine zweite Weiterleitung möglich?
4. Was beinhaltet die Aufgabe als leistender Rehabilitationsträger?
5. Innerhalb welcher Frist ist von einem zweitangegangenen Träger zu entscheiden, wenn für die Bedarfsfeststellung ein Gutachten erforderlich ist? Was ändert sich an der Entscheidungsfrist, wenn neben den Leistungen des zweitangegangenen Trägers auch Leistungen anderer Rehabilitationsträger erforderlich sind?
6. Welche Möglichkeit hat eine antragstellende Person, wenn über ihren Antrag nicht fristgerecht entschieden wurde?
7. Was ist eine begründete Mitteilung i.S.d. § 18 SGB IX und was hat sie zu beinhalten?
8. Kann sich eine Person Leistungen der Eingliederungshilfe selbst beschaffen und Kostenerstattung verlangen, wenn der Träger der Eingliederungshilfe nicht innerhalb der Fristen des § 14 SGB IX entschieden hat?
9. In welchen Fällen ist bei einer Mehrheit von Rehabilitationsträgern eine Aufsplittung des Antrags möglich?
10. Welche Rolle kommt dabei der leistungsberechtigten Person zu?
11. In welchen Fällen ist ein Teilhabeplan zu erstellen?
12. Wer ist an der Erstellung eines Teilhabplans zu beteiligen?
13. Wovon hängt es ab, ob eine Teilhabeplankonferenz stattfindet?
14. Wo und wie ist eine Teilhabeplankonferenz durchzuführen und wer nimmt daran teil?

IV. Rehabilitationsträger, ihre Zusammenarbeit und die BAR

1. Die Bundesarbeitsgemeinschaft für Rehabilitation (BAR)

101 Die Rehabilitationsträger werden durch das SGB IX verpflichtet, über die gesetzlichen Verfahrensvorschriften des 4. Kapitels zu kooperieren. Plattform für diese Zusammenarbeit ist die **Bundesarbeitsgemeinschaft für Rehabilitation (BAR) e.V.**,[149] einem eingetragenen Verein mit Sitz in Frankfurt. Die BAR existierte schon vor der Reform durch das BTHG; ihre Struktur, ihre Mitglieder und ihre Aufgaben sind aber erst seit dessen Inkrafttreten in den §§ 39 – 41 SGB IX geregelt worden. Sozialrecht-

---

[149] S. www.bar-frankfurt.de.

lich betrachtet handelt es sich bei der BAR um eine Arbeitsgemeinschaft i.S.d. § 94 SGB X unter der Rechtsaufsicht des BMAS.

> **Hinweis**
>
> Eine Arbeitsgemeinschaft nach § 94 SGB X ist eine institutionalisierte Form der Zusammenarbeit von Sozialleistungsträgern „insbesondere zur gegenseitigen Unterrichtung, Abstimmung, Koordinierung und Förderung der engen Zusammenarbeit im Rahmen der ihnen gesetzlich übertragenen Aufgaben". Als staatliche Hoheitsträger benötigen die Sozialleistungsträger aufgrund des Gesetzesvorbehaltes dafür eine rechtliche Grundlage. Da die Sozialleistungsträger der rechtlichen Aufsicht unterliegen, gilt das auch für ihre Kooperation im Rahmen einer Arbeitsgemeinschaft. In welcher Rechtsform die Arbeitsgemeinschaft organisiert ist, ist hingegen nicht gesetzlich vorgegeben. Die BAR ist als eingetragener Verein (vgl. §§ 21 ff. BGB) registriert.

Gesetzlich vorgesehene Mitglieder der BAR sind die in § 6 Abs. 1 Nr. 1–5 SGB IX benannten Rehabilitationsträger (→ Rn. 32). Darüber hinaus ist jedoch eine Reihe weiterer Institutionen dort Mitglied: **102**

- alle Bundesländer,
- die Bundesvereinigung der Deutschen Arbeitgeberverbände,
- der Deutsche Gewerkschaftsbund,
- die Bundesarbeitsgemeinschaft der Integrationsämter und Hauptfürsorgestellen (→ Rn. 403),
- die Bundesarbeitsgemeinschaft der überörtlichen Träger der Sozialhilfe sowie
- die Kassenärztliche Bundesvereinigung.[150]

§ 39 Abs. 2 Nr. 7 SGB IX schreibt zudem die Einbindung von **Selbsthilfe- und Selbstvertretungsorganisationen** nicht nur in die konzeptionelle Arbeit der BAR, sondern explizit auch in deren Organe vor, d.h. in die Mitgliederversammlung und den Vorstand.

Aufgaben der BAR sind gemäß § 39 Abs. 2 SGB IX insbesondere **103**

- die Beobachtung, regelmäßige Aus- und Bewertung der Zusammenarbeit der Rehabilitationsträger auf der Grundlage einheitlich zu erhebender Daten über das Rehabilitationsgeschehen der Träger und ihrer Zusammenarbeit, sowie die Datenaufbereitung und Bereitstellung von Statistiken dazu in einem jährlichen **Teilhabeverfahrensbericht** (s. auch § 41 SGB IX),
- die Erarbeitung von gemeinsamen Grundsätzen zur Bedarfserkennung, Bedarfsermittlung und Koordinierung von Rehabilitationsmaßnahmen und zur trägerübergreifenden Zusammenarbeit,
- die trägerübergreifende Fort- und Weiterbildung zur Unterstützung und Umsetzung trägerübergreifender Kooperation und Koordination,
- die Erarbeitung trägerübergreifender Beratungsstandards und Förderung der Weitergabe von eigenen Lebenserfahrungen an andere Menschen mit Behinderungen durch die Beratungsmethode des Peer Counseling,
- die Erarbeitung von Qualitätskriterien zur Sicherung der Struktur-, Prozess- und Ergebnisqualität im trägerübergreifenden Rehabilitationsgeschehen und Initiierung von deren Weiterentwicklung,
- die Öffentlichkeitsarbeit zur Inklusion und Rehabilitation sowie
- die Beobachtung und Bewertung der Forschung zur Rehabilitation sowie die Durchführung trägerübergreifender Forschungsvorhaben.

---

150 S. www.bar-frankfurt.de/bar-ev/mitglieder-der-bar/ (13.8.2021).

Die jährlich zu erstellenden Teilhabeverfahrensberichte geben statistische Einblicke insbesondere bezüglich der Umsetzung der durch das BTHG vorgegebenen Verfahrensinstrumente und Fristen. Die Berichte sind über die Homepage der BAR abrufbar,[151] derzeit finden sich dort die ersten beide Berichte für die Jahre 2018 und 2019. Die Aufgaben der BAR erschöpfen sich jedoch nicht nur auf die jährliche Erstellung der gemeinsamen Übersicht und die Veröffentlichung des Teilhabeverfahrensberichts. Vielmehr soll die BAR aus den gewonnenen Erkenntnissen auch „Arbeitsschwerpunkte für eine Weiterentwicklung der Zusammenarbeit entwickeln".[152] Die Neufassung der Aufgaben lassen insgesamt auf eine aktivere Rolle der BAR schließen als vor der Reform durch das BTHG. So soll die BAR die Rehabilitations-Forschung selbst beobachten und bewerten sowie trägerübergreifende Forschungsvorhaben durchführen und nicht nur ihre Mitglieder dabei unterstützen. Der Aufgabenkatalog des § 39 Abs. 2 SGB IX ist zudem nicht abschließend – erkennbar am Wort „insbesondere" -, d.h. in der Satzung können weitere Aufgaben formuliert werden, die im Einklang mit den Zielen des SGB IX, dem gesetzlichen Auftrag der BAR und dem der beteiligten Rehabilitationsträger stehen.

2. Trägerübergreifende Zusammenarbeit

104 Der Großteil der in § 39 Abs. 2 SGB IX genannten Aufgaben bezieht sich auf die Ausgestaltung der **trägerübergreifenden Zusammenarbeit** der Rehabilitationsträger bei der Ausführung des SGB IX in Gestalt der Erarbeitung gemeinsamer Grundsätze und Empfehlungen, Standards und Qualitätskriterien (Nr. 2, 3, 4, 6). Damit die Koordination der Leistungen nach dem 4. Kapitel nicht in jedem Einzelfall neu abgestimmt werden muss, verpflichtet § 25 SGB IX die Rehabilitationsträger dazu, so zusammenzuarbeiten, dass

1. die im Einzelfall erforderlichen Leistungen zur Teilhabe nahtlos, zügig sowie nach Gegenstand, Umfang und Ausführung einheitlich erbracht werden,
2. Abgrenzungsfragen einvernehmlich geklärt werden,
3. Beratung entsprechend den in den §§ 1 und 4 genannten Zielen geleistet wird,
4. Begutachtungen möglichst nach einheitlichen Grundsätzen durchgeführt werden,
5. Prävention entsprechend dem in § 3 Abs. 1 genannten Ziel geleistet wird sowie
6. die Rehabilitationsträger im Fall eines Zuständigkeitsübergangs rechtzeitig eingebunden werden.

105 Zur Sicherung dieser Zusammenarbeit schreibt § 26 Abs. 1 SGB IX den Rehabilitationsträgern i. S. d. § 6 Abs. 1 Nrn. 1 bis 5 SGB IX vor, im Rahmen der **BAR** und in Abstimmung mit dem BMAS **Gemeinsame Empfehlungen** (GE) zu diesen und zu weiteren in § 26 Abs. 2 SGB IX konkret benannten Verwaltungsabläufen zu vereinbaren (§ 26 Abs. 7 SGB IX) und nach Abs. 8 alle zwei Jahre über die Erfahrungen mit den GE zu berichten. Die **Träger der Kinder- und Jugendhilfe** sowie der **Eingliederungshilfe** (Rehabilitationsträger nach § 6 Abs. 1 Nr. 6 und 7, → Rn. 41 f.), sind nicht unmittelbar Vereinbarungspartei, da sie als Rehabilitationsträger auf Landes- und Kommunalebene dem Landesrecht unterliegen[153] und ihnen nach der Kompetenzverteilung zwischen Bund und Ländern gemäß Art. 85 GG nur im Ausnahmefall

---

151 Abrufbar unter https://www.bar-frankfurt.de/themen/teilhabeverfahrensbericht/teilhabeverfahrensberichte.html (24.06.2021).
152 BT-Drs. 18/9522, 248.
153 Geregelt im jeweiligen Ausführungsgesetz der Länder zum SGB VIII und zum SGB IX.

durch Bundesrecht Verwaltungsvorschriften gemacht werden dürfen.[154] Sowohl die Träger der Eingliederungs- wie auch die der Kinder- und Jugendhilfe sind aber gemäß § 26 Abs. 5 SGB IX über ihre Spitzenverbände an der Vorbereitung der GEs ebenso zu beteiligen wie die **Interessenverbände von Menschen mit Behinderungen** laut Abs. 6. Auch jenseits des § 26 SGB IX ist bei speziellen Themenfeldern der Abschluss Gemeinsamer Empfehlungen vorgesehen (z.B. in § 37 Abs. 1 SGB IX).

Ihrem Rechtscharakter nach handelt es sich bei den GE um **Verwaltungsvereinbarungen**, die – wie Verwaltungsanweisungen – nur für die Vereinbarungsparteien bindend sind und – anders als Gesetze, Verordnungen und Verwaltungsakte – **keine unmittelbare Außenwirkung** entfalten. Damit dürfen die GE keine Einschränkung der gesetzlichen Rechte von Leistungsberechtigten vorsehen;[155] sie gewähren aber auch unmittelbar keine subjektiven, einklagbaren Rechte. Über den Grundsatz der **Selbstbindung der Verwaltung** gemäß dem Gleichbehandlungsgrundsatz nach Art. 3 Abs. 1 GG entfalten die GE jedoch **mittelbare Außenwirkung**. Daraus folgt, dass eine antragstellende bzw. leistungsberechtigte Person dann eine Gleichbehandlung nach dem vereinbarten Inhalt einer GE verlangen kann, wenn sich ein Rehabilitationsträger in anderen, vergleichbaren Fällen daran gehalten hat. Eine Abweichung hiervon ist nur in atypischen Fällen und nur mit entsprechender Begründung möglich.

106

Aufgrund der Reform durch das BTHG sind nicht nur zusätzlich zu vereinbarende GEs hinzu gekommenen, wie z.B. eine **GE mit Grundsätzen zur einheitlichen Ermittlung des Rehabilitationsbedarfes** nach § 13 SGB IX (§ 26 Abs. 2 Nr. 7 SGB IX → Rn. 73), sondern es müssen auch bereits zuvor abgestimmte GEs z.T. überarbeitet werden. Dies ist erforderlich, weil zum einen die formalen Verweise in das SGB IX aufgrund dessen Neubekanntmachung zum 1.1.2018 angepasst wurden mussten und zum anderen veränderte inhaltliche Vorgaben eingepflegt werden müssen. Davon sind z.B. der neue Behinderungsbegriff oder Veränderungen in den Abläufen bei der Koordinierung der Leistungen (lesenswert: die "Gemeinsame Empfehlung Reha-Prozess"[156]) erfasst. Die abgestimmten GEs sind über die Homepage der BAR abrufbar.[157] Sollten die Rehabilitationsträger dem gesetzlichen Auftrag zur Vereinbarung einer der GE nach § 26 SGB IX nicht oder nicht hinreichend nachkommen, hat das BMAS gemäß § 27 SGB IX die Befugnis, sie zur Umsetzung binnen sechs Monaten aufzufordern und im Fall des ergebnislosen Fristablaufs den Inhalt der GE per Rechtsverordnung zu erlassen.

107

Wiederholungsfragen

1. Wie heißt die Dachorganisation der Rehabilitationsträger, in der insbesondere die trägerübergreifende Zusammenarbeit abgestimmt wird?
2. Wer sind die gesetzlich vorgegebenen Mitglieder dieser Organisation, welche weiteren gibt es?
Was beinhaltet der jährlich zu erstellende Teilhabeverfahrensbericht?

---

154 Ein solcher Ausnahmefall ist z.B. das Abweichungsverbot in § 7 Abs. 2 S. 2 SGB IX bezüglich der Vorschriften in Kapitel 4 über die Koordinierung der Leistungen (→ Rn. 43).
155 BSG 17.6.2008 – B 1 KR 31 / 07 R.
156 https://www.bar-frankfurt.de/fileadmin/dateiliste/_publikationen/reha_vereinbarungen/pdfs/GEReha-Prozess.BF01.pdf (13.8.2021).
157 https://www.bar-frankfurt.de/service/publikationen/reha-vereinbarungen.html (29.06.2021).

4. Was ist das vorgesehene Instrument zur Vereinheitlichung der trägerübergreifenden Zusammenarbeit?
5. Aus welchem Grund nehmen die Träger der Eingliederungshilfe und diejenigen der Kinder- und Jugendhilfe bei der Abstimmung der trägerübergreifenden Zusammenarbeit eine Sonderrolle ein?
6. Welchen Rechtscharakter haben die Instrumente trägerübergreifender Zusammenarbeit und welche Bedeutung haben sie für die einzelne antragstellende bzw. leistungsberechtigte Person?
7. Suchen Sie sich aus der Liste des § 25 Abs. 1 SGB IX sowie aus derjenigen in § 26 Abs. 2 SGB IX jeweils ein Beispiel heraus, finden Sie deren Umsetzung auf der Homepage der Dachorganisation und verschaffen sich einen Eindruck von den jeweils getroffenen Vereinbarungen!

V. Ergänzende unabhängige Teilhabeberatung (EUTB)

108 Da das Leistungssystem der Rehabilitations- und Teilhabeleistungen für Menschen mit (drohenden) Behinderungen und ihre Angehörigen sehr komplex ist und Ansprüche aufgrund von Unklarheiten bezüglich der Zuständigkeiten, des Leistungsumfangs und der Beantragung häufig nicht oder nicht im zustehenden Umfang geltend gemacht werden, hat der Gesetzgeber mit dem BTHG in § 32 SGB IX eine neue **niedrigschwellige Beratungsstruktur** eingeführt. Menschen mit (drohenden) Behinderungen erhalten dort Beratung, die

- unabhängig von Leistungs-(Rehabilitations-)trägern,
- unabhängig von Leistungserbringern,
- nur den Interessen der Ratsuchenden verpflichtet,
- niedrigschwellig, barrierefrei, wohnort- und zeitnah,
- ergänzend zum Beratungsangebot der Leistungsträger und
- unentgeltlich

angeboten wird. Auf die Beratung besteht kein Rechtsanspruch; der Gesetzgeber sah in der Durchsetzung einer als Rechtsanspruch konzipierten Beratung eine zu große Hürde, um das Ziel einer schnellen und unbürokratischen Beratung, die i.d.R. einem Antragsverfahren vorgeschaltet ist, zu erreichen.[158]

109 **Ziel der EUTB** ist nach § 32 Abs. 1 SGB IX die Stärkung der Selbstbestimmung und Eigenverantwortung der Menschen mit (drohenden) Behinderungen, vor allem die Stärkung ihrer Rolle gegenüber den Leistungsträgern und gegenüber den Leistungserbringern im sozialrechtlichen Dreiecksverhältnis (→ Rn. 114, 368).[159] Inhaltlich orientiert sie sich an den Lebenswelten der ratsuchenden Menschen; sie soll über infrage kommende **Leistungen nach dem SGB IX** unter Berücksichtigung des Sozialraums und der individuellen Situation beraten. Die Beratung soll möglichst schon vor Antragstellung erfolgen, auch wenn eine Beratung und Unterstützung bei Bedarf auch während des gesamten Rehabilitations- und Teilhabeprozesses erfolgen kann (vgl. auch § 20 Abs. 3 S. 3 SGB IX zur Hinweispflicht auf die EUTB vor einer Teilhabeplankonferenz → Rn. 99).[160] Im Grunde geht es um eine Beratung darüber, welche Leistungen in der individuellen Situation möglich und geboten sind, um die Ratsuchenden zu befähigen, eine selbstbestimmte Entscheidung zu treffen, ob und wel-

---

158 BT-Drs. 18/9522, S. 246.
159 BT-Drs. 18/9522, S. 246.
160 BT-Drs. 18/9522, S. 246.

che Leistungen sie in Anspruch nehmen wollen und ob ggf. ein Persönliches Budget als alternative Leistungsform in Frage kommt (→ Rn. 113 ff.). Es geht hingegen nicht darum, Unterstützung bei der Rechtsdurchsetzung, bei Widersprüchen oder sozialgerichtlichen Klagen, zu leisten.[161]

Ein besonderes Augenmerk wird bei der EUTB auf die Beratung von Betroffenen für Betroffene gelegt (sog. **Peer Counseling**, § 32 Abs. 3 SGB IX). Der Bund finanziert die entsprechenden Beratungsstellen über Zuwendungen. War die Finanzierung zunächst bis Ende 2022 begrenzt, wurde im Juni 2021 die dauerhafte Finanzierung der EUTBs durch eine Rechtsverordnung des BMAS sichergestellt, die am 1.1.2022 in Kraft tritt.[162] Ergänzend wurde beim BMAS eine **Fachstelle Teilhabeberatung** eingerichtet (FTB), die Qualifizierungsangebote und Qualitätsstandards unterstützt und in diesem Rahmen z.B. eine verpflichtende Grundqualifizierung für Berater:innen anbietet oder strukturelle Maßnahmen zum Aufbau eines flächendeckenden Angebots entwickelt. Über die barrierefrei gestaltete Internetseite www.teilhabeberatung.de werden Informationen über die EUTB vermittelt und die Beratungsstellen, von denen es derzeit über 700 im gesamten Bundesgebiet gibt, benannt.[163] Nachdem zunächst unklar war, ob die Beratung der EUTB unentgeltlich angeboten würde, da nur maximal 95 % der Ausgaben vom BMAS übernommen wurden, wird durch § 2 Abs. 2 der Teilhabeberatungsverordnung vom Juni 2021 die Unentgeltlichkeit der Beratung für Ratsuchende vorgeschrieben. Zugleich wurde die Deckelung der Förderung umgestellt auf einen Maximalbetrag von 95.000 EUR für Personal- und Sachausgaben pro Vollzeitäquivalent (§ 4 EUTBV).

110

Die EUTB ist eine **ergänzende Beratung**. Ergänzend ist sie deshalb, weil sie zusätzlich zum kraft gesetzlicher Verpflichtung bestehenden Beratungsangebot der Leistungsträger eingerichtet ist. Sie soll nicht im Widerspruch zur gesetzlichen Beratungs- und Unterstützungspflicht der Leistungsträger stehen.[164] Die Beratungspflicht der Rehabilitationsträger selbst ergibt sich aus verschiedenen gesetzlichen Vorschriften. Dazu gehören

111

1. **Allgemeine Beratungspflichten aller Sozialleistungsträger**

    Allgemeine Beratungspflichten sind zunächst in den §§ 13 bis 15 SGB I geregelt. Während § 13 SGB I eine allgemeine Aufklärungspflicht der Leistungsträger, ihrer Verbände und anderer durch das Sozialgesetzbuch benannte öffentlich-rechtlicher Vereinigungen vorsieht, betrifft die Beratungspflicht des § 14 SGB I eine konkrete Beratung einzelner Personen über die Rechte und Pflichten nach dem Sozialgesetzbuch durch die Leistungsträger. § 15 SGB I verpflichtet speziell die gesetzliche Krankenversicherung und die soziale Pflegeversicherung Auskünfte über Angelegenheiten der sie betreffenden Leistungsangebote zu geben.

2. **Beratungspflichten der Rehabilitationsträger nach dem SGB IX**

    Das SGB IX verpflichtet die Rehabilitationsträger von Anfang an zur Beratung von Menschen mit (drohenden) Behinderungen. Nach § 12 Abs. 1 SGB IX unterstützen sie die frühzeitige Erkennung des Rehabilitationsbedarfs unter anderem durch Angebote der Beratung, durch geeignete Antragsformulare, die sowohl

---

[161] BT-Drs. 18/9522, S. 246; https://www.teilhabeberatung.de/artikel/angebote-der-ergaenzenden-unabhaengigen-teilhabeberatung-eutb
[162] Teilhabeberatungsverordnung vom 14.06.2021, BGBl. I 1796 ff., s. auch § 32 Abs. 7 SGB IX.
[163] Eine Liste aller aktuell vorhandenen EUTBs sowie eine Suchfunktion nach Regionen oder bestimmten Teilhabeeinschränkungen ist zu finden https://www.teilhabeberatung.de/artikel/ergaenzende-unabhaengige-teilhabeberatung-eutb (26.06.2021)
[164] BT-Drs. 18/9522, S. 246.

den potenziell Leistungsberechtigten als auch den Fallbearbeitenden die Inanspruchnahme vom Rehabilitationsleistungen nahelegen und erleichtern soll. Die Vorschrift erweitert die allgemeinen Pflichten aus den §§ 13 bis 15 SGB I und die Hinwirkungspflicht auf die Stellung sachdienlicher Anträge erheblich. Leistungsberechtigte können sich auf diese Pflicht gegengenüber den Rehabilitationsträgern berufen, falls diese auf die Möglichkeit einer Antragstellung auf Leistungen zur Teilhabe pflichtwidrig nicht hingewiesen oder wenn Antragsformulare den fehlerhaften Eindruck erweckt haben, dass die Nichtzuständigkeit eines Leistungsträgers für eine bestimmte Teilhabeleistung einem Leistungsausschluss gleichkommt.[165] Darüber hinaus sind Rehabilitationsträger verpflichtet, „Ansprechstellen" zu benennen, die Informationsangebote an Leistungsberechtigte, an Arbeitgeber:innen und an andere Rehabilitationsträger vermitteln.

3. **Besondere Beratungspflichten der Rehabilitationsträger**

Einige Träger von Rehabilitations- und Teilhabeleistungen haben in ihrem jeweiligen konkreten Leistungsrecht eigene Beratungspflichten, die neben die aus dem SGB I folgenden Beratungspflichten treten. Diese Beratung ist eine Sozialleistung, auf die der Leistungsberechtigte einen Anspruch hat. Die Beratungsverpflichtung findet sich für

– die gesetzliche Krankenversicherung neben der Pflicht aus § 15 SGB I in § 1 S. 4 SGB V,
– die Bundesagentur für Arbeit in §§ 29 ff. SGB III,
– die gesetzliche Unfallversicherung in § 17 Abs. 1 SGB VII,
– die Kinder- und Jugendhilfe in § 36 Abs. 1 SGB VIII, hier konkret in Bezug auf die Eingliederungshilfe und

die Träger der Eingliederungshilfe in § 106 SGB IX. Rehabilitationsträger, die Menschen mit Behinderungen und von Behinderung bedrohte Menschen über ihre jeweiligen Leistungen beraten, sind ausdrücklich verpflichtet, auf das Angebot der EUTB hinzuweisen (vgl. §§ 12 Abs. 1 S. 2 Nr. 4, 20 Abs. 3 S. 3, 32 Abs. 2 S. 2, 106 Abs. 4 SGB IX).

112 Da – abgesehen von einem (schwer nachzuweisenden und für diese Fälle häufig nicht ausreichenden) Staatshaftungsanspruch – keine gesetzliche Sanktion vorgesehen ist, wenn Leistungsträger ihren Pflichten zur ordnungsgemäßen, umfassenden und richtigen Auskunft, Beratung und Betreuung – v.a. nach den §§ 14, 15 und 16 SGB I – nicht nachkommen, hat die Rechtsprechung den sog. **sozialrechtlichen Herstellungsanspruch** entwickelt. Dieser gilt für Personen, die mit einem Sozialleistungsträger (§§ 18 bis 29 SGB I – EUTBs gehören nicht dazu!) in Kontakt stehen: für Versicherte, Beitragszahler:innen, Leistungsempfänger:innen oder Antragsteller:innen. Ziel ist – anders als beim Staatshaftungsanspruch – nicht die Zahlung eines Schadensersatzes, sondern die Beseitigung eines durch die fehlerhafte Beratung ausgelösten rechtswidrigen Zustandes durch die Herstellung des rechtmäßigen Zustandes. Voraussetzungen des sozialrechtlichen Herstellungsanspruches sind:

---

165 Zu allem BT-Drs. 18/9522, S. 231.

Abbildung 9

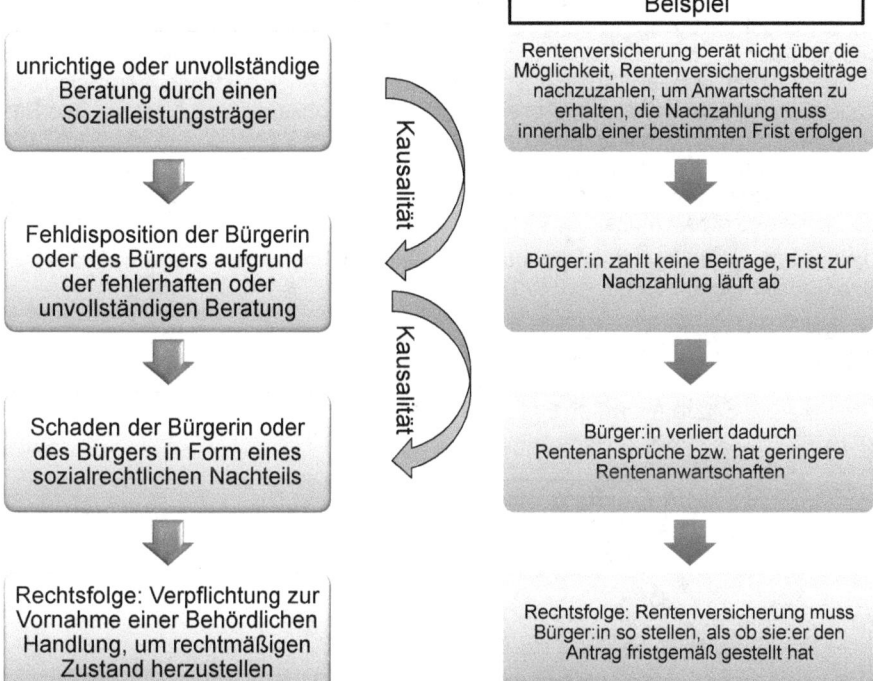

Wiederholungsfragen

1. Welche Ziele verfolgt die ergänzende unabhängige Teilhabeberatung?
2. Wo findet sich die gesetzliche Grundlage für die ergänzende unabhängige Teilhabeberatung?
3. Was ist das Besondere an der ergänzenden unabhängigen Teilhabeberatung im Vergleich zu der Beratung durch die Leistungsträger und die Leistungserbringer?
4. Welche Beratungspflichten kennt das Sozialgesetzbuch noch?
5. Was verstehen Sie unter einem sozialrechtlichen Herstellungsanspruch und was setzt er voraus?

VI. Persönliches Budget

1. Überblick und Begriffsbestimmung

Das Persönliche Budget ist eine **Geldleistung**, die der leistungsberechtigte Mensch mit Behinderung zur selbst organisierten und eigenverantwortlich geführten Deckung seines Bedarfs an Teilhabeleistungen auf Antrag erhält. Es ersetzt die durch die Rehabilitationsträger gewährten Sach- und Dienstleistungen und ist keine eigenständige oder besondere Leistung, sondern nur eine alternative **Form** der Finanzierung bzw. der **Leistungserbringung**. Statt der Sachleistung, die durch einen Leistungserbringer erbracht wird, der mit dem Rehabilitationsträger einen Versorgungsvertrag geschlossen hat, erhalten Leistungsberechtigte i.d.R. einen Geldbetrag, um sich die Leistung bei einem Anbieter seiner Wahl selbst „einzukaufen". Die Rehabilitationsträger sind nach § 12 Abs. 1 S. 2 Nr. 2 SGB IX verpflichtet, barrierefreie Informationsangebote über die Möglichkeiten der Leistungserbringung in Form des Persönlichen Budgets bereitzustellen. Auch die ergänzende unabhängige Teilhabeberatung nach § 32 SGB IX (→ Rn. 108 ff.) informiert über die Möglichkeiten und Grenzen des Persönlichen Budgets. Sowohl im Teilhabeplan (§ 19 Abs. 2 S. 2 Nr. 7 SGB IX) als auch im Gesamtplan der Eingliederungshilfe (§ 121 Abs. 4 SGB IX) ist zu dokumentieren, dass die Frage nach der Ausführung der Leistungen durch ein Persönliches Budget beraten worden sein muss.

114 Das **sozialrechtliche Dreiecksverhältnis** wird mit dem Persönlichen Budget an einer Stelle durchbrochen:

Abbildung 10

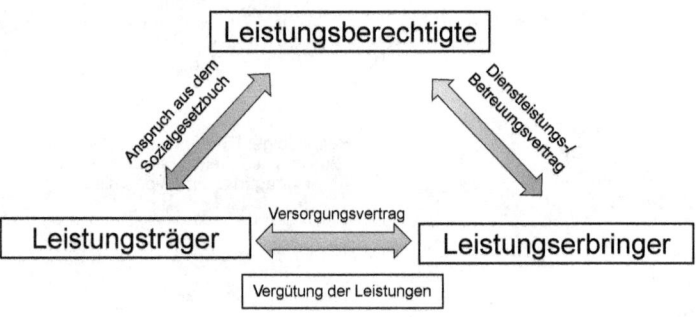

Sozialrechtliches Dreiecksverhältnis ohne Persönliches Budget

Abbildung 11

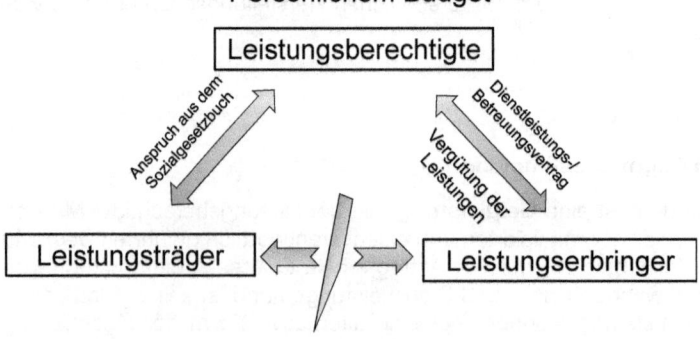

Sozialrechtliches Dreiecksverhältnis mit Persönlichem Budget

VI. Persönliches Budget

Bei Inanspruchnahme eines Persönlichen Budgets muss zwischen Leistungsträger und Leistungserbringer keine vertragliche Beziehung mehr bestehen; Leistungsberechtigte können den Leistungserbringer wählen, der die für sie am besten geeigneten Leistungen anbietet. Ob dieser dann mit dem Leistungsträger einen Vertrag geschlossen hat, spielt keine Rolle. Allerdings können Rehabilitationsträger u.U. die Gewährung des Persönlichen Budgets an die Erfüllung bestimmter Qualitätsvoraussetzungen durch die Leistungserbringer knüpfen.

Die Regelungen zum Persönlichen Budget finden sich in § 29 SGB IX. Leistungsberechtigte Menschen mit Behinderungen haben einen **Rechtsanspruch** auf die Gewährung der Teilhabeleistungen in dieser Form, wenn sie diese beantragen 115

> **Hinweis**
>
> Das Persönliche Budget eröffnet auf der einen Seite ein Höchstmaß an Selbstbestimmung über die benötigten Leistungen, unabhängig von den Leistungserbringern, die vertraglich mit den Leistungsträgern verbunden sind, auch wenn eine (zusätzliche) vertragliche Bindung natürlich nicht ausgeschlossen ist. Menschen mit Behinderungen haben direkt Einfluss auf das Leistungsangebot und können über die selbstständige Bezahlung der Leistungen ggf. bestehende Mängel in der Leistungserbringung unmittelbar sanktionieren. Gleichwohl ist mit der Inanspruchnahme eines Persönlichen Budgets auf der anderen Seite auch ein hohes Maß an Verantwortung verbunden. Passende Angebote müssen gefunden, Preise vereinbart, Verträge geschlossen, deren ordnungsgemäße Einhaltung und qualitätsgerechte Durchführung kontrolliert werden. Häufig wird es ohne Unterstützung durch eine gute Budgetassistenz nicht gehen. Dieser Aufwand muss ins Verhältnis zu dem angestrebten Nutzen gesetzt und genau überlegt werden, ob im Ergebnis nicht die vom Leistungsträger angebotenen Sachleistungen ebenso den Bedarf decken. Eine umfassende und alle Für und Wider abwägende Beratung ist hier dringend erforderlich.[166]

Ein Persönliches Budget kann durch nur einen Leistungsträger (**einfaches Budget**, vgl. § 29 Abs. 1 S. 4 SGB IX) oder durch mehrere Leistungsträger gemeinsam als Komplexleistung (**trägerübergreifendes Persönliches Budget**, § 29 Abs. 1 S. 3 SGB IX) erbracht werden. 116

2. Budgetfähige Leistungen

Nach § 29 Abs. 1 S. 1 SGB IX sind alle **Leistungen zur Teilhabe** budgetfähig, d.h. Leistungen zur medizinischen Rehabilitation, Leistungen zur Teilhabe am Arbeitsleben, Leistungen zur Teilhabe an Bildung sowie Leistungen zur Sozialen Teilhabe. Darüber hinaus sind nach § 29 Abs. 1 S. 5 SGB IX auch 117

- Leistungen der Krankenkassen und der Pflegekassen,
- Leistungen der gesetzlichen Unfallversicherung bei Pflegebedürftigkeit sowie
- Leistungen der Hilfe zur Pflege, die durch den Sozialhilfeträger erbracht wird,

budgetfähig, wenn diese Leistungen[167] sich auf

---

[166] Dazu Binkert SGb 2020, 219 ff.
[167] Vgl. hierzu und im Folgenden BAR, Handlungsempfehlungen Persönliches Budget, Kapitel 4, https://www.bar-frankfurt.de/fileadmin/dateiliste/_publikationen/reha_vereinbarungen/pdfs/Persoenliches_Budget.pdf (3.3.2021). Die Handlungsempfehlungen sind zwar von 2009, gleichwohl hat sich zumindest hinsichtlich der budgetfähigen Leistungen seit dem wenig geändert.

- alltägliche und
- regelmäßig wiederkehrende Bedarfe beziehen und als
- Geldleistungen oder
- durch Gutscheine

erbracht werden können.

Alltägliche Bedarfe sind solche, die in Arbeit, Familie, Privatleben und Gesellschaft sowie bei der Gestaltung des eigenen Lebensumfeldes anfallen. Die Leistungen werden benötigt, um die Anforderungen des täglichen Lebens individuell zu bewältigen und die eigenen Ressourcen (persönlich, sozial und umweltbezogen) zu erweitern. Sie sollten für mindestens sechs Monate oder länger benötigt werden, ggf. in Einzelfällen auch für geringere Dauer. **Regelmäßig wiederkehrend** ist ein Bedarf, der entweder in feststellbaren Zeitabständen (z.B. täglich, wöchentlich, monatlich, jährlich) besteht und einen erkennbaren Rhythmus aufweist oder innerhalb eines vorab feststehenden Zeitraums dauerhaft bzw. wiederholt gegeben ist.

118 In den Handlungsempfehlungen der BAR zum Persönlichen Budget[168] sind beispielhaft budgetfähige Leistungen, geordnet nach Leistungsträger und Leistungsumfang aufgelistet.

Beispiele:

Leistungsträger	budgetfähige Leistungen
gesetzliche Krankenversicherung	Gebärdendolmetscher, Aufwendungsersatz für Blindenführhunde, zum Verbrauch bestimmte Hilfsmittel, Soziotherapie, Haushaltshilfe, ambulante oder stationäre Rehabilitationsmaßnahmen, Frühförderung
Bundesagentur für Arbeit	alle Leistungen an Arbeitnehmer zur Teilhabe am Arbeitsleben, u.a. Leistungen im Eingangsverfahren und im Berufsbildungsbereich der WfbM, berufliche Ausbildung, Kraftfahrzeughilfe, Arbeitsassistenz; auch ergänzende Leistungen für Haushaltshilfe, Kinderbetreuung oder Reisekosten
gesetzliche Unfallversicherung	alle Leistungen zur Teilhabe, u.a. hauswirtschaftliche Versorgung, Reisekosten, Arbeitsassistenz, Aufwendungen für Lern-, Unterrichts- und Arbeitsmittel, Verpflegungskosten, Existenzgründung
gesetzliche Rentenversicherung	Leistungen zur Berufsvorbereitung sowie der beruflichen Anpassung und Weiterbildung, Kraftfahrzeughilfe, Arbeitsassistenz, Wohnungshilfe; ergänzende Leistungen wie Reisekosten, Haushaltshilfe und Kinderbetreuungskosten
Kriegsopferversorgung / Kriegsopferfürsorge	medizinische Leistungen i.d.R. wie bei der gesetzlichen Krankenversicherung, ggf. spezielle Verbrauchsartikel, Bewegungstherapie, Arbeitstherapie,
Träger der Eingliederungshilfe	Leistungen der Sozialen Teilhabe, d.h. für selbstbestimmtes Wohnen, zur Mobilität, zum Erwerb und Erhalt praktischer Kenntnisse und Fähigkeiten, Leistungen zur Teilhabe an Bildung, Leistungen zur Teilhabe am Arbeitsleben

---

168 BAR 2009, S. 10 ff.

VI. Persönliches Budget

Leistungsträger	budgetfähige Leistungen
Träger der öffentlichen Jugendhilfe	Leistungen zur Teilhabe an Bildung und zur Sozialen Teilhabe
soziale Pflegeversicherung	Pflegesachleistungen, Pflegehilfsmittel zum Verbrauch, teilstationäre Pflege
Integrationsämter	Leistungen für begleitende Hilfen im Arbeitsleben wie technische Arbeitshilfen, Hilfen zum Erreichen des Arbeitsplatzes, Beschaffung, Ausstattung und Erhaltung einer behinderungsgerechten Wohnung, Gebärdendolmetscher und Kommunikationshilfen

Die Tabelle ist eine eigene Zusammenfassung in Anlehnung an die Handlungsempfehlung der BAR. In dieser sind zudem noch die Anspruchsgrundlagen der Leistungen aufgeführt, die aber inzwischen z.T. überholt sind.

119 Die Ausführung des Persönlichen Budgets erfolgt grundsätzlich als **Geldleistung**; **Gutscheine** sollen nur in begründeten Einzelfällen ausgegeben werden (§ 29 Abs. 2 SGB IX). Kraft Gesetzes werden in der sozialen Pflegeversicherung im Rahmen des Persönlichen Budgets nur Gutscheine für die entsprechenden Sachleistungen gewährt (§ 35a SGB XI). Der Gesetzgeber begründet dies mit dem Teilleistungscharakter der sozialen Pflegeversicherung, deren pauschalierte Leistungen ggf. durch einen Eigenanteil ergänzt werden müssen, den entweder die Pflegebedürftigen selbst oder die Sozialhilfeträger im Rahmen der Hilfe zur Pflege zu tragen haben.[169] In Anbetracht der Ziele der Selbstbestimmung und eigenverantwortlichen Lebensführung, die mit dem Persönlichen Budget verwirklicht werden sollen und in Folge einer Vielzahl von Modellprojekten, in deren Rahmen ein personenbezogenes Pflegebudget sehr erfolgreich erprobt und durchgeführt wurde,[170] bleibt das Festhalten an dieser Regelung problematisch.

3. Beteiligte Leistungsträger

120 Teilhabeleistungen in Form eines Persönlichen Budgets können bei **allen Rehabilitationsträgern** in Anspruch genommen werden. Da nach § 7 Abs. 1 S. 2 SGB IX die Zuständigkeit und die Voraussetzungen für eine Teilhabeleistung nach den jeweiligen Leistungsgesetzen geregelt ist, finden sich entsprechende Vorschriften für das Persönliche Budget an folgenden Stellen:

---

[169] BT-Drs. 18/9522, S. 244.
[170] Einzelheiten unter www.pflegebudget.de (3.3.2021). Das Modellprojekt wurde 2008 beendet.

für die gesetzliche Krankenversicherung	in § 11 Abs. 1 Nr. 5 und Abs. 2 S. 3 SGB V
für die Bundesagentur für Arbeit	in § 114 Abs. 2 SGB III[171]
für die gesetzliche Unfallversicherung	in § 26 Abs. 1 S. 2 SGB VII
für die gesetzliche Rentenversicherung	in § 13 Abs. 1 S. 2 SGB VI
für die Kriegsopferversorgung/Kriegsopferfürsorge ab 1.1.2024 für die Träger der Sozialen Entschädigung	in § 9 Abs. 2 BVG in § 26 Abs. 3 SGB XIV
für die Träger der öffentlichen Jugendhilfe	in § 35a Abs. 3 SGB VIII i.V.m. § 29 SGB IX (Verweis auf Kapitel 6 des Teil 1 des SGB IX, in dem das Persönliche Budget geregelt ist)
für die Träger der Eingliederungshilfe	in § 105 Abs. 4 SGB IX

Neben den Rehabilitationsträgern können am Persönlichen Budget auch die **Soziale Pflegeversicherung** und die **Integrationsämter** beteiligt sein (vgl. § 35a SGB XI und § 185 Abs. 8 SGB IX). Wird das Persönliche Budget bei einem dieser Träger beantragt, werden sie nach § 29 Abs. 3 S. 2 SGB IX insoweit leistender Rehabilitationsträger (→ Rn. 70 ff.), obwohl beide keine originären Rehabilitationsträger nach § 6 SGB IX (→ Rn. 32) sind.

Hinweis

Die Träger der Sozialhilfe werden nicht (mehr) als ausführende Leistungsträger in § 29 SGB IX benannt. Da die Leistungen der Hilfe zur Pflege gleichwohl budgetfähig sind (§ 29 Abs. 1 S. 5 SGB IX, § 63 Abs. 3 SGB XII), ist daher von einem redaktionellen Versehen auszugehen und im Wege der Analogie die Zuständigkeit der Sozialhilfeträger für die Ausführung des Persönlichen Budgets begründet, sofern Leistungen der Hilfe zur Pflege in dieser Form beantragt werden.[172]

---

171 In der Fassung durch das Teilhabestärkungsgesetz vom 2.6.2021, BGBl. I 1391 mit Wirkung vom 1.1.2022 - bis dahin in § 118 Abs. 2 SGB III.
172 Vgl. von Boetticher (2020), § 3 Rn. 167.

VI. Persönliches Budget

4. Verfahren

Das Verfahren für die Erlangung eines Persönlichen Budgets lässt sich im **Überblick** 121
wie folgt darstellen:

Abbildung 12

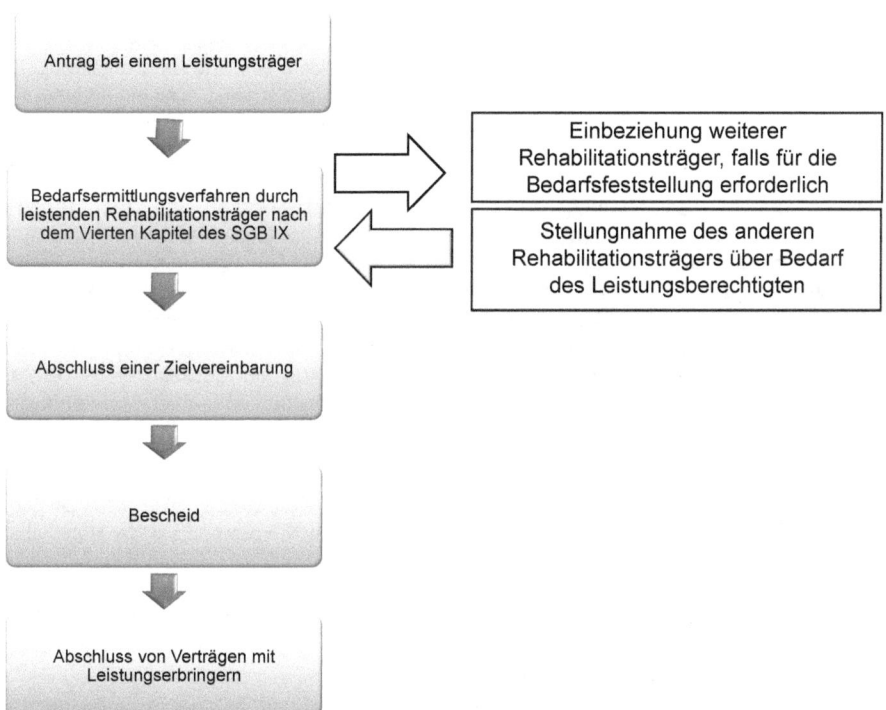

Das Persönliche Budget wird nur auf **Antrag** erbracht. Der Antrag kann bei allen ge- 122
nannten Leistungsträger – einschließlich Pflegekasse und Integrationsamt – formlos
(§ 9 SGB X) gestellt werden. Dies ist sowohl bei der erstmaligen Antragstellung von
Rehabilitationsleistungen möglich als auch während des laufenden Bezuges von
Leistungen. Der Antrag auf ein Persönliches Budget kann auch auf Teile der – bereits
bewilligten oder beantragten – Teilhabeleistungen beschränkt werden, z.B. auf die
Assistenz zur Freizeitgestaltung, während die Leistungen zur Teilhabe am Arbeitsleben als vom Rehabilitationsträger gewährte Sachleistungen in Anspruch genommen
werden. Nach Antragstellung wird zunächst die **Zuständigkeit des Leistungsträgers** nach § 14 SGB IX geklärt; an diesem Zuständigkeitsklärungsverfahren (→
Rn. 71) nehmen auch die Pflegekasse und die Integrationsämter teil (§ 29 Abs. 3 S. 2
SGB IX). Der zuständige Leistungsträger wird **leistender Rehabilitationsträger**
i.S.d. § 14 SGB IX; er koordiniert die Leistungen und ist Ansprechpartner für die Leistungsberechtigten. Stellt sich während des Bedarfsermittlungsverfahrens heraus,
dass das Persönliche Budget Leistungen enthält, für die der leistende Rehabilitati-

onsträger nicht zuständig sein kann, leitet er den Antrag nach § 15 SGB IX an den nach seiner Auffassung zuständigen Leistungsträger weiter (§ 29 Abs. 3 S. 3 SGB IX).

Hinweis

Wird im Rahmen des Bedarfsermittlungsverfahrens eine Teilhabeplankonferenz durchgeführt, ist es sinnvoll, dass sich Leistungsberechtigte mit den Kosten für die einzelnen Leistungen, die seinen Bedarf decken würden, beschäftigen. Das erfordert unter Umständen die Einholung verschiedener Kostenangebote. Auf diese Weise können Leistungsberechtigte von vornherein sicherstellen, dass die Leistungen des Persönlichen Budgets ihren Bedarf auch tatsächlich decken können. Unterstützung erhalten Leistungsberechtigte hierbei z.B. durch die Ergänzende Unabhängige Teilhabeberatung, bei Beratungsstellen von Selbsthilfeorganisationen oder auch von Leistungsträgern (sog. Budgetberatung).

123 Das Persönliche Budget muss von der **Höhe** nach so bemessen sein, dass der Bedarf der Budgetnehmer gedeckt wird und auch die notwendige Beratung und Unterstützung bei der Ausführung des Persönlichen Budgets („**Budgetassistenz**") finanziert werden kann (§ 29 Abs. 2 S. 6 SGB IX). Es soll nicht höher sein als die Kosten der ohne Budget individuell zu erbringenden Sachleistung (§ 29 Abs. 2 S. 7 SGB IX). Unklar ist allerdings, wie sich diese Sollvorschrift mit der vorangegangenen – Bemessung des Budgets unter Einschluss der Kosten für die Budgetassistenz – vereinbaren lässt, weil das impliziert, dass diese Kosten von den eigentlich notwendigen Kosten der Sachleistungen abgezogen werden müssen.

Hinweis

Das führt zu einer uneinheitlichen Verwaltungspraxis – z.T. werden zusätzliche Leistungen für eine Budgetassistenz bewilligt, dabei z.T. nicht in kostendeckender Höhe, aber z.T. auch gar nicht.[173]

Das Bedarfsermittlungsverfahren soll i.d.R. **im Abstand von zwei Jahren** wiederholt werden, um festzustellen, ob die Bedarfe noch vorhanden und die Leistungen ausreichend und bedarfsdeckend sind.

124 Der zuständige Leistungsträger und die leistungsberechtigte Person müssen zur Umsetzung des Persönlichen Budgets eine **Zielvereinbarung** abschließen. Die Zielvereinbarung ist grundsätzlich materielle Voraussetzung für die Gewährung eines Persönlichen Budgets, die wie eine Nebenbestimmung Bestandteil der Bewilligungsentscheidung wird.[174] Allerdings kann der Leistungsträger den Abschluss einer Zielvereinbarung nicht verweigern und auf diese Weise die Gewährung eines Persönlichen Budgets verhindern; insofern besteht eine Rechtspflicht zum Abschluss einer Zielvereinbarung, wenn die übrigen Voraussetzungen für die Bewilligung des Persönlichen Budgets vorliegen. Nur, wenn offensichtlich auf der Hand liegt, dass Leistungsberechtigte die Nachweise zur Bedarfsdeckung und Qualitätssicherung nicht erbringen werden, kann u.U. der Abschluss einer Zielvereinbarung verweigert werden.[175] Die Zielvereinbarung enthält mindestens folgende Regelungen (§ 29 Abs. 4 S. 2 SGB IX):

---

173 S. dazu Schumacher, RdLH 2020, 18 f.
174 OVG Saarland 30.7.2019 – 2 B 152/19.
175 Zur Rechtspflicht zum Abschluss einer Zielvereinbarung s. SG Gießen 29.10.2020 – S 18 SO 146/20 ER.

VI. Persönliches Budget

- die Ausrichtung der individuellen Förder- und Leistungsziele,
- die Erforderlichkeit eines Nachweises zur Deckung des festgestellten individuellen Bedarfs,
- die Qualitätssicherung sowie
- die Höhe der Teil- und Gesamtbudgets.

Die Zielvereinbarung wird im Rahmen des Bedarfsermittlungsverfahrens für die Dauer des Bewilligungszeitraums von i.d.R. zwei Jahren abgeschlossen.

> **Hinweis**
>
> Das Erfordernis einer Zielvereinbarung entfällt gemäß § 29 Abs. 4 S. 3 SGB IX, wenn das Persönliche Budget nur Leistungen der Pflegeversicherung enthält. Hintergrund dieser Ausnahme ist, dass die über die Zielvereinbarung sicherzustellende Qualitätssicherung im Fall der Pflegeversicherung nicht notwendig ist, da beim Persönlichen Budget in der Pflege gemäß § 35a SGB XI nur Gutscheine ausgegeben werden. Diese wiederum können nur bei solchen Leistungserbringern eingelöst werden, mit denen die Pflegekassen entsprechende Qualitätsvereinbarungen getroffen haben. Damit ist die Qualität der Leistungserbringung sichergestellt. Sind mehrere Leistungsträger im Rahmen eines trägerübergreifenden Persönlichen Budgets beteiligt, müssen in die Zielvereinbarung die Feststellungen und die Teilbudgets der anderen Leistungsträger mit übernommen werden.

125 Die Zielvereinbarung kann von den Vertragspartnern (leistender Rehabilitationsträger und Leistungsberechtigte) schriftlich mit sofortiger Wirkung aus wichtigem Grund **gekündigt** werden (§ 29 Abs. 4 Sätze 4 und 5 SGB IX).

Beispiele für wichtige Kündigungsgründe:

für die Leistungsberechtigten:	Änderung der persönlichen Lebenssituation
für den Leistungsträger:	Nichterbringung des Nachweises zur Bedarfsdeckung und Qualitätssicherung[176]

Da die Zielvereinbarung Teil des Bewilligungsbescheides ist, wird – wenn sie gekündigt wird – auch der Bescheid aufgehoben (§ 29 Abs. 4 S. 7 SGB IX).

126 Das Persönliche Budget wird von dem leistenden Rehabilitationsträger durch **Bescheid** bewilligt. Dieser enthält die Höhe des Gesamtbudgets und ggf. die einzelnen Teilbudgets, wenn Leistungen mehrerer Rehabilitationsträger einbezogen sind. Die leistungsberechtigte Person erhält das Geld monatlich im Voraus.[177] Sie wählt dann die Leistungserbringer aus, schließt mit ihnen die notwendigen Verträge (z.B. Dienstleistungs-, Betreuungs-, Assistenzverträge) und bezahlt sie für ihre Leistungen aus den Mitteln des Persönlichen Budgets.

127 Mit dem Persönlichen Budget können Menschen mit Behinderungen auch Arbeits- bzw. Assistenzkräfte einstellen, die dann die Leistungen individuell für sie erbringen.

---

176 Vgl. SG Darmstadt 29.08.2018 – S 10 KR 562/17, Rn. 48 ff.: Kündigung wegen Zweckentfremdung der Budgetleistungen.
177 Diese Regelung aus der – zum 31.12.2017 außer Kraft getretenen – Budgetverordnung (dort § 3 Abs. 5 S. 3) findet sich zwar nicht mehr in § 29 SGB IX, allerdings muss sie weiterhin gelten, weil sonst die Leistungen nicht zeitnah beschafft werden können, vgl. von Boetticher (2020), § 3 Rn. 156.

Dieses sog. **Arbeitgebermodell** ermöglicht ihnen ein Höchstmaß an Selbstbestimmung, weil sie die Kompetenz über
- die Auswahl der eingesetzten Assistenzkräfte und des für sie tätigen Personals,
- die Erbringung der Leistungen in zeitlicher, räumlicher und inhaltlicher Form,
- die Organisation der Leistungen selbst,
- die Anleitung und Anweisung der Arbeits- bzw. Assistenzkräfte und
- deren Bezahlung

haben.[178] Eine Beschäftigung von Assistenzkräften im Arbeitgebermodell erfordert allerdings auch die Übernahme von Pflichten als Arbeitgeber, wie die Abführung von Lohnsteuern und Sozialversicherungsbeiträgen. Dies können sie selbst, ggf. mithilfe einer **qualifizierten Budgetassistenz** übernehmen oder auch durch Dritte erledigen lassen. Die Kosten müss(t)en im Rahmen des Persönlichen Budgets berücksichtigt werden (→ Rn. 123).

5. Rechtsschutz

128 In die Zielvereinbarung muss nach § 29 Abs. 4 S. 2 Nr. 4 SGB IX die Höhe der Teil- und Gesamtbudgets aufgenommen werden. Besteht allerdings bezüglich der Höhe des Budgets Uneinigkeit, z.B. wegen der Kosten der Budgetassistenz (→ Rn. 123), wird die Zielvereinbarung nicht abgeschlossen und der Bewilligungsbescheid nicht erlassen. Ein Widerspruch ist in Ermangelung eines belastenden Bescheides aber nicht möglich (→ Rn. 483). Da es sich bei der Zielvereinbarung um einen **öffentlich-rechtlichen Vertrag** (§ 53 SGB X) handelt, ist eine Verpflichtungsklage auf Abschluss dieser Vereinbarung ausgeschlossen. Es besteht allerdings die Möglichkeit, da Leistungsberechtigte ein berechtigtes Interesse an der Feststellung der Höhe des Budgets haben, eine **vorbeugende Feststellungsklage** zu erheben.[179] Die Klage kann zum einen auf die Feststellung einer bestimmten Gesamtbudgethöhe gerichtet werden; hierfür bedarf es konkreter nachweisbarer Zahlen. Zum anderen kann sich die Klage auch auf die Feststellung richten, dass zusätzlich zu dem vom leistenden Rehabilitationsträger vorgeschlagenen Gesamtbudget weitere Kosten berücksichtigt werden müssen, wie z.B. eine Budgetassistenz. Für die vorbeugende Feststellungsklage bedarf es **keines Vorverfahrens**; es muss nur deutlich werden, dass der Leistungsträger die beantragte Höhe des Budgets oder die Berücksichtigung weiterer Kosten ablehnt. Dies kann sich schon bei den Verhandlungen zur Zielvereinbarung ergeben. Weigert sich der Leistungsträger eine Zielvereinbarung abzuschließen und verhindert damit die Möglichkeit der Gewährung eines Persönlichen Budgets (→ Rn. 124), können Leistungsberechtigte eine Leistungsklage erheben, ggf. in Verbindung mit einer Feststellungsklage bezüglich der Höhe des Gesamtbudgets.

129 Besteht Eilbedürftigkeit, weil die leistungsberechtigte Person Leistungen besonders dringend benötigt und das gewünschte Angebot nur befristet besteht, kann ein Antrag auf einstweilige Anordnung beim Sozialgericht nach § 86b Abs. 2 SGG gestellt werden (→ Rn. 493), ohne dass zuvor die Zielvereinbarung geschlossen worden ist.[180]

---

178 Vgl. beispielhaft den Sachverhalt im Fall BVerfG 14.03.2019 – 1 BvR 169/19 , Rn. 2 ff.
179 Zu diesem und zu folgenden von Boetticher (2020), § 3 Rn. 170.
180 Vgl. Sächsisches LSG 10.11.2020 – L 8 SO 67/20 B ER; Schumacher, RdLH 2019, 20.

VI. Persönliches Budget

Übungsfall zum Persönlichen Budget

(Lösung: Rn. 498)

Die 25-jährige T lebt mit einem Down-Syndrom. Sie wohnt bei ihren Eltern, die einen großen Teil der hauswirtschaftlichen Versorgung übernehmen. T hat gerade im Rahmen einer beruflichen Maßnahme ein betriebliches Ausbildungstraining in einem Kindergarten abgeschlossen; dieses wurde von einer Integrationsbegleitung in Kooperation mit einer WfbM durchgeführt. T möchte gern die erlernte Betätigung im Kindergarten weiter ausführen; hier braucht sie weiterhin für die nächsten zwei Jahre Unterstützung (v.a. psychosoziale Unterstützung beim Umgang mit Konflikten). Darüber hinaus möchte T bei ihren Eltern ausziehen und sich gemeinsam mit zwei Freundinnen eine Wohnung teilen; hier braucht sie jemanden, der ihr bei der Gestaltung ihrer Freizeitaktivitäten hilft. Zur Erhaltung und Verbesserung ihrer motorischen Fähigkeiten erhält sie einmal wöchentlich Ergotherapie.

130

Aufgaben:
1. *Welche Unterstützungsbedarfe sehen Sie bei T? Ordnen Sie die Unterstützungsbedarfe einer Leistungsgruppe zur Teilhabe zu!*
2. *Welche Rehabilitationsträger sind für die jeweiligen Unterstützungsbedarfe zuständig?*
3. *Würde T ihre Unterstützungsbedarfe mit einem Persönlichen Budget finanzieren wollen, wo würden Sie ihr raten, den Antrag zu stellen?*
4. *Wie würde das Verfahren zur Erlangung des Persönlichen Budgets aussehen?*

Wiederholungsfragen

1. *Was verstehen Sie unter einem Persönlichen Budget? Wo ist es geregelt?*
2. *Die 28-jährige F hat eine seelische Behinderung. Sie erhält vom Träger der Eingliederungshilfe Leistungen zur Sozialen Teilhabe in Form von Betreuung in einer Wohngruppe des Trägers S e.V. Skizzieren Sie die rechtlichen Beziehungen zwischen den Beteiligten! Welche Änderungen treten ein, wenn F die Leistungen für eine Betreuung als Persönliches Budget erhält?*
3. *Welche Leistungen sind budgetfähig?*
4. *Welcher Leistungsträger erbringt das Persönliche Budget nur in Form von Gutscheinen?*
5. *Welche Leistungsträger können am Persönlichen Budget beteiligt sein?*
6. *Was verstehen Sie unter einer Budgetassistenz?*
7. *Was ist eine Zielvereinbarung, welche Inhalte müssen in ihr enthalten sein und welche Bedeutung hat sie für die Gewährung des Persönlichen Budgets?*
8. *Welche Vor- und Nachteile bestehen bei der Organisation der Unterstützung in Form des Arbeitgebermodells?*

Kapitel 2: Rehabilitationsleistungen nach dem SGB IX

131 Die Kapitel 9 bis 13 des 1. Teils des SGB IX sind jeweils einer der fünf Leistungsgruppen gewidmet:

- medizinische Rehabilitation (§§ 42 bis 48 SGB IX),
- Teilhabe am Arbeitsleben (§§ 49 bis 63 SGB IX),
- unterhaltssichernde und andere ergänzende Leistungen (§§ 64 bis 74 SGB IX),
- Teilhabe an Bildung (§ 75 SGB IX) und
- Soziale Teilhabe (§§ 76 bis 84 SGB IX).

Die dort jeweils aufgeführten **Leistungskataloge** sind – mit Ausnahme desjenigen der unterhaltssichernden und anderen ergänzenden Leistungen – **offen formuliert**. Es werden dort typische Leistungen benannt, denen aber einleitend das Wort »insbesondere« vorangestellt ist, so dass weitere, nicht benannte Leistungen möglich sind. Neben den aufgezählten „Standardleistungen" bleibt dadurch Raum, bedarfsgerechte, auf den Einzelfall zugeschnittene Lösungen zu entwickeln, um die Ziele der gleichberechtigten Teilhabe und der selbstbestimmten Lebensführung (§ 1 SGB IX) verwirklichen zu können. Allerdings stellt dies Betroffene zugleich vor die Herausforderung, aus der Vielzahl möglicher Leistungen nicht nur eine für sich passende Lösung zu entwickeln, sondern diese auch noch mit dem leistenden Rehabilitationsträger abzustimmen. Wenn die Leistungsvoraussetzungen, die sich neben dem Vorliegen einer Behinderung i. S. d. § 2 SGB IX erst aus den einzelnen Leistungsgesetzen ergeben (§ 7 Abs. 1 S. 2 SGB IX, → Rn. 45), erfüllt sind, besteht aufgrund der Offenheit des Leistungskataloges zunächst nur ein **Rechtsanspruch dem Grunde nach**. Das bedeutet, dass der antragstellenden Person jedenfalls Rehabilitationsleistungen zustehen, der zuständige Rehabilitationsträger den Antrag also nicht ablehnen kann. Das »Ob« einer Leistung ist damit geklärt. Die **Entscheidung über Art, Umfang, Dauer, Beginn und Durchführung** der Leistung, also das »Wie«, ist vom entscheidenden Rehabilitationsträger[181] **nach pflichtgemäßem Ermessen** auf der Grundlage der Feststellungen im Teilhabeplan zu treffen.[182] Dies bedeutet, dass der gesetzliche Anspruch einer leistungsberechtigten Person i.d.R. keine bestimmte Leistung beinhaltet, sondern diese erst vom Rehabilitationsträger aufgrund der Besonderheiten des Einzelfalls festzulegen ist. Dem Wunsch- und Wahlrecht des § 8 SGB IX kommt im Rahmen der Ermessensausübung besondere Bedeutung zu, denn den geäußerten Wünschen ist zu folgen, wenn und soweit sie berechtigt sind (→ Rn. 48).

132 Zu berücksichtigen ist zudem der systematische Zusammenhang des SGB IX mit den Leistungsgesetzen der Rehabilitationsträger, deren Regelungen gemäß § 7 Abs. 1 S. 1 SGB IX auch bezüglich der Leistungen vorgehen, soweit sie Abweichendes beinhalten. In den Leistungsgesetzen der Rehabilitationsträger sind dabei je nach Rehabilitationsträger und je nach Leistungsgruppe unterschiedliche Regelungen vorzufinden:

---

181 Je nach Konstellation kann sich dabei um den leistenden Rehabilitationsträger i.S.d. § 14 SGB IX oder um einen der nach § 15 Abs. 1 oder Abs. 3 SGB IX beteiligten Rehabilitationsträger handeln (→ Rn. 78 ff.).
182 Vgl. z. B. § 13 Abs. 1 SGB VI, § 40 Abs. 3 S. 1 SGB V.

I. Medizinische Rehabilitation

- es wird pauschal auf die im SGB IX genannten Leistungen verwiesen, z.B. in § 16 SGB VI bezüglich der Leistungen zur Teilhabe am Arbeitsleben durch die Träger der gesetzlichen Rentenversicherung,
- es werden außer dem Verweis auf die Leistungen des SGB IX weitere Leistungen benannt, z.B. werden gemäß § 109 SGB IX in der Eingliederungshilfe Reha-Sport und Funktionstraining (→ Rn. 302) als zusätzliche Leistungen der medizinischen Rehabilitation definiert,
- es werden Leistungen für Menschen mit Behinderungen definiert ohne Verweis auf das SGB IX, z.B. in §§ 113 – 129 SGB III bezüglich der Leistungen zur Teilhabe am Arbeitsleben durch die Bundesagentur für Arbeit, wobei die Regelungen des SGB IX in diesen Fällen gemäß § 7 Abs. 1 S. 1 SGB IX gleichwohl Geltung beanspruchen, soweit davon im SGB III nicht abgewichen wird (→ Rn. 184 f.),
- es wird zwar auf die im SGB IX genannten Leistungen verwiesen, dabei werden aber einzelne Leistungen ausdrücklich ausgenommen, z.B. in § 15 Abs. 1 S. 1 SGB VI bezüglich der medizinischen Rehabilitation durch die Träger der gesetzlichen Rentenversicherung, die keine Früherkennung und Frühförderung für Kinder mit (drohender) Behinderung erbringen, und/oder
- es wird ausdrücklich nur auf einzelne Leistungen des SGB IX verweisen und somit ein abschließender Leistungskatalog definiert, neben dem keine anderen Leistungen dieser Leistungsgruppe durch den Rehabilitationsträger zu erbringen sind, z.B. in § 111 SGB IX bezüglich der Leistungen zur Teilhabe am Arbeitsleben durch die Träger der Eingliederungshilfe (→ Rn. 304).

Bei der Entscheidung über einen Leistungsantrag bzw. der Überprüfung der Ermessensentscheidung ist zunächst die Leistungsgruppe zu bestimmen, der die beantragte Leistung zuzuordnen ist, dann ist das Leistungsgesetz des in dem Fall zuständigen Rehabilitationsträgers auf mögliche Einschränkungen oder andere Vorgaben bezüglich der Leistungen zu überprüfen. **133**

I. Medizinische Rehabilitation

1. Ziele

Ziele der medizinischen Rehabilitation sind gemäß § 42 Abs. 1 SGB IX: **134**

- Behinderungen und chronischen Erkrankungen entgegenzuwirken,
- Pflegebedürftigkeit im Sinne des Grundsatzes "Rehabilitation vor Pflege" gemäß § 9 Abs. 3 SGB IX zu vermeiden und die Erwerbsfähigkeit zu erhalten sowie
- den Bezug laufender Sozialleistungen zu vermeiden oder zu beenden.

Die Leistungen der medizinischen Rehabilitation zielen sowohl auf Menschen mit bereits vorhandenen Behinderungen i.S.d. § 2 SGB IX als auch auf solche, denen der Eintritt einer Behinderung droht (→ Rn. 23). Sie setzen aber auch dort an, wo bei vorhandener Behinderung trotz rehabilitativer Leistungen zwar keine Verbesserungen zu erwarten sind, jedoch aber eine **Verschlimmerung** der Behinderung, der Erkrankung, der eingeschränkten Erwerbsfähigkeit oder aber der Pflegebedürftig zu verhüten ist, also eine Verschlechterung der Einschränkungen verhindert und damit der aktuelle Status der Teilhabe erhalten werden kann. Bei chronischen Erkrankungen ist es auch Aufgabe der medizinischen Rehabilitation, einerseits bereits eingetretene Funktions- und Aktivitätsstörungen soweit wie möglich zu reduzieren und andererseits dauerhaften Beeinträchtigungen vorzubeugen.

Beispiel 1:
So werden Leistungen der Frühförderung auch an Kinder mit schwersten Mehrfachbehinderungen erbracht, ohne dass mit diesen ein „konkreter Erfolg" verbunden sein muss. Entscheidend ist, ob die Leistungen in irgendeiner Weise die Teilhabe erleichtern oder fördern können.

Beispiel 2:
Manche Gelenke werden operativ versteift (sog. Arthrodese), z.B. zur Korrektur von gravierenden Fehlstellungen. Diese Gelenke sind dann unbeweglich. Dies kann zu Folgeschäden an Nachbargelenken führen, was sich mithilfe orthopädischer Rehabilitation u.U. vermeiden lässt.

2. Voraussetzungen

135 Ein Anspruch auf medizinische Rehabilitation setzt neben einer (drohenden) Behinderung i. S. d. § 2 SGB IX oder chronischen Erkrankung die **Erforderlichkeit medizinischer Leistungen** voraus, um den festgestellten Bedarf abzudecken.[183] Die Erforderlichkeit ist zu bejahen, wenn im Einzelfall

- ein Rehabilitationsbedarf besteht,
- die betreffende Person **rehabilitationsfähig** ist und
- eine positive **Rehabilitations-Prognose** vorliegt.[184]

136 Rehabilitationsbedarf meint dabei das Erfordernis komplexer Maßnahmen über die Heilbehandlung hinaus (§§ 12 Abs. 2 Nr. 1 und 2, 15 Abs. 1 SGB VI, § 40 Abs. 1 und 2 SGB V). Da eine medizinische Rehabilitation anders als die Heilbehandlung eine Mitwirkungsbereitschaft voraussetzt, gilt eine betroffene Person dann als rehabilitationsfähig, wenn sie hinreichend mobil, belast- und motivierbar ist, um aktiv an Behandlungsmaßnahmen teilzunehmen und Handlungsstrategien im Umgang mit der Beeinträchtigung zu entwickeln. Schließlich muss eine positive Rehabilitations-Prognose eines Arztes dahin gehend bestehen, dass das angestrebte Rehabilitationsziel wahrscheinlich auch nachhaltig erreichbar ist.[185]

137 Die **Abgrenzung** der medizinischen Rehabilitation **von der akuten Krankenbehandlung** ist angesichts der gemeinsamen Voraussetzung der gesundheitlichen Beeinträchtigung und der Überschneidungen der Leistungskataloge nicht ganz leicht. So sind gemäß § 43 SGB IX die Ziele der medizinischen Rehabilitation schon bei der Krankbehandlung zu beachten, und laut § 27 Abs. 1 Nr. 6 SGB V ist die medizinische Rehabilitation sogar Bestandteil der Krankenbehandlung. Die Abgrenzung erfolgt anhand des **Zwecks der Leistung und der Rolle der ärztlichen Behandlung** im Einzelfall:

- Ist das vorrangige Ziel der Behandlung die Heilung, Beseitigung oder Vermeidung einer Verschlimmerung einer akuten Erkrankung, handelt es sich um Krankenbehandlung.[186] Dieser liegt das **bio-medizinische Krankheitsmodell** zugrunde, welches darauf ausgerichtet ist, Krankheiten und Schädigungen zu erkennen und zu heilen bzw. bei chronischen Krankheiten Verschlimmerungen zu vermeiden sowie Linderung der Leiden herbeizuführen und weitere Krankheitsfolgen zu vermei-

---

183 Vgl. § 40 Abs. 1 SGB V.
184 Gemeinsamer Bundesausschuss, §§ 7 – 10; Deutsche Rentenversicherung Bund S. 20. S. auch https://www.gkv-spitzenverband.de/service/versicherten_service/medizinische_rehabilitation/reha_infos_1.jsp (Abruf zuletzt am 21.02.2021).
185 S. §§ 7 bis 10 der Rehabilitations-Richtlinie des Gemeinsamen Bundesausschusses, abrufbar unter www.g-ba.de (16.8.2021).
186 LSG BB 23.7.2009 – L 1 KR 451/08, Rn. 26.

I. Medizinische Rehabilitation

den.[187] Zur Behandlung kommen „isolierte" ärztliche Therapien zur Anwendung[188] ggf. flankiert von pflegerischen Maßnahmen und solchen anderer Heilberufe.

- Zielt die Leistung hingegen vorrangig auf das Beseitigen, Vorbeugen, Verbessern oder Abwenden von wesentlichen Verschlechterungen von Fähigkeitsstörungen und Beeinträchtigungen als mögliche Folge von Krankheit, handelt es sich um medizinische Rehabilitation.[189] Diese basiert auf dem **bio-psycho-sozialen Modell** von Krankheit und Behinderung, welches von einem Ineinandergreifen physiologischer, psychischer und sozialer Aspekte unter Berücksichtigung des gesamten Lebenshintergrundes der Betroffenen ausgeht.[190] Im Unterschied zur Akutbehandlung ist bei der Rehabilitation charakteristisch, dass die Leistungen Bestandteil einer **Komplexleistung** sind.[191]

Beispiel 3:
Die sog. **Anschlussrehabilitation** erfolgt i. d. R. binnen 14 Tagen nach einer Krankenhausbehandlung bestimmter Erkrankungen, wie u. a. nach Einsatz künstlicher Hüft- oder Kniegelenke, Herzinfarkt, Schlaganfall oder Wirbelsäulen- und Schädelverletzungen (s. § 40 Abs. 6 SGB V). Dabei erfolgt zunächst die ärztliche Behandlung der akuten Krankheitsursache bzw. ihrer unmittelbaren Folgen. Im Anschluss wird mithilfe medizinischer Rehabilitationsmaßnahmen versucht, durch Anleitung und Training Langzeitfolgen der jeweiligen Erkrankung zu vermeiden oder zu mindern.[192]

Beispiel 4:
Bei Suchterkrankungen gehört die sog. Entgiftung zur Krankenbehandlung, die anschließende stationäre Entwöhnung ebenso zur medizinischen Rehabilitation wie die sich ggf. anschließende ambulante medizinische Nachbehandlung. Das sich daran ggf. anschließende (Wieder-)Erlernen eigenverantwortlicher Lebensführung bei Suchtkranken mit psychosozialen Störungen (Adaptionsphase) wird hingegen der Sozialen Teilhabe zugerechnet.[193]

Hinweis

Die Unterscheidung zwischen akuter Krankenbehandlung und medizinischer Rehabilitation ist nicht rein akademischer Natur, sondern von praktischer Bedeutung. So sind einzelne Rehabilitationsträger wie z.B. die der gesetzlichen Rentenversicherung zwar für die medizinische Rehabilitation, nicht aber für die Akutversorgung zuständig, vgl. § 13 Abs. 2 SGB VI. Aber selbst bei Rehabilitationsträgern, die sowohl für Akutversorgung wie für medizinische Rehabilitation zuständig sein können, wie z.B. die gesetzlichen Krankenkassen, ist die Unterscheidung zum einen dafür relevant, ob die Verfahrensvorschriften des SGB IX insbesondere jene zur Koordinierung der Leistungen (→ Rn. 69 ff.) anzuwenden sind, oder nicht. Zum anderen sind Behandlungsmaßnahmen z.T. aus dem Leistungskatalog der Akutbehandlung ausgeschlossen, als Leistung der medizinischen Rehabilitation jedoch möglich.[194]

---

187 Von der Heide in Kossens/von der Heide/Maaß, § 26 SGB IX Rn. 5.
188 BSG 17.12.2013 – B 1 KR 50/12 R, Rn. 14.
189 Brodkorb in Hauck/Noftz, SGB IX, § 26 SGB IX Rn. 15.
190 Von der Heide in Kossens/von der Heide/Maaß, § 27 SGB IX Rn. 6.
191 BSG 17.12.2013 – B 1 KR 50/12 R, Rn. 14. Vgl. auch die unterschiedliche Definition von Krankenhäusern und Rehabilitationseinrichtungen in § 107 SGB V.
192 Z.T. erfolgt die medizinische Rehabilitation auch schon während einer akuten Krankenbehandlung. Diese sog. Frührehabilitation bezweckt, dass wesentliche körperliche und geistige Funktionen nicht durch das Abwarten des Endes der Heilbehandlung verloren gehen, z.B. in der neurologischen Reha-bilitation bei bestimmten Schädel-Hirn-Trauma-Patient:innen.
193 Details zur Sucht-Reha: s. Arbeitshilfe für die Rehabilitation und Teilhabe von Menschen mit Abhängigkeitserkrankungen unter www.bar-frankfurt.de (16.8.2021).
194 Z.B. „Erweiterte ambulante Physiotherapie" vgl. BSG 17.2.2010 – B 1 KR 23/09 R, Rn. 21.

138 Die Verknüpfung von Heilbehandlung und medizinischer Rehabilitation wird auch in § 43 SGB IX betont, demzufolge schon bei einer Krankenbehandlung die Ziele der medizinischen Rehabilitation zu berücksichtigen sind. Der Verweis auf § 12 Abs. 1 und 3 SGB IX verpflichtet die Träger der Krankenbehandlung, geeignete Maßnahmen zur frühzeitigen Erkennung von Rehabilitationsbedarfen und zum Stellen von Anträgen insbesondere durch barrierefreie Informationsangebote zu treffen. Dadurch soll **der reibungslose Übergang** von der medizinischen Akutversorgung in die Rehabilitation sichergestellt werden.[195] Aufgrund des Verweises auf § 19 SGB IX ist schon **bei jeder Krankenbehandlung**, bei der sich der **Bedarf einer medizinischen Rehabilitation** abzeichnet, **ein Teilhabeplan** aufzustellen, in dem die voraussichtlich zu erbringenden Leistungen der medizinischen – und gemäß § 10 SGB IX ggf. auch der beruflichen – Rehabilitation so fest- und schriftlich zusammengestellt werden, dass sie nahtlos ineinandergreifen. Der für die Heilbehandlung zuständige Sozialleistungsträger ist insoweit als verantwortlicher Rehabilitationsträger i.S.d. § 19 Abs. 1 SGB IX anzusehen und dabei an die Fristen und das Verfahren der §§ 14, 15 SGB IX gebunden.[196]

3. Leistungen

139 Der **Leistungskatalog** der medizinischen Rehabilitation in § 42 Abs. 2 SGB IX umfasst insbesondere:
1. Behandlung durch Ärzte, Zahnärzte und Angehörige anderer Heilberufe, soweit deren Leistungen unter ärztlicher Aufsicht oder auf ärztliche Anordnung ausgeführt werden, einschließlich der Anleitung, eigene Heilungskräfte zu entwickeln,
2. Früherkennung und Frühförderung für Kinder mit Behinderungen und von Behinderung bedrohte Kinder,
3. Arznei- und Verbandsmittel,
4. Heilmittel einschließlich physikalischer, Sprach- und Beschäftigungstherapie,
5. Psychotherapie als ärztliche und psychotherapeutische Behandlung,
6. Hilfsmittel
7. digitale Gesundheitsanwendungen[197] sowie
8. Belastungserprobung und Arbeitstherapie.

140 Das Signalwort "insbesondere" vor der Aufzählung weist darauf hin, dass es sich um einen sog. offenen Leistungskatalog handelt, also auch andere und/oder zusätzliche Leistungen in Frage kommen, die nicht ausdrücklich erwähnt sind (→ Rn. 131). Im Unterschied zum Leistungskatalog der Krankenbehandlung nach § 27 Abs. 1 SGB V wird bei der medizinischen Rehabilitation die Leistungserbringung durch **andere Heilberufe** neben den Ärzt:innen betont, und mit der Anleitung, eigene Heilungskräfte zu entwickeln, die aktive Mitwirkung der leistungsberechtigten Personen als **Hilfe zur Selbsthilfe** ausdrücklich erwähnt.

141 Eine spezielle Leistung der medizinischen Rehabilitation ist die **Früherkennung und Frühförderung** bei Kindern gemäß §§ 42 Abs. 2 Nr. 2, 46 SGB IX i.V.m. der Frühförderungsverordnung (FrühV). Hierbei werden multidisziplinäre Leistungen erbracht, um **Entwicklungsstörungen von Kindern** möglichst frühzeitig zu diagnostizieren und ihnen entgegenzusteuern. Bei der Früherkennung geht es vor allem darum, (dro-

---

[195] BT-Drs. 18/9522, 249.
[196] Vgl. Luik in LPK-SGB IX § 43 Rn. 9.
[197] Eingefügt durch das Teilhabestärkungsgesetz vom 2.6.2021, BGBl. I 1393.

I. Medizinische Rehabilitation

hende) Behinderungen bei Kindern frühzeitig zu erkennen, zu diagnostizieren und zusammen mit den Eltern einen Förder- und Behandlungsplan aufzustellen. Im Behandlungsplan werden die medizinisch-therapeutischen und nichtmedizinischen (heil-)pädagogischen Förder- und Behandlungsleistungen und ihre Schnittstellen aufgeführt. Im Verlauf des Förderprozesses kann er entsprechend angepasst und/ oder ergänzt werden, wenn sich Bedarfe des Kindes ändern oder aber die vorgesehene Behandlung nicht den erhofften Fortschritt bringt.[198] Die Leistungen der Frühförderung dienen den Rehabilitationszielen des § 42 Abs. 1 Nr. 1 SGB IX (→ Rn. 134) und werden erbracht durch sog. interdisziplinäre Frühförderstellen,[199] sozialpädiatrische Zentren[200] und andere, nach Landesrecht zugelassene interdisziplinäre Versorgungsstrukturen (§§ 3, 4 FrühV). Für **Kinder im Vorschulalter** wird die **Früherkennung und Frühförderung** als sog. **Komplexleistung** in Kombination mit heilpädagogischen Leistungen zur Sozialen Teilhabe erbracht gemäß § 46 Abs. 3 i.V.m. § 79 SGB IX, da sich medizinische und Soziale Teilhabebedarfe in dieser Altersphase nicht eindeutig trennen lassen und durch die abgestimmte Kombination medizinischer und heilpädagogischer Leistungen unter Einbeziehung der Erziehungsberechtigten[201] die bestmögliche Förderung erreicht werden soll. Neben den therapeutischen und pädagogischen Leistungen beinhaltet die Komplexleistung nach § 46 Abs. 3 S. 2 SGB IX auch **Leistungen zur Sicherstellung der Interdisziplinarität**, d.h. Leistungen zur Koordination der Beteiligten, sog. „Korridorleistungen". Damit sind insbesondere die interne und externe Koordination, die Vor- und Nachbereitungszeiten und die Dokumentation gemeint. Diese sind notwendig, weil sich die Leistungen zur Frühförderung nicht in einer Addition der Leistungspflichten erschöpfen (§ 6a Nr. 3 FrühV).[202] Die weiteren Leistungen der Früherkennung und Frühförderung umfassen offene niederschwellige Beratungsangebote für Erziehungsberechtigte im Vorfeld der Eingangsdiagnose (§ 6a Nr. 2 FrühV). Weitere Einzelheiten der Leistungen zur Früherkennung und Frühförderung, insbesondere auch die Abstimmung der Leistungsträger bei der Erbringung als Komplexleistung mit den heilpädagogischen Leistungen, regelt die Frühförderungsverordnung (FrühV).

Beispiel 3:
Zu den sog. Korridorleistungen gehören gemäß § 6a Nr. 3 FrühV insbesondere die Durchführung regelmäßiger interdisziplinärer Team- und Fallbesprechungen, die Dokumentation von Daten und Befunden, die Abstimmung und der Austausch mit anderen, das Kind betreuenden Institutionen sowie Fortbildung und Supervision.

Weitere Leistungen der medizinischen Rehabilitation sind die **Belastungserprobung**[203] und **Arbeitstherapie** (§ 42 Abs. 2 Nr. 7 SGB IX) sowie die **stufenweise Wiedereingliederung** in die berufliche Tätigkeit (§ 44 SGB IX). Anders als Bezeichnung und Zusammenhang vermuten lassen, handelt es sich dabei nicht um Leistungen der Teilhabe am Arbeitsleben. Mit der Belastungserprobung soll überprüft werden, ob ein:e Rehabilitand:in wieder einen vollen Arbeitstag ohne gesundheitliche Risiken durchstehen kann. Sie kann max. 6 Wochen dauern und mehrere Stunden pro Tag umfassen. Die Arbeitstherapie dient dem Training allgemeiner und spezifischer beruflicher Fähigkeiten zur Wiederherstellung der Arbeitsfähigkeit und kann mehrere

142

---

198 Bieritz-Harder/Stähler in SWK Behindertenrecht, Stichwort Früherkennung und Frühförderung, Rn. 6.
199 http://www.fruehfoerderstellen.de/ (21.02.2021)
200 https://www.dgspj.de/ (21.02.2021)
201 Vgl. § 6a FrühV.
202 BT-Drs. 18/9522, 251.
203 Eine solche Belastungserprobung kommt auch schon bei Schüler:innen in Betracht, vgl. LSG BW 18.1.2018 – L 7 R 602/14, Rn. 3.

Stunden pro Tag bis zu Vollzeit über 2 bis 3 Monate umfassen. Ist ein Arbeitnehmer noch nicht wieder voll arbeitsfähig, kann die stufenweise Wiederaufnahme der Beschäftigung eine Brücke zur Rückkehr in das Arbeitsleben darstellen. Dabei wird die Arbeitsbelastung auf die psychische und körperliche Situation des Patienten abgestimmt (sog. „**Hamburger Modell**").[204] Die schrittweise Gewöhnung an die volle Arbeitsbelastung soll helfen, Leistungsfähigkeit sowie Selbstvertrauen zu stärken und somit den Weg zurück ins Berufsleben, statt in die Erwerbsminderungsrente zu ebnen (vgl. § 9 Abs. 2 SGB IX).

143 Der Leistungskatalog des § 42 SGB IX ist nicht abschließend; die Zielrichtung der medizinischen Rehabilitation ist vielmehr maßgebend für die zu treffende Auswahl der Leistungen. So findet z.B. Zahnersatz keine Erwähnung in § 42 SGB IX, kann aber gem. § 15 Abs. 1 S. 2 SGB VI eine Leistung der medizinischen Rehabilitation durch die gesetzliche Rentenversicherung sein, soweit er unmittelbar erforderlich für die Wiederherstellung oder Besserung der Erwerbsfähigkeit ist (z.B. bei Künstler:innen oder Artist:innen). Schließlich sind die Rehabilitationsträger angehalten, die Hilfe zur Selbsthilfe durch die **Förderung von Selbsthilfegruppen**, -organisationen und -kontaktstellen zu unterstützen (§ 45 SGB IX).[205] Speziell das Recht der Krankenkassen sieht ausdrücklich **Mutter- bzw. Vater-Kind-Kuren** als Rehabilitationsmaßnahme u. a. im Mütter-Genesungswerk[206] vor (§ 41 SGB V), wenn dies erforderlich ist, um eine Krankheit insbesondere aufgrund von Überforderung, Überlastung und/oder Erschöpfung zu erkennen, zu heilen, ihre Verschlimmerung zu verhüten oder die Beschwerden zu lindern. Bestandteil der medizinischen Rehabilitation sind gem. § 17 Abs. 1 SGB VI auch Leistungen zur Nachsorge, wenn diese erforderlich sind, um den Erfolg der vorangegangenen Maßnahmen zu sichern bzw. speziell bei Kindern und Jugendlichen gem. § 43 Abs. 2 SGB V, um einen stationären Aufenthalt zu verkürzen.

144 Leistungen der medizinischen Rehabilitation können – im Unterschied zu Leistungen der Krankenbehandlung – durch **psychosoziale Begleitleistungen** ergänzt werden. Diese finden sich in § 42 Abs. 3 SGB IX und umfassen u. a. Hilfen zur Problemeinsicht und -verarbeitung und zur seelischen Stabilisierung sowie die Aktivierung von Selbsthilfepotenzialen. Sie können zwar nicht alleinige Leistungen der medizinischen Rehabilitation sein, sind aber integraler Bestandteil des medizinischen Behandlungsplanes. Außer im Fall- und Versorgungsmanagement im Sozialdienst von Krankenhäusern kommen **soziale Berufe** in der medizinischen Rehabilitation insbesondere im Bereich dieser Begleitleistungen vor. Speziell für chronisch Kranke sowie deren Angehörige können Krankenkassen gemäß § 43 Abs. 1 Nr. 2 SGB V **Patientenschulungen** als ergänzende Leistung zur Rehabilitation gewähren, wenn dies aus medizinischen Gründen erforderlich ist, wenn also zu erwarten ist, dass durch einen geschulten Umgang mit der Krankheit deren Folgen gelindert und/oder Folgekrankheiten vermieden und damit ihre Lebensqualität verbessert werden können.

---

[204] Vgl. Dazu https://www.einfach-teilhaben.de/DE/AS/Themen/Arbeiten/ArbeitsplatzSichern/HamburgerModell/hamburgermodell_node.html (19.02.2021).

[205] S. Gemeinsame Empfehlung zur Förderung der Selbsthilfe der BAR, abrufbar unter: https://www.bar-frankfurt.de/service/reha-info-und-newsletter/reha-info-archiv/reha-info-2012/reha-info-032012/gemeinsame-empfehlung-foerderung-der-selbsthilfe-ueberarbeitet.html (19.02.2021).

[206] s. https://www.muettergenesungswerk.de (27.02.2021).

4. Leistungsentscheidung

Leistungen der medizinischen Rehabilitation setzen, wie alle Sozialversicherungsleistungen, die nicht wegen Akutbedarf ohne vorherige Rücksprache mit dem Leistungsträger in Anspruch genommen werden können, voraus, dass **ein Antrag** gestellt wird (vgl. § 19 S. 1 SGB IV). Die Antragstellung kann auf verschiedenen Wegen erfolgen:

- durch formlosen Antrag der betroffenen Person selbst, z.B. online,[207]
- durch den Sozialdienst im Krankenhaus oder
- aufgrund einer ärztlichen Verordnung.

145

Aber auch bei der **Beantragung anderer Leistungen** bei einem Rehabilitationsträger wegen oder unter Berücksichtigung einer (drohenden Behinderung) hat dieser gemäß § 9 Abs. 1 SGB IX zu prüfen, ob Rehabilitationsleistungen erfolgreich sein können, um die übergeordneten Ziele der §§ 1 und 4 SGB IX (→ Rn. 7 ff.) zu erreichen.[208] Ergibt die Prüfung Anhaltspunkte für einen Rehabilitationsbedarf, hat dieser Rehabilitationsträger auf eine Antragstellung hinzuwirken, d.h. die betreffende Person zu informieren und aufzufordern, einen Antrag zu stellen, und ggf. weitere Rehabilitationsträger zu beteiligen. Zu einer Einleitung der Bedarfsfeststellung von Amts wegen unter Verzicht auf das Antragserfordernis führt dieses Verfahren allerdings nicht.[209] Einen **Spezialfall** stellt insoweit das Recht der **sozialen Pflegeversicherung** nach dem SGB XI dar. Schon der Medizinische Dienst der Krankenkassen hat bei der Durchführung der Pflegebegutachtung den Auftrag, auf Bedarfe nach medizinischer Rehabilitation zu achten, diese zu prüfen und eine gesonderte Präventions- und Rehabilitationsempfehlung abzugeben (§ 18 Abs. 6 S. 2 und 3 SGB XI). Die Pflegekasse hat bei erkennbarem Bedarf an medizinischer Rehabilitation den zuständigen Rehabilitationsträger zu informieren. Diese **Mitteilung gilt** bereits **als Antragstellung**, sofern die betroffene Person ihre Einwilligung dazu erteilt hat (§§ 18a Abs. 1 S. 2, 31 Abs. 3 S. 3 SGB XI).

146

Bei der Entscheidung über einen Antrag auf medizinische Rehabilitation haben die Rehabilitationsträger zu beachten, dass dieselbe oder eine ähnliche Leistung i.d.R. erst **nach Ablauf von vier Jahren** erneut genehmigungsfähig ist (Vgl. § 12 Abs. 2 SGB VI, § 40 Abs. 3 S. 4 SGB V). Der Grund für diese **zeitliche Ausschlussklausel** liegt in der erforderlichen Mitwirkung der Rehabilitand:innen. Sie müssen in Eigenverantwortung für Nachhaltigkeit der Rehabilitationsmaßnahme durch Fortsetzung des Erlernten (z. B. der Ernährungsumstellung bei Übergewicht) sorgen. Ausnahmsweise ist davon abzuweichen, wenn dieselbe oder eine ähnliche Leistung **aus dringenden medizinischen Gründen** vor Ablauf dieser Zeit erforderlich ist, etwa weil eine Verschlimmerung der Grunderkrankung ein- oder eine weitere Erkrankung hinzugetreten ist (zur Situation bei Kindern → Rn. 155). Bei der Leistungsentscheidung ist festzulegen, ob die Rehabilitationsleistung **mobil** (also vor Ort bei den Leistungsberechtigten), **ambulant oder stationär** ausgeführt wird. In der gesetzlichen Krankenversicherung gilt dabei aus Gründen der Wirtschaftlichkeit (→ Rn. 69) ausdrücklich das Gebot »ambulant vor stationär« (§ 40 Abs. 2 S. 1 SGB V). Vorrangig ist über die Form der Leistungsgewährung aber anhand der **Bedarfe der Berechtigten** zur Erreichung des Rehabilitationsziels zu entscheiden. Dabei ist zu berücksichtigen, ob die leistungsberechtigte Person hinreichend mobil, ein Rehabilitationszentrum für

147

---

207 https://www.eservice-drv.de/eantrag/hinweis-ohne-karte.seam?formular=g0100 (27.02.2021).
208 Gemäß § 9 Abs. 4 SGB IX gilt das auch für Jobcenter.
209 Vgl. von Boetticher (2020) § 3 Rn. 36.

eine ambulante Rehabilitation binnen 45 Min. erreichbar ist oder aber eine stationäre Rehabilitation z.B. wegen notwendiger pflegerischer Versorgung geboten ist. Aber auch weitere »Kontextfaktoren« sind zu berücksichtigen wie z. B. die Unterstützung durch das häusliche Umfeld sowie andere ggf. belastende oder förderliche Faktoren in der Alltagsumgebung. Zudem sind die Belange pflegender Angehöriger zu berücksichtigen (§ 40 Abs. 3 S. 1 Hs. 2 SGB V).

148 Die **Dauer** einer stationären medizinischen Rehabilitation soll längstens drei Wochen betragen (§ 40 Abs. 3 S. 2 SGB V, § 15 Abs. 3 SGB VI). Für eine ambulante medizinische Rehabilitation sind in der Krankenversicherung längstens 20 Behandlungstage vorgesehen (§ 40 Abs. 3 S. 2 SGB V), für die Rentenversicherung ist insoweit keine zeitliche Grenze vorgegeben.[210] Entscheidend kommt es aber auf den Einzelfall an. Stellt sich erst während einer Rehabilitationsmaßnahme ein längerer Bedarf heraus, ist ein – zu begründender – **Antrag auf Verlängerung** zu stellen. Bei geriatrischer Rehabilitation gelten die o.g. Zeitspannen nicht als Obergrenzen, sondern gemäß § 40 Abs. 3 S. 13 SGB V[211] als Regelfall, da ältere Menschen typischer Weise länger zur Wiedererlangung von Funktionen benötigen, so dass eine kürzere Maßnahmendauer regelmäßig nicht zweckmäßig ist.[212] Für eine Reihe von Indikationen ist in der Krankenversicherung auf Bundesebene zudem bereits eine (längere) Regeldauer anerkannt, z. B. bei Suchtentwöhnung (zur Dauer der Rehabilitation bei Kindern → Rn. 155)[213] Versicherte über 18 Jahren müssen i.d.R. für stationäre Leistungen **Zuzahlungen**[214] leisten; nur in der Krankenversicherung gilt das auch für ambulante Rehabilitationsmaßnahmen. Im Fall der Anschlussrehabilitation (→ Rn 137, Beispiel 3) ist die Dauer der Zuzahlung in der Krankenversicherung auf 28 Tage befristet,[215] im Übrigen gibt es eine finanzielle Belastungsgrenze, die bei 2% der jährlichen Bruttoeinnahmen zum Lebensunterhalt liegt.[216] In der Rentenversicherung sind die Zuzahlungen maximal für 42 Tage zu leisten; bei Anschlussrehabilitationen ist diese auf 14 Tage begrenzt.[217] Eine feste Belastungsgrenze gibt es im Rentenversicherungsrecht nicht.[218]

5. Zuständigkeit

149 Laut der Übersicht in §§ 5, 6 SGB IX können sechs verschiedene Rehabilitationsträger für die medizinische Rehabilitation zuständig sein: Sofern nicht ausnahmsweise gemäß den Faustregeln 1 und 2 eine vorrangige Zuständigkeit der Unfallversicherungsträger oder der Versorgungsämter (bzw. ab 1.1.2024 der Träger der Sozialen Entschädigung) aufgrund der Ursache des Rehabilitationsbedarfes begründet wird (→ Rn. 37 f.), ist in der Praxis regelmäßig ein Träger der gesetzlichen **Rentenversicherung oder** eine gesetzliche **Krankenkasse** zuständig. Die vorrangige Zuständigkeit der Rentenversicherung hängt dabei gemäß der Faustregel 3 insbesondere da-

---

210 In der Praxis ist eine Bewilligung von 15 Tagen durch die Träger der GRV üblich.
211 In der Fassung durch das Intensivpflege- und Rehabilitationsstärkungsgesetz vom 23. Oktober 2020 (BGBl. I 2220).
212 BT-Drs. 19/19386, S. 33.
213 § 40 Abs. 3 S. 15 SGB Vs. die Arbeitshilfen der BAR, abrufbar unter https://www.bar-frankfurt.de/filead min/dateiliste/_publikationen/reha_grundlagen/pdfs/Arbeitshilfe_Abhaengigkeit.pdf (29.08.2021). .
214 § 40 Abs. 5 SGB V und § 32 SGB VI i.V.m. § 61 S. 2 SGB V.
215 § 40 Abs. 6 SGB V.
216 § 62 Abs. 1 SGB V. Für chronisch Kranke gilt eine Belastungsgrenze von 1 %.
217 § 32 Abs. 1 SGB VI. Laut dessen Abs. 4 haben die Rentenversicherungsträger.
218 § 32 Abs. 4 SGB VI, s. https://www.deutsche-rentenversicherung.de/DRV/DE/Reha/Warum-Reha/zuza hlung.html (27.02.2021).

I. Medizinische Rehabilitation

von ab, dass die Erwerbsfähigkeit der leistungsberechtigten Person bedroht oder gemindert ist,[219] und sie hinreichend lang Beiträge in die Rentenversicherung einbezahlt hat (→ Rn. 39).[220] Nachrangig ist die gesetzliche Krankenversicherung zuständig, sofern die betreffende Person bei einer Krankenkasse versichert ist. Bezüglich der Erforderlichkeit der medizinischen Rehabilitation (→ Rn. 135) sind die Krankenkassen im Falle geriatrischer Rehabilitation gemäß § 40 Abs. 3 S. 2 SGB V[221] ausnahmslos an die Feststellung in der ärztlichen Verordnung gebunden. In allen anderen Fällen medizinischer Rehabilitation kann die Krankenkasse von der ärztlichen Verordnung nur auf der Grundlage eines Gutachtens des Medizinischen Dienstes der Krankenkassen abweichen gemäß § 40 Abs. 3 S. 4 SGB V.

Die Rechtsgrundlagen für die Leistungen der medizinischen Rehabilitation getrennt nach den Rehabilitationsträger im Überblick in der Reihenfolge gemäß den Faustformeln (→ Rn. 37 f.): **150**

Leistungsgruppe (§ 5 SGB IX)	Rehabilitationsträger (§ 6 SGB IX)	Rechtsgrundlagen
Leistungen zur medizinischen Rehabilitation §§ 42 ff. SGB IX	1. Träger der gesetzlichen Unfallversicherung	§ 27 Abs. 1 Nr. 7 SGB VII
	2. Träger der Kriegsopferversorgung/ Kriegsopferfürsorge (Versorgungsämter) (ab 1.1.2024 Träger der Sozialen Entschädigung)	§ 12 BVG (ab 1.1.2024: § 62 Nr. 4 SGB XIV)
	3. Träger der gesetzlichen Rentenversicherung	§§ 15, 15a SGB VI
	4. Träger der gesetzlichen Krankenversicherung	§§ 11 Abs. 2, 27 Abs. 1 S. 2 Nr. 7, 40–42 SGB V
	5. Träger der Kinder- und Jugendhilfe	§ 35a Abs. 3 SGB VIII i.V.m. § 111 SGB IX
	6. Träger der Eingliederungshilfe	§ 111 SGB IX

6. Besonderheiten bei der Kinder-Rehabilitation

Verschiedene Besonderheiten gibt es bei der medizinischen Rehabilitation von Kindern mit (drohender) Behinderung. Erbringen die Krankenkassen in diesem Rahmen Hilfsmittel nach § 33 SGB V, die einer drohenden Behinderung vorbeugen oder eine Behinderung ausgleichen sollen, ist bei Kindern bis zur Vollendung des 15. Lebensjahres bei der Hilfsmittelversorgung eine möglichst weitgehende Eingliederung in den Kreis Gleichaltriger zu berücksichtigen. Anders als bei Erwachsenen unterscheidet das Bundessozialgericht dabei nicht in unterschiedliche Lebensbereiche wie Beruf, Gesellschaft und Freizeit. Der Integrationsprozess bei Kindern sei ein multifaktorielles Geschehen, bei dem die einzelnen Faktoren nicht isoliert betrachtet und be- **151**

---

[219] § 10 SGB VI.
[220] § 11 Abs. 1 und 2 SGB VI.
[221] In der Fassung durch das Intensivpflege- und Rehabilitationsstärkungsgesetz vom 23. Oktober 2020 (BGBl. I 2220).

wertet werden können. Aus diesen Gründen genügt es, wenn durch das begehrte Hilfsmittel die gleichberechtigte Teilhabe am Leben in der Gemeinschaft wesentlich gefördert wird.[222]

152 Besonderheiten bestehen auch in der Frage der Zuständigkeit für bestimmte Leistungen. So ist die Rentenversicherung gemäß § 15a SGB VI auch für Kinder von Versicherten zuständig, wenn bei diesen eine erhebliche Gefährdung der Gesundheit beseitigt oder eine Gesundheitsbeeinträchtigung wesentlich verbessert werden und dies positive Effekte für die spätere Erwerbsfähigkeit haben kann. Bezüglich der Erfüllung der versicherungsrechtlichen Voraussetzungen (→ Rn. 39) kommt es dabei gemäß § 11 Abs. 2 S. 4 SGB VI nicht auf das Kind,[223] sondern auf den versicherten Elternteil an.[224]

Beispiel 4:

Der Rentenversicherungsträger ist für die stationäre medizinische Rehabilitation eines Kindes mit Essstörungen und selbstverletzendem Verhalten zuständig, wenn ein Elternteil entweder insgesamt 15 Jahre lang oder aber in den letzten zwei Jahren insgesamt sechs Monate lang Pflichtbeiträge in die Rentenversicherung bezahlt hat oder aber eine Rente wegen verminderter Erwerbsfähigkeit bezieht.

153 Aufgrund der hohen Bedeutung der Kindergesundheit besteht für Kinderrehabilitation ausnahmsweise eine **Doppelzuständigkeit** der gesetzlichen Renten- und Krankenversicherung: Der Vorrang des Rentenversicherungsträgers gilt gemäß § 40 Abs. 4 SGB V für diese Leistungen nicht; vielmehr ist derjenige Träger zuständig, bei dem der Antrag (zuerst) ankommt.

154 Werden Leistungen der Früherkennung und -förderung – i.d.R durch die gesetzliche Krankenversicherung (→ Rn. 149)[225] – gemäß § 46 Abs. 1 und 3 SGB IX zusammen mit heilpädagogischen Leistungen nach § 79 SGB IX als **Komplexleistung** erbracht, tritt mit dem Träger der Eingliederungshilfe bzw. dem der Kinder- und Jugendhilfe ein weiterer Rehabilitationsträger hinzu. Da die heilpädagogischen Leistungen der Leistungsgruppe der Sozialen Teilhabe zugeordnet sind (→ Rn. 241), können die Krankenkassen dafür nicht zuständig sein. In diesen Fällen ist gemäß § 19 Abs. 1 SGB IX immer ein Teilhabeplanverfahren durchzuführen (→ Rn. 89).

155 Bei Kindern unter 14 Jahren ist die notwendige Dauer einer medizinischen Rehabilitation aufgrund anderer Entwicklungs- und Anpassungsphasen länger (→ Rn. 148). Sie beträgt i. d. R. mindestens vier[226] bzw. vier bis sechs Wochen.[227] Außerdem gilt die zeitliche Ausschlussfrist von vier Jahren seit Abschluss der letzten Rehabilitationsmaßnahme (→ Rn. 147) für sie nicht,[228] da sich die gesundheitlichen Bedingungen von Kindern und Jugendlichen von denen Erwachsener unterscheiden.[229]

---

222 BSG 23.7.2002 – B 3 KR 3/02 R.
223 Zum Kreis der berechtigten Kinder s. § 15a Abs. 3 i.V.m. § 48 Abs. 3 – 5 SGB VI.
224 Flyer zur Kinderrehabilitation in der Rentenversicherung s. https://www.deutsche-rentenversicherung.d e/SharedDocs/Downloads/DE/Broschueren/national/kinder_und_jugendliche_fit_mit_rehabilitation.pdf?__blob=publicationFile&v=4 (27.02.2021)
225 Bei Trägern der Rentenversicherung sind Leistungen der Früherkennung und -förderung gemäß § 15 Abs. 1 S. 1 SGB VI aus dem Leistungskatalog ausgeschlossen.
226 § 15a Abs. 4 SGB VI.
227 §§ 40 Abs. 3 S. 5 i.V.m. 23 Abs. 7 SGB V.
228 § 15a Abs. 4 S. 2 i.V.m. § 12 Abs. 2 S. 1 SGB V und § 40 Abs. 16 SGB V i.d.F. des Intensivpflege- und Rehabilitationsstärkungsgesetzes vom 23. Oktober 2020, BGBl. I 2220.
229 BT-Drs. 19/19384 S. 33.

I. Medizinische Rehabilitation

Übungsfall zur medizinischen Rehabilitation

(Lösung: Rn. 499)

Frau A, 28 Jahre alt, klagt seit längerer Zeit über Kopf- und Rückenschmerzen, Müdigkeit, Lustlosigkeit und Gereiztheit. Sie ist seit der Geburt der Kinder arbeitslos, alleinerziehend und sagt, ihre Kinder (5 und 3 Jahre) hörten immer weniger auf sie. Sie zieht sich immer mehr zurück, meidet Kontakte zu Freunden und Nachbarn. Frau A, gesetzlich krankenversichert, war mehrfach in der Behandlung eines Neurologen wegen depressiver Episoden. Sie sucht ihren Hausarzt auf mit der Motivation, „ihr Leben wieder in den Griff zu bekommen". Der Hausarzt sieht zwar keine Anzeichen für eine akute depressive Episode, stellt aber ein Erschöpfungssyndrom sowie eine Adipositas Grad 1 fest. Organische Gründe für die beklagten Kopf- und Rückenschmerzen findet er nicht. Er will Frau A, die soweit mobil ist, daher eine medizinische Rehabilitationsmaßnahme verordnen.

156

a) Prüfen Sie die Anspruchsvoraussetzungen für die Rehabilitationsleistungen, zu denen der Arzt Stellung nehmen muss!
b) Welche Leistung(en) würden Sie empfehlen, um die diagnostizierten Auffälligkeiten möglichst umfassend bearbeiten zu können?
c) Welcher Rehabilitationsträger ist für den Antrag der richtige Adressat?

Wiederholungsfragen

1. Was sind die Ziele der medizinischen Rehabilitation? **157**
2. Welches sind die drei zu prüfenden Voraussetzungen außer einer (drohenden) Behinderung, um einen Anspruch auf eine medizinische Rehabilitation dem Grunde nach zu begründen?
3. Anhand welcher Kriterien lassen sich medizinische Rehabilitation und akute Krankenbehandlung voneinander abgrenzen?
4. Was ist unter Leistungen der Frühförderung und Früherkennung zu verstehen und für wen sind diese Leistungen gedacht? Welche Unterscheidung ist dabei vorzunehmen?
5. Warum werden Belastungserprobung, Arbeitstherapie und stufenweise Wiedereingliederung der medizinischen Rehabilitation zugeordnet und nicht der Teilhabe am Arbeitsleben?
6. Benennen Sie beispielhaft eine psychosoziale Begleitleistung zur medizinischen Rehabilitation.
7. Warum sollen Maßnahmen der medizinischen Rehabilitation wegen derselben Beeinträchtigung(en) i.d.R. nicht vor Ablauf von vier Jahren erneut verordnet werden? Welche Ausnahmen greifen insoweit?
8. Wovon hängt es ab, ob eine mobile, eine ambulante oder eine stationäre Form der Leistungserbringung zu gewähren ist?
9. Welche beiden Rehabilitationsträger sind in der Praxis für den Großteil der Fälle der medizinischen Rehabilitation zuständig? Welcher davon ist i.d.R. vorrangig zuständig und von welchen Voraussetzungen hängt dessen Zuständigkeit ab? In welchem besonderen Fall greift ausnahmsweise eine Doppelzuständigkeit dieser beiden Träger?
10. Benennen Sie zumindest zwei Besonderheiten bezüglich der medizinischen Rehabilitation von Kindern.

II. Teilhabe am Arbeitsleben

1. Ziele

158 **Ziele** der Leistungen zur Teilhabe am Arbeitsleben (LTA) – umgangssprachlich auch berufliche Rehabilitation genannt – sind gemäß § 49 Abs. 1 SGB IX:
- die Erwerbsfähigkeit zu erhalten, zu verbessern oder (wieder-)herzustellen und
- eine möglichst dauerhafte Teilhabe am Arbeitsleben zu sichern.

Es geht dabei um die Erwerbsfähigkeit sowohl von Menschen mit bereits vorhandenen Behinderungen i.S.d. § 2 SGB IX als auch um die derjenigen Menschen, denen der Eintritt einer Behinderung droht (→ Rn. 23). Dabei soll ihre individuelle Leistungsfähigkeit berücksichtigt werden. Am Arbeitsleben teilhaben zu können, bedeutet für jeden Menschen (mindestens) zweierlei: zum einen die Möglichkeit des Gelderwerbs, um die eigene Existenz (und ggf. die seiner Familie) zu sichern und sich dadurch selbstbestimmt am Wirtschaftsleben beteiligen zu können, zum anderen eine Identifikation mit der Beschäftigung sowie die Anerkennung für die eigenen Leistungen durch Andere und damit die Erfahrung von Selbstwirksamkeit und Wertschätzung.

159 Erfasst werden sowohl Menschen, die bereits mit Beeinträchtigungen ins berufsfähige Alter kommen, um sie möglichst dauerhaft in das Arbeitsleben zu integrieren (sog. Ersteingliederung), als auch Menschen, die aufgrund von Unfällen oder Erkrankungen Unterstützung benötigen, um ihre bisherige Berufstätigkeit fortsetzen zu können oder aber sich beruflich umzuorientieren (sog. Wiedereingliederung). Dass es bei den Leistungen zur Teilhabe am Arbeitsleben nicht allein um das Ziel der ökonomischen Verwertbarkeit der Arbeitskraft geht, wird u.a. daran deutlich, dass auch Menschen leistungsberechtigt sind, die aufgrund ihrer Beeinträchtigungen nicht, noch nicht oder noch nicht wieder auf dem sog. allgemeinen Arbeitsmarkt tätig werden können (§ 58 Abs. 1 SGB IX) und denen Leistungen zur Teilhabe am Arbeitsleben in WfbMs oder bei anderen (vergleichbaren) Leistungsanbietern erbracht werden (→ Rn. 422 ff.).

160 Gemäß dem gesetzlichen Auftrag, die **Belange von Frauen** mit einer (drohenden) Behinderung besonders zu berücksichtigen (§ 1 S. 2 SGB IX, → Rn. 10), schreibt § 49 Abs. 2 SGB IX vor, in der beruflichen Zielsetzung geeignete, wohnortnahe und auch in Teilzeit nutzbare Angebote zu machen. Durch die beiden letztgenannten Aspekte soll die Vereinbarkeit von Familie und Beruf für Frauen mit einer (drohenden) Behinderung gewährleistet werden, auch wenn dieses Ziel gleichermaßen für Männer mit (drohenden) Behinderungen gilt.

2. Voraussetzungen

161 Leistungen zur Teilhabe am Arbeitsleben erhalten Menschen mit (drohenden) Behinderungen (§ 2 Abs. 1 S. 1 SGB IX), bei denen ein **Bedarf zur Überwindung von Barrieren** zur dauerhaften Teilhabe am Arbeitsleben besteht. Die weiteren Leistungsvoraussetzungen finden sich in den jeweiligen Leistungsgesetzen der zuständigen Rehabilitationsträger (§ 7 Abs. 1 S. 2 SGB IX). Für Leistungen der Unfallversicherungsträger und diejenigen der Träger der Kriegsopferfürsorge und -versorgung (ab 1.1.2024: Träger der Sozialen Entschädigung), die auch für die berufliche Rehabilitation grundsätzlich vorrangig zuständig sind, ist lediglich die Ursache der (drohenden) Behinderung entscheidend (Faustregeln 1 und 2, → Rn. 37). Die Leistungsgesetze

II. Teilhabe am Arbeitsleben

derjenigen Rehabilitationsträger, die in der Praxis hauptsächlich für Leistungen zur Teilhabe am Arbeitsleben zuständig sind (gesetzliche Rentenversicherung, Bundesagentur für Arbeit und – eingeschränkt – die Träger der Eingliederungshilfe, → Rn. 178), verlangen weitere Voraussetzungen, damit Leistungen zur Teilhabe am Arbeitsleben erbracht werden:
- nach dem Recht der gesetzlichen Rentenversicherung muss – neben den versicherungsrechtlichen Voraussetzungen (§ 11 SGB VI) – eine **erhebliche Gefährdung** oder bereits eine **Minderung der Erwerbsfähigkeit** vorhanden und die begehrte Maßnahme geeignet sein, diese Gefährdung oder Minderung zu beseitigen (§ 10 Abs. 1 Nr. 1 SGB VI),
- das Recht der Arbeitsförderung setzt eine **wesentliche Minderung** der Aussicht zur Teilhabe am Arbeitsleben voraus (§ 19 Abs. 1 SGB III) und
- ein Rechtsanspruch auf Eingliederungshilfe ist davon abhängig, dass der Mensch mit Behinderung **wesentlich** in der gleichberechtigten Teilhabe an der Gesellschaft **eingeschränkt ist** (§ 99 SGB IX).[230]

3. Leistungen

Der **Leistungskatalog** der Leistungen zur Teilhabe am Arbeitsleben in § 49 Abs. 3 SGB IX sieht **berufs- oder arbeitsplatzbezogene Leistungen** vor, durch die entweder eine bestimmte Ausbildung oder (ggf. Weiter-)Qualifizierung und somit bessere Vermittlungschancen auf dem allgemeinen Arbeitsmarkt erreicht werden sollen oder mithilfe derer ein konkreter Arbeitsplatz erlangt oder erhalten werden kann oder zumindest eine angemessene Beschäftigung gewährleistet werden soll. Beispielhaft werden dort genannt:
1. Hilfen zur Erhaltung oder Erlangung eines Arbeitsplatzes einschließlich Leistungen zur Aktivierung und beruflichen Eingliederung,
2. eine Berufsvorbereitung einschließlich einer wegen der Behinderung erforderlichen Grundausbildung,
3. die individuelle betriebliche Qualifizierung im Rahmen Unterstützter Beschäftigung,
4. die berufliche Anpassung und Weiterbildung, auch soweit die Leistungen einen zur Teilnahme erforderlichen schulischen Abschluss einschließen,
5. die berufliche Ausbildung, auch soweit die Leistungen in einem zeitlich nicht überwiegenden Abschnitt schulisch durchgeführt werden,
6. die Förderung der Aufnahme einer selbstständigen Tätigkeit durch die Rehabilitationsträger nach § 6 Abs. 1 Nr. 2 bis 5 und
7. sonstige Hilfen zur Förderung der Teilhabe am Arbeitsleben, um Menschen mit Behinderungen eine angemessene und geeignete Beschäftigung oder eine selbstständige Tätigkeit zu ermöglichen und zu erhalten.

Die Ziffern 1 und 7 betonen noch einmal den offenen, nicht abschließenden Charakter des Leistungskataloges (→ Rn. 131). Die Leistungen werden gemäß Abs. 5 auch für Zeiten **notwendiger Praktika** erbracht, die nach den entsprechenden Ausbildungs- und Prüfungsordnungen Bestandteil der Ausbildung und damit Voraussetzung sind, um die jeweilige Ausbildung abschließen zu können.[231]

---

230 i.d.F. des Teilhabestärkungsgesetzes vom 2.6.2021, BGBl. I 1387.
231 BSG v. 29.1.2008 – B 5a/5 R 20/06 R, Rn. 17.

164 § 49 Abs. 6 und 7 SGB IX enthalten **begleitende und ergänzende Leistungen**, die nicht unmittelbar auf die Teilhabe am Arbeitsleben ausgerichtet sind und nicht allein erbracht werden können (s. Wortlaut "umfassen auch" bzw. "gehört auch"), die aber in Verbindung mit den "Hauptleistungen" nach Abs. 3 demselben Zweck der beruflichen Teilhabe dienen und diesen befördern sollen.

165 Die in Abs. 6 genannten **psychosozialen Hilfen** sollen Menschen mit einer (drohenden) Behinderung bei der persönlichen Bewältigung der Beeinträchtigung, und der Überwindung der beruflichen Barrieren unterstützen und ggf. ihre allgemeinen, für die berufliche Teilhabe relevanten Fähigkeiten trainieren. Dazu gehören z.B.:

- Sozialkompetenz,
- Kommunikations- und Kontaktfähigkeiten,
- motorische Fähigkeiten oder
- lebenspraktische Fähigkeiten.

Bestandteil der begleitenden Hilfen ist auch die Information und Einbindung Dritter, um die Teilhabe am Arbeitsleben zu ermöglichen oder zu verstetigen. Dazu gehören neben dem persönlichen Umfeld der leistungsberechtigten Person, auch Selbsthilfe- und Beratungsstellen bis hin zu Integrationsfachdiensten, die Menschen mit Schwerbehinderungen bei der Arbeitssuche beraten, unterstützen und vermitteln (→ Rn. 404).

Beispiel 1:
Ein junger Mensch mit geistiger Beeinträchtigung hat mit Unterstützung der Agentur für Arbeit einen Ausbildungsplatz in einem Betrieb gefunden. Damit er den Arbeitsweg perspektivisch allein bewältigen kann, wird der Weg dorthin z.b. mit öffentlichen Verkehrsmitteln vorab mit einer Begleitperson eingeübt.

Auf der Grundlage von Abs. 7 werden bei **Aus- und Weiterbildungen** die erforderlichen Kosten für eine auswärtige Unterbringung und Verpflegung übernommen sowie Lehrgangskosten, Lehrmittelkosten und Prüfungsgebühren.

166 Anders als die beiden Absätze davor enthält Abs. 8 nicht nur von einer Hauptleistung abhängige Begleitleistungen, sondern konkretisiert die in Abs. 3 Nr. 1 und 7 offen formulierten Hilfen. Die in Abs. 8 aufgeführten Leistungen, die auf die Überwindung im Einzelfall bestehender Barrieren für eine erfolgreiche Teilhabe am Arbeitsleben ausgerichtet sind, können also auch allein als Hauptleistungen gewährt werden. Gemäß Abs. 8 Nr. 1 kann der Erwerb des Führerscheins und/oder der Erwerb oder der Umbau eines barrierefreien Pkw zum Erreichen der Ausbildungs- bzw. Arbeitsstätte gemäß der **Kraftfahrzeughilfe**-Verordnung unterstützt werden. Neben den Kosten für Verdienstausfall im Zusammenhang mit Maßnahmen der beruflichen Rehabilitation (§ 49 Abs. 8 Nr. 2 SGB IX) können zudem Kosten für **berufsspezifische Hilfsmittel** übernommen werden (Nr. 4), die für einen Ausgleich der individuellen Beeinträchtigung sorgen, wie z. B. spezielle Prothesen oder Hör- und Sehhilfen, soweit sie nicht schon vom Arbeitgeber oder den Krankenkassen gewährt werden müssen. Schließlich werden noch Kosten für technische Arbeitshilfen (Nr. 5) sowie für die Beschaffung, Ausstattung oder Erhaltung einer **behinderungsgerechten Wohnung** (Nr. 6) genannt, sofern dies im Zusammenhang mit einer beruflichen Eingliederung erforderlich ist.

Beispiel 2:
Siehe Sachverhalt des Übungsfalles bezüglich der Koordinierung der Leistungen (→ Rn. 100). Ergänzend kommt bei diesem hinzu, dass B seinen bisherigen PKW nicht mehr bedienen kann. Da der Weg zur Arbeit ab der Haustür beginnt, ist die Notwendigkeit der behinderungsgerech-

II. Teilhabe am Arbeitsleben

ten Ausstattung des Wohnraums jedenfalls auch mit beruflichen Erfordernissen begründet.[232] Somit kommt hier als Leistung zur Teilhabe am Arbeitsleben der Bau einer rollstuhlgerechten Rampe vor dem Hauseingang in Betracht, zumal Leistungen der Sozialen Teilhabe nur nachrangig gewährt werden (→ Rn. 228). Zur Bewältigung des Arbeitsweges könnte Kraftfahrzeughilfe in Form eines Umbaus bzw. behinderungsgerechten Zusatzausstattung des Pkw gewährt werden. Bei der Ausübung des pflichtgemäßen Ermessens sind neben den Wünschen des Leistungsberechtigten die konkreten Umstände und die Wirtschaftlichkeit der Leistung zu berücksichtigen (z.B. Kosten einer alternativen Wohnung oder auch Nutzbarkeit des öffentlichen Nahverkehrs oder die Hinlänglichkeit eines zur Verfügung gestellten Fahrdienstes).

167 Speziell für Menschen mit Schwerbehinderungen ist in § 49 Abs. 8 Nr. 3 SGB IX die Möglichkeit einer **Arbeitsassistenz** vorgesehen, d. h. die Unterstützung durch einen Dritten zur Eingewöhnung auf einem neuen Arbeitsplatz. Diese Leistungen werden gem. § 49 Abs. 8 S. 2 SGB IX längstens für drei Jahre erbracht und stehen unter Haushaltsvorbehalt. Ihre Gewährung durch das bei der beruflichen Rehabilitation von Menschen mit Schwerbehinderungen einzubeziehende Integrationsamt ist gemäß § 185 Abs. 4 SGB IX daran geknüpft, dass ausreichend Mittel aus der sog. Ausgleichsabgabe zur Verfügung stehen (→ Rn. 408 f.). Wird eine Arbeitsassistenz länger als drei Jahre benötigt, ist das Integrationsamt für die Kosten zuständig. Durch die Einbeziehung des Integrationsamtes bei einer Arbeitsassistenz von Anfang an, wird eine Kontinuität der Leistung und der Leistungserbringer gewährleistet (→ Rn. 412).

168 Um Anreize in der privaten Wirtschaft dafür zu schaffen, Menschen mit Behinderungen auszubilden und/oder zu beschäftigen, können die Rehabilitationsträger gemäß § 50 SGB IX auch **Leistungen an Arbeitgeber** erbringen. Dazu gehören:

- Zuschüsse für die betriebliche Ausbildung,
- Eingliederungszuschüsse,
- Zuschüsse für spezielle Arbeitshilfen sowie
- eine teilweise oder volle Kostenerstattung für eine Probebeschäftigung von bis zu drei Monaten (vgl. auch § 46 Abs. 1 SGB III).

Die Kosten der Ausbildungszuschüsse und für die Probebeschäftigung können ganz oder teilweise jeweils für die gesamte Dauer übernommen werden. **Eingliederungszuschüsse** für die sozialversicherungspflichtige Beschäftigung von Menschen sind hingegen sowohl der Höhe nach als auch zeitlich beschränkt. In der Regel können maximal 50 % des tariflichen Bruttolohnes für höchstens ein Jahr gezahlt werden. Soweit es für die Teilhabe am Arbeitsleben erforderlich ist, kann die Höhe im Einzelfall 70 % betragen und/oder auf längstens zwei Jahre ausgedehnt werden (§ 50 Abs. 4 SGB IX). Bei den Leistungen an Arbeitgeber handelt es sich um **Ermessensleistungen** auch dem Grunde nach. Über einen entsprechenden Antrag hat der zuständige Rehabilitationsträger nach pflichtgemäßem Ermessen zu entscheiden, ein einklagbarer Rechtsanspruch auf Leistungen an Arbeitgeber besteht aber i.d.R. nicht.

169 Einen Sonderfall stellen das **Budget für Arbeit**, welches durch das BTHG zum 1.1.2018 in § 61 SGB IX eingeführt wurde, sowie das **Budget für Ausbildung** dar, welches zum 1.1.2020 in § 61a SGB IX ergänzt worden ist.[233] Bei beiden Leistungen handelt es sich um einen **dauerhaften Lohnkostenzuschuss** an einen Arbeitgeber für eine **sozialversicherungspflichtige Beschäftigung** bzw. **Ausbildung**. Leistungsberechtigt ist der Mensch mit Behinderung, auch wenn der Lohnkostenzuschuss an den Arbeitgeber ausgezahlt wird. Besonderheit ist, dass das beide Budgets nur für Menschen in Frage kommen, für die wegen Art oder Schwere der Behin-

---

232 Vgl. BSG 20.9.2012 – B 8 SO 15/11 R, Rn. 19.
233 Durch das Angehörigen-Entlastungsgesetz vom 10.12.2019, BGBl. I 2135.

derung eine Ausbildung oder eine Beschäftigung am allgemeinen Arbeitsmarkt nicht oder noch nicht (wieder) in Betracht kommt. Das Budget für Ausbildung ist damit als Alternative zu der beruflichen Bildung in einer WfbM gemäß § 57 SGB IX konzipiert, das Budget für Arbeit als Wahlmöglichkeit gegenüber einer Beschäftigung im Arbeitsbereich einer WfbM nach § 58 SGB IX. Während das Budget für Ausbildung die vollständige Übernahme der Ausbildungsvergütung beinhaltet, ist der Lohnkostenzuschuss beim Budget für Arbeit begrenzt auf 75 % des tariflichen Bruttolohnes. Bei beiden Budgets sind zusätzlich Leistungen zur Anleitung und Begleitung vorgesehen (s. ausführlich → Rn. 452 ff.).

4. Leistungsentscheidung

170 Leistungen zur Teilhabe am Arbeitsleben werden i.d.R. nur auf **Antrag** erbracht.[234] Bei Erfüllung der Voraussetzungen (→ Rn. 161) besteht ein Rechtsanspruch auf Leistungen zur Teilhabe am Arbeitsleben dem Grunde nach, d.h. der Antrag darf nicht gänzlich abgelehnt werden. Die **Auswahl** der bedarfsgerechten Leistungen erfolgt durch den jeweiligen Rehabilitationsträger nach **pflichtgemäßem Ermessen**.[235] Für die Ermessensausübung schreibt § 49 Abs. 4 SGB IX die angemessene Berücksichtigung folgender sowohl **personenbezogener als auch arbeitsmarktbezogener Faktoren** vor:

- die Eignung,
- die Neigung und
- bisherige Tätigkeiten des Leistungsberechtigten sowie
- die Entwicklung auf dem allgemeinen Arbeitsmarkt.

171 Dadurch soll gewährleistet werden, dass die Maßnahme zur Teilhabe am Arbeitsleben einerseits zu den persönlichen Vorstellungen und Fähigkeiten der leistungsberechtigten Person passt, wobei deren Wunsch- und Wahlrecht zu berücksichtigen ist (→ Rn. 47). Andererseits darf aber nicht am Bedarf des Arbeitsmarktes vorbei qualifiziert werden, die Leistung muss also eine **hinreichende Aussicht auf eine tatsächliche Teilhabe am Arbeitsleben** bieten. Vom zuständigen Rehabilitationsträger ist deswegen eine Prognoseentscheidung über die Aussichten zu treffen, dass dieses Ziel voraussichtlich erreicht wird.[236] Angesichts der speziellen Kompetenzen der **Bundesagentur für Arbeit** bei der Beurteilung der Lage auf dem Arbeitsmarkt und auf dem Gebiet der Arbeitsförderung räumt § 54 SGB IX den anderen Rehabilitationsträgern das Recht ein, deren Kompetenzen gutachterlich in Anspruch zu nehmen, um sie bei der eigenen Leistungsentscheidung zu berücksichtigen.

Beispiel 3:
Wünscht sich eine leistungsberechtigte Person, die wegen einer Berufskrankheit ihren bisherigen Beruf nicht mehr ausüben kann, eine Umschulung zur Physiotherapeutin, ist dabei aber nur eingeschränkt körperlich belastbar, kann das gegen die Umschulung als geeignete Maßnahme sprechen, wenn sie aufgrund der Einschränkungen nicht die Bandbreite des Berufsfeldes abdecken kann und daher die beruflichen Integrationschancen erheblich reduziert sind.[237]

---

[234] Nur Leistungen der gesetzlichen Unfallversicherung werden ohne Antrag von Amts wegen erbracht.
[235] S. beispielhaft § 13 Abs. 1 SGB VI und § 112 Abs. 1 SGB III, wobei sich entgegen dem Wortlaut das »Können« nicht auf das »Ob«, sondern nur auf das »Wie« der Leistung bezieht, so dass LSG NRW 30.11.2009 – L 12 B 30/09 AL ER.
[236] LSG BAY 23.1.2013 – L 19 R 694/09, Rn. 46.
[237] Vgl. LSG BAY 23.1.2013 – L 19 R 694/09, Rn. 47.

II. Teilhabe am Arbeitsleben

Ausbildungen als Leistungen der Teilhabe am Arbeitsleben sind grundsätzlich gem. **172** § 53 Abs. 1 SGB IX so lange zu gewähren, wie dies zur Erreichung der Ziele vorgeschrieben ist. Sofern es dafür keine Vorgaben in Ausbildungsordnungen o.Ä. gibt, richtet sich die Dauer danach, was zur Erreichung des Teilhabeziels allgemein üblich ist. Anders als bei Ausbildungen sollen **Weiterbildungen** (vgl. zum Begriff § 81 SGB III) in Vollzeit gemäß § 53 Abs. 2 SGB IX nur für die **Dauer** von **maximal zwei Jahre** gewährt werden. Krankheitsbedingte oder andere Unterbrechungen, die die leistungsberechtige Person nicht verschuldet hat, sind nicht auf die Förderhöchstdauer anzurechnen.[238] Eine längere Förderung ist jedoch auch dann möglich, wenn dies im Einzelfall aufgrund besonderer Umstände gemessen an dem Teilhabeziel erforderlich ist. Allerdings wird von dieser Möglichkeit in der Praxis unter Verweis auf den Grundsatz der Sparsamkeit und Wirtschaftlichkeit nur dann Gebrauch gemacht, wenn keine andere, maximal zweijährige Maßnahme vorhanden ist, die grundsätzlich auch der Eignung und der Neigung der leistungsberechtigten Person entspricht und ebenfalls eine erfolgreiche Eingliederung erwarten lässt.[239] Ein Anspruch auf eine darüber hinausgehende optimale, also den Neigungen und Wünschen der leistungsberechtigten Person voll entsprechenden Förderung soll demnach nicht bestehen;[240] weitergehende Wünsche seien angesichts der Ausgestaltung des § 53 SGB IX nicht berechtigt i.S.d. § 8 Abs. 1 SGB IX.[241] Der durch das BTHG zum 1.1.2018 angefügte S. 2 in § 53 Abs. 2 SGB IX soll die starre 2 Jahresgrenze für solche Berufe aufweichen, deren Ausbildungszeit regulär länger als 2 Jahres dauert, wenn dieser Abschluss im Rahmen einer Weiterbildung in zwei Dritteln der Zeit zu bewältigen ist.[242]

5. Besondere Leistungsformen

Die Vorschriften zur Teilhabe am Arbeitsleben sehen zudem spezielle Einrichtungen **173** und Leistungsformen für diejenigen Menschen mit (drohender) Behinderung vor, die entweder auf dem Weg zur Teilhabe am Arbeitsleben oder währenddessen besonderer Unterstützung bedürfen oder für die dieses Ziel aufgrund der Schwere der Behinderung mittel- bis langfristig ohne weitere Unterstützung unrealistisch ist. Solche Einrichtungen sind z.B. die in § 51 SGB IX genannten **Berufsbildungswerke** (BBW), die jungen Menschen, welche aufgrund der Schwere ihrer Behinderung keine klassische duale betriebliche Ausbildung machen können, eine berufliche Erstausbildung in über 200 anerkannten Ausbildungsberufen ermöglichen, i.d.R. in Kombination mit einem Internat oder mit Außenwohngruppen.[243] Für Erwachsene, die bereits berufstätig sind bzw. waren, aber wegen einer Behinderung aufgrund einer Erkrankung oder eines Unfalls ihren bisherigen Beruf nicht oder nicht mehr ohne Weiteres ausüben können, bieten **Berufsförderungswerke** (BFW) sowohl präventive Angebote zur Erhaltung der Berufsfähigkeit an als auch Ausbildungen, Qualifizierungen und Maßnahmen zur individuellen Anpassungen an die Erfordernisse des allgemeinen Arbeitsmarktes.[244]

---

238 Luik in Schlegel/Voelzke, jurisPK-SGB IX, 3. Aufl., § 53 SGB IX (Stand: 15.01.2018), Rn. 26.
239 LSG HES 25.10.2004 – L 12 RJ 1157/03 Rn. 36 m.w.N.
240 BSG 28.1.1993 – 2 RU 10/92, Rn. 17.
241 Luik in Schlegel/Voelzke, jurisPK-SGB IX, § 53 SGB IX, Rn. 34.
242 BT-Drs. 18/10523, S. 54 unter Verweis auf Ausbildungszeiten von 3,5 Jahre im gewerblich-technischen Bereich.
243 Details, Adressen und angebotene Ausbildungsberufe s. unter www.bagbbw.de (27.02.2021).
244 Details, Adressen und angebotene Qualifizierungen s. unter www.bv-bfw.de (27.2.2021).

174 Können Menschen wegen der Art oder der Schwere der Behinderung nicht, noch nicht oder noch nicht wieder auf dem allgemeinen Arbeitsmarkt beschäftigt werden, haben sie einen **Rechtsanspruch** auf eine angemessene berufliche Bildung und eine entgeltliche Beschäftigung sowie auf eine Förderung ihrer Leistungs- oder Erwerbsfähigkeit und ihrer Persönlichkeit in einer **Werkstatt für behinderte Menschen** (WfbM). Die Details sind in §§ 56 – 59 und §§ 219 – 227 SGB IX sowie in der dazu erlassenen Werkstattverordnung (WVO) geregelt. Die WfbM sind Leistungen zur beruflichen Teilhabe für Menschen mit Schwerbehinderungen ebenso wie das Budget für Arbeit, das Budget für Ausbildung und Leistungen bei sog. **anderen Leistungsanbieter**, die in §§ 60-61a SGB IX als Alternativen zur WfbM eingeführt worden sind. Gedacht sind letztere für den Personenkreis, der auch werkstattberechtigt ist, allerdings gelten für sie die Vorgaben der Werkstattverordnung nur in abgeschwächter Form, damit sich den Leistungsberechtigten, insbesondere solchen mit psychischen Beeinträchtigungen,[245] mehr Wahl- und Kombinationsmöglichkeiten sowohl bezüglich der Qualifizierung als auch der Beschäftigung eröffnen (zu den Einzelheiten → Rn. 422 ff.).

175 Personen, die an Maßnahmen zur Ausbildung bzw. Qualifizierung in Einrichtungen der Rehabilitation teilnehmen, sind Empfänger:innen von Sozialleistungen und **keine Arbeitnehmer:innen**. Gemäß § 52 SGB IX finden jedoch arbeitsrechtliche Grundsätze und Schutzrechte entsprechende Anwendung, wie z.B.
- Datenschutzregelungen zur Wahrung der Persönlichkeitsrechte,
- das Haftungsprivileg von Arbeitnehmer:innen, die grundsätzlich nicht für von ihnen schuldlos oder leicht fahrlässig verursachte Schäden an Rechtsgütern des Arbeitsgebers haften müssen,[246]
- das Diskriminierungsverbot des Allgemeinen Gleichstellungsgesetzes sowie
- die Unfallverhütungsvorschriften der gesetzlichen Unfallversicherung.

176 Als Rehabilitand:innen stehen ihnen auch keine Ansprüche z.B. auf Entlohnung gegenüber den sie beschäftigenden Einrichtungen zu. Als Lohnersatzleistungen kommen stattdessen unterhaltssichernde Leistungen der dritten Gruppe der Rehabilitationsleistungen in Betracht (§§ 5 Nr. 3, 65 ff. SGB IX), die bei Erfüllung der jeweiligen Voraussetzungen von dem für die Leistung zur Teilhabe am Arbeitsleben zuständigen Rehabilitationsträger mit zu gewähren sind (→ Rn. 191 ff.). Andernfalls bleiben nur existenzsichernde Leistungen nach dem SGB II oder SGB XII. Zur Rechtsstellung der Beschäftigten in einer WfbM → Rn. 440.

177 Eine Schnittstellenfunktion zwischen beruflicher Rehabilitation und Teilnahme am allgemeinen Arbeitsmarkt erfüllt die sog. **Unterstützte Beschäftigung** (UB). Diese hat gemäß § 55 SGB IX die Begründung oder Erhaltung angemessener und geeigneter **sozialversicherungspflichtiger Beschäftigungsverhältnisse** zum Ziel unter dem Motto „erst platzieren, dann qualifizieren".[247] Die Unterstützte Beschäftigung ist in zwei Phasen unterteilt:
- Die **individuelle betriebliche Qualifizierung** (InBeQ). Diese auf max. zwei Jahre angelegte Phase (mit Verlängerungsoption um 12 Monate) dient der beruflichen Orientierung, Qualifizierung und Stabilisierung während betrieblicher Praktika in Betrieben des allgemeinen Arbeitsmarktes. Während dieser Zeit wird die leistungsberechtigte Person durch sog. Jobcoaches oder Qualifizierungstrainer:innen

---
245 BT-Drs.18/9522, S. 252.
246 Behlert in Trenczek et al. (2018) S. 803.
247 Motto der Bundesarbeitsgemeinschaft Unterstützte Beschäftigung, abrufbar unter https://www.bag-ub.de/seite/428574/informationen.html (31.08.2021).

II. Teilhabe am Arbeitsleben

betreut und an Schulungstagen u.a. mit berufsübergreifenden Lerninhalten und Schlüsselqualifikationen qualifiziert.
- Die **Berufsbegleitung**. Nach Begründung eines sozialversicherungspflichtigen Beschäftigungsverhältnisses, das eine Wochenarbeitszeit von mindestens 15 Stunden umfassen muss, und durch Vermittlung des Trägers der Unterstützten Beschäftigung wird der:die Jobcoach:inweiterhin begleitend tätig, um das Arbeitsverhältnis durch Unterstützung sowohl des:der Arbeitnehmer:in mit (drohender) Behinderung als auch des Arbeitgebers möglichst dauerhaft zu sichern.

6. Zuständigkeiten und Trägerbesonderheiten

Nach den §§ 5, 6 SGB IX können sechs verschiedene Rehabilitationsträger für die berufliche Rehabilitation zuständig sein: Sofern nicht ausnahmsweise gemäß den Faustregeln 1 und 2 eine vorrangige Zuständigkeit der Unfallversicherungsträger oder der Träger der Kriegsopferversorgung bzw. -fürsorge (Versorgungsämter bzw. ab 1.1.2024: Träger der Sozialen Entschädigung) aufgrund der Entstehung des Rehabilitationsbedarfes begründet wird (→ Rn. 37 f.), ist in der Praxis regelmäßig zuständig **178**
- ein Träger der gesetzlichen Rentenversicherung,
- – nachrangig – die Bundesagentur für Arbeit oder
- ein Träger der Eingliederungshilfe speziell für den Arbeitsbereich einer WfbM oder eines anderen Leistungsanbieters bzw. für das Budget für Arbeit oder das Budget für Ausbildung (→ Rn. 455).

Angesichts ihrer spezifischen persönlichen und versicherungsrechtlichen Voraussetzungen in §§ 10, 11 SGB VI (→ Rn. 39) ist die **Rentenversicherung** für bereits langjährig Versicherte, für Bezieher:innen von Renten wegen verminderter Erwerbsfähigkeit sowie für diejenigen zuständig, die ohne Maßnahmen zur Teilhabe am Arbeitsleben einen Anspruch auf eine solche Rente hätten. Erwerbsfähigkeit im rentenrechtlichen Sinne ist die Fähigkeit, den bisherigen Beruf oder die bisherige Tätigkeit weiter ausüben zu können, wobei grundsätzlich auf den letzten Arbeitsplatz abzustellen ist.[248] Zudem ist eine Zuständigkeit der Rentenversicherung vorgesehen für sog. **Anschlussrehabilitationen** gemäß § 11 Abs. 2a) Nr. 2 SGB VI, wenn eine berufliche Rehabilitation im unmittelbaren Anschluss, d.h. binnen 14 Tagen, an eine medizinische Rehabilitation erforderlich ist. **179**

Das SGB VI enthält keinen eigenen Katalog an Rehabilitationsleistungen, § 16 SGB VI verweist insoweit auf die §§ 49 – 54 SGB IX sowie auf die Leistungen im Eingangsverfahren und im Berufsbildungsbereich einer WfbM und bei anderen Leistungsanbietern.[249] Als **spezielle Leistungen der Rentenversicherung** sind zudem vorgesehen: **180**
- nachgehende Leistungen zur Erfolgssicherung der beruflichen Rehabilitation (§ 17 Abs. 1 SGB VI) und
- sonstige Leistungen, insbesondere die Gewährung von Zuwendungen für Einrichtungen, die das Rehabilitationsgeschehen fördern und/oder erforschen (§ 31 Abs. 1 Nr. 3 SGB VI).

Die Höhe der für medizinische und berufliche Teilhabeleistungen nach dem SGB VI bereitstehenden Mittel ist gedeckelt (§ 220 SGB VI). Während die Deckelung bis ein- **181**

---

248 BSG 12.3.2019 – B 13 R 27/17 R, Rn. 17.
249 s. auch § 63 Abs. 1 Nr. 3 SGB IX.

schließlich 2013 in einem absoluten Fixbetrag von 5,5 Mrd. EUR pro Jahr bestand, wird dieser Deckel seit 2014 jährlich angepasst unter Berücksichtigung der Entwicklung der Bruttolöhne und -gehälter sowie der Demografie bis zum Jahr 2050.[250]

182 Die **Bundesagentur für Arbeit** ist gem. § 22 SGB III **nachrangig** zuständig. Sie kommt als Leistungsträger sowohl für die **berufliche Ersteingliederung** von Schulabgänger:innen mit (drohender) Behinderung in Betracht, als auch für die Wiedereingliederung von Erwachsenen mit (drohender) Behinderung, die die versicherungsrechtlichen Voraussetzungen der Rentenversicherung nicht erfüllen. Sofern die leistungsberechtigte Person zusätzlich die Voraussetzungen des § 7 Abs. 1 S. 1 SGB II (erwerbsfähige Leistungsberechtigte nach dem SGB II) erfüllt, hat die Bundesagentur gemäß § 6 Abs. 3 SGB IX zusätzlich das zuständige **Jobcenter** mit **einzubeziehen** (→ Rn. 34). Anders als bei der medizinischen Rehabilitation durch die gesetzliche Krankenversicherung (→ Rn. 40), ist ein bereits **bestehendes Versicherungsverhältnis** zur Bundesagentur hingegen **keine Voraussetzung**. Gesetzlicher Auftrag der Bundesagentur für Arbeit gem. § 1 Abs. 1 SGB III ist die Arbeitsförderung durch den Ausgleich von Angebot und Nachfrage auf dem Ausbildungs- und Arbeitsmarkt. Diese Zielsetzung gilt für die Allgemeinheit und geht über die Leistungsverwaltung nur für Versicherte hinaus.

183 Die Leistungen zur Teilhabe am Arbeitsleben der Bundesagentur für Arbeit sind in den §§ 112 – 129 SGB III geregelt. Dabei werden **allgemeine und besondere Leistungen** für Menschen mit Behinderungen unterschieden (§ 113 SGB III). Obwohl diese Leistungen im Gesetzeswortlaut durch die Worte „können gewährt werden" als Ermessensleistungen ausgestaltet sind, erstreckt sich dieses Ermessen nicht auf das „Ob", sondern nur auf die Auswahl, das „Wie", der Leistung.[251] Bei der Ermessensausübung ist zu berücksichtigen, dass getreu dem Grundsatz „**so normal wie möglich, so speziell wie nötig**" besondere Leistungen nur dann und insoweit in Frage kommen, als allgemeine Leistungen nicht ausreichend sind (§§ 113 Abs. 2 und 117 Abs. 1 SGB III).

184 Als **allgemeine Leistungen** werden gemäß § 115 SGB III auf diejenigen Leistungen der §§ 29 – 111 SGB III Bezug genommen, die auch zur Integration von Menschen ohne Behinderungen in Ausbildung und in den Arbeitsmarkt zur Anwendung kommen. Allerdings gelten insoweit **Erleichterungen bezüglich der Voraussetzungen** (§ 116 SGB III), z. B. müssen die Menschen mit Behinderung nicht unbedingt arbeitslos i.S.d. § 16 SGB III sein, eine Verlängerung oder Wiederholung ist unter Berücksichtigung der Art und Schwere der Behinderung eher möglich und es sind auch Aus- und Weiterbildungen förderfähig, die von den Ausbildungsordnungen abweichen oder in Sonderformen durchgeführt werden.

185 Soweit die allgemeinen Leistungen zur Erreichung der Teilhabe am Arbeitsleben nicht ausreichen, sind die **besonderen Leistungen** nach § 117 SGB III zu gewähren. Während in §§ 118 – 129 SGB III mit dem Übergangsgeld, dem Ausbildungsgeld und den Teilnahmekosten nur drei Geldleistungen ausdrücklich und detailliert geregelt werden, umfassen die besonderen Leistungen gemäß § 7 Abs. 1 S. 1 SGB IX – auch ohne ausdrücklichen Verweis – die Leistungen zur Teilhabe am Arbeitsleben des

---

250 §§ 220 und 287b SGB VI i.d.F. durch das Rentenversicherungs-Leistungsverbesserungsgesetz vom 23.6.2014, BGBl. I 787.
251 LSG NRW 30.11.2009 – L 12 B 30/09 AL ER.

II. Teilhabe am Arbeitsleben

zehnten Kapitels des SGB IX[252] einschließlich der Leistungen im Eingangsverfahren und im Berufsbildungsbereich einer WfbM (§ 63 Abs. 1 Nr. 1 SGB IX (→ Rn. 431 ff.).

Eine **Sonderzuständigkeit** besteht gemäß § 63 Abs. 2 SGB IX für den **Arbeitsbereich der WfbM** (→ Rn. 437 ff.). Da die in den Nummern 1 bis 3 genannten Rehabilitationsträger (gesetzliche Unfallversicherung, Kriegsopferfürsorge und Träger der öffentlichen Jugendhilfe) jeweils nur für eine quantitativ kleine Personengruppe zuständig sind (Faustregeln 1, 2 und 5, → Rn. 37 ff.), erbringen die **Träger der Eingliederungshilfe** für diesen Bereich der beruflichen Rehabilitation trotz der Nachrangigkeit gem. § 91 SGB IX ganz überwiegend in der Praxis die Leistungen dort. **186**

Die Leistungen zur Teilhabe am Arbeitsleben im Überblick, getrennt nach den Rehabilitationsträger und deren Rechtsgrundlagen lassen sich wie folgt darstellen: **187**

Leistungsgruppe (§ 5 SGB IX)	Rehabilitationsträger (§ 6 SGB IX)	Rechtsgrundlagen
Leistungen zur Teilhabe am Arbeitsleben (berufliche Rehabilitation) §§ 49 ff. SGB IX	1. Träger der gesetzlichen Unfallversicherung	§ 35 SGB VII
	2. Träger der Kriegsopferversorgung/ Kriegsopferfürsorge (Versorgungsämter) (ab 1.1.2024: Träger der Sozialen Entschädigung)	§§ 9 Abs. 2 Nr. 2, 26 BVG (ab 1.1.2024: § 62 Nr. 1 SGB XIV)
	3. Träger der gesetzlichen Rentenversicherung	§ 16 SGB VI
	4. Bundesagentur für Arbeit	§§ 112 ff. SGB III; § 16 SGB II i.V.m. SGB III
	5. Träger der Kinder- und Jugendhilfe	§ 35a Abs. 3 SGB VIII i.V.m. § 111 SGB IX
	6. Träger der Eingliederungshilfe	§ 111 SGB IX

Übungsfall zur Leistung zur Teilhabe am Arbeitsleben[253]

(Lösung: Rn. 500)

Der gelernte Zimmermann D erleidet nach über 15-jähriger sozialversicherungspflichtiger Beschäftigung anlässlich eines privaten Verkehrsunfalls einen komplizierten Fußbruch mit dauerhaft bleibenden Folgeschäden. Nach einer medizinischen Rehabilitation wird im Entlassungsbericht der Klinik u.a. ausgeführt, dass bei D eine erhebliche Gefährdung der Erwerbsfähigkeit vorliegt, da er keinerlei Leistungsfähigkeit als Zimmermann mehr aufweise. Auf dem allgemeinen Arbeitsmarkt könne D aber voraussichtlich leichte Tätigkeiten überwiegend im Sitzen vollschichtig ausüben mit Einschränkungen beim Gehen, Heben und Tragen. In einem Berufsförderungswerk wird eine Berufsfindung und Arbeitserprobung durchgeführt. Im Abschlussbericht wird D eine Eignung für handwerklich-technische Berufe wie Bürokaufmann, Quali- **188**

---

252 Vgl. die Fachliche Weisung der Bundesagentur für Arbeit zum § 7 SGB IX (Stand 01/2018); abrufbar unter https://www.arbeitsagentur.de/datei/fw-sgb-ix-7_ba014694.pdf (Abruf am 31.08.2021).
253 In Anlehnung an LSG SAR 4.8.2006 – L 7 RJ 22/04.

tätsfachmann oder Kommunikationselektroniker bescheinigt. In Beratungsgesprächen mit dem Rentenversicherungsträger gibt D hingegen an, dass er Bürotätigkeiten nicht leiden könne und nur an einer Ausbildung zum Berufshubschrauberpiloten interessiert sei. Die Umschulung – aus einer privaten Fluglizenz und einer Weiterbildung zum Berufspiloten bestehend – würde ca. 70.000 EUR kosten. D legt ein fliegerärztliches Tauglichkeitszeugnis vor und bietet an, die Kosten der in einem Jahr zu erwerbenden Privatlizenz selbst zu übernehmen, soweit sie die Kosten der üblichen Weiterqualifizierung übersteigen. Die Kosten für die anschließende einjährige Weiterqualifizierung zum Berufspiloten betragen laut vorgelegter Angebote mehrerer Flugschulen zwischen 27.000 EUR und 40.000 EUR. Den Antrag auf Übernahme dieser Kosten lehnt der Rentenversicherungsträger mit Bescheid ab. Eine Ausbildung zum Hubschrauberpiloten komme, unabhängig von der Frage der gesundheitlichen Eignung, unter Beachtung des Gebotes der Wirtschaftlichkeit und Sparsamkeit nicht in Betracht. „Eine Kostenteilung bzw. teilweise Übernahme der Kosten für eine Ausbildung zum Hubschrauberpiloten lasse die Gesetzeslage nicht zu; die erforderlichen Leistungen zur Teilhabe am Arbeitsleben seien grundsätzlich umfassend zu übernehmen."[254] Stattdessen bietet sie D eine zweijährige Umschulung zum Qualitätsfachmann an. D's Widerspruch gegen die Ablehnung weist die Rentenversicherung unter Hinweis auf die ihr eingeräumte Ermessensentscheidung zurück. D will dagegen klagen.

a) Geht der Rentenversicherungsträger richtiger Weise von seiner Zuständigkeit aus?
b) Ist die Entscheidung des Rentenversicherungsträgers rechtmäßig, wenn davon auszugehen ist, dass die Kosten der Weiterbildung zum Qualitätsfachmann bei etwa 35.000 EUR liegen und die Eingliederungschancen eines solchen etwa ebenso hoch sind wie die eines Berufshubschrauberpiloten?

Wiederholungsfragen

1. Was sind die Ziele der Leistungen zur Teilhabe am Arbeitsleben?
2. Welche Voraussetzungen müssen erfüllt sein, um einen Anspruch auf Teilhabe am Arbeitsleben dem Grunde nach zu begründen?
3. Welche Kriterien sind für die Ausübung des pflichtgemäßen Ermessens bei der Auswahl der Rehabilitationsleistungen zu berücksichtigen? Welche besondere Rolle kommt dabei der Bundesagentur für Arbeit zu?
4. Vergleichen Sie den Katalog an möglichen Begleitleistungen zur beruflichen Teilhabe nach § 49 SGB IX mit denen zur medizinischen Rehabilitation nach § 42 SGB IX!. Welche Gemeinsamkeiten und welche Unterschiede stellen Sie fest?
5. In welchem zeitlichen Umfang sollen Leistungen zur Teilhabe am Arbeitsleben gewährt werden? Welche Ausnahmen gibt es insoweit?
6. Wem können neben Menschen mit Behinderungen auch Leistungen zur Teilhabe am Arbeitsleben gewährt werden? Was ist der Grund dafür? Benennen Sie eine mögliche Leistung.
7. Was unterscheidet Berufsbildungswerke von Berufsförderungswerken?
8. Was gekennzeichnet die sog. Unterstützte Beschäftigung und welche beiden Phasen der Leistungen werden dabei unterschieden?
9. Welche beiden Rehabilitationsträger sind in der Praxis – mit Ausnahme des Arbeitsbereiches der WfbM – für den Großteil der Fälle der beruflichen Rehabilitati-

---

254 Aus dem Sachverhalt des LSG SAR 4.8.2006 – L 7 RJ 22/04, Rn. 12.

on zuständig? Welcher davon ist i.d.R. vorrangig zuständig und von welchen Voraussetzungen hängt dessen Zuständigkeit ab?
10. Was ist mit allgemeinen Leistungen und was mit besonderen Leistungen bei der Bundesagentur für Arbeit gemeint und in welchem Verhältnis stehen diese Leistungen zueinander?

III. Unterhaltssichernde und andere ergänzende Leistungen

1. Ziele

Unterhaltssichernde und andere ergänzende Leistungen bilden die dritte Leistungsgruppe der Leistungen zur Teilhabe (§ 5 Nr. 3 SGB IX). Sie ergänzen (ausschließlich) die Leistungen zur medizinischen Rehabilitation und zur Teilhabe am Arbeitsleben und zielen im Wesentlichen auf die **soziale Absicherung der Rehabilitand:innen** während der Dauer der Hauptleistung.[255] Mit diesen Leistungen soll ihr Lebensunterhalt, einschließlich der Sozialversicherungsbeiträge, während der Durchführung der Teilhabeleistung sichergestellt und Unterstützung durch andere begleitende Maßnahmen gewährleistet werden. Letztlich schaffen unterhaltssichernde und andere ergänzende Leistungen die **Rahmenbedingungen**, unter denen eine medizinische oder berufliche Rehabilitation ermöglicht, erleichtert, erreicht oder gesichert wird.

189

2. Voraussetzungen

Unterhaltssichernde und andere ergänzende Leistungen können Menschen mit (drohenden) Behinderungen erhalten, die gleichzeitig eine Leistung zur medizinischen Rehabilitation oder zur Teilhabe am Arbeitsleben in Anspruch nehmen. Die Leistungen sind **akzessorisch** und können weder unabhängig von einer dieser beiden anderen Leistungsgruppen erbracht werden, noch als Ergänzung zu den Leistungen zur Teilhabe an Bildung oder zur Sozialen Teilhabe.

190

Beispiel 1:
Die Haushaltshilfe gemäß § 74 Abs. 1 SGB IX ist nicht als Leistung für Menschen konzipiert, die wegen ihrer Beeinträchtigung Unterstützung bei der Haushaltsführung benötigen, sondern um denjenigen die Inanspruchnahme von Leistungen der medizinischen und/oder beruflichen Rehabilitation zu ermöglichen, die ein Kind im Haushalt zu versorgen haben. Besteht demgegenüber behinderungsbedingter Bedarf an Unterstützung im Haushalt, kann es sich je nach Einzelfall um eine Leistung der Pflegeversicherung handeln oder um eine Rehabilitationsleistung zur Sozialen Teilhabe.

3. Leistungen

Die unterhaltssichernden und andere ergänzenden Leistungen sind in den §§ 64 ff. SGB IX geregelt. Dabei fasst § 64 SGB IX die Leistungen **abschließend** und systematisierend zusammen. Im **Überblick** können die Leistungen wie folgt dargestellt werden:

191

---

255 Jabben in BeckOK Sozialrecht SGB IX, § 64 Vorbemerkung.

Abbildung 13

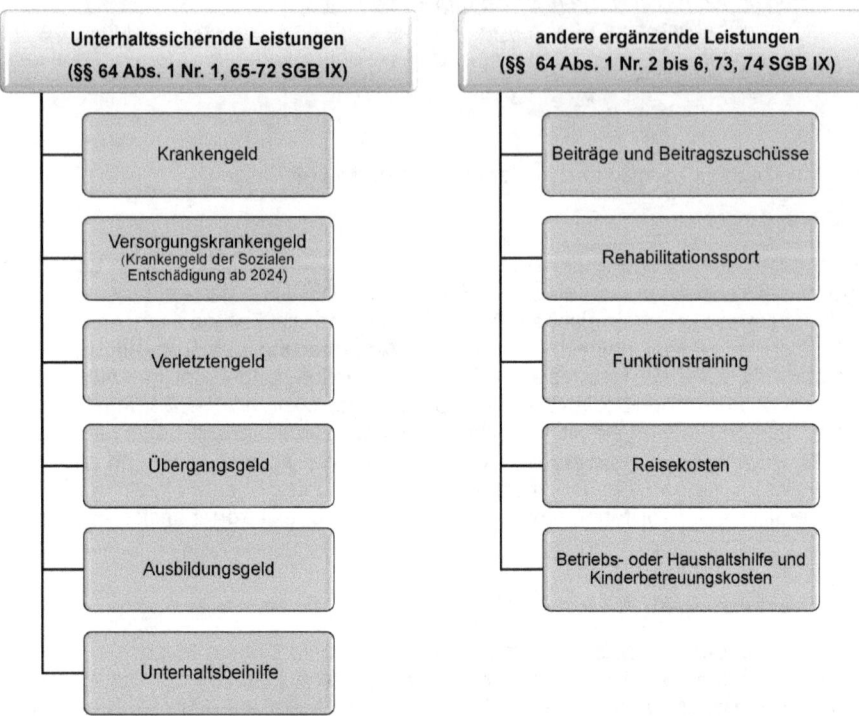

192 Unterhaltssichernde Leistungen dienen der Sicherstellung des Lebensunterhalts während der Durchführung einer Leistung zur medizinischen Rehabilitation oder zur Teilhabe am Arbeitsleben. Die Einzelheiten regeln die Leistungsgesetze der zuständigen Rehabilitationsträger; das gilt sowohl für die Zuständigkeit und die Leistungsvoraussetzungen als auch grundsätzlich für die Höhe des Leistungsanspruchs (§ 7 Abs. 1 S. 2 SGB IX). Allerdings gelten für die Berechnung der Höhe der unterhaltssichernden Leistung „Übergangsgeld" ergänzend die Vorschriften des SGB IX (§ 7 Abs. 1 S. 1 SGB IX).[256] Die Bezeichnung der jeweiligen Leistungen richtet sich nach dem zuständigen Rehabilitationsträger. Danach werden erbracht:

---

256 Zur Berechnung der Höhe des Übergangsgeldes s. Bieritz-Harder in SWK Behindertenrecht Stichwort: Unterhaltssichernde und andere ergänzende Leistungen, Rn. 9 ff.

III. Unterhaltssichernde und andere ergänzende Leistungen

bei Leistungen zur medizinischen Rehabilitation		
unterhaltssichernde Leistung	zuständiger Rehabilitationsträger	gesetzliche Grundlage
Krankengeld	gesetzliche Krankenkassen	§§ 44, 46 bis 51 SGB V (Sonderregelung bei Landwirten)
Verletztengeld	gesetzliche Unfallversicherung	§§ 45 bis 48, 52 und 55 SGB VII
Übergangsgeld	gesetzliche Rentenversicherung	§§ 66 bis 72 SGB IX i.V.m. §§ 20, 21 SGB VI
Versorgungskrankengeld (Krankengeld der Sozialen Entschädigung ab 1.1.2024)	Träger der Kriegsopferversorgung (Träger der Sozialen Entschädigung ab 1.1.2024)	§§ 16 bis 16h, 18a BVG (§ 62 S. 2 i.V.m. § 47 SGB XIV ab 1.1.2024)
bei Leistungen zur Teilhabe am Arbeitsleben		
unterhaltssichernde Leistung	zuständiger Rehabilitationsträger	gesetzliche Grundlage
Übergangsgeld	gesetzliche Unfallversicherung	§§ 66 – 72 SGB IX i.V.m. §§ 49 – 52 SGB VII
	gesetzliche Rentenversicherung	§§ 66 – 72 SGB IX i.V.m. §§ 20, 21 SGB VI
	Bundesagentur für Arbeit	§§ 66 – 72 SGB IX i.V.m. §§ 119 – 121 SGB III
	Träger der Kriegsopferversorgung (Träger der Sozialen Entschädigung ab 1.1.2024)	§§ 66 – 72 SGB IX i.V.m. § 26a BVG (§ 64 SGB XIV i.V.m. § 65 Abs. 3, 4 und 7 SGB IX sowie §§ 66 bis 72 SGB IX ab 1.1.2024; waren Geschädigte vor Beginn der Leistung nicht erwerbstätig, erhalten sie Unterhaltsbeihilfe statt Übergangsgeld - § 64 Abs. 3 SGB XIV ab 1.1.2024)

Übergangsgeld wird auch während der Abklärung der beruflichen Eignung oder einer Arbeitserprobung i.S.d. § 49 Abs. 4 S. 2 SGB IX geleistet, wenn Leistungsberechtigte in dieser Zeit kein oder nur ein geringes Arbeitseinkommen haben (§ 65 Abs. 3 SGB IX). Die Regelung ist erforderlich, weil diese Maßnahmen dem Grunde nach zum Verwaltungsverfahren zählen und keine Hauptleistung zur Teilhabe am Arbeitsleben i.S.d. § 49 Abs. 3 SGB IX darstellen.[257] Damit in dieser Zeit dennoch keine Leistungseinbußen aufgrund eines geringeren Einkommens entstehen, wurde mit der Regelung ein eigenständiger Anspruch auf Übergangsgeld begründet. Erhält eine Leistungsberechtigte Mutterschaftsgeld, ruht der Anspruch auf das Übergangsgeld (§ 65 Abs. 4 SGB IX).

---

257 Asmalsky in LPK-SGB IX § 65 Rn. 12.

193 Befinden sich Menschen mit Behinderungen
- erstmalig in einer beruflichen Ausbildung,
- in berufsvorbereitenden Bildungsmaßnahmen oder

erhalten Leistungen
- zur individuellen betrieblichen Qualifizierung im Rahmen Unterstützter Beschäftigung (→ Rn. 177) sowie
- im Eingangsverfahren und im Berufsbildungsbereich von anerkannten WfbMs und anderen Leistungsanbietern (→ Rn. 431 ff.)

haben sie Anspruch auf **Ausbildungsgeld** nach den §§ 122 bis 126 SGB III, wenn der zuständige Rehabilitationsträger die Bundesagentur für Arbeit ist, bzw. auf **Unterhaltsbeihilfe** nach den §§ 26, 26a BVG (bzw. § 64 Abs. 3 SGB XIV ab 1.1.2024), wenn der Träger der Kriegsopferfürsorge (bzw. der Träger der Sozialen Entschädigung ab 1.1.2024) zuständig ist. Das Ausbildungsgeld ist gegenüber einem möglichen Anspruch auf Übergangsgeld nachrangig (§ 122 Abs. 1 SGB III). Bei Menschen mit Behinderungen im Eingangsverfahren und Berufsbildungsbereich einer WfbM bzw. bei einem anderen Leistungsanbieter i.S.d. § 60 SGB IX beträgt das Ausbildungsgeld 119 EUR monatlich (§ 125 SGB III).

194 Krankengeld, Versorgungskrankengeld, Verletztengeld und Übergangsgeld werden für **Kalendertage** gezahlt; der Monat wird mit 30 Kalendertagen angesetzt (§ 65 Abs. 7 SGB IX).

Beispiel 2:
Die medizinische Rehabilitation einer leistungsberechtigten Person beginnt am 7.6.2021 und endet am 27.6.2021. Zuständiger Rehabilitationsträger ist die Krankenversicherung; sie zahlt als unterhaltssichernde Leistung Krankengeld i.H.v. insgesamt 960 EUR monatlich. Der Leistungsberechtigte hat für den Monat Juni Anspruch auf Krankengeld während der Maßnahme i.H.v. 672 EUR (960 EUR / 30 Tage x 21 Tage im Juni, an denen die Rehabilitationsmaßnahme durchgeführt wird).

195 Als ergänzende Leistungen werden von den zuständigen Rehabilitationsträgern darüber hinaus **Sozialversicherungsbeiträge** und **Zuschüsse zu Beiträgen** zu allen Versicherungszweigen übernommen, wenn diese für die sozialversicherungsrechtliche Absicherung während der Teilhabeleistung erforderlich sind (§ 64 Abs. 1 Nr. 2 SGB IX). Der Gesetzgeber macht damit deutlich, dass die soziale und wirtschaftliche Situation der Leistungsberechtigten nicht nur durch unterhaltssichernde Leistungen, sondern auch durch den mit einem Entgelt verbundenen Sozialversicherungsschutz gewährleistet werden soll. Voraussetzungen, Inhalt und Umfang der Beitragsleistungen richten sich nach den versicherungs- und beitragsrechtlichen Vorschriften der einzelnen Versicherungszweige.[258] Besonderheiten zur Übernahme von Beiträgen bei einer freiwilligen Kranken- und Pflegeversicherung (ohne Krankengeld) während der Teilnahme an Leistungen am Arbeitsleben und die Übernahme von Beiträgen für eine private Kranken- und Pflegeversicherung regelt § 64 Abs. 2 SGB IX.[259] Diese Leistungen stehen im Ermessen des Rehabilitationsträgers.

196 Menschen mit Behinderungen, die Leistungen der medizinischen Rehabilitation und zur Teilhabe am Arbeitsleben erhalten, sind i.d.R. in den **Sozialversicherungen pflichtversichert**. So gilt für
- die *gesetzliche Krankenversicherung* eine Versicherungspflicht für Leistungsberechtigte, die Leistungen zur Teilhabe am Arbeitsleben erhalten, nach § 5 Abs. 1

---

[258] Asmalsky in LPK-SGB IX § 64 Rn. 9.
[259] Im Einzelnen Jabben in Neumann/Pahlen/Greiner/Winkler/Jabben, § 64 Rn. 17.

III. Unterhaltssichernde und andere ergänzende Leistungen

Nr. 6 SGB V, falls nicht der Träger der Kriegsopferfürsorge (bzw. der Träger der Sozialen Entschädigung ab 1.1.2024) zuständig ist; während des Bezugs einer unterhaltssichernden Leistung, die von einem Rehabilitationsträger bei medizinischer Rehabilitation gezahlt wird (Verletztengeld, Versorgungskrankengeld, Übergangsgeld), bleibt die Mitgliedschaft in der gesetzlichen Krankenversicherung bestehen (§ 192 Abs. 1 Nr. 3 SGB V) – die Beiträge hierfür zahlt der zuständige Rehabilitationsträger (§ 251 Abs. 1 SGB V),

- die *gesetzliche Pflegeversicherung* eine Versicherungspflicht nach § 20 Abs. 1 Nr. 6 SGB XI für Menschen mit Behinderungen, die Leistungen zur Teilhabe am Arbeitsleben erhalten; im Übrigen folgt die Pflegeversicherung i.d.R. der Krankenversicherung – die Beiträge zahlt der zuständige Rehabilitationsträger (§ 59 SGB XI),
- die *gesetzliche Unfallversicherung* eine Versicherungspflicht nach § 2 Nr. 15 SGB VII – die Beiträge werden nach § 150 Abs. 1 S. 1 i.V.m. § 136 Abs. 3 Nr. 2 SGB VII durch die Rehabilitationsträger übernommen,
- die *gesetzliche Rentenversicherung* eine Versicherungspflicht unter den Voraussetzungen des § 3 S. 1 Nr. 3 SGB VI bei Bezug von unterhaltssichernden Leistungen während einer Rehabilitationsmaßnahme; Personen in Einrichtungen der Jugendhilfe oder in Berufsbildungswerken oder ähnlichen Einrichtungen für Menschen mit Behinderungen, die für eine Erwerbstätigkeit befähigt werden sollen, sind nach § 1 S. 1 Nr. 3 SGB VI pflichtversichert und Personen während einer individuellen betrieblichen Qualifizierung im Rahmen der Unterstützten Beschäftigung nach § 55 SGB IX; die Tragung der Beiträge erfolgt unterschiedlich, teilweise durch Einrichtungs- und Rehabilitationsträger (§ 168 SGB VI), teilweise durch Rehabilitationsträger und Versicherte hälftig (§ 170 Abs. 1 Nr. 2 a SGB VI), teilweise nur durch die Rehabilitationsträger (§ 170 Abs. 1 Nr. 2 b SGB VI) oder nur durch die Versicherten (§ 170 Abs. 1 Nr. 5 SGB VI) sowie
- für die *Arbeitslosenversicherung* eine Versicherungspflicht nach § 26 Abs. 2 Nr. 1 SGB III – die Beiträge zahlen i.d.R. die Rehabilitationsträger (§ 347 Nr. 5a SGB III); ggf. kommt es zu einer Beitragsteilung.

197 Zu den ergänzenden Leistungen gehören nach § 64 Abs. 1 Nr. 3 und 4 SGB IX der ärztlich verordnete **Rehabilitationssport** in Gruppen unter ärztlicher Betreuung und Überwachung sowie das ärztlich verordnete **Funktionstraining** in Gruppen unter fachkundiger Anleitung und Überwachung.[260] **Rehabilitationssport** erhalten Menschen mit (drohenden) Behinderungen, um „Ausdauer und Kraft zu stärken, Koordination und Flexibilität zu verbessern, das Selbstbewusstsein insbesondere auch von Frauen und Mädchen mit drohenden Behinderungen zu stärken (→ Rn. 10)[261] Rehabilitationssport umfasst Übungen in einer (festen) Gruppe innerhalb regelmäßig abgehaltener Übungsveranstaltungen. **Funktionstraining** zielt hingegen – anders als der auf ganzheitliche sportliche Übungen aufbauende Rehabilitationssport – in erster Linie auf die Verbesserung der Funktionen von Körperorganen mit Mitteln der Krankengymnastik und/oder Ergotherapie, insbesondere bei Erkrankungen oder Funktionseinschränkungen der Stütz- und Bewegungsorgane. Funktionstraining wird ebenfalls in Gruppen angeboten. Dauer und Leistungsumfang der Leistungen sind

---

260 Da es sich „nur" um ergänzende Leistungen und nicht um solche der medizinischen Rehabilitation selbst handelt, werden z.B. die Fahrtkosten zum Sport nicht übernommen, BSG 22.4.2009 – B 3 KR 5/08.
261 Ziff. 2.2 der „Rahmenvereinbarung über den Rehabilitationssport und das Funktionstraining" der Rehabilitationsträger vom 1.1.2011, abrufbar unter http://www.kbv.de/media/sp/Rahmenvereinbarung_Rehasport.pdf (4.3.2021).

i.d.R. abhängig vom zuständigen Rehabilitationsträger, sie können als Ergänzung oder auch noch zeitlich im Anschluss an die „Hauptleistung" der medizinischen oder beruflichen Rehabilitation erbracht werden.[262]

Beispiele:[263]
Die gesetzliche Rentenversicherung übernimmt Rehabilitationssport und Funktionstraining i.d.R. für sechs Monate, längstens für 12 Monate. In der gesetzlichen Unfallversicherung ist die Dauer nicht begrenzt. Die gesetzliche Krankenversicherung übernimmt die Leistungen, soweit sie im Einzelfall notwendig, geeignet und wirtschaftlich sind. Dabei bestehen bestimmte Richtwerte, die sich aus den Ziffern 4.4.1 bis 4.4.3 der Rahmenvereinbarung über den Rehabilitationssport und das Funktionstraining[264] ergeben, z.B. regelmäßig 50 Übungseinheiten innerhalb von 18 Monaten, bei Querschnittslähmung, Schädel-Hirn-Trauma, Multipler Sklerose u.a. schweren Beeinträchtigungen 120 Übungseinheiten innerhalb von 36 Monaten, bei kardiovaskulären Erkrankungen in Herzgruppen 90 Übungseinheiten innerhalb von 24 Monaten.

198 In den einzelnen **Leistungsgesetzen** der zuständigen Rehabilitationsträger finden sich Vorschriften für Rehabilitationssport und Funktionstraining wie folgt (jeweils i.V.m. § 64 Abs. 1 Nr. 3 und 4 SGB IX):

Rehabilitationsträger	Rechtsgrundlage
gesetzliche Krankenversicherung	§ 43 SGB V
gesetzliche Rentenversicherung	§ 28 SGB VI
gesetzliche Unfallversicherung	§ 39 SGB VII
Kriegsopferfürsorge	§ 11 Abs. 5 und § 12 Abs. 1 BVG

Hinweis

Die Träger der Eingliederungshilfe und die Träger der öffentlichen Jugendhilfe erbringen keine ergänzenden Leistungen (§ 6 Abs. 1 SGB IX → Rn. 32). Gleichwohl sieht § 109 Abs. 1 SGB IX die Gewährung von Rehabilitationssport und Funktionstraining durch den Träger der Eingliederungshilfe vor. Entgegen der Systematik des SGB IX werden diese Leistungen dabei der medizinischen Rehabilitation zugeordnet (→ Rn. 302). Über § 35a Abs. 3 SGB VIII gilt dies auch für den Träger der öffentlichen Jugendhilfe.

199 Im Rahmen der ergänzenden Leistungen werden nach den §§ 64 Abs. 1 Nr. 5, 73 SGB IX auch **Reisekosten** übernommen, die im Zusammenhang mit der Ausführung einer Leistung zur medizinischen Rehabilitation oder zur Teilhabe am Arbeitsleben entstehen und erforderlich sind. Sie sind dann erforderlich, wenn sie Leistungsberechtigten unter Berücksichtigung von Art und Schwere der Behinderung entstehen und keine kostengünstigere Möglichkeit zumutbar ist.[265] Sie werden nicht zur Durchführung von ergänzenden Leistungen (z.B. Fahrten zum Rehabilitationssport) erbracht.[266] Zu den Reisekosten gehören (§ 73 Abs. 1 SGB IX):

---

262 Weitere Einzelheiten siehe die „Rahmenvereinbarung über den Rehabilitationssport und das Funktionstraining", BAR 2011.
263 Aus der „Rahmenvereinbarung über den Rehabilitationssport und das Funktionstraining.
264 BAR 2011.
265 Asmalsky in LPK-SGB IX, § 73 Rn. 5.
266 BSG 22.4.2008 – B1 KR 22/07.

III. Unterhaltssichernde und andere ergänzende Leistungen

- erforderliche Fahr-, Verpflegungs- und Übernachtungskosten,
- Kosten für besondere Beförderungsmittel, deren Inanspruchnahme wegen Art und Schwere der Behinderung erforderlich ist (z.B. Krankentransport),
- Kosten für eine wegen der Behinderung erforderlichen Begleitperson, einschließlich des für die Zeit der Begleitung entstehenden unvermeidbaren Verdienstausfalls,
- Kosten für die Mitnahme von Kindern an den Rehabilitationsort, wenn ihre anderweitige Betreuung nicht sichergestellt ist (v.a. bei alleinerziehenden Müttern und Vätern) sowie
- der erforderliche Gepäcktransport.

Darüber hinaus werden bei der Ausführung von Leistungen zur Teilhabe am Arbeitsleben auch Reisekosten für zwei **Familienheimfahrten** pro Monat übernommen oder – wenn dies nicht möglich oder nicht gewollt ist – können stattdessen die Kosten für einen Besuch der Angehörigen bei den Leistungsberechtigten am Ort der Leistungsausführung (hin und zurück) übernommen werden (§ 73 Abs. 2 SGB IX). Diese Familienheimfahrten gibt es im Rahmen der medizinischen Rehabilitation nur, wenn diese länger als acht Wochen dauert (§ 73 Abs. 3 SGB IX).

Die Reisekosten sind in den **Leistungsgesetzen** der einzelnen Rehabilitationsträger **200** wie folgt geregelt (i.V.m. § 73 SGB IX):

Rehabilitationsträger	Rechtsgrundlage
gesetzliche Krankenversicherung	§ 60 Abs. 1–3 SGB V
Bundesagentur für Arbeit	§ 127 SGB III
gesetzliche Rentenversicherung	§ 28 SGB VI
gesetzliche Unfallversicherung	§§ 39, 43 SGB VII
Träger der Kriegsopferfürsorge (Träger der Sozialen Entschädigung ab 1.1.2024)	§ 11 Abs. 5 und §§ 24, 26 Abs. 4 Nr. 5 BVG (§§ 53, 64 Abs. 1 Nr. 2 SGB XIV ab 1.1.2024)

Für die **Träger der Eingliederungshilfe** verweist § 109 Abs. 2 SGB IX bezüglich der Reisekosten auf das Recht der gesetzlichen Krankenversicherung. Auch insoweit gilt das Gleiche gemäß § 35a Abs. 3 SGB VIII für die **Träger der öffentlichen Jugendhilfe**.

Im Hinblick auf die **Fahrtkosten** trifft § 73 Abs. 4 SGB IX eine konkrete Regelung. **201** Deren Höhe berechnet sich nach dem Betrag, der bei Benutzung eines regelmäßig verkehrenden öffentlichen Verkehrsmittels der niedrigsten Beförderungsklasse des zweckmäßigsten öffentlichen Verkehrsmittels zu zahlen ist (z.B. Bahnfahrt, 2. Klasse). Bei sonstigen Verkehrsmitteln richtet sich die Höhe nach § 5 Abs. 1 Bundesreisekostengesetz (20 ct/Kilometer, höchstens 130 EUR). Erhöhen sich die Fahrpreise mehr als geringfügig, erfolgt eine Anpassung der Fahrtkostenentschädigung, sofern die Maßnahme danach noch mindestens zwei weitere Monate dauert. Pendeln Leistungsberechtigte zwischen Wohn- und Rehabilitationsort, werden die Kosten hierfür nur bis zu der Höhe übernommen, die unter Berücksichtigung von Art und Schwere der Behinderung auch für eine auswärtige Unterbringung und Verpflegung übernommen worden wären.

Hinweis

Die spezielle Fahrtkostenregelung des § 73 Abs. 4 SGB IX gilt nicht für die gesetzliche Krankenversicherung, wenn diese Leistungen zur medizinischen Rehabilitation erbringt (§ 60 Abs. 5 SGB V). Auch die Träger der Sozialen Entschädigung (ab 1.1.2024) haben bei der Übernahme von Reisekosten im Zusammenhang mit Leistungen der medizinischen Rehabilitation eine eigene Regelung (§ 53 SGB XIV ab 1.1.2024).

202 Als ergänzende Leistungen werden schließlich nach §§ 64 Abs. 1 Nr. 6, 74 SGB IX die Kosten für eine **Betriebs- oder Haushaltshilfe** und für die **Kinderbetreuung** übernommen. Insbesondere Letzteres soll der besonderen Situation alleinerziehender Mütter und Väter mit Behinderungen Rechnung tragen. Haushaltshilfe und Kinderbetreuungskosten finden sich in den einzelnen Leistungsgesetzen wie folgt:

Rehabilitationsträger	Rechtsgrundlage
gesetzliche Krankenversicherung	§ 38 SGB V (Vorrang vor § 74 SGB IX)
gesetzliche Rentenversicherung	§ 28 SGB VI
gesetzliche Unfallversicherung	§ 39 SGB VII
Träger der Kriegsopferfürsorge (Träger der Sozialen Entschädigung ab 1.1.2024)	§ 11 Abs. 5 und § 26 Abs. 4 Nr. 3 BVG (§ 64 Abs. 1 Nr. 3 SGB XIV ab 1.1.2024)

Für die **Träger der Eingliederungshilfe** und die **Träger der öffentlichen Jugendhilfe** gilt gemäß § 109 Abs. 2 SGB IX (für letztere i.V.m. § 35a Abs. 3 SGB VIII) auch § 38 SGB V entsprechend. Im Leistungsbereich der landwirtschaftlichen Renten-, Kranken- und Unfallversicherung gelten nach § 74 Abs. 4 SGB IX Sonderregelungen bei der Übernahme der Kosten für eine Betriebs- und Haushaltshilfe.

203 Nach § 74 Abs. 1 SGB IX wird **Haushaltshilfe** geleistet, wenn

- Leistungsberechtigte während der Ausführung einer Leistung zur medizinischen Rehabilitation oder zur Teilhabe am Arbeitsleben ihren Haushalt (oder den Betrieb bei selbstständig Tätigen) nicht weiterführen können,
- niemand anders (auch keine andere im Haushalt lebende Person) dies (zumutbar) übernehmen kann und
- im betroffenen Haushalt ein Kind lebt, das bei Beginn der Haushaltshilfe noch nicht zwölf Jahre alt ist oder aufgrund einer Behinderung auf Hilfe angewiesen ist. Kinder sind alle im Haushalt lebenden Kinder; es müssen keine Familienangehörigen oder leiblichen Kinder der Leistungsberechtigten sein.

Die Haushaltshilfe ist grundsätzlich als **Sachleistung** zu gewähren, kann allerdings auch in Form einer Erstattung für die angemessenen Kosten einer selbst beschafften Haushaltshilfe erfolgen. Dies gilt allerdings nicht, wenn die selbst beschaffte Haushaltshilfe bis zum zweiten Grad mit der oder dem Leistungsberechtigten verwandt oder verschwägert ist; in diesem Fall können die Fahrtkosten und ggf. der Verdienstausfall erstattet werden, wenn dies in einem angemessenen Verhältnis zu den sonst für eine Haushaltshilfe entstehenden Kosten steht (§ 74 Abs. 1 S. 2 SGB IX i.V.m. § 38 Abs. 4 SGB V).

204 Statt der Haushaltshilfe werden auf Antrag der Leistungsberechtigten die Kosten für die **Mitnahme** oder für die **anderweitige Unterbringung** des Kindes (z.B. in einer Kindertagesstätte, bei einer Tagesmutter oder einer sonstigen Betreuungsperson, die mit der oder dem Leistungsberechtigten nicht verwandt oder verschwägert bis zum 2. Grad ist) übernommen. Es handelt sich hierbei um eine **gebundene Entscheidung**; stellen Leistungsberechtigte einen Antrag auf Übernahme der Kosten für die Mitnahme oder eine anderweitige Unterbringung, muss der zuständige Leistungsträger diese im vorgesehenen Umfang erbringen. Die Kosten sind begrenzt durch den Betrag, den der Rehabilitationsträger für eine sonst zu erbringende Haushaltshilfe übernehmen würde, sofern die Unterbringung und Betreuung des Kindes auf diese Weise sichergestellt ist (§ 74 Abs. 2 SGB IX). War das Kind auch sonst schon tagsüber in einer Kindertageseinrichtung, sind nur die Mehrkosten zu erstatten, die durch die Teilnahme an der Rehabilitationsmaßnahme entstehen (z.B. durch eine verlängerte Aufenthaltszeit).[267]

205 Alternativ zur Haushaltshilfe sieht § 74 Abs. 3 SGB IX die Übernahme von **Kinderbetreuungskosten** vor, wenn diese durch die Teilnahme an einer Leistung zur medizinischen Rehabilitation oder zur Teilhabe am Arbeitsleben unvermeidbar entstehen. **Unvermeidbar** sind diese Kosten dann, wenn die Leistungsberechtigten ohne die entgeltliche Kinderbetreuung die Teilhabeleistung nicht in Anspruch nehmen könnten.[268] Die Übernahme der Kinderbetreuungskosten ist der Höhe nach gedeckt. Der in Abs. 3 genannte Betrag von 160 EUR erhöht sich dabei jährlichen entsprechend der Veränderung der Bezugsgröße nach § 18 Abs. 1 SGB IV (→ Rn. 348).

4. Leistungsentscheidung

206 Ergänzende Leistungen werden akzessorisch zu Leistungen der medizinischen Rehabilitation und zur Teilhabe am Arbeitsleben erbracht. Die unterhaltssichernden Leistungen und die Beiträge und Beitragszuschüsse müssen **nicht gesondert beantragt** werden.

207 Rehabilitationssport und Funktionstraining setzen eine ärztliche Verordnung voraus. Reisekosten sowie die Kosten für Haushalts- und Betriebshilfe sowie Kinderbetreuungskosten erfordern einen **gesonderten Antrag** beim zuständigen Rehabilitationsträger.

208 Ergänzende Leistungen i.S.d. § 64 SGB IX werden durch einen gesonderten Verwaltungsakt zuerkannt.[269] Sie werden so lange erbracht, bis die Leistung zur medizinischen Rehabilitation oder zur Teilhabe am Arbeitsleben beendet ist. Übergangsgeld als unterhaltssichernde Leistung kann allerdings unter den Voraussetzungen des § 71 SGB IX für einen begrenzten Zeitraum weitergezahlt werden.

5. Zuständigkeiten

209 **Zuständig** für die ergänzenden Leistungen ist der **Rehabilitationsträger**, der auch für die Leistung zur medizinischen Rehabilitation bzw. Leistung zur Teilhabe am Ar-

---

267 Jabben in Neumann/Pahlen/Greiner/Winkler/Jabben, § 74 Rn. 20.
268 LSG Sachsen 20.11.2007 – L 4 R 268/05.
269 BSG 7.9.2010 – B 5 R 104/08 R, Rn. 11 (jL).

beitsleben zuständig ist. Ergänzende Leistungen werden erbracht durch (§ 6 Abs. 1 SGB IX):

- die gesetzlichen Krankenkassen,
- die Bundesagentur für Arbeit,
- die Träger der gesetzlichen Unfallversicherung,
- die Träger der gesetzlichen Rentenversicherung sowie
- die Träger der Kriegsopferversorgung und Kriegsopferfürsorge (bzw. die Träger der Sozialen Entschädigung ab 1.1.2024).

Keine ergänzenden Leistungen erbringen die Träger der öffentlichen Jugendhilfe und die Träger der Eingliederungshilfe. Im Fall ihrer Zuständigkeit greifen andere Vorschriften für Leistungen der Unterhaltssicherung (Grundsicherung im Alter und bei Erwerbsminderung, Hilfe zum Lebensunterhalt nach dem SGB XII bzw. Leistungen zur Unterhaltssicherung nach § 39 SGB VIII). Zu den ergänzenden Leistungen aber → Rn. 198, → Rn. 200, → Rn. 202

210 Die ergänzenden Leistungen im **Überblick**, getrennt nach den Rehabilitationsträgern und deren Rechtsgrundlagen:

Leistungsgruppe (§ 5 SGB IX)	Rehabilitationsträger (§ 6 SGB IX)	Rechtsgrundlagen
unterhaltssichernde und andere ergänzende Leistungen §§ 64 ff. SGB IX	1. gesetzliche Unfallversicherung	§§ 45 ff. SGB VII (Verletztengeld bzw. Übergangsgeld); §§ 39, 42, 43 SGB VII (ergänzende Leistungen)
	2. Kriegsopferversorgung/ Kriegsopferfürsorge (Versorgungsämter) (ab 1.1.2024: Träger der Sozialen Entschädigung)	§§ 16–16h, 18a BVG (Versorgungskrankengeld); § 26a BVG (Übergangsgeld) (ab 1.1.2024: §§ 47, 64 SGB XIV [Krankengeld der Sozialen Entschädigung bzw. Übergangsgeld], §§ 53, 64 [ergänzende Leistungen])
	3. gesetzliche Rentenversicherung	§§ 20, 21 SGB VI (Übergangsgeld), § 28 SGB VI (ergänzende Leistungen)
	4. gesetzliche Krankenversicherung	§ 44 ff. SGB V (Krankengeld), § 43 SGB V (ergänzende Leistungen)
	5. Bundesagentur für Arbeit	§§ 119–121 SGB III (Übergangsgeld), § 127 SGB III (ergänzende Leistungen); § 16 SGB II i.V.m. SGB III

Übungsfall zu den ergänzenden Leistungen[270]

(Lösung: Rn. 501)

211 *Die 56-jährige K arbeitete seit 10 Jahren als Ausbilderin im Berufsbildungsbereich einer WfbM. Seit dem 24.9.2017 war sie arbeitsunfähig erkrankt; im Juni und Juli 2018 erhielt sie Leistungen zur medizinischen Rehabilitation in einem Reha-Zentrum. Die Einrichtung entließ K als arbeitsunfähig und regte eine Leistung zur stufenweisen Wiedereingliederung an. Die Maßnahme, die am 26.8.2018 begann, sah eine Arbeitstätigkeit an vier Tagen pro Woche und eine tägliche Arbeitszeit von zunächst vier*

---

[270] In Anlehnung an SG Neuruppin 26.1.2017 – S 22 R 127/14.

Stunden vor. Am 16.9.2018 wurde die Maßnahme nach zwölf Arbeitstagen aus gesundheitlichen Gründen vorzeitig beendet. Eine Belastbarkeit der K für ihren bisherigen Arbeitsplatz konnte nicht hergestellt werden. Für die Dauer der stationären medizinischen Rehabilitation und der Maßnahme zur stufenweisen Wiedereingliederung erhielt K vom zuständigen Rehabilitationsträger (gesetzliche Rentenversicherung) Übergangsgeld. K beantragte mit Schreiben vom 23.9.2018 die Übernahme von Fahrtkosten, die ihr im Rahmen der stufenweisen Wiedereingliederung entstanden seien. Der Rehabilitationsträger lehnte den Antrag ab. Zur Begründung gab er an, dass während der Maßnahme zur stufenweisen Wiedereingliederung Übergangsgeld als unterhaltssichernde Leistung gezahlt worden sei. Für die Übernahme weiterer Kosten gebe es keine gesetzliche Grundlage; § 73 SGB IX gelte nur für Fahrtkosten im Rahmen von Leistungen zur stationären medizinischen Rehabilitation, nicht im Zusammenhang mit ergänzenden Leistungen wie der Maßnahme zur stufenweisen Wiedereingliederung.

a) War die Entscheidung der Rentenversicherung rechtmäßig? Prüfen Sie diese unter Zugrundelegung der gesetzlichen Vorschriften!
b) In welcher Höhe kann K Fahrtkosten ggf. geltend machen, wenn sie eine Wegstrecke für Hin- und Rückfahrt von 74 km mit dem eigenen PKW zurücklegen musste, da es die Möglichkeit der Nutzung öffentlichen Nahverkehrs nicht gab?

Wiederholungsfragen

1. Welche Ziele haben unterhaltssichernde und ergänzende Leistungen?
2. Wann werden unterhaltsichernde und ergänzende Leistungen erbracht?
3. Welche unterhaltssichernden Leistungen kennen Sie? Wie lassen sie sich den einzelnen Rehabilitationsträgern zuordnen?
4. Welche ergänzenden Leistungen kennen Sie?
5. Wann erhalten Menschen mit Behinderungen Ausbildungsgeld nach dem SGB III als ergänzende Leistung?
6. Welcher Unterschied besteht zwischen Rehabilitationssport und Funktionstraining?
7. Welche Leistungen gehören zu den Reisekosten?
8. Können Reisekosten auch für die Teilnahme am Rehabilitationssport erbracht werden? Begründen Sie Ihre Antwort!
9. Wann werden die Kosten für eine Haushaltshilfe übernommen?
10. Welche Rehabilitationsträger erbringen unterhaltssichernde und ergänzende Leistungen?

IV. Leistungen zur Teilhabe an Bildung

1. Ziele

Die Leistungen zur Teilhabe an Bildung in § 75 SGB IX sind erst mit dem BTHG ab 1.1.2018 zu einer **eigenen Leistungsgruppe** im SGB IX geworden. Dadurch soll im Sinne des Art. 24 BRK der hohe Stellenwert betont werden, den Bildung für die Teilhabe am Leben in der Gesellschaft hat, sowie das zentrale Ziel der BRK umgesetzt werden: eine **inklusive Bildung** durch gemeinsames Lernen von Menschen mit und

212

ohne Behinderung von Anfang an.²⁷¹ Es geht bei dieser Leistungsgruppe jedoch nicht um die Bildung als solche. Deren Organisation und Gewährleistung fällt aufgrund der föderalistischen Strukturen in Deutschland vorrangig in die Zuständigkeit der Länder. Ziel der Leistungen zur Teilhabe an Bildung ist vielmehr, Menschen mit Behinderungen einen **diskriminierungsfreien und gleichberechtigten Zugang** mit anderen zum allgemeinen Bildungssystem zu ermöglichen, von der allgemeinen Schulbildung über allgemeine Hochschul- und Berufsausbildung, Erwachsenenbildung bis hin zum lebenslangen Lernen.²⁷² Es geht also um praktische Aspekte des Teilhaben-Könnens z.B. in Form von Unterstützungsleistungen zum Aufsuchen des Bildungsortes, zur Teilnahme an Bildungsveranstaltungen oder bei der Aufnahme und Verarbeitung von Bildungsinhalten, um dadurch **Zugangsbarrieren zu Bildung überwinden** zu können.²⁷³

Beispiel 1:
Eine Studierende mit Beeinträchtigung an den oberen Gliedmaßen benötigt Unterstützung, um z.B. die Materialien aus der mitgeführten Tasche bereit zu legen oder Mitschriften anfertigen zu lassen.

Beispiel 2:
Ein Studierender mit einer Hörbehinderung benötigt für die Vorlesungen und Seminare einen Sprach- oder Schriftdolmetscher.

Beispiel 3:
Ein Schüler mit Schwerbehinderung und ausgeprägten Spastiken mit einhergehender Schluckstörung sowie Epilepsie mit regelmäßig auftretenden lebensbedrohlichen Anfällen bedarf nicht nur der Begleitung in der Schule, sondern auch bei der Anfahrt zur Schule (Schulwegbegleitung), um bei auftretenden Anfällen medizinisch versorgt werden und somit die Schule überhaupt erreichen zu können.²⁷⁴

213 Die Einführung der eigenständigen Leistungsgruppe durch das BTHG hat jedoch nur **klarstellende Bedeutung**; weder sind damit die Gewährung neuer Leistungen noch eine Ausweitung bisher schon gewährter Leistungen beabsichtigt.²⁷⁵ Bis zum Inkrafttreten des BTHG wurden die Leistungen zur Teilhabe an Bildung als Bestandteil entweder der Leistungen zur Teilhabe am Arbeitsleben oder aber der Sozialen Teilhabe gewährt.²⁷⁶

> **Hinweis**
>
> Die Auslagerung in eine eigene Leistungsgruppe bringt jedoch durch die Schaffung neuer Schnittstellen auch Unklarheiten für eine Reihe von Menschen mit behinderungsbedingtem Unterstützungsbedarf bei der Teilhabe an Bildung mit sich. So ist die Bundesagentur für Arbeit zwar weiterhin für die Ausbildung von Menschen mit Behinderungen als Leistungen zur Teilhabe am Arbeitsleben zuständig, aber nicht mehr für den Berufsschulunterricht im Rahmen der dualen Ausbildung. Dabei handelt es sich um eine „begleitende schulische Berufsausbildung"²⁷⁷ i.S.d. § 75 Abs. 2 S. 1 Nr. 2 SGB X, da § 75 SGB IX erkennbar auf die Teilhabe an Bildungsangeboten in allgemeiner Weise

---

271 BT-Drs. 18/9522, S. 258.
272 BT-Drs. 18/9522, S. 258.
273 Für Studierende gibt es unter https://www.studentenwerke.de/de/content/technische-hilfsmittel-assistenzen (27.08.2021) Hinweise, welche Leistungen im Kontext von hochschulischer Bildung als Leistungen zur Teilhabe an Bildung möglich sind.
274 LSG NSB 13.3.2017 – L 4 KR 65/17 B ER, Rn. 63.
275 BT-Drs. 18/9522, S. 259. Zur Ausweitung der Leistungen in Angeboten der offenen Ganztagsschulen s. § 112 Abs. 1 S. 2 SGB IX (→ Rn. 306).
276 Vgl. § 54 Abs. 1 Nr. 1 – 3 SGB XII i.V.m. §§ 12, 13 EGH-VO jeweils i.d.F. bis 31.12.2019.
277 BSG 4.6.2013 – B 11 AL 8/12 R, Rn. 26.

ausgerichtet und nicht auf bestimmte Ausbildungsformen beschränkt ist.[278] Somit wurden diese Hilfen mit der Überführung in eine neue Leistungsgruppe überwiegend **in die Eingliederungshilfe verschoben** (→ Rn. 255). Dadurch wird es zum einen Abstimmungsprobleme an der Schnittstelle Ausbildung und berufliche Bildung geben,[279] zum anderen wird die Gewährung der Hilfe somit z.T. auch von einem finanziellen Eigenbeitrag der antragstellenden Person (→ Rn. 356) abhängig gemacht.

2. Voraussetzungen

Neben einer Beeinträchtigung im Sinne des § 2 SGB IX ist Voraussetzung für diese Leistungsgruppe, dass **Barrieren vorhanden** sind, die dem Menschen mit Beeinträchtigung den **Zugang** zu allgemeiner Schul-, Hochschul- oder Berufsausbildung, Erwachsenenbildung oder anderen Angeboten lebenslangen Lernens **erschweren**. Erfasst werden dadurch die Wege zu oder von den Bildungsinstitutionen (Beispiel 3 → Rn. 212) oder innerhalb derselben ebenso wie Barrieren bei der Vermittlung der Bildungsinhalte aufgrund der verwendeten Sprache oder der von den Teilnehmenden erwarteten Techniken der Wissensaufnahme (Beispiel 2 → Rn. 212). Weitere Voraussetzungen ergeben sich gemäß § 7 Abs. 1 S. 2 SGB IX aus den jeweiligen Leistungsgesetzen der Rehabilitationsträger (→ Rn. 45f.). **214**

Dem Wortlaut des § 75 Abs. 1 SGB IX zur Folge werden – anders als bei der medizinischen Rehabilitation in § 42 SGB IX oder der Teilhabe am Arbeitsleben in § 49 SGB IX – keine Leistungen an Menschen mit **drohender Behinderung** erbracht. Dieser Ausschluss von Menschen mit drohender Behinderung steht im deutlichen Widerspruch zum Gebot des frühzeitigen Handelns gemäß § 3 SGB IX, welches die Rehabilitationsträger zur Vermeidung des Eintritts einer Behinderung verpflichtet. Zudem richten sich die Leistungsvoraussetzungen gemäß § 7 Abs. 1 S. 2 SGB IX nach den Leistungsgesetzen der Rehabilitationsträger. So sind z.B. Leistungen der Eingliederungshilfe, die auch Leistungen zur Teilhabe an Bildung einschließen (→ Rn. 306 ff.), ausdrücklich auch für Menschen mit drohender (wesentlicher) Behinderung vorgesehen (§ 99 Abs. 1 und 2 SGB IX), wenn und solange nach der Besonderheit des Einzelfalls Aussicht besteht, dass die Aufgabe der Eingliederungshilfe nach § 90 SGB IX erfüllt werden kann. Die Nicht-Erwähnung von Menschen mit drohender Behinderung in § 75 Abs. 1 SGB IX ist somit als redaktionelles Versehen ohne einschränkende Wirkung anzusehen. **215**

3. Leistungen

Entsprechend der Zielsetzung (→ Rn. 212) beinhaltet der offene Leistungskatalog, keine speziellen Bildungsangebote, sondern unterstützende Leistungen zur gleichberechtigten Wahrnehmung von allgemein- oder berufsbildenden Schulangeboten sowie Hochschulangeboten einschließlich entsprechender beruflicher Weiterbildungsangebote. Dabei geht es um **kommunikative, technische oder andere Hilfsmittel** sowie Hilfen zum Aufsuchen des Lernortes und/oder zur Teilnahme am jeweiligen Unterricht.[280] Typisches Beispiel für solch eine Leistung ist die sog. Schulbegleitung bzw. die Integrations- oder Inklusionshilfe, bei der **Assistenzkräfte** Men- **216**

---

278 Luthe in Schlegel/Voelzke, jurisPK-SGB IX, 3. Aufl. 2018, § 75 SGB IX, Rn. 38.
279 Vgl. dazu ausführlich Bieritz-Harder SGb 2017, 491 ff.
280 BT-Drs. 18/9522, S. 258.

schen mit Behinderungen in der Bildungsveranstaltung begleiten, um sie bei der Teilnahme und an der Aufnahme der Bildungsinhalte zu unterstützen.[281] Ausdrücklich eingeschlossen sind auch Leistungen zur **Vorbereitung auf die Schulbildung** insbesondere im Rahmen der allgemeinen Schulpflicht. Darunter fallen u.a. „die Unterstützung zur Erlangung der Schulreife in Form von Förderunterricht einschließlich der dadurch entstehenden Fahrtkosten".[282]

217 Im Bereich der Hilfen zur Schulbildung im Rahmen der Schulpflicht ergeben sich in der Praxis **Abgrenzungsschwierigkeiten** zwischen der Verantwortlichkeit des Rehabilitationsträgers und der des Schulträgers. Da die Leistungen zur Teilhabe an Bildung nur den Zugang zur gleichberechtigten Wahrnehmung von Bildungsangeboten umfassen, ist ausschließlich der Schulträger für die Umsetzung des Bildungsauftrages selbst zuständig, den sog. **Kernbereich pädagogischer Tätigkeit**.[283] Dieser ist nach der Rechtsprechung des BSG bundesweit einheitlich zu bestimmen und beinhaltet die Vorgabe und Vermittlung der Lerninhalte, d.h. den Unterricht als solchen, dessen Inhalte, das pädagogische Konzept der Wissensvermittlung sowie auch die Leistungsbewertung.[284] Der pädagogische Kernbereich ist nicht betroffen, „wenn die Schulbegleitung die eigentliche pädagogische Arbeit der Lehrkraft nur absichert ('begleitet'). Den Kernbereich berühren deshalb alle integrierenden, beaufsichtigenden und fördernden Assistenzdienste nicht, die flankierend zum Unterricht erforderlich sind, damit der Mensch mit Behinderung das pädagogische Angebot der Schule überhaupt wahrnehmen kann.[285] Er betrifft darüber hinaus auch nicht außerschulische Bildungsangebote, die keine curricularen Vorgaben haben.[286] Jenseits des pädagogischen Kernbereiches kann es zur Ermöglichung der Teilhabe an Schulbildung zu einer Überschneidung der Leistungspflicht des Rehabilitationsträgers und des Aufgabenbereiches der Schulverwaltung kommen.[287] Angesichts der nur nachrangigen Zuständigkeit der Träger der Kinder- und Jugendhilfe gemäß § 10 Abs. 1 SGB VIII und der Träger der Eingliederungshilfe gemäß § 112 Abs. 1 S. 1 Nr. 1 SGB IX gegenüber der Schule im Rahmen der allgemeinen Schulpflicht kommt es also auf die – nach Bundesländern unterschiedliche – Ausgestaltung der Verantwortung der Schulträger an. Reichen die von der Schule angebotenen Unterstützungsbedarfe jedoch faktisch nicht aus, um den Teilhabebedarf einer leistungsberechtigten Person zu decken, ist der zuständige Rehabilitationsträger verpflichtet, die erforderlichen und geeigneten Leistungen zur Teilhabe an Bildung zu erbringen.[288]

4. Leistungsentscheidung

218 Sofern die Voraussetzungen des § 75 SGB IX und die trägerspezifischen Voraussetzungen erfüllt sind (→ Rn. 219), besteht ein Rechtsanspruch auf Leistungen zur Teilhabe an Bildung dem Grunde nach, deren Art und Umfang nach pflichtgemäßem Er-

---

281 Beispiele und Fundstellennachweise zu den Unterstützungsleistungen in der Schule bei von Boetticher/ Meysen in Münder u.a. FK-SGB VIII, § 35a Rn. 65 ff.
282 Padé in Schlegel/Voelzke jurisPK-SGB VII, § 35 Rn. 54 zur Regelung des inhaltlich insoweit vergleichbaren § 35 Abs. 2 SGB VII. Näheres s. Luthe NZS 2017, 444 ff.
283 BVerwG 18. 2012 – 5 C 21/11, Rn. 37; BSG 22.3.2012 – B 8 SO 30/10 R, Rn. 21.
284 BSG 9.12.2016 – B 8 SO 8/15 R, Rn. 25.
285 BSG 9.12.2016 – B 8 SO 8/15 R, Rn. 25; LSG NRW 5.2.2014 – L 9 SO 413/13 B ER; DIJuF-Rechtsgutachten vom 6.8.2014.
286 Vgl. LPK-SGB IX/Zinsmeister § 75 Rn. 9.
287 BSG 22.3.2012 – B 8 SO 30/10 R, Rn. 21.
288 LSG SN 27.3.2018 – L 8 SO 123/17 B ER, Rn. 27.

IV. Leistungen zur Teilhabe an Bildung

messen zu bestimmen sind. Ausdrückliche Vorgaben für die Ermessensausübung enthält das Gesetz nicht, jedoch müssen die Unterstützungsleistungen **erforderlich und geeignet** sein.[289] Sie müssen also notwendig sein, um der antragstellenden Person die Teilhabe an Bildung überhaupt zu ermöglichen und nicht nur zu erleichtern. Zugleich müssen die Leistungen nach Art und Umfang ausreichend sein, damit das Teilhabeziel sicher erreicht wird.

Beispiel 4:
Siehe Beispiel 3: Eine Begleitung allein in der Schule ist nicht geeignet, wenn aufgrund der körperlichen Einschränkungen nicht zugleich die sichere Anfahrt zur Schule gewährleistet ist.[290]

5. Zuständigkeiten

Nach den §§ 5, 6 SGB IX kommt für Leistungen zur Teilhabe an Bildung die Zuständigkeit von **vier verschiedenen Rehabilitationsträgern** in Frage:
- die Träger der gesetzlichen Unfallversicherung,
- die Träger der Kriegsopferversorgung / Kriegsopferfürsorge (Versorgungsämter) bzw. – ab 1.1.2024 – die Träger der Sozialen Entschädigung,
- die Träger der Kinder- und Jugendhilfe und
- die Träger der Eingliederungshilfe.

219

Die ersten beiden Träger sind vorrangig zuständig, wenn die Ursache der Behinderung auf einem Arbeitsunfall oder einer Berufskrankheit bzw. auf einem gesetzlich definierten Schadensfall beruht (Faustregeln 1 und 2→ Rn. 37 f.). In der Praxis sind allerdings überwiegend zuständig
- ein Träger der Kinder- und Jugendhilfe für Kinder und Jugendliche mit einer ausschließlich (drohenden) seelischen Beeinträchtigung oder
- ein Träger der Eingliederungshilfe in allen übrigen Fällen, wobei ein Rechtsanspruch nur dann besteht, wenn die Einschränkung der Teilhabe wesentlich ist (→ Rn. 289).

Bei der Versorgung mit Hilfsmitteln für die Teilhabe an Bildung ergeben sich häufig Abgrenzungsschwierigkeiten zur Zuständigkeit der gesetzlichen Krankenkassen.[291] Diese sind zwar überhaupt nicht für die Gruppe der Leistungen zur Teilhabe an Bildung zuständig, aber im Rahmen der Heilbehandlung auch für die Bereitstellung von Hilfsmitteln gemäß § 33 SGB V, soweit diese zur Deckung des Grundbedürfnisses des täglichen Lebens erforderlich sind; dies umfasst u.a. die Erschließung eines körperlichen Freiraums, der die Bewegungsmöglichkeit in der eigenen Wohnung und im umliegenden Nahbereich sicherstellt,[292] aber auch die Herstellung und die Sicherung der Schulfähigkeit eines Kindes bzw der Erwerb einer elementaren Schulausbildung.[293]

Die Rechtsgrundlagen für Leistungen zur Teilhabe an Bildung möglicherweise zuständigen Rehabilitationsträger im **Überblick**:

220

---

[289] BSG 9.12.2016 – B 8 SO 8/15 R, Rn. 22 und 26.
[290] LSG NSB 13.3.2017 – L 4 KR 65/17 B ER, Rn. 66.
[291] S. BSG 8.8.2019 – B 3 KR 21/18 R, Rn. 21; BSG 15.3.2018, Rn. 49.
[292] BSG 22.7.2004 – B 3 KR 13/03 R, Rn. 20.
[293] bezüglich eines Outdoorvorbaus für einen Rollstuhl zum Einsatz in der Schule als Hilfe zur Schulbildung.

Leistungsgruppe (§ 5 SGB IX)	Rehabilitationsträger (§ 6 SGB IX)	Rechtsgrundlagen
Leistungen zur Teilhabe an Bildung § 75 SGB IX	1. Träger der gesetzlichen Unfallversicherung (nur für KiTa-Kinder, Schüler:innen und Studierende)	§ 75 Abs. 2 S. 2 SGB IX i.V.m. §§ 35, 39–42 SGB VII
	2. Träger der Kriegsopferversorgung/ Kriegsopferfürsorge (Versorgungsämter) (ab 1.1.2024: Träger der Sozialen Entschädigung)	§ 27d Abs. 1 Nr. 3 BVG (ab 1.1.2024: § 65 SGB XIV)
	3. Träger der Kinder- und Jugendhilfe	§ 35a Abs. 3 SGB VIII i.V.m. § 112 SGB IX
	4. Träger der Eingliederungshilfe	§ 112 SGB IX

221 **Besonderheiten bei den Trägern der gesetzlichen Unfallversicherung** bezüglich dieser Leistungsgruppe sind, dass sie gemäß § 6 Abs. 1 Nr. 3 SGB IX nur für Kinder, Schüler:innen sowie Studierende zuständig sind, die einen Unfall beim Besuch einer Kindertages- oder Bildungseinrichtung (oder auf dem Weg dorthin oder von dort nach Hause) erlitten haben. Außerdem werden diese Leistungen gemäß § 75 Abs. 2 S. 2 SGB IX von der Unfallversicherung als Teil der Leistung zur Teilhabe am Arbeitsleben oder zur Sozialen Teilhabe[294] erbracht. Im SGB VII wurde also darauf verzichtet, die besondere Bedeutung der Bildungsteilhabe hervorzuheben. Stattdessen ordnet § 75 Abs. 2 S. 2 SGB IX ein „weiter wie bisher" an, einschließlich der Beibehaltung der Beschränkung auf eine „angemessene Schulbildung" im Wortlaut des § 35 Abs. 2 SGB VII. Die bis zur Reform des SGB IX durch das BTHG auch an anderer Stelle verwendete Beschränkung[295] ist bewusst nicht in § 75 SGB IX oder § 112 SGB IX übernommen worden.[296] Nunmehr ist unklar, ob somit im Recht der Unfallversicherung eine nach § 7 Abs. 1 S. 1 SGB IX zulässige einschränkende Abweichung geregelt bleiben soll und im Einzelfall die Angemessenheit der angestrebten Schulbildung bestimmt werden muss,[297] oder ob es sich um ein zu vernachlässigendes redaktionelles Versehen handelt. Für Letzteres spricht die durch das BTHG erfolgte Hervorhebung der Leistungen zur Teilhabe an Bildung sowie die Betonung der selbstbestimmten individuellen Lebensplanung bezogen auf den Bildungsweg in der Gesetzesbegründung. Entscheidend wird es auf die Auslegung § 35 Abs. 2 SGB VII durch die Sozialgerichte ankommen. Trotz dieser Vermischung der Leistungsgruppen ist davon auszugehen, dass ein Unfallversicherungsträger, der sowohl Leistungen zur Teilhabe am Arbeitsleben als auch solche zur Teilhabe an Bildung erbringen muss, nach § 19 Abs. 1 SGB IX einen Teilhabeplan zu erstellen hat. Denn es handelt sich nach dem SGB IX um Leistungen unterschiedlicher Leistungsgruppen (→ Rn. 89), deren nahtloses Ineinandergreifen sicherzustellen ist.

---

294 § 75 Abs. 2 S. 2 SGB IX spricht an dieser Stelle noch von den „Leistungen zur Teilhabe am Leben in der Gemeinschaft", das SGB VII benennt diese (ehemalige) Leistungsgruppe in § 39 allerdings als Leistungen zur Sozialen Teilhabe.
295 S. § 54 Abs. 1 S. 1 Nr. 1 SGB XII i.d.F. bis 31.12.2019; vgl. auch § 12 Nr. 3 Halbsatz 2 EGH-VO i.d.F. bis 31.12.2019.
296 BT-Drs. 18/10523, 63.
297 In diesem Sinn Padé in Schlegel/Voelzke, jurisPK-SGB VII, 2. Aufl., § 35 SGB VII (Stand: 04.02.2020), Rn. 52.

… IV. Leistungen zur Teilhabe an Bildung

Für die Versorgungsämter als **Träger der Kriegsopferversorgung und -fürsorge** wurde im BVG durch das BTHG auch keine eigene Rechtsgrundlage für Leistungen zur Teilhabe an Bildung geschaffen. So ist insoweit auch weiterhin die Eingliederungshilfe als „Hilfe in besonderen Lebenslagen" gemäß § 27d Abs. 1 Nr. 3 BVG als Rechtsgrundlage heranzuziehen.[298] Dies ändert sich mit dem Inkrafttreten des neuen Sozialen Entschädigungsrechts zum 1.1.2024; die nach § 111 SGB XIV durch die Bundesländer zu bestimmenden Träger der Sozialen Entschädigung erbringen Leistungen zur Teilhabe an Bildung nach § 65 SGB XIV. Dieser enthält einen Verweis auf Kapitel 5 des Zweiten Teils des SGB IX, d.h. auf § 112 SGB IX. Voraussetzung ist, dass die geschädigte Person aufgrund der Schädigungsfolgen zum leistungsberechtigten Personenkreis im Sinne des § 99 SGB IX gehört (→ Rn. 287 ff.).

222

Übungsfall zu den Leistungen zur Teilhabe an Bildung[299]

(Lösung: Rn. 502)

A ist 2011 nahezu gehörlos geboren, hat aber gelernt, sich mittels Gebärdensprache zu verständigen. Ab dem Sommer 2018 soll er in eine nahegelegene Grundschule für Hörgeschädigte gehen. Der Unterricht wird dort überwiegend in Lautsprache und nicht auch in Gebärdensprache gehalten, da die Lehrkräfte nur über Grundkenntnisse in Gebärdensprache verfügen. Eine Schule mit durchgängigem Unterricht in Gebärdensprache ist nicht in zumutbarer Entfernung erreichbar. Damit A dem Unterricht überhaupt folgen kann, beantragt sein Vater beim örtlich zuständigen Eingliederungshilfeträger die Übernahme der Kosten eines Gebärdensprachendolmetschers als Schulassistenz für den Schulbesuch. Der Antrag wird unter Verweis auf die vorrangige Zuständigkeit der Schule abgelehnt. In der Begründung wird ausgeführt, dass die Wissensvermittlung an einer Schule für Hörgeschädigte beinhalte, dass die Lehrkräfte über ausreichende Fähigkeiten in Gebärdensprache verfügen müssen.

223

Prüfen Sie, ob A einen Anspruch auf einen Gebärdensprachendolmetscher für den Schulbesuch hat! Schulrechtliche Vorschriften sind dabei außer Betracht zu lassen. Sie sollten sich bei der Bearbeitung an dem Prüfungsschema für Leistungen der Eingliederungshilfe orientieren (→ Rn. 365).

Wiederholungsfragen

1. *Welches Ziel haben die Leistungen zur Teilhabe an Bildung?*
2. *Inwieweit können sich die Leistungspflichten der Rehabilitationsträger mit den gesetzlichen Aufgaben der Bildungsträger überschneiden und wo besteht eine klare Grenze?*
3. *Können Menschen mit drohender Behinderung einen Anspruch auf Leistungen zur Teilhabe an Bildung haben?*
4. *Welche Bildungsangebote sollen mithilfe dieser Leistungsgruppe in Anspruch genommen werden können?*

---

298 Wie schon BVerwG 11.3.1993 – 3 C 18/90, Rn. 30.
299 In Anlehnung an LSG SN 27.3.2018 – L 8 SO 123/17 B ER. Die Entscheidung ist lesenswert (z.B. unter www.rehadat-recht.de über Suchfunktion mit Aktenzeichen, 26.4.2021), u.a. weil dort die Gebärdensprachen als Muttersprache der Klägerin bezeichnet wird und die Lautsprache als Fremdsprache (LSG SN a.a.O., Rn. 26).

5. Welche Maßstäbe sind bei der Ermessensentscheidung bezüglich Art und Umfang der Leistungen zur Teilhabe an Bildung zu berücksichtigen?
6. Welche Rehabilitationsträger können für Leistungen zur Teilhabe an Bildung zuständig sein, welche beiden sind in der Praxis für die Mehrzahl der Fälle verantwortlich und wie sind deren Verantwortungsbereiche voneinander abgegrenzt?
7. Welche Besonderheiten bestehen bezüglich der Träger der gesetzlichen Unfallversicherung hinsichtlich dieser Leistungsgruppe?

V. Leistungen zur Sozialen Teilhabe

1. Ziele

224 Leistungen zur Sozialen Teilhabe sind in den §§ 76–84 SGB IX geregelt. Ziel dieser Leistungsgruppe ist es gemäß § 76 Abs. 1 SGB IX, Menschen mit Behinderungen die **gleichberechtigte Teilhabe am Leben in der Gemeinschaft** zu ermöglichen oder zu erleichtern. Es handelt sich um Leistungen zur Stärkung einer „individuellen und den persönlichen Wünschen entsprechenden Lebensplanung und -gestaltung für Menschen mit Behinderungen" i.S.d. BRK.[300] Die Leistungen sollen **alltagspraktische Grundbedürfnisse abdecken** helfen, damit Menschen mit Behinderungen auch jenseits der Lebenswelten Arbeit und Bildung ein möglichst selbstständiger und selbstbestimmter Teil der Gemeinschaft sein können.

Beispiel 1:
Ein Mensch mit Taubblindheit benötigt zur Kommunikation mit der Umwelt eine Assistenzkraft, die das Lormen bzw. das Lorm-Alphabet beherrscht und die Äußerungen und Wünsche des Menschen mit Behinderung übersetzt.

Beispiel 2:
Ein Mensch mit einer geistigen Beeinträchtigung, der zum Schwimmen gehen möchte, den Weg mit öffentlichen Nahverkehrsmitteln aber nicht bewältigen kann, braucht eine Assistenzkraft, die ihn auf dem Weg begleitet.

225 Der Begriff der Teilhabe am Leben in der Gemeinschaft wird zwar nicht definiert, aber gemäß § 76 Abs. 1 S. 2 gehören die **Befähigung** zu oder die **Unterstützung** bei einer möglichst **selbstbestimmten und eigenverantwortlichen Lebensführung** im eigenen Wohnraum sowie im Sozialraum dazu. Unter der „Befähigung" sind die Bereitstellung notwendiger Ressourcen sowie die Vermittlung und das Training von Kompetenzen zu verstehen, die eine selbstbestimmte und eigenverantwortliche Lebensführung ermöglichen oder erleichtern. „Unterstützung" umfasst demgegenüber die erforderlichen Begleitleistungen, um die praktizierte selbstbestimmte und eigenverantwortliche Lebensführung aufrecht zu erhalten. Bei der Befähigung und der Unterstützung handelt es sich nicht zwingend um aufeinanderfolgende Phasen der Leistungserbringung, auch eine parallele Ausführung ist möglich.

Beispiel 3:
Eine junge erwachsene Person zieht aus einer stationären Wohneinrichtung für Menschen mit Behinderungen in ein betreutes Wohnen um und lebt dort mit Unterstützung bei der eigenen Haushaltsführung. Gleichzeitig wird sie dort befähigt, perspektivisch in eine eigene Wohnung zu ziehen.

226 Während bei der medizinischen und der beruflichen Rehabilitation das jeweilige Ziel und damit die Voraussetzungen klar umrissen und nur die Leistungen aufgrund der

---

300 BT-Drs. 18/9522, 259.

erforderlichen Einzelfalllösung nicht eindeutig bestimmt sind, verhält es sich bei den Leistungen zur Sozialen Teilhabe anders. Da es bei der Teilhabe am Leben in der Gemeinschaft darum geht, „Menschen mit Behinderungen bei ihrer Lebensgestaltung und persönlichen Verwirklichung zu unterstützen",[301] ist **das Teilhabeziel nicht objektiv definierbar**.[302] Wie bei allen Menschen hängt es vielmehr sehr stark von **individuellen Bedürfnissen und persönlichen Präferenzen** ab.[303] Die individuellen Wünsche sind gemäß § 8 Abs. 1 SGB IX zu berücksichtigen (→ Rn. 47), soweit deren Verwirklichung im Vergleich mit Personen ohne Behinderung und derselben Altersgruppe berechtigt sind bzw. – im Bereich der Eingliederungshilfe – nicht unangemessen sind.[304]

2. Voraussetzungen

Anders als bei den anderen Leistungsgruppen ist im § 76 Abs. 1 SGB IX nur abstrakt von Leistungsberechtigten die Rede, nicht aber von Menschen mit (drohender) Behinderung. Allerdings ändert dies nichts daran, dass eine Leistungsberechtigung nur bei – zumindest **drohender** – **Behinderung** besteht. Das ergibt sich systematisch schon daraus, dass es sich bei Leistungen zur Sozialen Teilhabe um eine Leistungsgruppe zur Rehabilitation handelt. Die Leistungen werden nur bei (drohender) Behinderung erbracht. Darüber hinaus ist Voraussetzung für die Leistungen zur Sozialen Teilhabe, dass **Barrieren bezüglich der Teilhabe am Leben in der Gemeinschaft** bestehen und **Leistungen notwendig** sind (§ 4 Abs. 1 SGB IX), um diese zu überwinden. Es müssen also Schwierigkeiten bei der Gestaltung und Bewältigung des Alltags z.B. in den Bereichen Wohnen und Haushaltsführungen, Selbstversorgung, Kommunikation und Beziehungsgestaltung, Mobilität und/oder Teilhabe am sozialen und kulturellen Leben und an Freizeitgestaltung vorliegen, die von der leistungsberechtigten Person jedenfalls nicht ohne Unterstützung bewältigt werden können. Argumentativ anzuknüpfen ist dabei an den in der ICF dargestellten Klassifikation von Aktivitäten und Partizipation (→ Rn. 22),[305] die nicht den Lebensbereichen Arbeit und Bildung zuzuordnen sind. Im Übrigen ergeben sich die Leistungsvoraussetzungen aus den Leistungsgesetzen der Rehabilitationsträger (§ 7 Abs. 1 S. 2 SGB IX). **227**

Die in den §§ 76 bis 84 SGB IX genannten Leistungen zur Sozialen Teilhabe werden gem. § 76 Abs. 1 SGB IX **nachrangig gegenüber den anderen vier Leistungsgruppen** erbracht. Sie werden also nur dann gewährt, wenn der bestehende Bedarf nicht oder nicht ausreichend durch Leistungen der anderen Leistungsgruppen gedeckt wird. Allerdings müssen die vorrangigen Leistungen auch **tatsächlich erbracht** werden; allein eine „virtuelle Bedarfsdeckung" aufgrund eines möglichen Anspruchs auf vorrangige Leistungen der anderen Leistungsgruppen reicht nicht aus, um Leistungen der Sozialen Teilhabe zu verweigern. Darüber hinaus muss die von einem anderen Träger gewährte Leistung mit der begehrten Leistung vergleichbar sein.[306] Ist eine Leistung ihrem Zweck nach sowohl der Sozialen Teilhabe als auch einer der anderen Leistungsgruppen zuordnen, richten sich die Zuständigkeit und die Rahmen- **228**

---

301 BT-Drs. 18/9522, 260.
302 BSG 12.12.2013 – B 8 SO 18/12 R, Rn. 15 m.w.N.
303 BSG 12.12.2013 – B 8 SO 18 / 12 R Rn. 15 m.w.N.
304 BSG 8.3.2017 – B 8 SO 2/16 R, Rn. 22 f. (jL). Zur Frage der Angemessenheit der Wünsche in der Eingliederungshilfe → Rn. 294 und → Rn. 55 ff.
305 S. DIMDI (2005).
306 Zu den Voraussetzungen vgl. BVerwG 21.12.1999 – 5 B 84/99; LPK-SGB IX/Joussen § 76 Rn. 6.

bedingungen der Leistungen aufgrund des Nachrangs der Sozialen Teilhabe nach den Reglungen der anderen Leistungsgruppe (→ Rn. 230).

3. Leistungen

229 Der in § 76 Abs. 2 SGB IX enthaltene und offen ausgestaltete Leistungskatalog (→ Rn. 131) spricht wesentliche Bereiche des Lebens nach dem Verständnis der ICF an. Bei der Reform des SGB IX durch das BTHG wurde der Leistungskatalog neu strukturiert und verändert. Mit Assistenzleistungen, Leistungen zur Betreuung in einer Pflegefamilie und Leistungen zur Mobilität sind drei Leistungen aufgenommen worden, die in der Praxis der vergangenen Jahre unter dem Gesichtspunkt der selbstbestimmten Lebensführung deutlich an Gewicht gewonnen haben. Jede der in der in Abs. 2 genannten Leistungen wird in einem eigenen Paragrafen näher erläutert.

a) Leistungen für Wohnraum

230 Die **Leistungen für Wohnraum** nach § 77 SGB IX sollen alle behinderungsspezifischen Bedarfe bezüglich des Wohnens abdecken. In Abs. 1 sind dabei einmalige Leistungen zur Beschaffung, Ausgestaltung und Erhaltung barrierefreien Wohnraums angesprochen.

Beispiel 4:
Nach einem privaten Unfall ist die verunfallte Person dauerhaft auf einen Rollstuhl angewiesen. Der bisherige Wohnraum ist zwar grundsätzlich für die Nutzung mit Rollstuhl geeignet, jedoch wird eine ebenerdige Dusche benötigt.

Abzugrenzen sind solche Umbaumaßnahmen zur Sozialen Teilhabe innerhalb der Wohnung mitunter von den Leistungen zur Teilhabe am Arbeitsleben, die vorrangig zur Anwendung kommen, wenn der Umbau erforderlich ist, um den Weg zur Arbeit zu ermöglichen. Der Arbeitsweg beginnt an der Haustür, so dass etwa der Bau einer Rampe zur Haustür der beruflichen Rehabilitation gemäß § 49 Abs. 8 Nr. 6 SGB IX zuzuordnen ist, wenn dies für die leistungsberechtigte Person zumindest auch zur Aufnahme oder Fortführung einer konkreten beruflichen Tätigkeit erforderlich ist (s. Lösung des Übungsfalls zur Koordinierung der Leistungen, → Rn. 495).

231 Gemäß § 77 SGB IX Abs. 2 SGB IX werden auch **laufende Aufwendungen** oberhalb der Angemessenheitsgrenze nach §§ 42a, 45a SGB XII[307] erstattet, sofern es sich um behinderungsspezifische Bedarfe handelt. Abs. 2 bietet daher nur die Rechtsgrundlage für die Übernahme **behinderungsbedingter Mehrkosten**, die über die allgemeinen Wohnkosten hinausgehen. Die allgemeinen Wohnkosten sind hingegen grundsätzlich entweder selbst zu tragen oder aber, wenn die leistungsberechtigte Person und ggf. ihr Partner, ihre Partnerin oder bei Minderjährigen die Eltern dazu finanziell nicht in der Lage sind, vom zuständigen Jobcenter nach dem SGB II bzw. dem Träger der Grundsicherung im Alter und bei Erwerbsminderung nach dem SGB XII. Da die allgemeinen Wohnkosten regional sehr unterschiedlich sind, sind die kommunalen **Angemessenheitsgrenzen**, die in der Grundsicherung im Alter und bei Erwerbsminderung für die Kosten von Unterkunft und Heizung festgelegt sind, entscheidend.

---

307 Zur Berechnung der Angemessenheitsgrenze in verschiedenen Wohnkonstellationen, s. SWK Behindertenrecht/Kuhn-Zuber, Stichwort Grundsicherung im Alter und bei Erwerbsminderung Rn. 14 ff.

V. Leistungen zur Sozialen Teilhabe

Wenn die Wohnkosten die jeweilige Angemessenheitsgrenze aufgrund der zusätzlichen Unterbringung von Assistenzkräften in der Wohnung überschreiten, kommt eine Übernahme nach § 77 Abs. 2 SGB IX in Betracht. Bestehen behinderungsbedingt weitere Mehrkosten für eine Wohnung, können diese im Rahmen der Eingliederungshilfe übernommen werden (§ 42a Abs. 6 SGB XII, → Rn. 320). Dies gilt vor allem in den Fällen, in denen das Wohnen selbst nicht nur als „Grundbedürfnis" oder als Schutz vor Witterungseinflüssen angesehen wird, sondern auch als Vermeidung von gesellschaftlicher Ausgrenzung. Damit werden auch Ziele der Sozialen Teilhabe verfolgt, was dazu führen kann, dass der Träger der Leistungen zur Sozialen Teilhabe – hier insbesondere die Eingliederungshilfe – verpflichtet ist, laufende, über die Angemessenheitsgrenze hinausgehende Unterkunftskosten dann zu tragen, wenn sie allein behinderungsbedingt sind und von den Leistungen der Sicherung des Lebensunterhalts nicht, nicht vollständig oder nicht ohne Einschränkungen umfasst werden.[308] Damit ist es zur Sicherstellung einer gleichberechtigten Teilhabe von Menschen mit Behinderungen möglich, dass die behinderungsbedingten Mehrkosten für einen Wohnraum den Leistungen zur Sozialen zugeordnet werden können, wenn ansonsten der Mensch von einer insoweit unabhängigen Lebensführung ausgeschlossen wird.[309]

232

b) Assistenzleistungen

Assistenzleistungen dienen gemäß § 78 SGB IX dem Zweck der **selbstbestimmten Alltagsbewältigung und Tagesstrukturierung** von der eigenständigen Lebensführung im eigenen Wohnraum über Freizeitgestaltung, kulturelle Teilhabe und Aufbau und Aufrechterhaltung sozialer Beziehungen bis hin zur Ausübung von Ehrenämtern. Dazu gehört auch die Unterstützung bei der Verständigung mit der Umwelt (→ Rn. 224, Bsp. 1). Das Spektrum an Assistenzleistungen umfasst sowohl individuelle, von der leistungsberechtigten Person selbst beschäftigte Assistenzkräfte, als auch die stundenweise Unterstützung z.B. in Einzelwohnungen oder Wohngemeinschaften, bis hin zu Betreuungsleistungen in besonderen Wohnformen (vollstationäre Wohneinrichtungen). Die nähere Ausgestaltung der Assistenzleistungen nach Ablauf, Ort und Zeitpunkt der Inanspruchnahme wird gemäß § 78 Abs. 2 S. 1 auf der Grundlage des Teilhabeplans nach § 19 SGB IX (→ Rn. 88 f.) in die **Entscheidungsbefugnis der Leistungsberechtigten** gestellt. Dadurch wird dem Grundsatz der Selbstbestimmung Rechnung getragen; allerdings kann dies zu Konflikten z.B. in besonderen Wohnformen führen, in denen sich Assistenzkräfte nicht nur individuell um eine leistungsberechtigte Person kümmern müssen (→ Rn. 319). Die Assistenzleistungen umfassen gemäß § 78 Abs. 4 SGB IX auch die notwendigen Fahrkosten oder weitere Aufwendungen für die Assistenzkräfte, die nach den Besonderheiten des Einzelfalles notwendig sind.[310]

233

> **Hinweis**
>
> Teilhabepläne sind nur in bestimmten Konstellationen zur Koordinierung der Leistungen zu erstellen, sind also nicht immer als Grundlage für die Festlegung der Rahmenbedingungen der Assistenzleistungen vorhanden. Da die Träger der Eingliederungshilfe und die der Kinder- und Jugendhilfe für die meisten Fälle der Leistungen zur Sozialen Teilhabe zuständig sind (s. Faustregel 6 → Rn. 42) und dabei in jedem Fall einen Gesamt-

---

308 Zu allem BSG 4.4.2019 – B 8 SO 12/17 R, insbesondere Rn. 28 f (jL).
309 BSG 4.4.2019 – B 8 SO 12/17 R, Rn. 32 (jL) unter Verweis auf Art. 19 UN-BRK.
310 Im Detail s. von Boetticher (2020) § 3 Rn. 283 f.

plan nach § 117 ff. SGB IX bzw. einen Hilfeplan nach § 36 SGB VIII erstellen müssen, ist es naheliegend, dort auch entsprechende Rahmenbedingungen aufzunehmen, innerhalb derer die leistungsberechtigte Person flexibel über den Einsatz der Assistenzkraft entscheiden kann.

234 Auch wenn mit der Aufnahme von Assistenzleistungen in das Leistungsspektrum der Sozialen Teilhabe durch das BTHG **keine neuen Leistungen** verbunden sein sollten,[311] wurden sie nicht nur standardisiert und systematisiert, sondern sie bekommen durch die konkrete Ausgestaltung in Abs. 1 und Abs. 2 S. 1 auch einen **neuen Fokus**. Bei der Unterstützung durch Assistenzkräfte geht es – ganz im Sinne der BRK – nicht (mehr) um Versorgung und Förderung im wohlverstandenen Interesse der leistungsberechtigten Personen mit ggf. bevormundender Wirkung, sondern um deren Unterstützung bei der selbstbestimmten und möglichst **eigenverantwortlichen Ausgestaltung und Umsetzung ihres eigenen Lebensentwurfes**. Davon werden auch Menschen mit Schwerstmehrfach-Behinderungen erfasst. Auch bei diesen müssen sich Assistenzkräfte verstärkt darum bemühen, ihnen Wahlmöglichkeiten aufzuzeigen, Entscheidungshilfen zu bieten und ihnen bei der Umsetzung der getroffenen Entscheidungen Unterstützung zu leisten.

235 Gemäß § 78 Abs. 2 S. 2 SGB IX werden zwei Formen der Assistenz unterschieden:
- die „**einfache**" (oder kompensatorische) **Assistenz** gemäß Nr. 1, die nur die vollständige oder teilweise Übernahme von Handlungen zur Alltagsbewältigung sowie die physische Begleitung umfasst, und
- die **qualifizierte Assistenz** nach Nr. 2, die zudem auch Motivation, Anleitung und psychologische Begleitung der leistungsberechtigten Person beinhaltet, um diese zu einer eigenständigen Alltagsbewältigung zu befähigen.

Beispiel 5:
Die einfache Assistenz ersetzt behinderungsbedingt eingeschränkte Fähigkeiten wie z.B. „die Erledigung des Haushalts sowie die Hilfe bei der Überwindung von Barrieren beim Einstieg in Bus oder Bahn oder bei der Bedienung von Ticketschaltern".[312] Demgegenüber ist es Ziel der qualifizierten Assistenz, die individuellen Kompetenzen der leistungsberechtigten Person zu erweitern, z.B. durch das Anleiten bei der Erstellung von Einkaufslisten, beim Einkaufen und beim Zubereiten von Lebensmitteln, oder sie zu befähigen, allein im öffentlichen Nahverkehr zurecht zu kommen.

236 Die **qualifizierte Assistenz** ist gemäß § 78 Abs. 2 S. 3 SGB IX angesichts der damit verbundenen pädagogischen und psychosozialen Anforderungen ausdrücklich **Fachkräften** vorbehalten. Diese müssen über eine einschlägige Ausbildung „im pädagogischen, psycho-sozialen, psychiatrischen oder therapeutischen Bereich"[313] verfügen. Im Umkehrschluss bedeutet dies, dass die einfache Assistenz auch von lediglich angelernten Assistenzkräften ohne berufsspezifische Ausbildung erbracht werden kann.[314] Unabhängig von einer fachlichen Qualifikation müssen aber alle Assistenzkräfte in der Lage sein, mit den leistungsberechtigten Personen selbst zu kommunizieren und gemäß § 78 Abs. 1 S. 3 SGB IX auch die Verständigung mit der Umwelt herstellen zu können. Auch „einfache" Assistenzkräfte müssen also je nach Einsatzbereich **spezielle Sprachen oder Kommunikationsformen** beherrschen wie z.B. die Deutsche Gebärdensprache, lautsprachliche Gebärden, das Lormen bzw. das Lorm-Alphabet zur Kommunikation mit taubblinden Menschen, die Verständi-

---

311 BT-Drs. 18/9522, 260.
312 BT-Drs. 18/9522, 261.
313 BT-Drs. 18/9522, 294.
314 BT-Drs. 18/9522, 294.

gung mittels Brailleschrift, Bildkarten o.ä.[315] Dafür ist eine entsprechende Aus- bzw. Weiterbildung erforderlich.

Hinweis

Die fachlichen Anforderungen an Assistenzkräfte werden in den Verträgen festgelegt, die die Rehabilitationsträger mit den Leistungserbringern bezogen auf deren spezielles Dienstleistungsangebot abschließen (vgl. speziell für die Eingliederungshilfe § 124 Abs. 2 S. 2 SGB IX → Rn. 369). Die Leistungserbringer stellen dann den leistungsberechtigten Personen die Assistenz(fach)kräfte zur Verfügung. Angesichts der unterschiedlichen Kosten für die einfache und für die qualifizierte Assistenz bestehen bei den Vertragspartnern insoweit gegenläufige Interessen. In der Vergangenheit wurde dies durch sog. Fachkraftquoten festgelegt. Mit der Vorgabe aus § 78 Abs. 2 S. 1 SGB IX, dass die leistungsberechtigte Person über Ablauf, Zeit und Ort der Inanspruchnahme entscheiden können soll, ist so eine Quote nur begrenzt vereinbar.[316]

237 In § 78 Abs. 3 SGB IX finden ausdrücklich Assistenzleistungen für Eltern mit Behinderungen Erwähnung. Dadurch wird u.a. die Zielbestimmung des § 4 Abs. 4 SGB IX umgesetzt → Rn. 7) . Eine spezielle Form der qualifizierten Assistenz ist dabei die sog. **begleitete Elternschaft**, bei der Eltern mit insbesondere geistigen Behinderungen pädagogisch an- und begleitet werden, um Bedürfnisse ihres Kindes erkennen und unter Anleitung befriedigen zu können. Dadurch sollen sie in die Lage versetzt werden, ihrer Elternrolle gerecht zu werden. Auf diese Weise wird ihrem elterlichen Erziehungsrecht, dass sich aus Art. 6 Abs. 2 S. 1 GG ergibt und auch aus Art. 23 BRK folgt, Rechnung getragen.[317] Zugleich sollen diese Rechte mit dem staatlichen Wächteramt (Art. 6 Abs. 2 S. 2 und Abs. 3 GG) in Ausgleich gebracht werden, um das Kindeswohl zu gewährleisten. Demgegenüber wird unter **Elternassistenz** die rein physische Unterstützung von Eltern mit Behinderungen bei der Versorgung und Betreuung ihrer Kinder verstanden.[318]

238 § 78 Abs. 5 SGB IX sieht die Unterstützung **ehrenamtlicher Tätigkeiten** von Menschen mit Behinderungen vor. Gemäß dessen S. 1 sind zwar Aufwendungen für eine notwendige Unterstützung zu erstatten, aber nur unter dem **Vorbehalt**,

- dass die geltend gemachte **Unterstützung notwendig** ist,
- die **Aufwendungen** dafür **angemessen** sind und
- die Unterstützung **nicht unentgeltlich durch das persönliche Netzwerk** der leistungsberechtigten Person erbracht werden kann.

239 Diese Vorbehalte aus Gründen der Wirtschaftlichkeit der Leistungen[319] sind nicht vereinbar[320] mit der hohen Bedeutung und der Förderungswürdigkeit des Ehrenamtes.[321] Anstatt das ehrenamtliche Engagement in besonderer Weise anzuerkennen,[322] wird dieses schlechter gestellt als Assistenzleistungen z.B. für sonstige Freizeitgestaltung nach Abs. 1, die nicht unter diesen Vorbehalten stehen. Sie ist auch **nicht in Einklang** zu bringen **mit** der Verpflichtung der Vertragsstaaten aus **Art. 30**

---

315 BT-Drs. 18/9522, 294.
316 Vgl. von Boetticher (2020) § 3 Rn. 278 ff.
317 Vgl. http://www.begleiteteelternschaft.de zu verschiedenen Anwendungsbeispielen aus der Praxis (29.4.2021).
318 BT-Drs. 18/9522, S. 262.
319 BMAS (2017), S. 40.
320 Auch der Bundesrat hat diese Einschränkung in seiner Stellungnahme als unzulässig bezeichnet, BT-Drs. 18/9954, 14.
321 Dazu BT-Drs. 18/9522, 262; BSG 23.8.2013 – B 8 SO 24/11 R, Rn. 17.
322 So aber ausdrücklich BT-Drs. 18/9522, 263.

Abs. 2 BRK, geeignete Maßnahmen zu treffen, „um Menschen mit Behinderung die Möglichkeit zu geben, ihr kreatives künstlerisches und intellektuelles Potenzial zu entfalten und zu nutzen, nicht nur für sich selbst, sondern auch zur Bereicherung der Gesellschaft". Denn durch die einschränkenden Voraussetzungen werden Menschen mit Beeinträchtigungen gerade dabei **behindert**, ihre **Potenziale und Ressourcen** in die Gesellschaft **einzubringen**, um durch ihr ehrenamtliches Engagement zur Entstehung bzw. Weiterentwicklung einer inklusiven Gesellschaft beizutragen.[323]

240 Bei den „**Leistungen zur Erreichbarkeit einer Ansprechperson** unabhängig von einer konkreten Inanspruchnahme" in § 78 Abs. 6 SGB IX geht es um das Vorhalten von Strukturen zur Bewältigung von Krisensituationen in Form von **Rufbereitschaften**, um insbesondere Menschen mit seelischen Beeinträchtigungen die Sicherheit zu geben, jederzeit Hilfe in Anspruch nehmen zu können.[324]

c) Heilpädagogische Leistungen

241 **Heilpädagogische Leistungen** werden gemäß § 79 SGB IX an Kinder mit (drohenden) Behinderungen bis zur Einschulung erbracht, wenn diese schwerst(mehrfach)e Behinderungen aufweisen oder aber zu erwarten ist, dass durch die heilpädagogischen Leistungen der Behinderung als solcher oder aber deren Folgen entgegengewirkt werden kann. Dabei sollen mit **multidisziplinären Maßnahmen** (nichtärztlichen, therapeutischen, psychologischen, sonderpädagogischen, psychosozialen Leistungen) die Entwicklung und die Persönlichkeit des Kindes gefördert und dessen Erziehungsberechtigte beraten werden (§ 79 Abs. 2 SGB IX). Heilpädagogische Leistungen, die nicht unter ärztlicher Verantwortung erbracht werden,[325] sind bei entsprechendem Bedarf als abgestimmte **Komplexleistungen** zusammen mit Leistungen zur Früherkennung und Frühförderung (→ Rn. 141) zu erbringen bzw. mit schulvorbereitenden Maßnahmen der Schulträger (§ 79 Abs. 3 SGB IX).[326]

d) Leistungen zur Betreuung in einer Pflegefamilie

242 **Leistungen zur Betreuung in einer Pflegefamilie** durch eine geeignete Pflegeperson sollen eine quasi familiäre Betreuung in einem privaten Umfeld ermöglichen. Bis zur Reform durch das BTHG war dies nur für Kinder und Jugendliche vorgesehen.[327] Seit dem 1.1.2018 unterliegt der Kreis der Leistungsberechtigten nach § 80 SGB IX keiner altersmäßigen Beschränkungen mehr, so dass die Betreuung in einer Pflegefamilie nunmehr ebenso für volljährige **Menschen** mit Behinderung möglich ist. Bei der Änderung dürfte primär die Gruppe derjenigen im Blick gewesen sein, die in einer solchen Betreuungsfamilie volljährig werden, um ihren weiteren Verbleib dort zu ermöglichen. Sie ermöglicht aber zu gleich, dass die Aufnahme in eine Pflegefamilie auch für bereits volljährige, also **auch für hochbetagte, Menschen** mit Behinderung erfolgen kann. **Pflegepersonen** sind **als geeignet** anzusehen, wenn sie den spezifischen behinderungsbedingten Bedarf der leistungsberechtigten Person decken können. Anders jedoch als bei der in § 33 SGB VIII geregelten Hilfe zur Erzie-

---

323 Von Boetticher (2020) § 3 Rn. 286 f.
324 Vgl. BT-Drs. 18/9522, 263.
325 BT-Drs. 18/9522, 263.
326 Ausführlich zu den Heilpädagogischen Leistungen SWK Behindertenrecht/Kuhn-Zuber, Stichwort Heilpädagogische Leistungen.
327 Vgl. § 54 Abs. 3 SGB XII i.d.F. bis 31.12.2019.

hung in Form der Betreuung in einer Pflegefamilie steht bei § 80 SGB IX nicht der Ausgleich der Elternarbeit im Vordergrund, da grundsätzlich nicht von Erziehungsdefiziten ausgegangen wird.[328] Besteht bei einem Kind oder Jugendlichen neben der Behinderung ein erzieherischer Bedarf und soll diesem Bedarf durch die Betreuung in einer Pflegefamilie begegnet werden, wird die Leistung nach § 33 SGB VIII erbracht. Hat das Kind eine seelische Behinderung, werden Hilfe zur Erziehung und Eingliederungshilfe gem. § 35a Abs. 4 SGB VIII verbunden. Zuständig sind in diesen Fällen die Träger der öffentlichen Jugendhilfe. Besteht ein erzieherischer Bedarf und haben Kinder oder Jugendliche körperliche, geistige oder Mehrfachbehinderungen, kann der erzieherische Bedarf durch eine Betreuung in einer Pflegefamilie nach § 33 SGB VIII gedeckt werden und der behinderungsbedingte Bedarf durch Leistungen zur Teilhabe an Bildung oder zur Sozialen Teilhabe nach § 75 oder § 76 SGB IX. Hinsichtlich der Pflegefamilien wird im SGB IX wie im Kinder- und Jugendhilferecht von einem **offenen Familienbegriff** ausgegangen, der neben der traditionellen Kleinfamilie ebenso unverheiratete Paare, Einzelpersonen, in größeren und anderen Haushaltsgemeinschaften lebende Personen jeweils unabhängig von ihrer sexuellen Orientierung einschließt.[329]

243 Der Umfang der Betreuungszeit in der Pflegefamilie ist nicht explizit vorgeschrieben. Bei einer **Vollzeitpflege** über Tag und Nacht ist vorab eine **Erlaubnis nach § 44 SGB VIII** erforderlich. Für die Betreuung von Kindern und Jugendlichen in Pflegefamilien hat sich insoweit eine gängige Praxis in der Kinder- und Jugendlichen am Maßstab der Sicherung des Kindeswohls entwickelt.[330] Zur Sicherstellung auch der Qualität der Betreuung von Volljährigen wird das Erlaubnisverfahren für die Vollzeitpflege nach § 44 SGB VIII in § 80 S. 3 SGB IX für entsprechend anwendbar erklärt.[331] Ungeklärt ist dabei jedoch, durch wen nach welchem Verfahren – und vor allem anhand welcher Kriterien – die Prüfung dabei erfolgen soll.[332] Eine **Tagespflege** in einer Pflegefamilie ist in § 80 SGB IX nicht ausdrücklich geregelt. Angesichts des offenen Leistungskataloges des § 76 Abs. 2 SGB IX ist sie gleichwohl **ebenso möglich**. Insofern wäre in entsprechender Anwendung des § 43 SGB VIII von einer vorherigen Erlaubnispflicht zur Betreuung nur während eines Teils des Tages auszugehen, da die Leistungsberechtigten dabei ebenso als schutzwürdig anzusehen sind, wie Kinder ohne Behinderung in Tagespflegestellen.

e) Leistungen zum Erwerb und Erhalt praktischer Fähigkeiten

244 Bei den Leistungen zum Erwerb und Erhalt praktischer Erkenntnisse und Fähigkeiten nach § 81 SGB IX geht es um Kompetenzen zur **Bewältigung des Alltags** sowohl innerhalb des eigenen Wohnraumes (lebenspraktische Handlungen einschließlich hauswirtschaftlicher Tätigkeiten) als auch außerhalb (Vorbereitung der Teilhabe am Arbeitsleben, Befähigung zur sicheren selbstständigen Bewegung im Verkehr). Das Wort "insbesondere" im Satz 2 signalisiert, dass es auch um lebenspraktische Kenntnisse und Fähigkeiten in anderen Bereichen gehen kann, z.B. um Hilfen zum Umgang mit anderen Menschen und der eigenen Sexualität. Sowohl die Maßnah-

---

328 Beetz in Feldes at al., § 80 Rn. 7.
329 Vgl. Struck/Eschelbach in FK-SGB VIII § 33 Rn. 7; Smessaert/Lakies in FK-SGB VIII § 44 Rn. 19 m.w.N.
330 Vgl. dazu. Smessaert/Lakies FK-SGB VIII § 44 Rn. 4 ff.
331 BT-Drs. 18/9522, 263.
332 Ausführlich dazu von Boetticher (2020) § 3 Rn. 297 ff.

men zur Verbesserung der Sprache und Kommunikation als auch die blindentechnische Grundausbildung beziehen sich dabei auf beide Bereiche.

245 Die Leistungen sollen **insbesondere in Fördergruppen und Schulungen** oder durch ähnliche Maßnahmen erbracht werden, um den Leistungsberechtigten zu der für sie erreichbaren Teilhabe am Leben in der Gemeinschaft zu befähigen und/oder das erreichte Maß an Selbstständigkeit zu erhalten. Die Vorbereitung auf die Teilhabe am Arbeitsleben umfasst Basiskompetenzen, die für eine berufliche Beschäftigung erforderlich sind, wie z.b. Konzentration auf eine Aufgabe, Arbeits- und Sozialverhalten in Gruppen u.a. Teil dieser Leistungen sind auch die **Tagesförderstätten**, in denen nicht werkstattfähigen Leistungsberechtigten die für sie erreichbare Teilhabe ermöglicht werden soll (sog. „verlängertes Dach der Werkstatt", → Rn. 428).[333] Die Beschreibung der Leistungen und deren Formen zum Erwerb und zum Erhalt lebenspraktischer Fähigkeiten sind nur exemplarisch, so dass auch individuelle Förder- und Trainingsmaßnahmen (z.B. zum Einüben von bestimmten Wegen und Verkehrsmitteln) möglich sind. Ziel ist es, die leistungsberechtigte Person zu der ihr möglichen und zu der von ihr erstrebten Teilhabe am Leben in der Gemeinschaft zu befähigen bzw. die erreichte Teilhabe aufrecht zu erhalten.

f) Leistungen zur Förderung der Verständigung

246 Die Leistungen zur **Förderung der Verständigung** nach § 82 SGB IX werden zur Ermöglichung, aber auch zur Erleichterung der Verständigung erbracht, um Menschen mit Hör- und Sprachbehinderungen im Rahmen besonderer Anlässe die gleichberechtigte und selbstbestimmte Teilhabe zu ermöglichen. Als **mögliche Leistungen** werden in § 82 SGB IX exemplarisch Gebärdensprachdolmetscher und andere geeignete Kommunikationshilfen erwähnt, die in § 3 Abs. 2 Kommunikationshilfen-Verordnung (KHV)[334] näher ausgeführt sind. **Besondere Anlässe** sind solche, bei den „über das regelmäßige Kommunikationsbedürfnis hinaus ein gemessen an den Zielen der Leistungen zur Teilhabe schutzwürdiges besonderes Kommunikationsbedürfnis besteht",[335] etwa bei Elternversammlungen und wichtigen Vertragsverhandlungen,[336] besonderen Familienfeiern,[337] zur Teilnahme an Workshops zur Persönlichkeitsentwicklung[338] oder bei Sitzungen des Heimbeirats.[339] Unterstützungsleistungen bei der Kommunikation im Alltag sind demgegenüber durch das Training der individuellen Kommunikationsfähigkeit i.S. lebenspraktischer Fähigkeiten nach § 81 SGB IX, durch Assistenzleistungen nach § 78 Abs. 1 S. 3 SGB IX (→ Rn. 236) und/oder Hilfsmittel nach § 84 SGB IX zu gewährleisten (→ Rn. 251). Die Ausführung von Sozialleistungen, insbesondere auch ärztliche Untersuchungen und Behandlungen, stellen keinen besonderen Anlass i.S.d. § 82 SGB IX dar, da in diesen Fällen aufgrund von § 17 Abs. 2 S. 2 SGB I bereits der für die Sozialleistung zuständige Leistungsträger die Kosten für die Kommunikationshilfen zu tragen hat. Spezielle Vorschriften zur Unterstützung der Verständigung für Menschen mit Hör- oder Sprach-

---

333 BT-Drs. 18/9522, 263 m.w.N.
334 Zur Anwendbarkeit s. BT-Drs. 18/9522, 264.
335 LSG HH 20.11.2014 – L 4 SO 15/13 – Rn. 48 m.w.N. Hellrung (2017) S. 198 f. weist daraufhin, dass es insoweit an einer Konkretisierung dieser besonderen Anlässe mit Blick auf kinderspezifische Bedürfnisse mangelt.
336 Joussen in LPK-SGB IX, § 82 Rn. 6.
337 Luthe in jurisPK-SGB IX, § 82 SGB IX, Rn. 15 (Stand 9.11.2020).
338 LSG HH 20.11.2014 – L 4 SO 15/13, Rn. 49.
339 LSG NDS 23.8.2016 – L 8 SO 369/12, Rn. 29 ff.

V. Leistungen zur Sozialen Teilhabe 139

beeinträchtigungen gibt es auch im Sozialverwaltungsverfahren (§ 19 Abs. 1 SGB X), für den Umgang mit staatlichen Institutionen (§§ 6 und 9 BGG) oder § 186 GVG für das zivil- und strafrechtliche Gerichts- und Beurkundungsverfahren. Die Aufwendungen für die Unterstützung tragen in diesen Fällen die Sozialleistungs- oder andere Hoheitsträger (z.B. Gerichte).

g) Leistungen zur Mobilität

Die in § 83 SGB IX vorgesehenen **Leistungen zur Mobilität** sollen Menschen mit (drohenden) Behinderungen helfen, zur Teilhabe am Leben in der Gemeinschaft umweltbedingte Barrieren beim Ortswechsel zu überwinden. Unterschieden werden dabei nach Abs. 1 **Leistungen zur Beförderung** insbesondere durch Beförderungsdienste (Nr. 1) und **Leistungen für ein Kraftfahrzeug** (Nr. 2). Andere Mobilitätshilfen wie Schiebehilfen für Rollstühle, Rollstuhlbikes u.a. sind, soweit es sich nicht ohnehin um medizinische Rehabilitationsleistungen der Krankenkassen zum Ausgleich des Funktionsdefizits handelt,[340] entweder als Hilfsmittel nach § 84 SGB IX oder im Rahmen des offenen Leistungskataloges nach § 76 Abs. 2 SGB IX zu erbringen. **247**

Voraussetzung für Mobilitätshilfen ist gemäß Abs. 2, dass die Inanspruchnahme **öffentlicher Verkehrsmittel** aufgrund der Beeinträchtigungen der antragstellenden Person **unzumutbar** ist. Beförderungsleistungen haben dabei Vorrang vor Leistungen für ein Kraftfahrzeug, sofern sie zumutbar und wirtschaftlich sind. Maßstab dafür sind die individuellen Teilhabeziele und die damit verbundene Häufigkeit der Fahrten, die jeweiligen Entfernungen, die Tageszeiten, die vorherige Planbarkeit der Fahrten sowie die Verfügbarkeit und Entfernung geeigneter Fahrdienste und anderer Beförderungsmöglichkeiten.[341] Ein eigenes Kfz kommt i.d.R. nur dann als Leistung zur Sozialen Teilhabe in Betracht, wenn das **Kfz unentbehrlich** zum Erreichen der Eingliederungsziele ist,[342] was aber nicht bedeutet, dass die leistungsberechtigte Person täglich auf das Kfz angewiesen sein muss.[343] Nicht ausreichend ist, wenn das Kfz nur eine Erleichterung darstellt, die Nutzung von Bus und Bahn aber möglich und zumutbar ist.[344] Zudem muss die leistungsberechtigte Person das Kraftfahrzeug selber führen können oder aber eine dritte Person mit Fahrerlaubnis verfügbar sein. **248**

Beispiel 6:
Ein Kind mit schwerstmehrfacher Behinderung, dass dauerhaft auf einen Rollstuhl angewiesen ist, hat Anspruch auf ein Kfz, um „mehrmals die Woche an einem therapeutischen Reiten teilzunehmen, regelmäßig Ausflüge in den Park zu unternehmen und Verwandten- und Bekanntenbesuche durchzuführen, Kultur- und Sportveranstaltungen sowie den Gottesdienst zu besuchen und seine Eltern bei Einkäufen und sonstigen Erledigungen zu begleiten", sofern diese Teilhabeziele nicht zumutbar mithilfe des öffentlichen Personennahverkehrs und ggf. unter ergänzender Inanspruchnahme des Behindertenfahrdienstes verwirklicht werden können und eine Person verfügbar ist, die das Kfz steuert.[345]

Die in Abs. 3 aufgeführten Leistungen für ein Kraftfahrzeug umfassen Hilfen **249**
- zur Beschaffung eines Kraftfahrzeugs,
- für die erforderliche Zusatzausstattung,

---
340 S. dazu Kraftberger in LPK-SGB V, § 33 Rn. 23 ff.
341 Vgl. BSG 12.12.2013 – B 8 SO 18/12 R, Rn. 17; LSG NRW 24.6.2014 – L 20 SO 388/13, Rn. 27 und 69.
342 BSG 8.3.2017 – B 8 SO 2/16 R; BSG 12.12.2013 – B 8 SO 18/12 R, Rn. 15 m.w.N. Siehe auch § 114 Nr. 1 SGB IX (→ Rn. 314).
343 BSG 8.3.2017 – B 8 SO 2/16 R, Rn. 23.
344 VG Dresden 22.1.2020 – 1 K 1362/19, Rn. 18.
345 BSG 12.12.2013 – B 8 SO 18/12 R, Rn. 16 f.

- zur Erlangung der Fahrerlaubnis,
- zur Instandhaltung und
- für die mit dem Betrieb des Kraftfahrzeugs verbundenen Kosten.

Deren Höhe und Ausgestaltung als Zuschuss oder – ausnahmsweise – als Darlehen ist in Anlehnung[346] an die Kraftfahrzeughilfe-Verordnung (KfzHV) festzulegen. Diese ist nicht unmittelbar anwendbar, da ihr Anwendungsbereich auf die Kraftfahrzeughilfe zur beruflichen Rehabilitation beschränkt ist.

> **Hinweis**
>
> Die Kraftfahrzeughilfe nach der KfzHV umfasst keine Kosten zum Betrieb und zur Unterhaltung des Kraftfahrzeugs als solchem.[347] Instandhaltungskosten werden gemäß § 10 S. 2 KfzHV nur bezüglich einer ggf. erforderlichen Zusatzausstattung übernommen.[348] Demgegenüber sind gemäß § 83 Abs. 3 SGB IX die Instandhaltungs- und Betriebskosten des Kfz ausdrücklich von den Leistungen zur Mobilität umfasst und daher vom zuständigen Rehabilitationsträger vollständig zu übernehmen.

250 Laut Abs. 4 können auch **minderjährige Leistungsberechtigte** Leistungen für ein Kraftfahrzeug erhalten, wenn eine dritte Person als Fahrer verfügbar ist. Allerdings werden die **Leistungen beschränkt** auf **erforderliche Mehraufwendungen** bei der Beschaffung des Kfz, sofern z.B. die Anschaffung eines größeren und teureren Kfz aufgrund der Beeinträchtigung des Kindes erforderlich ist,[349] sowie eine ggf. **erforderliche Zusatzausstattung**. Diese im Zuge der BTHG-Reform des SGB IX zum 1.1.2018 eingeführten Einschränkungen der bis dahin nicht ausdrücklich geregelten Mobilitätsleistungen **entsprechen**, entgegen Aussage in der Gesetzesbegründung,[350] **weder bisherigem Recht** noch der Rechtsprechung zur Versorgung minderjähriger Leistungsberechtigter mit Leistungen für ein Kraftfahrzeug.[351] Sie sind zudem unter dem Gesichtspunkt der Ungleichbehandlung gegenüber erwachsenen Leistungsberechtigten verfassungsrechtlich bedenklich.[352]

h) Hilfsmittel

251 Schließlich sieht § 84 SGB IX **Hilfsmittel** als Leistungen zur Sozialen Teilhabe vor, **die zur Überwindung bestehender Barrieren** bezüglich der gleichberechtigten Teilnahme am Leben in der Gemeinschaft erforderlich sind und nicht bereits den vorrangigen Leistungsgruppen der medizinischen oder der beruflichen Rehabilitation oder den Leistungen zur Teilhabe an Bildung zuzuordnen sind. Beispielhaft werden in Abs. 1 S. 2 **barrierefreie Computer** genannt, weitere mögliche Leistungen können sein:
- spezielle Schreibmaschinen und Tonbandgeräte,
- Verständigungsgeräte für Taubblinde und Sprachübungsgeräte für Menschen mit Sprachbehinderungen,
- Weckuhren für Blinde und für Menschen mit Hörbehinderungen,

---

346 Zum begrifflichen Problem der Orientierung an der KfzHV s. von Boetticher (2020) § 3 Rn. 315.
347 Gutzler in Luthe (2015), S. 264.
348 So auch SG Kassel 13.7.2012 – S 7 R 6/12 ER, Rn. 26.
349 BT-Drs. 18/9522, 264.
350 BT-Drs. 18/9522, 264.
351 Vgl. BSG 12.12.2013 – B 8 SO 18/12 R, Rn. 18; BVerwG 27.10.1977 – V C 15.77.
352 S. dazu von Boetticher (2020) § 3 Rn. 318 ff.

- Blindenführhunde[353],
- besondere optische Hilfsmittel, vor allem Fernrohrlupenbrillen,
- Hörgeräte, Hörtrainer oder
- sonstige Gebrauchsgegenstände des täglichen Lebens und zur nichtberuflichen Verwendung bestimmte Hilfsgeräte.[354]

Die Hilfsmittelversorgung beinhaltet gemäß Abs. 2 und 3 außer der **Erstausstattung** auch die **Anleitung** zu deren Gebrauch, deren **notwendigen Reparaturen** und **Anpassungen** sowie eine ggf. erforderliche **Doppelausstattung**.

4. Leistungsentscheidung

Sofern die allgemeinen und die trägerspezifischen Voraussetzungen erfüllt sind (→ Rn. 253), besteht ein Rechtsanspruch auf Leistungen zur Sozialen Teilhabe dem Grunde nach. Die Leistungen hat der zuständige Rehabilitationsträger nach Art und Umfang nach pflichtgemäßem Ermessen zu bestimmen. Dabei ist zu berücksichtigen, dass die Teilhabeziele der **Sozialen Teilhabe** sich **nach den individuellen Wünschen und Bedürfnissen** richten, sofern diese gemessen an den sozialen Wünschen und Bedürfnissen vergleichbarer Altersgenossen ohne Behinderung nicht unangemessen sind (→ Rn. 226).[355] Es bedarf daher im Einzelfall konkreter Feststellungen, was für die leistungsberechtigte Person Selbstbestimmung und gleichberechtigte Teilhabe bedeuten und welche Lebensbereiche und Themen dabei von besonderem Gewicht sind. Von herausgehobener Bedeutung im Verwaltungsverfahren ist daher bei den Leistungen zur Sozialen Teilhabe die Abstimmung mit den Leistungsberechtigten und deren Befähigung zur Ausübung ihres Wunsch- und Wahlrechts. Die Feststellung des individuellen Bedarfs, der geäußerten Wünsche und der voraussichtlich erforderlichen Leistung zu dessen Deckung sind bei Zuständigkeit der Kinder- und Jugendhilfe im Hilfeplan nach § 36 SGB VIII, bei Zuständigkeit der Eingliederungshilfe im Gesamtplan nach § 121 SGB IX (→ Rn. 322 ff.) festzuhalten und der Leistungsentscheidung zugrunde zu legen; für die übrigen Rehabilitationsträger ist das im Teilhabeplan nach § 19 SGB IX zu gewährleisten (→ Rn. 89 ff.).

252

5. Zuständigkeiten

Gemäß § 5 Nr. 5 und § 6 SGB IX können sowohl die gesetzlichen Unfallversicherungsträger, die Versorgungsämter (bzw. ab 1.1.2024 die Träger der Sozialen Entschädigung), die Träger der Kinder- und Jugendhilfe sowie die Träger der Eingliederungshilfe für Leistungen zur Sozialen Teilhabe zuständig sein. Aufgrund der beschränken Zuständigkeit der beiden erstgenannten Rehabilitationsträger für eine jeweils quantitativ kleine Personengruppe (Faustregeln 1 und 2 → Rn. 37 f.) sind in der Praxis – wie bei den Leistungen zur Teilhabe an Bildung – gemäß der Faustregel 6 (→ Rn. 42) überwiegend zuständig

253

- die **Träger der Kinder- und Jugendhilfe** für Kinder und Jugendliche mit einer ausschließlich seelischen Beeinträchtigung oder

---

353 Blindenführhunde können auch Hilfsmittel i.S.d. § 33 SGB V sein, vgl. HK-SGB IX/Lachwitz § 55 Rn. 19; ablehnend SG Aachen 3.12.2001 – S 6 KR 32/00; LSG Nds-Brem 18.2.2020 – L 16 KR 253/18.
354 Vgl. § 9 Abs. 2 EGH-VO i.d.F. bis 31.12.2019.
355 BSG 8.3.2017 – B 8 SO 2/16 R, Rn. 23.

- die **Träger der Eingliederungshilfe** in allen übrigen Fällen, wobei ein Rechtsanspruch nur dann besteht, wenn die Einschränkung der Teilhabe wesentlich ist (§ 99 SGB IX, → Rn. 289).

254 Die Rechtsgrundlagen für die Leistungen zur Sozialen Teilhabe im **Überblick**, getrennt nach den Rehabilitationsträgern:

Leistungsgruppe (§ 5 SGB IX)	Rehabilitationsträger (§ 6 SGB IX)	Rechtsgrundlagen
Leistungen zur Sozialen Teilhabe §§ 76 ff. SGB IX	1. Träger der gesetzlichen Unfallversicherung	§§ 39–42 SGB VII
	2. Träger der Kriegsopferversorgung/ Kriegsopferfürsorge (Versorgungsämter) (ab 1.1.2024: Träger der Sozialen Entschädigung)	§ 27d Abs. 1 Nr. 3 BVG (ab 1.1.2024: § 66 SGB XIV i.V.m. §§ 113-116 SGB IX)
	3. Träger der Kinder- und Jugendhilfe	§ 35a Abs. 3 SGB VIII i.V.m. 113 ff. SGB IX
	4. Träger der Eingliederungshilfe	§ 113 ff. SGB IX

Übungsfall zu den Leistungen zur Sozialen Teilhabe[356]

(Lösung: Rn. 503)

B, 55 Jahre, begehrt vom Sozialamt die Übernahme der Kosten zur Anschaffung und zum Betrieb (Versicherung, Steuern, Treibstoff) eines PKW. Wegen angeborener Schädigungen der Wirbelsäule hat er eine anerkannte Schwerbehinderung. Ihm ist das Merkzeichen G zuerkannt, da er auch mit Stock nur ca. 150 Meter selbstständig gehen kann. Zur Begründung führt B aus, dass er ohne Auto in seinen Aktivitäten beschränkt sei. Für die Umweltorganisation „Grünfrieden" leite er mehrfach in der Woche ehrenamtlich Themenabende und Diskussionsveranstaltungen auch in umliegenden Gemeinden und in der 20 km entfernten Kreisstadt. Der Weg zu Bus oder Bahn, von dort zu den Veranstaltungsorten und zurück sei mit jeweils mindestens 500 m zu weit für ihn. Fahrdienste würden insbesondere in den Abendstunden und Wochenende nicht angeboten und müssten zudem wochenlang zuvor gebucht werden. Die wenigen Taxen in der Kreisstadt seien zu diesen Zeiten regelmäßig nicht verfügbar. Er möchte aber vermehrt auch an spontanen Kundgebungen der Umweltorganisation im gesamten Bundesland teilnehmen. B besitzt einen Führerschein und ist in der Lage, einen Pkw zu bedienen. Sein bisheriger Pkw wurde ihm gestohlen, das Fahrzeug war nicht gegen Diebstahl versichert. Er lebt von einer Erwerbsminderungsrente knapp oberhalb der Hilfsbedürftigkeitsgrenze für Leistungen der Grundsicherung nach dem SGB XII und bewohnt eine angemessene Wohnung in einer ländlichen Gemeinde.

Der Antrag wird mit der Begründung abgelehnt, die Versorgung mit einem Kraftfahrzeug käme nur zur Ermöglichung einer Arbeitsaufnahme in Frage. Seine soziale Teilhabe sei dadurch hinreichend sichergestellt, dass sich sämtliche lebenswichtige Infrastruktur wie Ärzte, Rathaus und Einkaufsmöglichkeiten im Umkreis von 100 m sei-

---

[356] In Anlehnung an BSG 23.8.2013 – B 8 SO 24/11 R – ZFSH/SGB 2013, 696–701.

V. Leistungen zur Sozialen Teilhabe

ner Wohnung befänden und selbst für ihn fußläufig erreichbar seien. Bei den von B geltend gemachten Betätigungen handele es sich nur um Fahrten zur Freizeitgestaltung. Die dafür erforderliche Mobilität sei durch die Nutzung der öffentlichen Verkehrsmittel zumutbar, zumal er diese aufgrund der Zuerkennung des Merkzeichens G unentgeltlich nutzen könne (vgl. § 228 Abs. 1 S. 1 SGB IX → Rn. 459).

Prüfen Sie, ob B einen Anspruch auf die geltend gemachten Leistungen hat. Sie sollten sich bei der Bearbeitung an dem Prüfungsschema für Leistungen der Eingliederungshilfe orientieren (→ Rn. 365).

Wiederholungsfragen

1. *Welche Ziele haben die Leistungen der Sozialen Teilhabe?*
2. *Wie sind die Ziele im Einzelfall zu bestimmen?*
3. *In welchem Verhältnis stehen die Leistungen zur Sozialen Teilhabe zu jenen der anderen vier Leistungsgruppen?*
4. *Auf welche Lebensbereiche erstrecken sich die Assistenzleistungen nach § 78 SGB IX?*
5. *Welche Formen von Assistenzleistungen werden in § 78 Abs. 2 SGB IX unterschieden?*
6. *Was ist begleitete Elternschaft im Unterschied zu Elternassistenz?*
7. *Inwieweit wird in § 78 SGB IX ein Unterschied gemacht zwischen der Assistenz für ehrenamtliches Engagement und für anderen Formen der Sozialen Teilhabe?*
8. *Wer gehört zum berechtigten Personenkreis für heilpädagogische Leistungen nach § 79 SGB IX und wer für Leistungen zur Betreuung in einer Pflegefamilie?*
9. *Was fällt unter praktische Fähigkeiten, deren Erwerb und Erhalt mit Leistungen nach § 81 SGB IX gefördert wird?*
10. *Was sind Leistungen zur Förderung der Verständigung nach § 82 SGB IX und wie sind diese von der Verständigung mit der Umwelt durch Assistenzkräfte nach § 78 Abs. 1 S. 3 SGB IX abzugrenzen?*
11. *Welche Leistungen zur Mobilität sieht § 83 SGB IX vor und in welchem Verhältnis stehen sie zueinander?*

Kapitel 3: Recht der Eingliederungshilfe

255 Der zweite Teil des SGB IX ist die Grundlage für die Träger der Eingliederungshilfe zur Entscheidung über Anträge auf Eingliederungshilfe und Art und Umfang dieser Teilhabeleistungen. Die Gruppe der Träger der Eingliederungshilfe ist gemäß § 6 Abs. 1 Nr. 7 SGB IX eine von sieben Gruppen möglicher Rehabilitationsträger (→ Rn. 32 f.); das Recht der Eingliederungshilfe im zweiten Teil des SGB IX ist somit **eins von sieben Leistungsgesetzen** i.S.d. § 7 Abs. 1 S. 1 und 3 SGB IX.[357]

256 Aus der Perspektive sozialer Berufe gesehen ist das Recht der Eingliederungshilfe aus folgenden Gründen von besonderer Bedeutung:
- trotz Nachrangigkeit gegenüber anderen Leistungsgesetzen (→ Rn. 273) ist es das wichtigstes Leistungsgesetz für Menschen mit Mehrfach- und Schwerstbehinderungen. **765 079** Personen befinden sich in dauerhaftem Leistungsbezug – Tendenz steigend,[358]
- die wirtschaftliche Bedeutung - die Eingliederungshilfeträger wendeten im Jahr 2019 mit 21 Mrd. EUR (Steigerung von 6,2 % zum Vorjahr) 52,4 % aller Ausgaben für Rehabilitationsleistungen aller Rehabilitationsträger (insgesamt 40 Mrd. EUR)[359] und dabei
- machten die Leistungen der Sozialen Teilhabe (→ Rn. 224 ff. und → Rn. 313 ff.) vom Umfang her mit 13 Mrd. Euro den Großteil der Eingliederungshilfeleistungen aus, nämlich rund 62 %.[360]

257 Bis zum 31.12.2019 war das Recht der Eingliederungshilfe als Teil des Sozialhilferechts geregelt im 6., 17. und 18. Kapitel des SGB XII. Die **Einfügung der Eingliederungshilfe** als neuer 2. Teil in das SGB IX zum 1.1.2020 unter gleichzeitiger Streichung der o.g. Kapitel des SGB XII stellte einen **Schwerpunkt der Reform** des Teilhaberechts durch das BTHG dar. Zentrale Anliegen dieses Reformschrittes waren und sind:
- die Personenzentrierung der Eingliederungshilfe einzuführen,
- die Steuerungsfähigkeit der Eingliederungshilfe zu verbessern und
- die Eingliederungshilfe aus dem Fürsorgerecht der Sozialhilfe herauszulösen.

258 Bis zum Wechsel der Eingliederungshilfe in den 2. Teil des SGB IX ab dem 1.1.2020 wurden die Leistungen nach dem **SGB XII einrichtungszentriert** erbracht. So lebte die Mehrzahl der Menschen mit Behinderungen in stationären Einrichtungen.[361] Dort wurden die erforderlichen Leistungen von den Leistungsanbietern in Form von Gesamtpaketen erbracht, die die Versorgung und die Betreuung getrennt nach Hilfebedarfsgruppen umfassten und für die der Leistungserbringer mittels einer sog. Grundpauschale, Maßnahmepauschale und eines Investitionsbetrages vergütet wurde.[362]

---

357 Verweise auf die relevanten Vorschriften in den Leistungsgesetzen der anderen Rehabilitationsträger finden sich im Kapitel zwei jeweils am Ende der Darstellung der einzelnen Leistungsgruppen in dem Abschnitt „Zuständigkeit".
358 Statistisches Bundesamt (2019).
359 BAR Reha-Info 1/2021, abrufbar auch unter https://www.bar-frankfurt.de/service/reha-info-und-newsletter/reha-info-2021/reha-info-012021/traegeruebergreifende-ausgabenstatistik-der-bar.html (28.06.2021).
360 BAR Reha-Info 1/2021, abrufbar unter https://www.bar-frankfurt.de/service/reha-info-und-newsletter/reha-info-2021/reha-info-012021/traegeruebergreifende-ausgabenstatistik-der-bar.html (28.06.2021).
361 Destatis (2015a) 9; destatis (2015b) 8.
362 S. § 76 Abs. 2 SGB XII und → Rn. 373 f.

Damit waren sämtliche Leistungen an den Anbieter dieser Wohnformen gebunden und die Wahlmöglichkeiten der leistungsberechtigten Personen stark eingeschränkt. Dies stand im Widerspruch zu Art. 19 BRK, der das Recht von Menschen mit Behinderungen auf eine selbstbestimmte Lebensführung unabhängig von besonderen Wohnformen sowie auf Zugang zu gemeindenahen Unterstützungsdiensten zu Hause und in Einrichtungen beinhaltet. Durch die Reform müssen die Leistungen der Eingliederungshilfe nunmehr **personenzentriert** ausgerichtet und erbracht werden. Sie müssen so ausgestaltet und modularisiert sein, dass sie **unabhängig vom jeweiligen Wohnort bzw. der jeweiligen Wohnform** in Anspruch genommen und von den leistungsberechtigten Personen selbst zusammengestellt werden können.[363] Also auch, wenn sich eine leistungsberechtigte Person dafür entscheidet, in einer kollektiven Wohnform zu leben, muss sie jetzt die Wahlfreiheit haben, weitere Leistungsbausteine (z.B. Freizeitbegleitung, Ergotherapie, Logopädie, Tagesförderstätte usw.) entweder auch vom Betreiber der besonderen Wohnform zu wählen oder aber auch jeweils von einem Drittanbieter. Verantwortlich dafür, dass es solche Wahlmöglichkeiten gibt, sind gemäß § 95 SGB IX die Träger der Eingliederungshilfe (→ Rn. 265). Verbunden ist die Personenzentrierung mit einer **Trennung** von **Fachleistungen** einerseits, durch die behinderungsbedingte Bedarfe als Leistungen der Eingliederungshilfe gedeckt werden (vor 2018 waren diese Bedarfe durch die Maßnahmepauschale und Teile des Investitionsbetrages erfasst), und **existenzsichernden Leistungen** (Lebensunterhalt, ggf. Mehrbedarfe, Kosten der Unterkunft und Heizung), die wie bei anderen Menschen mit finanziellem Hilfebedarf nach dem SGB II bzw. SGB XII zu erbringen sind, und die im alten Recht durch die Grundpauschale und die übrigen Teilen des Investitionsbetrages abgedeckt wurden.[364]

Ein weiterer Grund für die Reform der Eingliederungshilfe lag in dem kontinuierlichen Anstieg der Fallzahlen und -kosten,[365] welche die Länder und Kommunen als Träger der Sozialhilfe vor erhebliche finanzielle Herausforderungen stellte.[366] Mit der BTHG-Reform wurde ein Gesamtplanverfahren eingeführt (→ Rn. 322 ff.), welches die „Steuerung, Wirkungskontrolle und Dokumentation des Teilhabeprozesses"[367] sicherstellen und künftig die **Ausgabendynamik** in der Eingliederungshilfe **verhindern** soll.[368]

259

Schließlich war es politisches Ziel des BTHG, die Eingliederungshilfe **aus dem „Fürsorgesystem"** des Sozialhilferechts **herauszuführen** und zu einem modernen Teilhaberecht weiterzuentwickeln.[369] An die Stelle der im Sozialhilferecht vorgesehenen vorrangigen Anrechnung des eigenen und des Partner:innen-Einkommens und Vermögens (§§ 19 Abs. 3, 82 ff. SGB XII) ist im Eingliederungshilferecht ab dem 1.1.2020 ein Beitragsverfahren mit festen prozentualen Sätzen vom Einkommen und mit einem deutlich höheren Vermögensfreibetrag unter weitgehender Nichtberücksichtigung der Finanzen des:der Partner:s:in (→ Rn. 342 ff.) in Kraft getreten. Doch mit diesem Beitragsverfahren ist das Eingliederungshilferecht auch nach der Reform

260

---

363 Vgl. BT-Drs. 18/9522, 197.
364 Zu den damit verbundenen Änderungen im SGB XII s. von Boetticher (2020) § 4 Rn. 216 ff. Weiterführende Materialien unter https://umsetzungsbegleitung-bthg.de/service/links-und-materialien/material-trennung-leistungen/ (29.6.2021).
365 BT-Drs. 18/9522, 199.
366 S. von Boetticher (2020) § 1 Rn. 18 f. Zur Entwicklung der Ausgaben s. https://www.bar-frankfurt.de/service/reha-info-und-newsletter/reha-info-2021/reha-info-012021/traegeruebergreifende-ausgabenstatistik-der-bar.html (29.6.2021).
367 BT-Drs. 18/9522, 286.
368 BT-Drs. 18/9522, 2, 3, 6, 190 f., 199, 202, 207, 363.
369 Koalitionsvertrag von CDU, CSU und SPD (2013), S. 111; BT-Drs. 18/9522, 196 f.

weiterhin **kein einkommens- und vermögensunabhängiger Nachteilsausgleich** (zum Begriff → Rn. 420), sondern weist weiterhin das zentrale Wesensmerkmal öffentlicher Fürsorge auf, nur diejenige Person zu unterstützen, die sich nicht selbst helfen kann - auch wenn die Behinderung erst aus der Wechselwirkung von Beeinträchtigungen mit gesellschaftlich etablierten Barrieren folgt (→ Rn. 16 ff.). Das Recht der Eingliederungshilfe ist mit dem Wechsel ins SGB IX also nur „formal aus dem Recht der Sozialhilfe ausgegliedert" worden,[370] aber aufgrund der Einkommensabhängigkeit weiterhin Teil des Fürsorgerechts, auch wenn die Regelungen des SGB IX zur Anrechnung des Einkommens und Vermögens für die Leistungsberechtigten günstiger als im früheren Eingliederungshilferecht des SGB XII sind.

261 Das Recht der Eingliederungshilfe im neuen 2. Teil des SGB IX ist seit 1.1.2020 das eigenständige Leistungsgesetz der Träger der Eingliederungshilfe wie z.B. das SGB VIII für die Träger der Recht der Kinder- und Jugendhilfe oder das SGB V für die gesetzliche Krankenversicherung. Es ist gegliedert in elf Kapitel, in denen u.a. geregelt sind:
- die Aufgaben und Ziele der Eingliederungshilfe (→ Rn. 262 ff.),
- die Zuständigkeit (→ Rn. 269 ff.),
- der Nachrang gegenüber anderen Leistungen (→ Rn. 273 ff.),
- die Voraussetzungen für die Leistungen (→ Rn. 287 ff.),
- die Grundsätze für die Leistungsentscheidung (→ Rn. 294 ff.),
- Ergänzungen und Einschränkungen gegenüber den im 1. Teil des SGB IX beschriebenen Leistungen (→ Rn. 300),
- das Gesamtplanverfahren (→ Rn. 322 ff.),
- das Beitragsverfahren aus Einkommen und Vermögen (→ Rn. 342 ff.) sowie
- das Vertragsrecht mit Dienstleistungserbringern (→ Rn. 366 ff.).

I. Allgemeine Vorschriften

1. Aufgaben und Ziele der Eingliederungshilfe

262 Aufgabe der Eingliederungshilfe allgemein ist es gemäß § 90 Abs. 1 SGB IX, Leistungsberechtigten eine individuelle Lebensführung zu ermöglichen, die der **Würde des Menschen** entspricht, und die volle, wirksame **und gleichberechtigte Teilhabe** am Leben in der Gesellschaft zu fördern. Die Leistung soll sie befähigen, ihre Lebensplanung und -führung möglichst **selbstbestimmt** und eigenverantwortlich wahrnehmen zu können. In § 90 SGB IX werden nicht nur die Ziele des § 1 SGB IX aufgegriffen (→ Rn. 9), sondern es wird zugleich betont, dass es beim Recht der Eingliederungshilfe nicht nur um Sozialleistungen geht, sondern um das **Menschenrecht** auf **individuelle Autonomie** und auf **gleichberechtigte Verwirklichungschancen** in einer **inklusiven Gesellschaft** i.S.d. Art. 3-a) und c) BRK. Die in § 90 Abs. 1 SGB IX festgehaltenen Aufgaben der Eingliederungshilfe sind von **übergeordneter Bedeutung** und für die Ausführung **sämtlicher Leistungen** unabhängig von der jeweiligen Leistungsgruppe als Ziele zu berücksichtigen.

> **Hinweis**
>
> Die Beibehaltung des Begriffs der Eingliederungshilfe ist insoweit eigentlich unpassend und rückwärts gewandt, da die Aufgabe des 2. Teils des SGB IX gerade nicht mehr ist, Menschen mit Behinderungen einzugliedern in das von Menschen ohne Behinderung

---

370 BT-Drs. 18/9522, 196; BT-Drs. 18/10523, 42 f. Vgl. auch Schütte NDV 2016, 436 ff.

I. Allgemeine Vorschriften

konzipierte Gesellschaftsmodell, sondern ihre Selbstverwirklichung zu ermöglichen und darüber auch zu einem neuen gesellschaftlichen Verständnis, der sog. **Inklusion**, zu kommen.

Daneben weisen die Absätze 2–5 den **einzelnen Leistungsgruppen** weitere **besondere Aufgaben** zu: **263**

- die **medizinische Rehabilitation** soll körperliche, geistige, seelische sowie Sinnesbeeinträchtigungen abwenden, beseitigen, mindern, ausgleichen, deren Verschlimmerung verhüten oder die Leistungsberechtigten möglichst unabhängig von Pflege machen (Abs. 2),
- die **Teilhabe am Arbeitsleben** soll die Aufnahme, Ausübung und Sicherung einer der Eignung und Neigung der Leistungsberechtigten entsprechenden Beschäftigung ebenso fördern wie die Weiterentwicklung ihrer Leistungsfähigkeit und Persönlichkeit (Abs. 3),
- die **Teilhabe an Bildung** hat zum Ziel, den Leistungsberechtigten eine ihren Fähigkeiten und Leistungen entsprechende Schulbildung und schulische und hochschulische Aus- und Weiterbildung für einen Beruf zu ermöglichen (Abs. 4) und
- die **Soziale Teilhabe** soll die gleichberechtigte Teilhabe am Leben in der Gemeinschaft ermöglichen oder erleichtern (Abs. 5).

Die Leistungsgruppe der unterhaltssichernden und anderen ergänzenden Leistungen ist im Recht der Eingliederungshilfe nicht vorgesehen, vgl. § 6 Abs. 1 Nr. 7 i.V.m. § 5 Nr. 4 SGB IX.

2. Verantwortung

Gemäß § 94 Abs. 1 SGB IX ist es Aufgabe der **Bundesländer** zu bestimmen, welche Behörde in ihrem Bundesland Träger der Eingliederungshilfe ist. In den **Ausführungsgesetzen zum SGB IX** haben die Länder jeweils festgelegt, ob die Träger der Eingliederungshilfe überörtlich-zentral auf Landesebene angesiedelt werden, örtlich-dezentral bei den Landkreisen und kreisfreien Städten oder aber durch die Aufteilung der Zuständigkeiten zwischen örtlicher und überörtlicher Ebene eine Mischform gewählt wird, z.B. anhand der Wohnformen, des Alters der Leistungsberechtigten, bestimmter Aufgaben o.Ä. (vgl. auch Übersicht → Rn. 33).[371] **264**

Weitere Aufgaben der Bundesländer sind in § 94 Abs. 2 bis 5 SGB IX geregelt; u.a. obliegt ihnen die **Planungs- und Steuerungsverantwortung** bezüglich eines **flächen- und bedarfsdeckenden Angebotes** an inklusiv ausgerichteten und sozialraumorientierten Leistungen (Abs. 3).[372]

Die Träger der Eingliederungshilfe haben für ihren Zuständigkeitsbereich einen **Sicherstellungsauftrag** (§ 95 SGB IX). Demnach sind sie dafür verantwortlich, dass jeder leistungsberechtigten Person die zur Deckung des individuellen festgestellten Bedarfes erforderlichen Leistungen zur Verfügung stehen und dass dies **personenorientiert** erfolgt, also nicht an einen bestimmten Ort der Leistungserbringung bzw. eine bestimmte Wohnform geknüpft ist (→ Rn. 258). Die Eingliederungshilfeträger müssen also in ihrem Zuständigkeitsbereich dafür sorgen, dass es – gemessen an den in ihrem Zuständigkeitsbereich zu erwartenden Bedarfen – ausreichend ambu- **265**

---

[371] Zum Stand der Umsetzung durch die Bundesländer s. https://umsetzungsbegleitung-bthg.de/gesetz/umsetzung-laender/ (23.8.2021).
[372] S. dazu von Boetticher (2020) § 4 Rn. 36.

lante, teilstationäre und vollstationäre Leistungsangebote gibt, damit alle Leistungsberechtigten im Sinne einer selbstbestimmten Lebensplanung und -gestaltung die notwendigen Unterstützungsleistungen im Rahmen der von ihnen gewählten Wohnform nach einem Baukastenprinzip erhalten können.

Beispiel 1:
Die 23-jährige U mit psychischer Behinderung möchte im Betreuten Wohnen des Leistungsanbieters A leben und Unterstützung bei der Haushaltsführung bekommen, nicht im Berufsbildungsbereich einer WfbM qualifiziert werden, sondern im Rahmen einer Unterstützen Beschäftigung bei B und eine Begleitung bei der Freizeitgestaltung durch eine persönliche Assistenz des Anbieters C erhalten.

Praktisch umzusetzen hat der Träger der Eingliederungshilfe den Sicherstellungsauftrag durch den **Abschluss** entsprechender **Vereinbarungen mit Leistungserbringern** nach dem Vertragsrecht der §§ 123 ff. SGB IX (→ Rn. 366 ff.).

Hinweis
Der Sicherstellungsauftrag ist eine sog. **objektiv-rechtliche Verpflichtung**, d.h. der Eingliederungshilfeträger muss diesen Auftrag umsetzen, aber es besteht kein individueller, von leistungsberechtigten Personen einklagbarerer Rechtsanspruch auf eine bestimmte Versorgungsform.[373] Davon zu trennen ist die Fallverantwortung des Eingliederungshilfeträgers: Sofern die Voraussetzungen des § 99 SB IX erfüllt sind (→ Rn. 287 ff.), hat die betroffene Person sehr wohl einen **einklagbaren Rechtsanspruch** auf die Deckung ihres festgestellten Bedarfes – aber eben nicht auf eine bestimmte Versorgungsform. Hier kann der Eingliederungshilfeträger im Rahmen seines pflichtgemäßen Ermessens entscheiden, wie der Bedarf angesichts vorhandener oder gegebenenfalls neu zu erschließender Leistungsangebote zu decken ist.

266 Um die Ziele der Eingliederungshilfe zu erreichen (→ Rn. 262 f.), sind die Träger der Eingliederungshilfe gemäß § 96 SGB IX verpflichtet, mit allen dort genannten öffentlichen und privaten Stellen **zusammen zu arbeiten**, deren Aufgabe die Lebenssituation von Menschen mit Behinderungen erfasst. § 96 Abs. 4 SGB IX stellt i.S.d. des Sozialdatenschutzes klar, dass allein der Auftrag zur Zusammenarbeit nicht dazu berechtigt, Sozialdaten zu erheben, zu verarbeiten und zu nutzen. Dafür bedarf es einer ausdrücklichen Rechtsgrundlage im Rahmen der Leistungsgesetze, und die Leistungsberechtigten müssen über die Erhebung, Verarbeitung und Nutzung ihrer Daten sowie ihr Widerspruchsrecht informiert werden.

267 Bei der Durchführung der Eingliederungshilfe ist der Träger gemäß § 97 SGB IX zum Einsatz von Fachkräften unterschiedlicher Fachdisziplinen verpflichtet (sog. **Fachkräftegebot**). Die Multi-Disziplinarität der Fachkräfte ist erforderlich, um angesichts der Vielfältigkeit von Beeinträchtigungen und deren Wechselwirkungen mit Umweltfaktoren i.S.d. § 2 SGB IX einerseits und der thematischen Bandbreite des Teilhabegeschehens andererseits arbeits- bzw. entscheidungsfähig zu sein. Die Anzahl an Fachkräften hat dem Bedarf zu entsprechen. Die fachlichen Anforderungen an Fachkräfte der Eingliederungshilfe sind in § 97 S. 2 SGB IX aufgelistet, und schließen Kenntnisse bezüglich der **BRK** und des **ICF-Modells** der WHO mit ein.[374] Zudem müssen sie zur Kommunikation mit allen Beteiligten in der Lage sein; ggf. muss Gelegenheit zur Fortbildung, einschließlich auch bezüglich der Durchführung der Beratung und der Unterstützung (§ 106 SGB IX) sowie der Gesamtplanung (§ 117 SGB IX), gegeben werden. Fehlt es im Einzelfall an der erforderlichen Kommunikati-

---
373 BT-Drs. 18/9522, 273.
374 BT-Drs. 18/9522, S. 274.

onskompetenz eines Eingliederungshilfeträgers, ist dieser nach § 17 Abs. 2 S. 2 SGB I und § 19 Abs. 1 S. 2 SGB X verpflichtet, die Kosten einer externen Kommunikationshilfe zu tragen.

Die Inhalte der von den Fachkräften der Eingliederungshilfe zu erbringenden **Beratungs- bzw. Unterstützungsleistungen** sind in § 106 SGB IX geregelt. Diesen Dienstleistungen kommt eine zentrale Bedeutung bei der Umsetzung der Leitziele der Selbstbestimmung und der vollen, wirksamen und gleichberechtigten Teilhabe am Leben in der Gemeinschaft zu. Die Beratung hat gemäß § 106 Abs. 1 S. 2 SGB IX in einer für die leistungsberechtigte Person **wahrnehmbaren Form** zu erfolgen, insbesondere auch in leichter Sprache.[375] Dies hat gleichermaßen auch für die Unterstützungsleistungen zu gelten, denn auch bei der Entgegennahme von Hilfeleistungen im Antrags-, Entscheidungs- sowie im Prozess der Inanspruchnahme von Leistungen ist Voraussetzung, dass die leistungsberechtigte Person die dargebotenen Hilfen wahrnehmen kann.[376] Der Katalog der Beratungs- und Unterstützungspflichten konkretisiert zugleich die inhaltlichen Anforderungen an das Fachkräftegebot in § 97 SGB IX(→ Rn. 267).

268

3. Zuständigkeit

Die **sachliche Zuständigkeit**, also welcher örtliche bzw. überörtliche Träger welche Aufgabe der Eingliederungshilfe zu übernehmen hat, wird nicht im SGB IX bestimmt, sondern durch die Ausführungsgesetze der Länder (→ Rn. 264, → Rn. 33). Die **örtliche Zuständigkeit** ist hingegen in § 98 SGB IX geregelt. Entscheidend wird dabei auf den **gewöhnlichen Aufenthalt** der leistungsberechtigten Person **zum Zeitpunkt der ersten Antragstellung** abgestellt. Der gewöhnliche Aufenthalt ist gemäß § 30 Abs. 3 S. 2 SGB I danach zu bestimmen, wo sich die Person unter Umständen aufhält, die erkennen lassen, dass sie an diesem Ort oder in diesem Gebiet nicht nur vorübergehend verweilt. Dies ist vorrangig anhand von objektiven Lebensumständen und einem zeitlichen Element zu entscheiden; die subjektiven Vorstellungen der leistungsberechtigten Person finden nur nachrangige Berücksichtigung.[377] Die durch die erste Antragstellung einmal begründete örtliche **Zuständigkeit** bleibt **bis zum Ende des Leistungsbezuges** bestehen, selbst im Fall eines Umzuges in eine andere Stadt oder einen anderen Landkreis. Dabei gelten nur kurzzeitige Unterbrechungen mit einer Dauer von bis zu sechs Monaten am Stück sowie durch stationäre Krankenhausbehandlungen oder stationäre medizinische Rehabilitation nicht als Beendigung des Leistungsbezuges. Eine andere örtliche Zuständigkeit wird also erst dann begründet, wenn ein neuer Antrag gestellt wird, nachdem ununterbrochen **mindestens sechs Monate keine Leistungen** der Eingliederungshilfe bezogen wurden.

269

Steht der gewöhnliche Aufenthalt nicht innerhalb von vier Wochen nach der Antragstellung fest, ist zunächst der Träger der Eingliederungshilfe vorläufig örtlich zuständig, in dessen Zuständigkeitsbereich sich die leistungsberechtigte Person **tatsächlich aufhält** (§ 98 Abs. 2 SGB IX). Dieser muss unverzüglich über den Antrag entscheiden. Ist der gewöhnliche Aufenthalt auch später nicht zu ermitteln, bleibt der Träger am Aufenthaltsort zuständig. Wird der gewöhnliche Aufenthalt später noch ermittelt, wird der dortige Träger örtlich zuständig und hat dem bis dahin nur vorläufig

270

---

375 BT-Drs. 18/9522, 280.
376 Von Boetticher (2020) § 4 Rn. 92.
377 Schoch in LPK-SGB XII § 98 Rn. 23 m.w.N., der eine entsprechende Regelung für stationäre Leistungen u.a. der Eingliederungshilfe enthält.

leistenden Träger am Ort des tatsächlichen Aufenthalts die aufgewendeten Kosten zu erstatten.

271 Lässt sich bei **Leistungen einer Betreuung über Tag und Nacht** (bis 31.12.2019 hieß das vollstationäre Unterbringung) der gewöhnliche Aufenthalt der leistungsberechtigten Person zum Zeitpunkt der Antragstellung nicht feststellen, kommt es auf den gewöhnlichen Aufenthalt in den zwei Monaten vor Beginn dieser Leistungen an (sog. **Herkunftsprinzip**).[378] Befand sich die leistungsberechtigte Person in diesem Zeitraum in einer stationären Einrichtung oder aber in einer Haftanstalt, bestimmt sich die örtliche Zuständigkeit nach dem Ort des gewöhnlichen Aufenthaltes in den letzten zwei Monaten vor der Aufnahme in diese Einrichtung. Hintergrund dieser Regelung ist, dass die Zuständigkeit für diese i.d.R. kostenintensiven Fälle nicht allein dem Träger am Ort der stationären Einrichtung aufgebürdet werden, sondern die Kostenlast nach dem Herkunftsprinzip breiter verteilt werden soll.

272 Bei **Neugeborenen**, die ab der Geburt stationär, d.h. über Tag und Nacht in einer Einrichtung, betreut werden müssen, richtet sich die örtliche Zuständigkeit nach dem gewöhnlichen Aufenthalt der Mutter (§ 98 Abs. 3 SGB IX).

4. Nachrang der Eingliederungshilfe

273 Leistungen der Eingliederungshilfe sind gemäß § 91 SGB IX grundsätzlich **nachrangig**, d.h. die Träger der Eingliederungshilfe sind nur dann zuständig, wenn die erforderlichen Leistungen nicht von **anderen, insbesondere von anderen Sozialleistungsträgern** zu erhalten sind, die ihrerseits Leistungen nicht unter Hinweis auf die Leistungen der Eingliederungshilfe verweigern dürfen. Dieser Vorrang (Ausnahme sind die gleichrangigen Leistungen der Pflegeversicherung → Rn. 280 ff.) erstreckt sich über den Kreis der Sozialleistungsträger hinaus auf andere Träger staatlicher Verwaltung, u.a. die **Träger der Schulen**, aber auch privater Dritte (→ Rn. 276 ff.). Da die Eingliederungshilfe Teil des „untersten sozialen Netzes für Leistungen an Menschen mit Behinderungen" ist,[379] ist Bestandteil der **Prüfung möglicher Rechtsansprüche** gegen den Eingliederungshilfeträger (→ Rn. 365) auch immer die Frage, ob die begehrten Leistungen vorrangig von einem anderen Sozialleistungsträger oder von einem Dritten zu gewähren sind.

Beispiel 2:
Ist im Schulgesetz eines Bundeslandes eine sonderpädagogische Unterstützung für Schüler:innen mit Behinderungen vorgesehen, wie z.B. in § 2 Abs. 5 SchulG NRW zur Umsetzung inklusiver Bildung, sind diese Unterstützungsleistungen vorrangig in Anspruch zu nehmen. Nur soweit diese nicht geeignet sind oder aber nicht ausreichen, um den individuellen Unterstützungsbedarf zu decken, kommen (ggf. ergänzende) Leistungen der Eingliederungshilfe in Betracht.[380]

a) Verhältnis zu existenzsichernden Leistungen

274 Im § 93 SGB IX wird das Verhältnis der Eingliederungshilfe zu den Hilfen nach dem **SGB II und SGB XII** festgelegt. Gemäß § 93 Abs. 1 SGB IX bleiben die Vorschriften über die folgenden **existenzsichernden Leistungen** unberührt:

---

378 Wahrendorf in Grube/Wahrendorf SGB XII § 98 Rn. 3.
379 BT-Drs. 18/9522, 269.
380 LSG BB 8.3.2006 – L 23 B 16/06 SO ER, Rn. 19; s. dazu auch den Übungsfall zu den Leistungen zur Teilhabe an Bildung → Rn. 223.

I. Allgemeine Vorschriften

- Arbeitslosengeld II und Sozialgeld gemäß § 19 Abs. 1 SGB II für erwerbsfähige Leistungsberechtigte und nicht erwerbsfähige Personen, die mit ihnen in einer Bedarfsgemeinschaft leben,
- Hilfe zum Lebensunterhalt gemäß § 19 Abs. 1 SGB XII für vorübergehend erwerbsunfähige Hilfebedürftige und
- Grundsicherung im Alter und bei dauerhafter voller Erwerbsminderung gemäß § 19 Abs. 2 SGB XII.

Dass diese Leistungen unberührt bleiben, bedeutet, dass sie bei Vorliegen der Voraussetzungen **neben den Leistungen der Eingliederungshilfe** zu gewähren sind. Die Notwendigkeit dafür ergibt sich daraus, dass über die Eingliederungshilfe nur noch behinderungsbedingte Fachleistungen erbracht werden, existenzsichernde Leistungen zum Lebensunterhalt also auf anderer Rechtsgrundlage erfolgen müssen. Abgrenzungsfragen stellen sich dabei insbesondere bei der Zuordnung der Kosten des Wohnens im Rahmen der Kosten der Unterkunft und Heizung (→ Rn. 231; → Rn. 320).

Beispiel 3:
Die 27-jährige taubblinde und dauerhaft voll erwerbsgeminderte (§ 43 Abs. 2 S. 3 SGB XII) E lebt allein in einer Wohnung. Sie ist u.a. zur Verständigung mit der Außenwelt und zur Orientierung außerhalb ihrer häuslichen Umgebung auf die Unterstützung durch eine persönliche Assistenz als Leistungen der Eingliederungshilfe angewiesen. Daneben erhält sie Grundsicherung bei dauerhafter voller Erwerbsminderung gemäß § 19 Abs. 2 SGB XII vom Sozialhilfeträger, um ihre Wohnung und ihren Lebensunterhalt zu finanzieren.

b) Verhältnis zu besonderen Hilfen nach dem SGB XII

Ebenso von der Eingliederungshilfe unberührt bleiben sollen gem. § 93 Abs. 2 SGB IX die **Hilfen zur Überwindung besonderer sozialer Schwierigkeiten** (§ 67 SGB XII) sowie die **Alten-** und die **Blindenhilfe** (§§ 71 und 72 SGB XII).[381] Dass es insofern „keine Überschneidungen zwischen den Hilfen nach dem 2. Teil des Neunten Buches und dem Zwölften Buch" geben soll,[382] ist mindestens für die Hilfen zur Überwindung besonderer sozialer Schwierigkeiten überraschend. Denn in § 67 S. 2 SGB XII ist durch das BTHG ausdrücklich die Eingliederungshilfe nach dem SGB IX in die dortige Nachrangregelung aufgenommen worden, um klarzustellen, dass die **Leistungen der Eingliederungshilfe** auch nach dem Wechsel in das SGB IX weiterhin **vorrangig** zu gewähren sind.[383] Es ist zu befürchten, dass die Übergänge zwischen bzw. die Koordinierung von diesen beiden Sozialleistungen durch die Verlagerung der Eingliederungshilfe in das SGB IX sowie die Zuständigkeit eines anderen Trägers noch schwieriger werden als bisher.

c) Verhältnis zu Ansprüchen gegenüber Dritten

Im § 141 SGB IX wird dem Eingliederungshilfeträger die Möglichkeit eingeräumt, **Ansprüche gegen Dritte** auf sich überzuleiten. Der Standort der Regelung im Kapitel 9

275

276

---

381 Der in § 93 Abs. 3 SGB IX bzw. § 53 Abs. 2 SGB XII i.d.F. bis 31.12.2019 formulierte Nachrang der Eingliederungshilfe gegenüber den Hilfen zur Gesundheit dürfte angesichts der eingeschränkten Bedeutung dieser Hilfen in der Praxiskeine große Relevanz entfalten. S. Bieritz-Harder in LPK-SGB XII § 48 Rn. 2 ff.
382 BT-Drs. 18/9522, 271.
383 BT-Drs. 18/9522, 337.

ist systemwidrig, da es dabei nicht um die Prüfung des Einkommens oder Vermögens der antragstellenden Person oder ihrer Haushaltsangehörigen im Rahmen der Leistungsentscheidung handelt, sondern um eine Frage des Nachrangs der Eingliederungshilfe i.S.d. § 91 SGB IX.

277 Hat die antragstellende Person **Ansprüche gegen Dritte**, die nicht Sozialleistungsträger sind, wie z.B. Träger privater Versicherungen,[384] kann der Eingliederungshilfeträger die beantragte Unterstützung zwar nicht unter Hinweis auf diese Ansprüche gegen andere ablehnen. Gewährt er aber dann Leistungen, kann er die Ansprüche gegen Dritte auf sich **überleiten** und damit den Nachrang der Eingliederungshilfe wieder herstellen. Über die Überleitung hat der Träger der Eingliederungshilfe nach pflichtgemäßem Ermessen zu entscheiden. Die Überleitung bewirkt er durch schriftliche Anzeige gegenüber dem Dritten mit der Folge, dass der Anspruch in Höhe der vom Eingliederungshilfeträger getätigten Aufwendungen auf ihn übergeht (sog. **gesetzlicher Forderungsübergang**). Diese Überleitungsmöglichkeit gilt auch für solche Ansprüche der Ehe- oder Lebenspartner:innen,[385] wenn und soweit es sich um Ansprüche für die leistungsberechtigte Person handelt, z.B. Beihilfe-, Schadensersatz- oder Versicherungsansprüche, nicht aber bezogen auf deren Einkommen.

278 Demgegenüber ist der **Übergang von Ansprüchen auf Unterhalt** nach bürgerlichem Recht kurz vor Inkrafttreten des 2. Teils des SGB IX in § 141 Abs. 1 S. 2 SGB IX ausgeschlossen worden.[386]

5. Verhältnis zu eigenem Einkommen und Vermögen

279 Zu den Leistungen der Eingliederungshilfe ist gemäß § 92 SGB IX **ein Eigenbeitrag** aus dem eigenen Einkommen und Vermögen aufzubringen, dessen Berechnung in den §§ 135 – 142 SGB IX geregelt ist (→ Rn. 342 ff.). Im Rahmen einer Anspruchsprüfung (→ Rn. 365) muss daher auch immer ermittelt werden, ob und ggf. in welcher Höhe ein Eigenbeitrag der leistungsberechtigten Person zu zahlen ist, da sich der Anspruch gegen den Eingliederungshilfeträger ggf. um die Summe dieses Betrages reduziert (→ Rn. 354).

6. Verhältnis zu Pflegeleistungen

280 Speziell geregelt ist das Verhältnis der Leistungen der Eingliederungshilfe gegenüber **Pflegeleistungen**. Zwischen diesen besteht ein enger Zusammenhang, da sowohl der Begriff der Pflegebedürftigkeit i.S.d. § 14 SGB XI (Pflegeversicherung) als auch der des § 61a SGB XII (Hilfe zur Pflege) mit dem Behinderungsbegriff des § 2 SGB IX Überschneidungen aufweist:
- Unterstützungsbedarf aufgrund gesundheitlicher Beeinträchtigungen,
- körperliche, kognitive oder psychische Beeinträchtigungen und
- nur nach § 14 SGB XI: Bestehen der Einschränkung auf Dauer, voraussichtlich für mindestens sechs Monate.

---

384 BT-Drs. 18/9522, 269.
385 Zu ehe- oder lebenspartnerschaftsähnlichen Gemeinschaften s. von Boetticher (2020) § 4 Rn. 203.
386 Durch das SGB IX/ SGB XII-Änderungsgesetz vom 30.11.2019, BGBl. I 1948; s. dazu BT-Drs. 19/11006 und BT-Drs. 19/14120.

I. Allgemeine Vorschriften

Die Regelungen zum Verhältnis Eingliederungshilfe- / Pflegeleistungen unterscheiden dabei zwischen
- den Pflegeleistungen der **Pflegeversicherung** nach dem SGB XI sowie
- den Leistungen der **Hilfe zur Pflege** nach dem SGB XII bzw. dem BVG (bzw. ab 1.1.2024 dem SGB XIV).

a) Leistungen der Pflegeversicherung

281 Im Verhältnis zu den Leistungen der sozialen Pflegeversicherung nach dem SGB XI sind die Leistungen der Eingliederungshilfe gemäß § 91 Abs. 3 SGB IX i.V.m. § 13 Abs. 3 S. 3 SGB XI **nicht nach-, sondern gleichrangig**, da sie nach der Konzeption des Gesetzes unterschiedliche Aufgaben haben: „Aufgabe der Eingliederungshilfe ist die Förderung der vollen, wirksamen und gleichberechtigten Teilhabe am Leben in der Gemeinschaft. Aufgabe der Pflege ist die Kompensation von gesundheitlich bedingten Beeinträchtigungen der Selbstständigkeit oder der Fähigkeiten."[387] Trotz dieses Nebeneinanders in der Zuständigkeit sollen leistungsberechtigte Personen in der Praxis die **Leistungen aus einer Hand** bekommen. Zu diesem Zweck hat der Eingliederungshilfeträger bei Anhaltspunkten für einen Pflegebedarf gemäß § 13 Abs. 4a SGB XI die **zuständige Pflegekasse** beratend in das Gesamtplan-Verfahren (→ Rn. 327) einzubinden. Die Pflegekasse hat dann die Pflegebedürftigkeit i.S.d. § 14 SGB XI festzustellen und einen Pflegegrad i.S.d. § 15 SGB XI zu ermitteln. Das weitere Verfahren unterscheidet sich dann je nachdem, ob die leistungsberechtigte Person in einer stationären Einrichtung eines Dienstleistungserbringers, d.h. über Tag und Nacht, unterstützt wird, oder aber in der eigenen Häuslichkeit lebt.

282 Werden die Eingliederungshilfeleistungen **in der Einrichtung des Dienstleisters über Tag und Nacht** erbracht, sind erforderliche Pflegeleistungen dort mit zu erbringen (§ 103 Abs. 1 S. 1 SGB IX, § 13 Abs. 3 S. 3 Hs. 2 SGB XI), solange der Teilhabebedarf im Vordergrund steht, also der pflegerische Bedarf nicht überwiegt. Die Pflegekasse zahlt dem Träger der Eingliederungshilfe zur Abgeltung dieser Pflegeleistungen 15 % des vereinbarten Heimentgeltes ab dem Pflegegrad 2,[388] maximal einen Betrag i.H.v. 266 EUR (§ 43a SGB XI). **Übersteigt** der **Pflege- den Teilhabebedarf**, haben der Träger der Eingliederungshilfe, die zuständige Pflegekasse und der Leistungserbringer zu vereinbaren, dass die Leistungen bei einem anderen Leistungserbringer, i.d.R. in einer vollstationären Pflegeeinrichtung, erbracht werden (§ 103 Abs. 1 S. 2 SGB IX). Die leistungsberechtigte Person muss dann ihren bisherigen Lebensort verlassen; nur hinsichtlich der Auswahl des neuen Leistungserbringers wird ihr ein begrenztes Mitspracherecht eingeräumt („angemessene Wünsche"). Dieser Umstand, wonach sich leistungsberechtigte Personen nach dem Angebot der Einrichtungen ausrichten müssen und nicht umgekehrt, steht in deutlichem Widerspruch zum personenorientierten Ansatz der Eingliederungshilfe (→ Rn. 258), zum Selbstbestimmungsrecht des § 1 SGB IX[389] und zur freien Wahl des Wohnorts nach Art. 19 BRK.[390]

283 Demgegenüber hängt bei Leistungen der ambulanten **häuslichen Pflege** durch die Pflegeversicherung die einheitliche Erbringung der Leistung durch den Eingliede-

---

387 BT-Drs.18/10523, 59.
388 Zu Leistungsberechtigten des Pflegegrades 1 s. von Boetticher (2020) § 3 Rn. 23. ff.
389 Von Boetticher (2020) § 3 Rn. 27; Schneider WZS 2017, 72.
390 Vgl. Kuhn-Zuber, Sozialer Fortschritt 2015, 262 f.

rungshilfeträger von der **schriftlichen Zustimmung** der leistungsberechtigten Person ab (§ 13 Abs. 4 SGB IX). Erteilt sie – oder ggf. ihre rechtliche Betreuungsperson nach § 1897 BGB (bzw. ab 1.1.2023: § 1816 BGB) – diese Zustimmung, hat der **Eingliederungshilfeträger** mit der Pflegekasse zu vereinbaren, dass er auf der Grundlage des Bescheides der Pflegekasse die Leistungen übernimmt und die Kosten dafür der Pflegekasse in Rechnung stellt.[391] Dabei ist das Wunsch- und Wahlrecht der leistungsberechtigten Person zu achten. Stimmt die leistungsberechtigte Person hingegen nicht zu, sind die Leistungen der Eingliederungshilfe und diejenigen der Pflegekasse getrennt zu erbringen, d.h. auch durch unterschiedliche Leistungserbringer.

Beispiel 4:
Die 46-jährige, in der Pflegeversicherung pflichtversicherte F ist wegen starker spastischer Lähmungen sowohl auf einen Rollstuhl als auch rund um die Uhr auf persönliche Assistenz angewiesen, um in der eigenen Wohnung verbleiben zu können. Zudem ist bei ihr der Pflegegrad 4 anerkannt. Mit F's Zustimmung werden die Eingliederungshilfe- und die Pflegeleistungen zusammen von einem geeigneten ambulanten Dienstleister erbracht und mit dem Träger der Eingliederung abgerechnet, der wiederum der Pflegekasse die Pflegeleistungen in Rechnung stellt.

Beispiel 5:
Verstärkt sich der Unterstützungsbedarf von F (Beispiel 4) zur Teilhabe derart, dass sie in der eigenen Wohnung nicht mehr zurechtkommt und in eine Einrichtung der Eingliederungshilfe zur Betreuung über Tag und Nacht umziehen muss, werden dort die pflegerischen Leistungen mit erbracht. Die Pflegekasse beteiligt sich dabei mit einem Betrag von max. 266 EUR an den Kosten. Bezüglich der Auswahl der Einrichtung hat F ein Wunsch- und Wahlrecht nach § 8 Abs. 1 SGB IX.

Beispiel 6:
Wird F nach weiteren Verschlechterungen ihres körperlichen Zustandes der Pflegegrad 5 zuerkannt und überwiegt damit der Pflegebedarf ihren Bedarf an Unterstützung zur Sozialen Teilhabe, muss F die bisherige Einrichtung zur Betreuung über Tag und Nacht (Beispiel 5) verlassen und in eine Einrichtung mit entsprechendem pflegerischem Personal umziehen (i.d.R. ein Pflegeheim). Ein Mitspracherecht hat F dabei nur bezüglich der Wahl der neuen Einrichtung, nicht jedoch bezüglich eines Verbleibs in der bisherigen.

b) Leistungen der Hilfe zur Pflege

284 **Hilfe zur Pflege** nach §§ 64a ff. SGB XII kommt zum Einsatz, wenn entweder die finanziell gedeckelten Leistungen der Pflegeversicherung im Einzelfall nicht ausreichen, die Pflegebedürftigkeit weniger als sechs Monate besteht, Pflegebedürftige nicht pflegeversichert sind oder die Pflegekasse aus sonstigen Gründen nicht leisten muss und die pflegebedürftige Person die Pflegeleistungen nicht aus eigener Tasche bezahlen kann. Der **zuständige Sozialhilfeträger** ist am Gesamtplanverfahren zu beteiligen, sobald Anhaltspunkte für einen Bedarf an Leistungen der Hilfe zur Pflege bestehen (→ Rn. 327).

285 Im Fall **häuslicher Pflege** sind – vergleichbar der Lösung mit der Pflegeversicherung – die Pflegeleistungen unter bestimmten Bedingungen von denen der Eingliederungshilfe umfasst. Dies ist für Betroffene insoweit vorteilhaft, als dass die Anforderung an den Einsatz des eigenen Einkommens und Vermögens im Rahmen des Bei-

---

[391] S. die Empfehlung des GKV-Spitzenverbandes und der Bundesarbeitsgemeinschaft der überörtlichen Träger der Sozialhilfe gemäß § 13 Abs. 4 S. 5 SGB XI, abrufbar unter: https://www.gkv-spitzenverband.de/media/dokumente/pflegeversicherung/richtlinien__vereinbarungen__formulare/rahmenvertraege__richlinien_und_bundesempfehlungen/2018_10_15_Pflege_Empfehlungen_nach_13_Abs__4_SGB_XI.pdf (29.6.2021).

tragssystems der Eingliederungshilfe (→ Rn. 342 ff.) weniger streng sind als im Sozialhilferecht. Voraussetzung für die gemeinsame Erbringung der Leistung ist zum einen, dass die **Teilhabeziele** nach Maßgabe des Gesamtplanes der Eingliederungshilfe (→ Rn. 337) erreicht werden können. Aber selbst bei fortschreitendem Verlust von Fähigkeiten sollten sich i.d.R. entsprechend angepasste Teilhabeziele formulieren lassen, da es gemäß § 4 Abs. 1 Nr. 1 SGB IX auch Aufgabe der Leistungen zur Teilhabe ist, die Verschlimmerung einer Behinderung zu verhüten oder ihre Folgen zu mildern sowie nach dessen Nr. 2, die Pflegebedürftigkeit zumindest zu mindern. Weitere Voraussetzung für die gemeinsame Erbringung ist zum anderen nach dem sog. Lebenslagenmodell, dass die leistungsberechtigte Person Leistungen der Eingliederungshilfe **bereits vor Erreichen der Regelaltersgrenze** nach dem SGB VI[392] erhalten hat.[393] Beginnt die Inanspruchnahme von Leistungen der Eingliederungshilfe erst im Rentenalter, ist die leistungsberechtigte Person doppelt benachteiligt: erstens, weil bezüglich der Hilfe zur Pflege die ungünstigeren Anrechnungsregelungen bezüglich des Einkommens und Vermögens nach §§ 82 ff. SGB XII zur Anwendung kommen, und zweitens die Leistungen von unterschiedlichen Trägern zu verantworten sind und von unterschiedlichen Anbietern erbracht werden.

Beispiel 7:
Nach einem Schlaganfall ist der 60-jährige K sowohl auf Leistungen zur Mobilität angewiesen, als auch auf Pflegeleistungen. Ihm wurde der Pflegegrad 2 zuerkannt, Leistungen der Pflegekasse erhält er nicht, da erst vor 10 Monaten aus dem Ausland zurückgekehrt ist, wo er den Großteil seines Berufslebens verbracht hat. Solange im Gesamtplan für K noch erreichbare Teilhabeziele formuliert werden können, erhält er die Eingliederungs- und die Pflegeleistungen von einem Dienstleister der Eingliederungshilfe. Erleidet K den Schlaganfall hingegen erst im Alter von 67 Jahren, ist eine gemeinsame Erbringung der Leistungen ausgeschlossen.

Hilfe zur **Pflege in Einrichtungen** nach § 65 SGB XII sind hingegen in keinem Fall **286** von der Eingliederungshilfe mit umfasst. Diesbezüglich weicht der Gesetzgeber von seinem Leitgedanken der Leistungserbringung aus einer Hand ab.

> **Hinweis**
>
> Pflegeleistungen sind keine Leistungen zur Rehabilitation und die Pflegekassen keine Rehabilitationsträger (→ Rn. 35). Allerdings sind sowohl die Leistungen der sozialen Pflegeversicherung gemäß § 35a SGB XI budgetfähig i.S. eines Persönlichen Budgets nach § 29 SGB IX (allerdings nur in Form von Gutscheinen für bestimmte Leistungsformen → Rn. 119) als auch die Leistungen der Hilfe zur Pflege gemäß § 63 Abs. 3 SGB XII. Dementsprechend können durch die Beantragung eines Persönlichen Budgets in eigener Verantwortung sämtliche Leistungen aus einer Hand bezogen werden.

Wiederholungsfragen

1. *Welche Aufgaben hat die Eingliederungshilfe allgemein und welche speziell bezogen auf die einzelnen Leistungsgruppen?*
2. *Was bedeutet der Grundsatz der Personenzentrierung in der Eingliederungshilfe?*
3. *Was beinhaltet der Sicherstellungsauftrag in der Eingliederungshilfe und wer ist dafür verantwortlich?*

---

392 Die Regelaltersgrenze wird gem. § 35 S. 2 SGB VI mit Vollendung des 67. Lebensjahres erreicht. Allerdings gilt diese Grenze erst ab dem Jahr 2030, weil bis dahin gem. § 235 SGB VI die Regelaltersgrenze jährlich in Ein- bzw. Zweimonatsschritten von vormals 65 Lebensjahren auf 67 Lebensjahre angehoben wird. Die jeweils gültige Regelaltersgrenze ist der Tabelle des § 235 Abs. 2 SGB VI zu entnehmen, die sich auch in § 7a SGB II und in § 41 SGB XII findet.
393 Zur Begründung s. BT-Drs. 18/9522, S. 60 f. Kritisch dazu von Boetticher (2020) § 4 Rn. 33.

4. Was bedeutet das Fachkräftegebot, wen betrifft es und welche inhaltlichen Anforderungen werden an die Fachkräfte gestellt?
5. Welcher Träger ist für die Eingliederungshilfe fachlich zuständig?
6. Wonach bestimmt sich, welcher Träger der Eingliederungshilfe örtlich im Einzelfall zuständig ist?
7. Was ist unter dem Nachrang der Eingliederungshilfe zu verstehen und wer ist darin einbezogen?
8. In welchem Verhältnis steht die Eingliederungshilfe zu existenzsichernden Hilfen zur Sicherung des Lebensunterhalts?
9. In welchem Verhältnis steht die Eingliederungshilfe zu Pflegeleistungen?
10. Wovon hängt es ab, ob Leistungen der Eingliederungshilfe gemeinsam mit Leistungen zur häuslichen Pflege der Pflegeversicherung erbracht werden?
11. Wovon hängt es ab, ob Leistungen der Eingliederungshilfe gemeinsam mit Leistungen zur häuslichen Hilfe zur Pflege nach dem SGB XII erbracht werden?

II. Leistungsvoraussetzungen

1. Leistungsberechtigter Personenkreis

287 Im § 99 SGB IX ist festgelegt, wer einen Anspruch auf Leistung der Eingliederungshilfe hat bzw. welche Voraussetzungen hierfür erfüllt sein müssen. Bei der Norm handelt es sich also um eine **Anspruchsgrundlage**. Die Vorschrift wurde durch das Teilhabestärkungsgesetz[394] mit Wirkung ab dem 1. Juli 2021 wie folgt neu gefasst:

"*§ 99 Leistungsberechtigung, Verordnungsermächtigung*

(1) Leistungen der Eingliederungshilfe erhalten Menschen mit Behinderungen im Sinne von § 2 Absatz 1 Satz 1 und 2, die wesentlich in der gleichberechtigten Teilhabe an der Gesellschaft eingeschränkt sind (wesentliche Behinderung) oder von einer solchen wesentlichen Behinderung bedroht sind, wenn und solange nach der Besonderheit des Einzelfalles Aussicht besteht, dass die Aufgabe der Eingliederungshilfe nach § 90 erfüllt werden kann.

(2) Von einer wesentlichen Behinderung bedroht sind Menschen, bei denen der Eintritt einer wesentlichen Behinderung nach fachlicher Erkenntnis mit hoher Wahrscheinlichkeit zu erwarten ist.

(3) Menschen mit anderen geistigen, seelischen, körperlichen oder Sinnesbeeinträchtigungen, durch die sie in Wechselwirkung mit einstellungs- und umweltbedingten Barrieren in der gleichberechtigten Teilhabe an der Gesellschaft eingeschränkt sind, können Leistungen der Eingliederungshilfe erhalten.

(4) Die Bundesregierung kann durch Rechtsverordnung mit Zustimmung des Bundesrates Bestimmungen über die Konkretisierung der Leistungsberechtigung in der Eingliederungshilfe erlassen. Bis zum Inkrafttreten einer nach Satz 1 erlassenen Rechtsverordnung gelten die §§ 1 bis 3 der Eingliederungshilfe-Verordnung in der am 31. Dezember 2019 geltenden Fassung entsprechend."

Hinweis

Hintergrund dieser zeitlich verzögerten Neufassung des § 99 SGB IX war, dass bereits mit dem BTHG ursprünglich eine neue Definition des berechtigten Personenkreises zum 1.1.2020 vorgesehen war, die sich nach dem Ausmaß des Unterstützungsbedarfes

---

[394] Vom 2. Juni 2021, BGBl. I 1387 ff.

II. Leistungsvoraussetzungen

bei der Teilhabe an neun aus der ICF der WHO übernommen Lebensbereichen ausrichten sollte. Im Verlauf des Gesetzgebungsverfahrens wurden von verschiedenen Seiten Bedenken geäußert, dass die konkrete Ausgestaltung dieser Regelung bestimmte Personengruppen von Leistungen der Eingliederungshilfe ausschließe, die bisher Empfänger:innen dieser Leistungen waren.[395] Um solche Ausschlusswirkungen zu vermeiden, wurde die Neudefinition des Kreises der Berechtigten auf das Jahr 2023 verschoben und das BMAS beauftragt, mittels wissenschaftlicher Untersuchungen und modellhafter Erprobung die Auswirkungen der geplanten Neudefinition auf den leistungsberechtigten Personenkreis der Eingliederungshilfe in den Jahren 2017 und 2018 zu ermitteln, um auf Grundlage dieser Erkenntnisse den § 99 SGB IX neu zu fassen.[396] Bis zu der nun in Kraft getretenen Neuregelung verwies § 99 SGB IX a.F. zur Fortführung der bisherigen Rechtslage auf § 53 Abs. 1 und 2 SGB XII und die §§ 1–3 der EGH-VO (→ Rn. 289), obwohl diese vier Paragrafen bereits mit Wirkung vom 1.1.2020 aufgehoben wurden[397] und nur noch über den Verweis in § 99 SGB IX a.F. auf deren am 31.12.2019 geltende Fassung weiter existierten. Diese Technik wird auch nach der Neufassung in § 99 Abs. 3 S. 2 SGB weiter fortgeführt (→ Rn. 289).

288 Die Neufassung ist der bisherigen Anspruchsgrundlage im SGB XII, dem § 53 Abs. 1 und Abs. 2 SGB XII a.F., weitgehend nachgebildet, aber sprachlich an das neue Verständnis von Behinderung (→ Rn. 16 ff.) angepasst. Nunmehr wird für das Merkmal der wesentlichen Behinderung jetzt auf die Einschränkung der Teilhabe abgestellt und nicht mehr defizitorientiert von Einschränkungen der Teilhabe*fähigkeit* der antragstellenden Person.

In § 99 Abs. 1 und Abs. 2 SGB IX sind folgende **Anspruchsvoraussetzungen** enthalten:

- eine (drohende) wesentliche Behinderung im Sinne von § 2 Abs. 1 S. 1 SGB IX, d.h. bei der antragstellenden Person müssen vorliegen oder nach fachlicher Erkenntnis mit hoher Wahrscheinlichkeit zu erwarten sein:
  - eine körperliche, seelische, geistige oder Sinnes-**Beeinträchtigung**, die
  - von dem für das Lebensalter typischen Zustand **abweicht** und
  - die sie in **Wechselwirkung** mit einstellungs- und umweltbedingten **Barrieren**
  - mit hoher Wahrscheinlichkeit **länger als sechs Monate**
  - an der gleichberechtigten Teilhabe an der Gesellschaft hindert (→ Rn. 15 ff.)
- durch die Behinderung muss sie **wesentlich** in ihrer **Teilhabe** an der Gesellschaft **eingeschränkt** sein (→ Rn. 289) und
- es muss die **Erfolgsaussicht** bestehen, dass die Aufgabe der Eingliederungshilfe nach § 90 erfüllt werden kann (→ Rn. 291).

Sind diese Voraussetzungen erfüllt, besteht ein **Rechtsanspruch** auf Eingliederungshilfe, sofern nicht Leistungen Dritter vorrangig sind (→ Rn. 273), kein ausdrücklicher Ausschlussgrund (→ Rn. 296 f.) vorliegt und ein ggf. zu erbringender Eigenbeitrag die Kosten der notwendigen Leistung nicht übersteigt (→ Rn. 342 ff.).

289 Bei dem Merkmal der wesentlichen Behinderung, definiert als wesentliche Einschränkung in der Teilhabe an der Gesellschaft handelt es sich um einen **unbestimmten Rechtsbegriff**.[398] Die Bundesregierung wird in § 99 Abs. 3 S. 1 SGB IX er-

---

[395] BT-Drs. 18/9954, 21 f.; BT-Drs. 18/10523, 47 49, 51.
[396] S. dazu von Boetticher (2020) § 5 Rn. 5 ff. Der Abschlussbericht zu der wissenschaftlichen Untersuchung wurde am 13.9.2018 unter der BT-Drucks. 19/4500 veröffentlicht.
[397] Durch Art. 26 Abs. 4 S. 1 Nr. 1 und Nr. 4 sowie S. 2 BTHG, BGBl. I 3340.
[398] Zur Erläuterung dieses Fachbegriffs s. Trenczek in Trenczek et al. (2018) S. 140 ff.

mächtigt, diesen unbestimmten Rechtsbegriff als Teil der Leistungsberechtigung in der Eingliederungshilfe durch eine Rechtsverordnung zu konkretisieren. Bis zu deren Inkrafttreten wird in § 99 Abs. 3 S. 2 SGB IX zur Auslegung dieses Rechtsbegriffes auf die **§§ 1–3 der EGH-VO** in ihrer am 31.12.2019 geltenden Fassung Bezug genommen (→ Rn. 287). Diese drei Vorschriften, die bereits im Jahr 1975 noch auf der Grundlage des damaligen Bundessozialhilfegesetzes (Vorläufer des SGB XII) im Sinne des inzwischen überholten Verständnisses von Behinderung erlassen worden waren, differenzieren bezüglich der Wesentlichkeit der Einschränkung nach der Art der Beeinträchtigung und lauten:

„*§ 1 Körperlich wesentlich behinderte Menschen*

Durch körperliche Gebrechen wesentlich in ihrer Teilhabefähigkeit eingeschränkt im Sinne des § 53 Abs. 1 Satz 1 des Zwölften Buches Sozialgesetzbuch sind
1. *Personen, deren Bewegungsfähigkeit durch eine Beeinträchtigung des Stütz- oder Bewegungssystems in erheblichem Umfange eingeschränkt ist,*
2. *Personen mit erheblichen Spaltbildungen des Gesichts oder des Rumpfes oder mit abstoßend wirkenden Entstellungen vor allem des Gesichts,*
3. *Personen, deren körperliches Leistungsvermögen infolge Erkrankung, Schädigung oder Fehlfunktion eines inneren Organs oder der Haut in erheblichem Umfange eingeschränkt ist,*
4. *Blinden oder solchen Sehbehinderten, bei denen mit Gläserkorrektion ohne besondere optische Hilfsmittel*
    a) *auf dem besseren Auge oder beidäugig im Nahbereich bei einem Abstand von mindestens 30 cm oder im Fernbereich eine Sehschärfe von nicht mehr als 0,3 besteht oder*
    b) *durch Buchstabe a nicht erfasste Störungen der Sehfunktion von entsprechendem Schweregrad vorliegen,*
5. *Personen, die gehörlos sind oder denen eine sprachliche Verständigung über das Gehör nur mit Hörhilfen möglich ist,*
6. *Personen, die nicht sprechen können, Seelentauben und Hörstummen, Personen mit erheblichen Stimmstörungen sowie Personen, die stark stammeln, stark stottern oder deren Sprache stark unartikuliert ist.*

§ 2 Geistig wesentlich behinderte Menschen

Geistig wesentlich behindert im Sinne des § 53 Abs. 1 Satz 1 des Zwölften Buches Sozialgesetzbuch sind Personen, die infolge einer Schwäche ihrer geistigen Kräfte in erheblichem Umfange in ihrer Fähigkeit zur Teilhabe am Leben in der Gesellschaft eingeschränkt sind.

§ 3 Seelisch wesentlich behinderte Menschen

Seelische Störungen, die eine wesentliche Einschränkung der Teilhabefähigkeit im Sinne des § 53 Abs. 1 Satz 1 des Zwölften Buches Sozialgesetzbuch zur Folge haben können, sind
1. *körperlich nicht begründbare Psychosen,*
2. *seelische Störungen als Folge von Krankheiten oder Verletzungen des Gehirns, von Anfallsleiden oder von anderen Krankheiten oder körperlichen Beeinträchtigungen,*
3. *Suchtkrankheiten,*
4. *Neurosen und Persönlichkeitsstörungen.*"

290 **Sinnesbeeinträchtigungen** sind in keinem eigenen Paragrafen der EGH-VO geregelt. Als Untergruppe der körperlichen Beeinträchtigungen sind sie in § 1 Nr. 3–5

II. Leistungsvoraussetzungen

EGH-VO mit erfasst. Abgesehen von der z.T. veralteten, noch nicht an das neue Verständnis von Behinderung angepassten Sprache, ist bezüglich der §§ 1–3 der EGH-VO auffällig, dass die drei Normen **unterschiedlich konkret** sind. Während bei den §§ 1 und 2 die wesentliche Teilhabeeinschränkung feststeht, wenn die dort beschriebenen Beeinträchtigungen vorliegen, „können" die in § 3 beschriebenen seelischen Beeinträchtigungen eine wesentliche Einschränkung der Teilhabefähigkeit zur Folge haben; allein das Vorliegen der Beeinträchtigung reicht noch nicht aus, vielmehr ist zur Begründung der Wesentlichkeit eine weitere Betrachtung notwendig. Dabei ist für die Wesentlichkeit nicht die Stärke der Beeinträchtigung als solche entscheidend, sondern die Auswirkung der Beeinträchtigung auf die Teilhabemöglichkeit.[399]

Voraussetzung für einen Anspruch ist gemäß § 99 Abs. 1 SGB IX, dass und solange im konkreten Einzelfall unter Berücksichtigung von Art oder Schwere der Behinderung die **Aussicht besteht**, dass – nur – mithilfe einer Leistung der Eingliederungshilfe deren Aufgabe erfüllt werden kann. Dies ist anhand der **individuellen Teilhabeziele** danach zu beurteilen, **291**

- ob diese **Teilhabeziele nachvollziehbar** sind und nicht über die Bedürfnisse einer nicht hilfebedürftigen Vergleichsperson ohne Behinderung hinausgehen,[400]
- ob Leistungen der Eingliederungshilfe i.S.d. der Aufgaben des § 90 SGB IX **geeignet** sind, diese Teilhabeziele der antragstellenden Person zu decken, und
- ob sie dafür auch **notwendig** sind, also die Teilhabeziele nicht auch ohne die Unterstützung der Eingliederungshilfe, d.h. auf anderem Wege in zumutbarer Weise erreicht werden können.[401] Es geht dabei um die Frage, ob das Teilhabeziel gänzlich ohne Leistungen der Eingliederungshilfe erreicht werden kann, nicht jedoch darum, ob die beantragten Leistungen in dem erwünschten Umfang erbracht werden müssen. Dies ist erst nach Feststellung des Anspruches bei der Festlegung der Leistungen nach der Besonderheit des Einzelfalls durch den Träger der Eingliederungshilfe zu prüfen (→ Rn. 294).

Beispiel 8:

Ein Mann mit einer wesentlichen Gehbehinderung beantragt die Kostenübernahme für die Beschaffung eines Kfz, um Einkäufe erledigen, Arzttermine wahrnehmen und an kulturellen Veranstaltungen teilnehmen zu können. Diese Teilhabeziele zur Sozialen Teilhabe sind nachvollziehbar und Leistungen zur Mobilität auch geeignet, die Aufgaben des § 90 Abs. 5 SGB IX zur Sozialen Teilhabe zu erfüllen. Fraglich ist jedoch, ob Leistungen der Eingliederungshilfe auch notwendig sind. Hier kommt es auf die Umstände des Einzelfalls an, also zum einen auf die genauen Einschränkungen des Mannes, zum anderen auf die Erreichbarkeit der Orte der erstrebten Sozialen Teilhabe auch ohne Eingliederungshilfe z.B. mithilfe des öffentlichen Nahverkehrs, sofern dieser barrierefrei ist, zu den benötigten Verkehrszeiten fährt und für den Mann mit Gehbehinderung zumutbar erreichbar ist.

Übergeordnete Aufgabe aller Eingliederungshilfeleistungen ist es gemäß § 90 Abs. 1 **292** SGB IX, eine individuelle und würdevolle Lebensführung zu ermöglichen, die volle, wirksame und gleichberechtigte Teilhabe zu fördern und Leistungsberechtigte zu einer möglichst selbstbestimmten und eigenverantwortlichen Lebensplanung und -führung zu befähigen. Leistungen der Eingliederungshilfe sind – auch unter Berücksichtigung der Ziele des § 4 Abs. 1 SGB IX – also nicht nur dann geeignet und notwendig, wenn eine Verbesserung der gegenwärtigen Teilhabe erreicht werden kann, sondern auch, wenn ohne diese eine **Verschlechterung zu befürchten** ist, also mit der Eingliederungshilfe „nur" der gegenwärtige Stand aufrechterhalten werden kann

---

[399] BSG 15.11.2012 – B 8 SO 10/11 R, Rn. 14 m.w.N.
[400] BSG 8.3.2017 – B 8 SO 2/16 R, Rn. 22.
[401] Vgl. LSG NRW 19.10.2015 – L 20 SO 255/12, Rn. 83 ff.; BSG 12.12.2013 – B 8 SO 18/12, Rn. 15 ff. zu § 53 Abs. 3 SGB XII i.d.F. bis 31.12.2019.

(zur Auswahl der konkreten Leistung → Rn. 294).[402] Je nachdem, welcher Leistungsgruppe das individuelle Teilhabeziel zuzuordnen ist, sind neben den übergeordneten Aufgaben der Eingliederungshilfe auch deren speziellen Aufgaben nach § 90 Abs. 2–5 SGB IX (→ Rn. 263) in die Betrachtung mit einzubeziehen.

293 Gemäß § 99 Abs. 3 SGB IX **können** Personen **mit einer anderen** körperlichen, geistigen, seelischen oder Sinnesbeeinträchtigungen, durch die sie in Wechselwirkung mit einstellungs- und umweltbedingten Barrieren in der gleichberechtigten Teilhabe an der Gesellschaft eingeschränkt sind Leistungen der Eingliederungshilfe erhalten. Mit anderen Beeinträchtigungen sind dabei solche gemeint, die nicht die Voraussetzungen des Abs. 1 erfüllen. Die Gewährung von Eingliederungshilfe als **Ermessensleistung** kommt daher in Betracht, wenn die Beeinträchtigung

- zwar wesentlich ist, aber voraussichtlich keine sechs Monate dauert und/oder
- zwar länger dauert, aber nicht wesentlich ist i.S.d. der Rechtsverordnung nach § 99 Abs. 4 SGB IX bzw. bis zu deren Erlass noch i.S.d. §§ 1–3 der EGH-VO i.d.F. am 31.12.2019.

Dies betrifft u.a. auch **Erkrankungen** rund um das **Nervensystem** wie Parkinson, Multiple Sklerose oder Hirnhautentzündung.[403] Je erheblicher die Teilhabeeinschränkung durch eine dieser anderen Beeinträchtigungen ist, desto mehr verdichtet sich die Ermessensregelung hin zu einem Anspruch auf Leistungen.[404]

2. Leistungen nach der Besonderheit des Einzelfalls

294 Sowohl, wenn ein Rechtsanspruch auf Leistungen der Eingliederungshilfe nach § 99 Abs. 1 SGB IX besteht als auch, wenn der Träger der Eingliederungshilfe gemäß § 99 Abs. 3 SGB IX Leistungen nach Ermessen gewährt, hat er gemäß § 107 Abs. 2 SGB IX über **Art und Umfang der Leistungen** der Eingliederungshilfe nach **pflichtgemäßem Ermessen** zu entscheiden (→ Rn. 131). § 104 SGB IX gibt das Verfahren und die Kriterien für die Ausübung dieses Ermessens vor. Maßstab ist dabei die **Besonderheit des Einzelfalls** (Abs. 1). Neben der Art des Bedarfes und den eigenen Kräften und Mitteln sind dabei sowohl die persönlichen Verhältnisse wie das familiäre, freundschaftliche und nachbarschaftliche Umfeld[405] zu berücksichtigen, als auch der – nicht näher definierte – Sozialraum.[406] Dabei ist die Wohnform zu würdigen, in der die leistungsberechtigte Person zum Zeitpunkt der Leistungsentscheidung lebt. Damit soll die besondere „Bedeutung der Wohnform als elementarer Lebensraum" im Sinne der BRK hervorgehoben werden.[407] Die **Dauer der Leistungen** richtet sich nach der Erreichbarkeit der Teilhabeziele des Gesamtplanes. Es gibt also - anders als bei einigen Sozialleistungen von Sozialversicherungsträgern wie z.B. dem Krankengeld - keine zeitliche Begrenzung für den Leistungsanspruch, wobei die Leistungen der Eingliederungshilfe nur für begrenzte Bewilligungszeiträume von längstens zwei Jahren bewilligt werden, um auf den Folgeantrag hin (→ Rn. 298) das Fortbestehen der Anspruchsvoraussetzungen und die Aktualität der Bedarfsfeststellung im Gesamtplan zu prüfen und letzteren ggf. fortzuschreiben (→ Rn. 335 ff.). Es gibt auch

---

402 Vgl. LSG NRW 19.10.2015 – L 20 SO 255/12, Rn. 87 m.w.N.
403 S. Kapitel VI der ICD-10 unter www.icd-code.de (29.06.2021).
404 Bieritz-Harder in LPK-SGB XII EinglH Rn. 18.
405 BT-Drs. 18/9522, 278.
406 von Boetticher (2020) § 4 Rn. 77.
407 BT-Drs. 18/10523, 62.

II. Leistungsvoraussetzungen

keine **Altersbeschränkung** für den Zugang zu Eingliederungshilfeleistungen,[408] da die Teilhabe an der Gesellschaft ein Menschenrecht ist; zu beachten ist dabei jedoch das sog. Lebenslagenmodell bei einem kombinierten Bedarf an Leistungen der Eingliederungshilfe und der häuslichen Hilfe zur Pflege gemäß § 64b SGB IX (→ Rn. 285).

Gemäß § 104 Abs. 2 SGB IX wird das **Wunsch- und Wahlrecht** der Leistungsberechtigten bezüglich der Gestaltung der Leistungen unter den Vorbehalt einer **Angemessenheitsprüfung** gestellt. Als speziellere Regelung schränkt diese gemäß § 7 Abs. 1 S. 1 SGB IX in zulässiger Weise die allgemeinen Regelungen des § 8 SGB IX ein; ausgenommen ist die Wahl der Betreuung durch Geistliche des eigenen religiösen Bekenntnisses nach § 104 Abs. 4 SGB IX (zu den Einzelheiten der Angemessenheitsprüfung → Rn. 55 ff.). **295**

3. Ausschlüsse

Die §§ 100 – 101 SGB IX schränken die Leistungen der Eingliederungshilfe im Fall von Auslandsbezug ein. **Ausländer:innen** können nur dann einen Anspruch auf Eingliederungshilfe haben, wenn sie über eine Niederlassungserlaubnis, einen unbefristeten Aufenthaltstitel mit Arbeitserlaubnis gemäß § 9 AufenthG oder über einen befristeten Aufenthaltstitel mit voraussichtlich dauerhaftem Aufenthalt im Bundesgebiet verfügen. Für Leistungsberechtigte nach **§ 1 AsylbLG** kommen Leistungen der Eingliederungshilfe nur aufgrund der Ermessensvorschrift des § 6 AsylbLG in Frage, wenn die Leistungen zur Sicherung des Lebensunterhaltes oder der Gesundheit **unerlässlich** oder zur Deckung besonderer Bedürfnisse von Kindern geboten sind.[409] Ausländer:innen, die in der nachweislichen Absicht einreisen, Eingliederungshilfeleistungen zu erlangen, sind von deren Bezug ausgeschlossen.[410] Anderen Ausländer:innen kann Eingliederungshilfe als **Ermessensleistung** gewährt werden. **296**

Ob **Deutsche im Ausland** Leistungen der Eingliederungshilfe erhalten können, hängt vom Ort ihres gewöhnlichen Aufenthalts (zum Begriff → Rn. 269) ab: **297**

- Liegt dieser **nicht in Deutschland,** erhalten sie i.d.R. keine Leistungen außer im Fall einer **Notlage** und wenn ihnen eine Rückkehr ins Inland aus einem der in § 101 SGB IX genannten Gründen unmöglich ist.
- Liegt dieser in Deutschland und halten sie sich nur **vorübergehend im Ausland** auf, können ihnen gemäß § 104 Abs. 5 SGB IX auch dort Leistungen erbracht werden, wenn dies im Interesse der Aufgaben der Eingliederungshilfe geboten ist, es den Auslandsaufenthalt nicht wesentlich verlängert und nicht unverhältnismäßig mehr kostet (→ Rn. 57).

4. Antragserfordernis

Die Gewährung von Leistungen der Eingliederungshilfe hängt gemäß § 108 SGB IX davon ab, dass zuvor ein **Antrag gestellt** wird. Ein Antrag ist eine Willenserklärung, die auf ein Leistungsverlangen gerichtet ist.[411] Er ist auch formlos möglich und gilt **298**

---

[408] BT-Drs. 18/9522, 278.
[409] LSG NSB 1.2.2018 – L 8 AY 16/17 B ER, Rn. 28; OVG S-H 9.9.1998 – 1 M 98/98, Rn. 1.
[410] Beweispflichtig für die Einreiseabsicht ist der Eingliederungshilfeträger, vgl. LSG BB 10.9.2009 – L 23 SO 117/06, Rn. 25 m.w.N.
[411] Hampel in jurisPK SGB IV § 19 Rn. 23.

als gestellt, wenn die **Identität der antragstellenden Person** feststeht und ein **konkretisierbares Leistungsbegehren** erkennbar ist, also deutlich wird, was die Antragsteller:innen möchten (→ Rn. 473). Der Antrag wirkt zeitlichlängstens auf den Ersten des Monats der Antragstellung zurück, d.h. für zurückliegende Zeiträume dürfen keine Leistungen erbracht werden.[412] Gemäß § 108 Abs. 2 SGB IX ist ausnahmsweise dann kein Antrag erforderlich, wenn im Rahmen eines Gesamtplanverfahrens nach dem 7. Kapitel weitere Bedarfe offenkundig werden. In diesem Fall sind Leistungen **von Amts wegen** zu erbringen.

> **Hinweis**
>
> Das Antragserfordernis wurde im Recht der Eingliederungshilfe erst mit deren Wechsel ins SGB IX zum 1.1.2020 eingeführt. Bis zum 31.12.2019 mussten Leistungen der Eingliederungshilfe gemäß § 18 SGB XII von Amts wegen, d.h. auch ohne Antrag, erbracht werden, wenn der Sozialhilfeträger ggf. auch auf anderem Weg Kenntnis von einem Hilfebedarf erlangte. In diesem Punkt hat das neue Eingliederungshilferecht eine Verschlechterung gebracht,[413] zumal die leistungsberechtigte Person auch daran denken muss, rechtzeitig vor Ablauf des Bewilligungszeitraumes einen Folgeantrag auf Fortgewährung der Leistung(en) zu stellen.

Übungsfall zu den Voraussetzungen der Eingliederungshilfe

(Lösung: Rn. 504)

299 *Die 69-jährige P, seit 3 Jahren Empfängerin von Grundsicherung im Alter nach § 41 SGB XII, bleibt nach einem Schlaganfall auch nach Abschluss der Krankenbehandlung und der medizinischen Rehabilitation rechtsseitig gelähmt. Sie ist Hobby-Schriftstellerin mit einer Reihe von Veröffentlichungen und betreut die Schreibwerkstatt des Nachbarschaftszentrums, wobei sich die Teilnehmenden bei ihr zu Hause treffen. Um diese Aktivitäten auch weiterhin ausführen zu können, beantragt Frau P die Kostenübernahme für einen Laptop und einen Drucker, da sie als Rechtshänderin ihre bis dahin verwendete Schreibmaschine nicht mehr bedienen kann. Hat Frau P Anspruch auf Leistungen der Eingliederungshilfe?*

Wiederholungsfragen

1. *Anhand welcher Voraussetzungen ist der berechtigte Personenkreis für Leistungen der Eingliederungshilfe zu prüfen?*
2. *Mithilfe welcher Vorschriften ist dabei zu bestimmen, ob eine Person wesentlich in ihrer Teilhabe an der Gesellschaft eingeschränkt ist?*
3. *Wonach unterscheiden die Vorschriften?*
4. *Wie ist zu prüfen, ob die Aussicht besteht, dass die Aufgabe der Eingliederungshilfe erfüllt werden kann.*
5. *Ist nur dann Eingliederungshilfe zu gewähren, wenn dadurch eine Verbesserung der Teilhabe zu erreichen ist? Begründen Sie!*
6. *Sind Personen mit Behinderungen, deren Einschränkungen der Teilhabe an der Gesellschaft nicht als wesentlich eingestuft wird, von Leistungen der Eingliederungshilfe ausgeschlossen?*

---

412 BT-Drs. 18/9522, 281.
413 Kritsch zur Einführung des Antragserfordernisses von Boetticher (2020) § 4 Rn. 95 ff.

7. *Warum bedarf es noch einer Bestimmung der Leistungen nach der Besonderheit des Einzelfalls, wenn im Einzelfall die Voraussetzungen auf Eingliederungshilfe erfüllt sind?*
8. *Welche Einschränkung erfährt das Wunsch- und Wahlrecht in der Eingliederungshilfe gegenüber der allgemeinen Regelung in § 8 Abs. 1 SGB IX?*
9. *In welchen Schritten ist diese Einschränkung des Wunsch- und Wahlrechts zu prüfen? (→ Rn. 55 ff.)*
10. *Wann gilt eine vergleichbare Leistung als zumutbar? (→ Rn. 56)*
11. *Wann gelten Mehrkosten einer vergleichbaren Leistung als unverhältnismäßig? (→ Rn. 57)*
12. *Welche Besonderheit gilt bei der Gewährung von Wohnhilfen? (→ Rn. 58)*
13. *Welche Anforderungen müssen erfüllt sein, damit vom Vorliegen eines Antrags auszugehen ist?*

III. Besonderheiten bei den Leistungen

Wie im allgemeinen Sozialrecht nach § 11 SGB I werden Leistungen der Eingliederungshilfe gemäß § 105 Abs. 1 SGB IX in folgenden Formen erbracht: **300**

- **Dienstleistungen**, d.h. persönliche Hilfen durch das Personal des Eingliederungshilfeträgers, insbesondere Beratung und Unterstützung (→ Rn. 268),
- **Sachleistungen**, d.h. vom Rehabilitationsträger durch Verträge mit Leistungserbringern organisierte und der leistungsberechtigten Person zur Verfügung gestellte Leistungen wie Hilfsmittel und Unterstützungsleistungen einschließlich persönlicher Assistenz und
- **Geldleistungen**, d.h. direkte Zahlungen an die leistungsberechtigte Person wie z.B. beim Persönlichen Budget (→ Rn. 113 ff.) oder der speziellen Form der pauschalen Geldleistungen (→ Rn. 317).

Für den Inhalt der Leistungen gelten die Vorschriften für die Teilhabeleistungen im ersten Teil des SGB IX (§§ 42 ff. SGB IX) in der Eingliederungshilfe ebenso wie für alle Rehabilitationsträger. Ausgenommen sind nur die §§ 64 – 74 SGB IX, da die Träger der Eingliederungshilfe gemäß § 102 Abs. 1 SGB IX (vgl. auch § 6 Abs. 1 Nr. 7 SGB IX) nicht für die Leistungsgruppe der unterhaltssichernden und anderen ergänzenden Leistungen zuständig sein können (→ Rn. 32 und 209). Allerdings sind in den §§ 109–116 SGB IX **Besonderheiten** bezüglich der anderen Leistungsgruppen, für die der Träger der Eingliederungshilfe zuständig ist, definiert, die von den Regelungen im 1. Teil des SGB IX abweichen. Da das Recht der Eingliederungshilfe im 2. Teil des SGB IX als eigenes Leistungsgesetz gilt (§ 7 Abs. 1 S. 3 SGB IX), **gehen diese Abweichungen vor** (→ Rn. 44). **301**

1. Medizinische Rehabilitation

Für die Eingliederungshilfe wird der offene Leistungskatalog (zum Begriff → Rn. 131) der **medizinischen Rehabilitation** übernommen (§ 109 Abs. 1 SGB IX). Darüber hinaus wird auch auf die Leistungen nach § 64 Abs. 1 Nr. 3–6 SGB IX verwiesen. Dadurch werden **302**

- **Rehabilitationssport und Funktionstraining** in Gruppen auf ärztliche Verordnung,
- **Reisekosten** sowie
- **Betriebs- oder Haushaltshilfe, Kinderbetreuungskosten**,

die eigentlich Teile der Leistungsgruppe der unterhaltssichernden und anderen ergänzenden Leistungen sind (→ Rn. 197 ff.), zu Leistungen der medizinischen Rehabilitation „umetikettiert" und können auch vom Träger der Eingliederungshilfe als Leistungen gewährt werden.

303 Bezüglich Art und Umfang entsprechen die Rehabilitationsleistungen denjenigen der gesetzlichen Krankenkassen (§ 109 Abs. 1 SGB IX). Leistungen der medizinischen Rehabilitation, die nicht oder nicht bedarfsdeckend von den Krankenkassen erbracht werden, können also auch nicht über den Träger der Eingliederungshilfe in Anspruch genommen werden. Auch bezüglich der **freien Wahl unter den Leistungserbringern**, der Leistungserbringung, der Leistungsvergütung und der Abrechnungspflichten der Leistungserbringer wird auf die entsprechenden Regelungen des SGB V verwiesen (§ 110 SGB IX). Aufgrund der Nachrangigkeit der Eingliederungshilfe und der allgemeinen Krankenversicherungspflicht ist die Eingliederungshilfe nur in geringem Umfang für Leistungen der medizinischen Rehabilitation zuständig (Faustregeln 4 und 5 → Rn. 40 f.).

2. Teilhabe am Arbeitsleben

304 Anders als der **Leistungskatalog** zur **Teilhabe am Arbeitsleben** in § 49 SGB IX sind die Leistungen zur Teilhabe am Arbeitsleben, die die Eingliederungshilfe erbringen kann, **abschließend**. Sie umfassen ausschließlich (§ 111 SGB IX):
- Leistungen im Arbeitsbereich einer anerkannten WfbM (→ Rn. 437 ff.) einschließlich Arbeitsförderungsgeld nach § 59 SGB IX (→ Rn. 441),
- Leistungen bei anderen Leistungsanbietern (→ Rn. 448 ff.), einschließlich Arbeitsförderungsgeld,
- das Budget für Arbeit für eine sozialversicherungspflichtige Beschäftigung bei einem privaten oder öffentlichen Arbeitgeber (→ Rn. 452 ff.),
- Leistungen für ein Budget für Ausbildung nach § 61a SGB IX (→ Rn. 452 ff.) sowie
- Gegenstände und Hilfsmittel, die zur Ausübung der vorgenannten Beschäftigungen erforderlich sind.

305 Erforderliches Hilfsmittel für die Aufnahme oder Fortsetzung einer Beschäftigung kann auch ein **Kraftfahrzeug** sein, sofern der Weg zur Arbeit nicht auf zumutbare andere Weise zurückgelegt werden und die leistungsberechtigte Person das Kfz entweder selber führen kann oder dafür verlässlich ein Dritter zur Verfügung steht. Einzelheiten dazu sind der Kraftfahrzeughilfe-Verordnung geregelt (→ Rn. 166).

3. Teilhabe an Bildung

306 Der Katalog der Leistungen zur **Teilhabe an Bildung** in § 112 Abs. 1 S. 1 SGB IX deckt sich mit demjenigen des § 75 Abs. 2 S. 1 SGB IX und enthält im Übrigen Klarstellungen zum Umfang der Leistungen. So schließen die Leistungen zur **Schulbildung** – auch über das Ende der Schulpflicht hinaus – mit ein:

III. Besonderheiten bei den Leistungen 165

- Unterstützung in einer schulischen **Ganztagsbetreuung** in offener Form, also über das Unterrichtsende hinaus, sofern dies laut Schulgesetz zum Bildungs- und Erziehungsauftrag der Schule gehört, in schulischer Verantwortung erfolgt, an den Unterricht anknüpft und in der Schule oder deren Umfeld durchgeführt wird (z.B. Schulhort),
- **heilpädagogische und sonstige Maßnahmen**, die erforderlich und geeignet sind, den Schulbesuch zu ermöglichen oder auch nur zu erleichtern sowie
- **Gegenstände und Hilfsmittel**, die wegen der gesundheitlichen Beeinträchtigung zur Teilhabe an Bildung erforderlich sind.

> **Hinweis**
>
> Die Abgrenzung der Leistungen zur Teilhabe an Bildung zu denen der Sozialen Teilhabe ist gerade im schulischen Bereich (z.B. Schulbegleitung oder persönliche Freizeitassistenz) essenziell,[414] da die Leistungen zur Teilhabe an Schulbildung gemäß § 138 Abs. 1 Nr. 4 SGB IX unabhängig von einem finanziellen Eigenbetrag erbracht werden, Leistungen zur Sozialen Teilhabe hingegen nicht (→ Rn. 356), und Eltern für ihre Kinder mit Behinderungen finanziell einstehen müssen (→ Rn. 352).

Zu den **Hilfen zur (hoch-)schulischen Ausbildung oder Weiterbildung** für einen Beruf gehören gemäß § 112 Abs. 3 SGB IX auch die folgenden Leistungen: **307**

- Gegenstände und Hilfsmittel, die wegen der gesundheitlichen Beeinträchtigung zur Teilhabe an Bildung erforderlich sind,
- Hilfen zur Teilnahme an Fernunterricht,
- Hilfen zur Ableistung eines durch die Schul- oder Ausbildungsordnung vorgeschriebenen Praktikums und
- Hilfen zur Teilnahme an Maßnahmen zur Vorbereitung auf die schulische oder hochschulische Ausbildung oder Weiterbildung für einen Beruf.

Gemäß § 112 Abs. 1 S. 4 SGB IX kann auch eine **(hoch-) schulische Zweitausbildung** unterstützt werden, wenn dies aus „behinderungstechnischen Gründen" erforderlich ist. Das ist in solchen Fällen denkbar, in denen eine Behinderung erst während des Berufslebens eintritt oder aber Verschlimmerungen bisheriger Behinderungen eintreten, so dass der zunächst erlernte Beruf nicht weiter ausgeübt werden kann. Die Träger der Eingliederungshilfe haben hier nach pflichtgemäßem Ermessen zu entscheiden. **308**

Die leistungsberechtigte Person muss sich nicht mit einem ersten berufsqualifizierenden Abschluss begnügen, sondern kann auch Unterstützung für eine **Höherqualifizierung** bis hin zur akademischen Karriere erhalten. Diese wird gemäß § 112 Abs. 3 SGB IX aber nur unter den einschränkenden Voraussetzungen erbracht, dass die **Weiterbildung** **309**

- zeitnah an eine duale, schulische oder hochschulische Berufsausbildung anschließt,
- in dieselbe fachliche Richtung weiterführt – oder im Fall eines Masterstudiums diese interdisziplinär ergänzt – und
- es der leistungsberechtigten Person ermöglicht, das von ihr angestrebte Berufsziel zu erreichen.

Die leistungsberechtigte Person muss daher frühzeitig ein klares Berufsziel vor Augen haben. Mit dem zeitlichen Zusammenhang ist keine maximale Zeitspanne zwi- **310**

---

414 Beispielhaft: BSG 6.12.2018 – B 8 SO 7/17 R, Rn. 19 ff.: Integrationshelfer zur Teilnahme an der Offenen Ganztagsschule - Abgrenzung zur Teilhabe am Leben in der Gemeinschaft.

schen den beiden Bildungsabschnitten gemeint, sondern eine **Altersgrenze**. So sollen Weiterbildungen im Anschluss an eine Erstausbildung förderfähig sein, sofern die leistungsberechtigte Person zu deren Beginn das 30. Lebensjahr bzw. bei einem Masterstudium das 35. Lebensjahr **noch nicht vollendet** hat.[415] Möchte sie zunächst auf dem erreichten Ausbildungsniveau Erfahrungen sammeln, bevor sie sich weiter qualifiziert, droht ihr die Ablehnung der weiteren Unterstützung. Nach § 112 Abs. 2 S. 3 SGB IX kann nur aus behinderungsbedingten oder anderen, nicht von der leistungsberechtigten Person beeinflussbaren gewichtigen Gründen vom Erfordernis des zeitlichen Zusammenhangs abgewichen werden. Diese Einschränkung ist im Grunde unvereinbar mit dem **Recht auf Bildung** des Art. 24 Abs. 1 BRK, der die Vertragsstaaten verpflichtet, ein **inklusives Bildungssystem auf allen Ebenen** zu gewährleisten und auch Menschen mit Behinderungen **lebenslanges Lernen** zu ermöglichen.

311 Leistungen der Anleitung und Begleitung zur Teilhabe an Bildung können **an mehrere Leistungsberechtigte gemeinsam** erbracht werden (sog. „Poolen" von Leistungen, § 112 Abs. 4 SGB IX), insbesondere wenn es um die Unterstützung durch Assistenzkräfte wie z.B. Integrationshelfer geht. Das Poolen der Leistungen kommt in Betracht, wenn

- die beteiligten Leistungsberechtigten dies wünschen oder
- es ihnen gemäß § 104 SGB IX zumutbar ist (→ Rn. 56) und
- die gemeinsame Leistungserbringung in Vereinbarungen des Eingliederungshilfeträgers mit den Leistungserbringern (→ Rn. 373) vorgesehen ist.

312 Pool-Lösungen sind in der Praxis z.B. in Schulen als **infrastrukturelle Hilfen** vorzufinden, bei denen ein Pool an Assistenzkräften an einer Bildungseinrichtung vorgehalten wird. Die einzelne Assistenzkraft ist für mehrere Leistungsberechtigte einer Lerngruppe zuständig, statt konkret einer Person zugeordnet zu sein. Dadurch ist eine bessere Verteilung der Arbeitskraft möglich, eine bessere Vertretbarkeit bei Abwesenheiten wie Urlaub und Krankheit gewährleistet und flexiblere Reaktionen auf schwankende Bedarfe und Krisen sichergestellt. Außerdem können Pool-Modelle einer zu starken Abhängigkeit des Kindes von der Assistenzkraft entgegenwirken.[416] Gegen diese Form der Pool-Lösung spricht indessen, dass die einzelne leistungsberechtigte Person weder ein Wahlrecht bezüglich der Assistenzkraft noch jederzeit Zugriff auf diese hat,[417] so dass sie nur eingeschränkt selbstbestimmt an Bildung teilhaben kann.

4. Soziale Teilhabe

313 Die Leistungen zur **Sozialen Teilhabe** machen finanziell den Großteil der Eingliederungshilfeleistungen aus (→ Rn. 256). Trotz des Nachranggrundsatzes (§ 91 SGB IX), ist die Eingliederungshilfe in der Mehrzahl der Fälle für Leistungen zur Sozialen Teilhabe zuständig (→ Rn. 253). Anders als bei anderen Leistungsgruppen werden in § 113 SGB IX als Einführungsvorschrift nochmals die **Ziele** der Leistungen und deren **Nachrang** gegenüber den Leistungen der anderen Leistungsgruppen betont (→ Rn. 228), gefolgt von einem Überblick über die **typischen Leistungen** des offenen Leistungskataloges (→ Rn. 229). Die Regelung sieht vor, dass die Leistungen ent-

---

415 BT-Drs. 18/9522, 283 unter Verweis auf § 10 Abs. 3 S. 1 BAföG.
416 Deutscher Verein NDV 2017, 62.
417 Deutscher Verein NDV 2017, 62.

sprechend den §§ 77 bis 84 SGB IX erbracht werden, mit den in den §§ 114–116 SGB IX geregelten Abweichungen:
- die Leistungen zur Mobilität werden eingeschränkt,
- die Leistung der **Besuchsbeihilfen** wird ergänzend geregelt,
- für bestimmte Leistungen der Sozialen Teilhabe wird die Möglichkeit **pauschaler Geldleistungen** eingeräumt und
- das **Poolen von Leistungen** wird auch für bestimmte Leistungen der Sozialen Teilhabe ermöglicht.

> **Hinweis**
>
> Einen **Fremdkörper** bildet die in § 113 Abs. 4 SGB IX geregelte Übernahme der Ausstattungskosten für die **Bereitstellung einer Mittagsverpflegung** im Rahmen tagesstrukturierender Angebote. Fremdkörper deshalb, weil es sich dabei zum einen um eine Leistung für Leistungserbringer handelt und zum anderen, weil dadurch Kostenanteile den Fachleistungen der Eingliederungshilfe zugeordnet werden, die als Versorgungsleistungen eigentlich den existenzsichernden Leistungen zuzuordnen sind, vergleichbar der Mittagsverpflegung von Schüler:innen nach § 34 Abs. 6 SGB XII bzw. § 28 Abs. 6 SGB II.[418]

Die **Leistung für ein Kraftfahrzeug** wird im Rahmen der Eingliederungshilfe als Leistung der Sozialen Teilhabe gemäß § 114 SGB IX nur unter der zusätzlich **einschränkenden Voraussetzung** erbracht, dass die leistungsberechtigte Person zur Teilhabe am Leben in der Gemeinschaft **ständig** auf die Nutzung eines Kraftfahrzeugs **angewiesen sein** muss. Dadurch soll eine Leistungsausweitung durch Inanspruchnahme von Leistungen zur Versorgung mit einem Kfz bei nur vereinzeltem oder gelegentlichem Bedarf vermieden werden.[419] Zum Vergleich für das Ständig-Angewiesen-Sein wird auf den Bedarf eines Pkw als Leistung zur Teilhabe am Arbeitsleben für den Arbeitsweg verwiesen.[420] Da allerdings an den Wochenenden überwiegend nicht gearbeitet wird und Leistungen zur Teilhabe am Arbeitsleben auch nicht nur für eine Vollzeitbeschäftigung gewährt werden, wäre es überzogen, einen täglichen Nutzungsbedarf für den Pkw für die Soziale Teilhabe vorauszusetzen. Vielmehr wird ein Mobilitätsbedarf von regelmäßig mehrmals wöchentlich ausreichend sein, soweit dieser nicht in zumutbarer Weise durch den öffentlichen Nahverkehr oder aber Beförderungsdienste abgedeckt werden kann (→ Rn. 248). Die Zuschussregelungen des § 6 bzw. des § 8 KfzHV für die Hilfe zur Beschaffung eines Kfz sowie die Hilfe zur Erlangung der Fahrerlaubnis sind nicht anzuwenden (§ 114 Nr. 2 SGB IX). Hintergrund dessen ist, dass stattdessen die Regelungen der Eingliederungshilfe zum Einsatz des Einkommens und Vermögens zur Anwendung kommen sollen (→ Rn. 342 ff.). **314**

Leben Leistungsberechtigte getrennt von ihren Angehörigen in Betreuungsformen über Tag und Nacht, kann der Eingliederungshilfeträger **Besuchsbeihilfen** gewähren, wenn diese zur Kontaktpflege erforderlich sind (§ 115 SGB IX). Diese Ermessensleistungen kommen im Fall einer eigenen Wohnung der leistungsberechtigten Person nicht in Betracht. **315**

Mit den Regelungen über pauschale Geldleistungen und über die gemeinsame Inanspruchnahme von Leistungen (sog. Poolen) sind zwei **besondere Formen der Leistungserbringung** vorgesehen, die nur im Recht der Eingliederungshilfe vorgesehen **316**

---

418 Dazu im Einzelnen von Boetticher (2020) § 4 Rn. 126 ff.
419 BT-Drs. 95/9522, 285.
420 BT-Drs. 95/9522, 285.

sind und nur für die in §§ 116 und 112 SGB IX genannten Leistungen erbracht werden können.

317 In der Form **pauschaler Geldleistungen** können gemäß § 116 Abs. 1 SGB IX erbracht werden:
- Leistungen der „einfachen" bzw. kompensatorischen Assistenz sowie der Assistenz zur Ausübung eines Ehrenamtes (→ Rn. 235),
- Leistungen zur Förderung der Verständigung (→ Rn. 246) und
- Leistungen zur Beförderung, insbesondere durch einen Beförderungsdienst (→ Rn. 247 f.).

Voraussetzungen sind zum einen die Feststellung des individuellen Bedarfs für (mindestens) eine dieser Leistungen, zum anderen die **Zustimmung** der leistungsberechtigten Person. Trotz des damit verbundenen Verzichts auf eine individuelle Bedarfsdeckung kann die Form der pauschalen Geldleistung im Einzelfall aus Sicht der leistungsberechtigten Person vorteilhaft sein, wenn damit ihr durchschnittlicher Bedarf verlässlich abgedeckt wird und dies z.b. einen geringeren bürokratischen Aufwand bedeutet als z.B. ein Persönliches Budget mit der damit verbundenen Nachweisführung (→ Rn. 124). Es wird daher entscheidend auf **die Ausgestaltung** der Details der Pauschalen **vor Ort** ankommen, die vom jeweiligen Eingliederungshilfeträger in Form von **Verwaltungsvorschriften** zu regeln sind.[421] Dabei hat die Bemessung der Höhe der Pauschalen anhand von nachvollziehbaren Erfahrungswerten und Angaben über erforderliche Aufwendungen zu erfolgen, um eine strukturelle Unterdeckung der Bedarfe zu vermeiden.

318 Als weitere besondere Form der Leistungserbringung bei der Sozialen Teilhabe ist die **gemeinsame Inanspruchnahme** (sog. Poolen) möglich für:[422]
- Leistungen der qualifizierten Assistenz (→ Rn. 235 f.),
- heilpädagogische Leistungen (→ Rn. 241),
- Leistungen zum Erwerb und Erhalt praktischer Fähigkeiten und Kenntnisse (→ Rn. 244 f.),
- Leistungen zur Förderung der Verständigung (→ Rn. 246),
- Leistungen zur Beförderung, insbesondere durch Beförderungsdienste (→ Rn. 247 f.) und
- Leistungen zur Erreichbarkeit einer Ansprechperson unabhängig von einer konkreten Inanspruchnahme (→ Rn. 240).

Treffender als „gemeinsame Inanspruchnahme" wäre dabei die Bezeichnung „gemeinsame Erbringung an mehrere Leistungsberechtigte", da Leistungen in dieser Form nicht nur auf Wunsch der Leistungsberechtigten (§ 116 Abs. 3 SGB IX) erbracht werden können, sondern **auch gegen deren Willen**. Voraussetzung ist, dass die gemeinsame Erbringung der Leistungen den Leistungsberechtigten nach § 104 SGB IX zumutbar ist (→ Rn. 56) und entsprechende vertragliche Vereinbarungen mit dem Leistungserbringer abgeschlossen wurden. Über die Zumutbarkeit entscheidet der Träger der Eingliederungshilfe auf der Grundlage der Ermittlungen und Feststellungen im Rahmen des Gesamtplanverfahrens (→ Rn. 322 ff.) gemäß § 116 Abs. 2 S. 2 SGB IX, die also vorab anzustellen und zu treffen sind.

---

421 Zu notwendigen Inhalten dieser Verwaltungsvorschriften von Boetticher (2020) § 4 Rn. 89. Als Praxisbeispiel siehe das Rundschreiben 02/2021 der Berliner Senatsverwaltung für Integration, Arbeit und Soziales, abrufbar unter https://www.berlin.de/sen/soziales/service/berliner-sozialrecht/kategorie/rundschreiben/2021_02-1058305.php (30.06.2021).
422 Zum Poolen von Leistungen zur Teilhabe an Bildung vgl. § 112 Abs. 4 SGB IX → Rn. 311 f.

III. Besonderheiten bei den Leistungen

Beispiel 9:
Eine junge Frau mit geistiger Behinderung möchte lernen, sich selbst mit Lebensmitteln zu versorgen und zu kochen. Dies wird als Teilhabeziel in den Gesamtplan aufgenommen. Bei der Leistungsgewährung kann der Eingliederungshilfeträger entscheiden, dass die junge Frau diese Leistungen nicht allein durch eine qualifizierte Assistenz erhält, sondern gemeinsam mit anderen, sofern der jungen Frau dies im Einzelfall zumutbar ist. Die gemeinsame Inanspruchnahme bestünde dann darin, dass eine Assistenzkraft mit der Frau und anderen Menschen mit Behinderungen gemeinsam einkaufen geht und kocht. Unzumutbar könnte die gemeinsame Erbringung hingegen z.B. dann sein, wenn die junge Frau an einer Sozialphobie leiden würde und sich daher nicht mit mehreren Menschen gleichzeitig in einem Raum aufhalten könnte.

Eine gemeinsame Leistungserbringung an mehrere Leistungsberechtigte wird in der Praxis insbesondere **innerhalb besonderer Wohnformen** i.S.d. § 42a Abs. 2 Nr. 2 SGB XII relevant. Eine durchgehend individuelle persönliche Assistenz erscheint in solchen Zusammenhängen ebenso wenig zwingend (und auch praktikabel) wie bei den Beförderungsleistungen, **solange** das **Selbstbestimmungsrecht** der Leistungsberechtigten und ihre wirksame **und volle gleichberechtigte Teilhabe gewährleistet** bleiben. Die Umsetzung der Ziele des § 1 SGB IX ist jedoch bei gemeinschaftlicher Erbringung immer schwieriger zu gewährleisten (und damit unzumutbar), je individueller, persönlicher und intimer der Bedarf ist. Bei der Wahl der Wohnform ist eine **Unterbringung in besonderen Wohnformen** gegen den Willen der leistungsberechtigten Person gemäß § 103 Abs. 3 S. 3 SGB IX **unzumutbar**, wenn sie sich ein Wohnen außerhalb besonderer Wohnformen wünscht und das angesichts der festgestellten Bedarfe in Betracht kommt (→ Rn. 58). **319**

Hinweis
Die z.T. auch als **Zwangs-Pooling** bezeichnete gemeinsame Erbringung von Leistung ist rechtlich umstritten. Während in der Literatur vertreten wird, dass eine Auslegung der Zumutbarkeit i.S.d. der BRK und des Grundgesetzes das Poolen von Leistungen gegen den Willen der Leistungsberechtigten ausschließe,[423] betont das BMAS, dass darin keine Einschränkung des Wunsch- und Wahlrechts zu sehen sei.[424]

Kurz vor Inkrafttreten des neuen Eingliederungshilferechts ist in § 113 Abs. 5 SGB IX noch eine Rechtsgrundlage eingefügt worden,[425] auf der die Träger der Eingliederungshilfe die **Wohnkosten in besonderen Wohnformen** zu übernehmen haben, die die Angemessenheitsgrenzen in der Grundsicherung nach § 42a Abs. 5 und 6 SGB XII übersteigen. Besondere Wohnformen sind solche, in denen Leistungsberechtigten allein oder zu zweit ein persönlicher Wohnraum zur Verfügung gestellt wird, die übrigen Räumlichkeiten wie Küche, Wohnzimmer, Bad u.a. gemeinschaftlich mit anderen genutzt werden (§ 42a Abs. 2 S. 3 SGB XII). Aufgrund der Trennung von Fach- und existenzsichernden Leistungen sind die **angemessenen Kosten der Unterkunft** auch in - bisher als "stationäre Einrichtungen", Wohnstätte" oder "Wohnheim" bezeichneten - besonderen Wohnformen vom Träger der Grundsicherung für finanziell hilfebedürftige Menschen mit Behinderungen zu übernehmen. Als angemessen gilt, wenn die Kosten für die persönliche Räumlichkeit(en) und die anteiligen Kosten an den vorrangig gemeinschaftlich genutzten Flächen wie Küche, Ess- und Aufenthaltsraum nicht höher sind als die Kosten der durchschnittlichen angemessenen tatsächlichen Kosten eines Einpersonenhaushalts im Zuständigkeitsbereich des Trägers der Grundsicherung (§ 42a Abs. 5 S. 3 i.V.m. § 45a SGB XII). Höhe- **320**

---
423 Heinisch NDV 2016, 540.
424 BMAS (2018), S. 68.
425 Durch das das SGB IX/SGB XII-Änderungsgesetz vom 30.11.2019, BGBl. I 1948.

re Aufwendungen werden übernommen (§ 42a Abs. 5 S. 4 SGB XII), wenn laut Heimvertrag zusätzliche (ggf. anteilige) Kosten anfallen für:
- Zuschläge für die (Teil-) Möblierung der persönliche(n) Räumlichkeit(en),
- angemessene Wohn- und Wohnnebenkosten (z.B. Wäschereinigung, Haushaltsstrom),
- die Instandhaltung von Räumlichkeiten,
- die Ausstattung mit Haushaltsgroßgeräten und/ oder
- Gebühren für Telekommunikation, Rundfunk, Fernsehen und Internet.

Die Obergrenze für diesen Zuschlag ist begrenzt auf insgesamt 25 % der örtlichen Angemessenheitsgrenze. Alle darüberhinausgehenden Kosten der Unterkunft in besonderen Wohnformen sind als behinderungsspezifischer Bedarf von der Eingliederungshilfe als Leistungen für Wohnraum zu tragen (§ 42a Abs. 6 S. 2 SGB XII). Grundlage dafür ist § 113 Abs. 5 SGB IX, der seinerseits die Übernahme dieser Kosten davon abhängig macht, dass diese wegen der besonderen Bedürfnisse des Menschen mit Behinderungen erforderlich sind.

> **Hinweis**
>
> Da die Kostentragung durch den Eingliederungshilfeträger erst ab Überschreiten der Zuschlagsgrenze von 25 % greift, sind u.a. die Fälle ungeregelt, in denen die Unterkunftskosten die Angemessenheitsgrenze übersteigen,
> - ohne dass o.g. Kostenbestandteile dies verursachen,
> - o.g. Kostenbestandteile dies zwar verursachen, die leistungsberechtigte Person dies aber nicht nachweisen kann, oder
> - die o.g. und nachgewiesenen Kostenbestandteile nur eine von mehreren Ursachen sind und diese Mehrkosten unterhalb der 25-%igen Zuschlagsgrenze bleiben.[426]
>
> In diesen Fällen droht die leistungsberechtigte Person auf den Mehrkosten der besonderen Wohnform sitzen zu bleiben, d.h. diese aus den Mitteln des Regelbedarfs für den Lebensunterhalt finanzieren zu müssen.

Eine im September 2021 verabschiedete Erweiterung des § 113 SGB IX um die Absätze 6 und 7 sieht vor, dass bei einer **stationären Krankenhausbehandlung** auch erforderliche **Leistungen für die Begleitung** und Befähigung des Leistungsberechtigten durch vertraute Bezugspersonen zur Sicherstellung der Durchführung der Behandlung erbracht, die der leistungsberechtigten Person schon zuvor **Assistenzleistungen der Eingliederungshilfe** im Alltag erbracht haben.[427] Hintergrund ist, dass bislang die Kostenträgerschaft ungeklärt ist, wenn Menschen mit Behinderungen und hohem Unterstützungsbedarf ins Krankenhaus müssen, da die gesetzlichen Krankenkassen sich nicht für die soziale Begleitung im Krankenhaus verantwortlich sehen, die Träger der Eingliederungshilfe aber die Auffassung vertreten, im Krankenhaus sei eine Begleitung durch das Krankenhaus gewährleistet. Durch die Neuregelung ist eine Teilung der Kosten zwischen beiden Kostenträgern vorgesehen: Erfolgt die Begleitung durch vertraute Bezugspersonen Betroffener ganztägig im Krankenhaus, haben die Krankenkassen gemäß § 44b SGB V die Kosten von deren Aufnahme im Krankenhaus und deren Verdienstausfall zu übernehmen; wird die Begleitung durch Mitarbeitende eines Leistungserbringers der Eingliederungshilfe geleistet, übernimmt der Eingliederungshilfeträger die Kosten. Die finanziellen Auswirkungen

---

426 Von Boetticher (2020) § 4 Rn. 232.
427 „Versteckt" in Art. 7c des Gesetzes zum Erlass eines Tierarzneimittelgesetzes und zur Anpassung arzneimittelrechtlicher und anderer Vorschriften vom 27.09.2021, BGBl. I, 4530.

III. Besonderheiten bei den Leistungen

der Neuregelungen sollen gemäß § 113 Abs. 7 SGB IX bis zum 31.12.2025 evaluiert werden.

Übungsfall zu den Leistungen der Eingliederungshilfe[428]

(Lösung: Rn. 505)

Die 28-jährige V ist seit ihrer Geburt gehörlos. Nach Erlangung der allgemeinen Hochschulreife mit der Note 2,9 schloss sie eine Ausbildung zur Mediengestalterin für Digital- und Printmedien ab. Anschließend war V fünf Jahre lang als Mediengestalterin in Vollzeit in ihrem Ausbildungsbetrieb angestellt. Zum Beginn des letzten Semesters schrieb sich V für ein Bachelor-Studium der Druck- und Medientechnologie an der Universität X ein. Daneben arbeitet sie in Teilzeit als Werkstudentin sozialversicherungspflichtig bei ihrem früheren Arbeitgeber, wobei das Entgelt aus dieser Tätigkeit ihre Lebensunterhaltskosten gerade so abdeckt. Daneben verfügt sie über keine weiteren laufenden Einnahmen und kein nennenswertes Vermögen. V beantragt beim Träger der Eingliederungshilfe Leistungen zur Durchführung des Studiums in Form von Gebärdensprachdolmetschern und studentischen Mitschreibkräften im Umfang von 16 Semesterwochenstunden in der Vorlesungszeit sowie 10 Tutorstunden für die Vor- und Nachbereitung der Lehrveranstaltungen sowie zur Vorbereitung auf Prüfungen. Zur Begründung für die Aufnahme des Hochschulstudiums gibt V an, dass sie in ihrer dualen Ausbildung zwar die Erstellung papiergebundener Druckmedien habe erlernen und ihr Wissen später im Bereich digitale Medien und Messestände habe erweitern können. Nach den Jahren in der Praxis biete ihr das Studium der Druck- und Medientechnologie aber die Möglichkeit, mit der sich in der Medienbranche sehr schnell vollziehenden Entwicklung Schritt zu halten und sich beruflich weiterzuentwickeln. Das Studium sei nach Angaben der IHK zudem eine typische Weiterentwicklung für ausgelernte Mediengestalter für Digital- und Printmedien mit Hochschulzugangsberechtigung.

Der Eingliederungshilfeträger lehnt den Antrag auch im Widerspruchsverfahren mit der Begründung ab, dass grundsätzlich nur eine Erstausbildung zum Leistungskatalog gehöre, die V mit der dualen Ausbildung bereits erfolgreich abgeschlossen habe. Bei dem von ihr nach Jahren der Berufstätigkeit aufgenommenen Studium handele es sich dagegen um eine Zweitausbildung bzw. Weiterbildung. Diese wäre nur dann förderfähig, wenn der erlernte Beruf ohne die Weiterbildung wegen der Behinderung nicht oder nur unzureichend ausgeübt werden könne. V könne aber noch als Mediengestalterin auskömmlich arbeiten. Menschen ohne Behinderung erhielten für nicht nötige Studiengänge auch keine staatliche Förderung, so dass die Ablehnung insoweit auch keine Benachteiligung bedeute.

Prüfen Sie, ob V einen Anspruch auf Leistungen der Eingliederungshilfe zur Unterstützung ihres Studiums hat!

Wiederholungsfragen

1. *Inwieweit weicht der Leistungskatalog der Eingliederungshilfe für Leistungen der medizinischen Rehabilitation von demjenigen im 1. Teil des SGB IX ab?*

---

428 In Anlehnung an LSG NRW 27.3.2014 – L 9 SO 497/11.

2. Was ist unter dem abschließenden Leistungskatalog der Leistungen zur Teilhabe am Arbeitsleben zu verstehen?
3. Welche Leistungen fallen darunter und ist davon auch Kfz-Hilfe erfasst?
4. Unter welchen Voraussetzungen umfassen die Leistungen zur Teilhabe an Schulbildung auch eine Ganztagsbetreuung nach dem Unterrichtsende?
5. Bis zu welchem Qualifikationsziel kommen Leistungen zur Teilhabe an Bildung in Betracht?
6. Unter welchen Voraussetzungen wird eine Weiterbildung über die berufliche Erstqualifikation hinaus unterstützt? Was bedeutet das für die leistungsberechtigte Person?
7. Welche Abweichungen sind bei den Leistungen zur Sozialen Teilhabe in der Eingliederungshilfe gegenüber dem 1. Teil des SGB IX geregelt?
8. Was ist unter pauschalen Geldleistungen zu verstehen? Unter welchen Voraussetzungen können diese für welche Leistungen erbracht werden?
9. Was ist unter dem Poolen von Leistungen zu verstehen?
10. Unter welchen Voraussetzungen kommt diese Form der Leistungserbringung für welche Leistungen in Betracht?
11. Sammeln Sie Argumente für und gegen das sog. Poolen von Leistungen!
12. Was sind besondere Wohnformen?
13. Unter welchen Voraussetzungen hat sich der Träger der Eingliederungshilfe an den Kosten der Unterkunft und Heizung in besonderen Wohnformen zu beteiligen?

IV. Gesamtplanverfahren

322 Dem Gesamtplanverfahren wird im Rahmen der Eingliederungshilfe „im Kontext personenorientierter Leistungsgewährung und -erbringung eine **Schlüsselfunktion**"[429] zugesprochen. Die Funktionen des Gesamtplanverfahrens sollen in der Steuerung, der Wirkungskontrolle und der Dokumentation des Teilhabeprozesses liegen[430] (§ 121 Abs. 2 SGB IX), um sowohl die Leistungsberechtigten zu einer selbstbestimmten Lebensführung zu befähigen als auch dem Träger der Eingliederungshilfe eine kosteneffiziente Fallsteuerung zu ermöglichen. Daher ist **in jedem Einzelfall** der Eingliederungshilfe ein Gesamtplan aufzustellen, auch wenn keine Beteiligung weiterer Rehabilitationsträger erforderlich ist und nur Leistungen einer Leistungsgruppe – z.B. der Sozialen Teilhabe – zu erbringen sind. Die Regelungen zum **Teilhabeplanverfahren** (§§ 19 ff SGB IX) werden durch die spezielleren Regelungen des Gesamtplanverfahrens nicht verdrängt oder abgeändert, sondern dadurch ergänzt. Gemäß § 7 Abs. 2 SGB IX **geht** das 4. Kapitel des 1. Teils SGB IX den Leistungsgesetzen – wie z.B. dem der Eingliederungshilfe im 2. Teil des SGB IX – **vor**. Wenn der Eingliederungshilfeträger leistender Rehabilitationsträger i.S.d. § 14 SGB IX (→ Rn. 70 ff.) und zugleich verantwortlich für die Durchführung eines Teilhabeplanverfahren ist (→ Rn. 88 ff.), gelten für ihn die Vorschriften für die **Gesamtplanung ergänzend** (§ 21 Abs. 1 SGB IX). Ist der Eingliederungshilfeträger leistender Rehabilitationsträger, hat er dementsprechend bei Durchführung einer Gesamtplankonferenz diese mit einer Teilhabeplankonferenz zu verbinden (§ 119 Abs. 3 SGB IX).

---

[429] BT-Drs. 18/9522, 286 zum 7. Kap. des 2. Teils des SGB IX.
[430] BT-Drs. 18/9522, 286.

IV. Gesamtplanverfahren

Beispiel 10:
Werden bei einem Träger der Eingliederungshilfe sowohl Leistungen der Sozialen Teilhabe als auch der medizinischen Rehabilitation beantragt und ist der Eingliederungshilfeträger für die Soziale Teilhabe zuständig, wird er leistender Rehabilitationsträger nach § 14 Abs. 1 SGB IX. Da für medizinische Rehabilitation i.d.R. ein Träger der gesetzlichen Renten- oder der Krankenversicherung zuständig ist, wird der Eingliederungshilfeträger deren Feststellungen gemäß § 15 Abs. 2 SGB IX abfordern. Werden beide Leistungen bewilligt, sind Leistungen zweier Leistungsgruppen zu erbringen und somit ist ein Teilhabeplan zur Koordinierung der Leistungen zu erstellen (§ 19 Abs. 1 SGB IX). Ergänzend hat der Eingliederungshilfeträger einen Gesamtplan zu erstellen, um die Eingliederungshilfeleistungen zu steuern.

Das Gesamtplanverfahren besteht aus den folgenden, z.T. optionalen Verfahrensschritten: **323**

Abbildung 14: Gesamtplanverfahren

1. Verfahrensgrundsätze, Beteiligungsrechte und -pflichten

Die leistungsberechtigte Person ist **im Verfahren** gemäß § 117 Abs. 1 SGB IX an allen Verfahrensschritten zu beteiligen (Nr. 1); ihre Wünsche bezüglich des Ziels und der Art der Leistung sind zu dokumentieren (Nr. 2). Dadurch wird gewährleistet, dass sie auf ihr Wunsch- und Wahlrecht aufmerksam gemacht wird. Die folgenden, in der **324**

Nr. 3 aufgelisteten Kriterien sollen für eine fachliche Fundierung des Verfahrens sorgen:[431]

a) transparent,
b) trägerübergreifend,
c) interdisziplinär,
d) konsensorientiert,
e) individuell,
f) lebensweltbezogen,
g) sozialraumorientiert und
h) zielorientiert,

325 Während die in den Buchstaben a) –f) verwendeten Begriffe entsprechend fachlich eindeutig hinterlegt sind, bleibt jedoch unklar, was mit der in lit. g) genannten **Sozialraumorientierung** des Gesamtplanverfahrens gemeint ist. Denn trotz der mehrfachen Verwendung des Begriffes im Recht der Eingliederungshilfe,[432] wird an keiner Stelle deutlich, ob bzw. welches Handlungskonzept der Gesetzgeber damit verbindet, wie groß der Sozialraum gefasst wird und welche Akteure insoweit einzubeziehen sind.

326 Die Leistungsberechtigten haben das Recht, dass eine Person ihres Vertrauens am Verfahren beteiligt wird (§ 117 Abs. 2 SGB IX). Diese sog. **Beistände** sind schon nach allgemeinem Sozialverwaltungsverfahrensrecht gemäß § 13 Abs. 4 SGB X zulässig. Das vom Beistand Gesagte gilt als von der leistungsberechtigten Person selbst vorgebracht, es sei denn, diese widerspricht dem sofort (§ 13 Abs. 4 S. 2 SGB X).

327 Bestehen Anhaltspunkte für einen **Pflegebedarf** der leistungsberechtigten Person, regelt § 117 Abs. 3 SGB IX die Einbeziehung der für Pflegeleistungen zuständigen Träger, wenn dies für die Feststellung der notwendigen Eingliederungshilfeleistungen erforderlich ist. Während die Information der zuständigen **Pflegekasse** nach dem SGB XI und deren Beteiligung am Verfahren zwingend vorgeschrieben ist, ist die Einbeziehung des **Trägers der Hilfe zur Pflege** nach §§ 61 ff. SGB XII nur als Sollvorschrift ausgestaltet und seine Beteiligung am Verfahren überhaupt nicht geregelt. Unterbleibt eine Abstimmung in der Praxis, drohen insoweit Lücken in der Versorgung der leistungsberechtigten Person; insbesondere in den Fällen, in denen die Eingliederungshilfe und Pflege gemeinsam zu erbringen sind (zum Verhältnis der Eingliederungshilfe zur Pflege → Rn. 280 ff.). In beiden Fällen ist die Einbeziehung des Trägers von Pflegeleistungen (Pflegekasse oder Träger der Hilfe zur Pflege) von einer vorherigen **Zustimmung** der leistungsberechtigten Person abhängig.

Bei Minderjährigen mit einer körperlichen und/oder geistigen Behinderung, die bis zum Inkrafttreten der Gesamtzuständigkeit der öffentlichen Träger der Kinder- und Jugendhilfe für alle Kinder mit Behinderungen zum 1.1.2028 (→ Rn. 62) noch in die Zuständigkeit der Träger der Eingliederungshilfe fallen, nimmt der **Träger der Jugendhilfe** aufgrund einer Neuregelung durch das Gesetz zur Stärkung von Kindern und Jugendlichen (KJSG)[433] gemäß § 117 Abs. 6 SGB IX **beratend am Gesamtplanverfahren** teil; spiegelbildlich ist dessen beratende Teilnahme am Gesamtplanver-

---

431 BT-Drs. 18/9522, 286.
432 U.a. in §§ 94 Abs. 3, 97 S. 2 Nr. 2, 104 Abs. 1 Satz 1, 106 Abs. 2 Nr. 5 und 6, 113 Abs. 1 S. 2, und 117 Abs. 1 Nr. 3 g).
433 Gesetz zur Stärkung von Kindern und Jugendlichen (Kinder- und Jugendstärkungsgesetz – KJSG) vom 3.6.2021, BGBl. I 1444. Zu den Details ausführlich s. Meysen/ Lohse/ Schönecker/ Smessaert (2021): Das neue Kinder- und Jugendstärkungsgesetz – KJSG.

IV. Gesamtplanverfahren

fahren als Aufgabe der Kinder- und Jugendhilfe in § 10a Abs. 3 SGB VIII geregelt. Allerdings hängt die Beteiligung davon ab, dass diese zur Feststellung der Leistungen der Eingliederungshilfe erforderlich ist. Das wird dann der Fall sein, wenn der Träger der Eingliederungshilfe den Bedarf bzw. die Bedarfe des leistungsberechtigten jungen Menschen nicht selbst einschätzen zu können glaubt. Doch selbst dann könnte er "in begründeten Ausnahmefällen" von der Beteiligung des Jugendamtes absehen. Als Beispiel für einen solchen Ausnahmefall wird genannt, wenn die Beteiligung des Jugendamtes zu einer Verzögerung des Gesamtplanverfahrens führen würde. Damit hat der Träger der Eingliederungshilfe praktisch in jedem Fall die Entscheidungsgewalt über die Beteiligung des Jugendamtes inne, denn es lässt sich schwer widerleglich begründen, dass jede Einbindung eines weiteren Beteiligten eine Verzögerung des Verfahrens bedeuten würde. In jedem Fall aber muss einer Beteiligung des Jugendamtes die vorherige **Zustimmung** der leistungsberechtigten Person vorausgehen.

Einzubinden ist auch der **Träger existenzsichernder Leistungen**, also das Jobcenter bei erwerbsfähigen Leistungsberechtigten bzw. der Sozialhilfeträger oder Träger der Grundsicherung im Alter und bei Erwerbsminderung, bei Anhaltspunkten für einen Bedarf an Hilfen zum Lebensunterhalt, wenn dies für die Feststellung der notwendigen Eingliederungshilfeleistungen erforderlich ist und die **leistungsberechtigte Person zustimmt** (§ 117 Abs. 4 SGB IX). Von besonderer Bedeutung ist die Einbindung des Sozialhilfeträgers in Fällen, in denen die leistungsberechtigte Person **in einer besonderen Wohnform** zur Betreuung über Tag und Nacht lebt (→ Rn. 320). Aufgrund der Trennung von existenzsichernden Leistungen und Fachleistungen (→ Rn. 257 ff.) bekommt dieser Personenkreis seit dem 1.1.2020 seinen Regelbedarf nach § 27a Abs. 3 SGB XII auf sein Konto überwiesen und muss davon u.a. beim Träger der besonderen Wohnform die Kosten der Verpflegung und der Unterbringung begleichen. Die Regelung des § 27b SGB XII über den notwendigen Lebensunterhalt in Einrichtungen, der im Wesentlichen durch Bereitstellung von Sachleistungen durch die Einrichtung gedeckt wird, gilt für volljährige Leistungsberechtigte der Eingliederungshilfe nicht mehr.[434] Im Gesamtplanverfahren ist bei der Erbringung der Leistungen der Eingliederungshilfe mit zu beraten, in welcher Höhe der leistungsberechtigten Person anteilig **Barmittel** aus ihrem Regelbedarf zur freien Verwendung verbleiben (§ 119 Abs. 2 S. 2 SGB IX). Das Ergebnis der Beratung muss im Gesamtplan festgehalten werden (→ Rn. 337).

328

> **Hinweis**
>
> Dass § 27b SGB XII ab 1.1.2020 auf erwachsene Menschen mit Behinderung, die in betreuten Wohnformen über Tag und Nacht leben, nicht mehr anzuwenden ist, lässt sich zum einen daraus erschließen, dass diese Wohnformen in § 42a Abs. 2 und 5 SGB XII als besondere Wohnformen definiert werden und damit nicht als stationäre Einrichtung im Sinne des § 27b SGB XII gelten. Zum anderen wird dies aus der Einfügung eines neuen **§ 27c SGB XII** ab 1.1.2020 deutlich, der u.a. eine Sonderregelung für **minderjährige Empfänger:innen** von Leistungen der Eingliederungshilfe in betreuten Wohnformen über Tag und Nacht enthält.[435] Für erwachsene Personen, die nicht in einer Wohnung leben, sondern denen allein oder mit einer weiteren Person ein persönlicher Wohnraum und mit weiteren Personen zusätzliche Räumlichkeiten zur gemeinschaftlichen Nutzung überlassen sind, gilt ab 1.1.2020 gemäß § 8 S. 1 RBEG 2021[436] bezüg-

---

434 BT-Drs. 18/9522, 332.
435 S. dazu von Boetticher (2020) § 4 Rn. 220.
436 Regelbedarfsermittlungsgesetz vom 09.12.2020, BGBl. I 2855.

lich der Höhe der auszubezahlenden Leistungen der Grundsicherung die **Regelbedarfsstufe 2** entsprechend.

329 Der Eingliederungshilfeträger hat bei erkennbarem Bedarf an rechtlicher Betreuung i.S.d. §§ 1896 ff. BGB die **Betreuungsbehörde** zu verständigen (→ Rn. 94), auch wenn kein Teilhabeplan zu erstellen ist (§ 117 Abs. 5 SGB IX i.V.m. § 22 Abs. 4 SGB IX).

2. Bedarfsermittlung

330 § 118 SGB IX regelt nicht etwa die Ermittlung des individuellen Bedarfs selbst, sondern macht Vorgaben für die **Entwicklung** eines entsprechenden **Instruments** zur Bedarfsermittlung durch den Träger der Eingliederungshilfe. Hintergrund ist, dass die Länder die Eingliederungshilfe als eigene Angelegenheit ausführen, weswegen es gemäß der Zuständigkeitsverteilung zwischen Bund und Ländern bei der Ausführung von Bundesgesetzen nach Art. 84 GG auch in ihre Zuständigkeit fällt, nicht nur die zuständige Behörde zu bestimmen (→ Rn. 33 und 264), sondern auch das Verwaltungsverfahren auszugestalten.[437] Unter einem Instrument ist ein standardisiertes Arbeitsmittel (§ 13 Abs. 1 S. 1 SGB IX) zu verstehen, welches auf wissenschaftlicher Grundlage entwickelt worden ist, z.B. in Gestalt eines Fragebogens, einer Checkliste oder eines Leitfadens. Theoretisch hätte jeder einzelne Träger der Eingliederungshilfe ein eigenes Instrument zur Bedarfsermittlung entwickeln müssen, allerdings haben die Landesregierungen aller Bundesländer von der Möglichkeit Gebrauch gemacht, das Nähere über das Instrument per Rechtsverordnung zu bestimmen (§ 118 Abs. 2 SGB IX, → Rn. 331).

331 § 118 Abs. 1 S. 2 SGB IX gibt vor, dass sich die Bedarfsermittlungsinstrumente an der **Internationalen Klassifikation der Funktionalität, Behinderung und Gesundheit** (ICF) der WHO[438] zu orientieren haben. Der ICF sind auch die in Abs. 1 S. 3 aufgeführten neun Lebensbereiche entnommen, in denen mittels des Instruments nicht nur vorübergehende Beeinträchtigungen der Aktivitäten und Teilhabe zu ermitteln sind:
- Lernen und Wissensanwendung,
- allgemeine Aufgaben und Anforderungen,
- Kommunikation,
- Mobilität,
- Selbstversorgung,
- häusliches Leben,
- interpersonelle Interaktionen und Beziehungen,
- bedeutende Lebensbereiche und
- Gemeinschafts-, soziales und staatsbürgerliches Leben.

Bei der Entwicklung der Instrumente zur Bedarfsermittlung ist den Trägern der Eingliederungshilfe weder eine Abstimmung mit anderen Eingliederungshilfeträgern noch mit anderen Rehabilitationsträgern nach § 13 SGB IX verpflichtend vorgeschrieben (→ Rn. 72 f.). Somit drohen schon innerhalb der Eingliederungshilfe Unterschiede bei der Bedarfsermittlung, die zu Unterschieden in der Versorgung und zu Abstimmungsschwierigkeiten bei trägerübergreifenden Komplexleistungen führen

---
[437] BT-Drs. 18/9522, 287.
[438] Abrufbar unter https://www.dimdi.de/dynamic/de/klassifikationen/icf/index.html (30.6.2021).

IV. Gesamtplanverfahren

können. Hier die Übersicht über den aktuellen Stand der Bedarfsermittlungsinstrumente:[439]

Bundesland	Bedarfsermittlungs-instrument	Anmerkungen und Links (Abruf jeweils am 30.06.2021)
Baden-Württemberg	Bedarfsermittlungsinstrument Baden-Württemberg (BEI_BW)	Das Instrument und weiterführende Informationen dazu sind abrufbar unter: https://sozialministerium.baden-wuerttemberg.de/de/soziales/bundesteilhabegesetz/bedarfsermittlung/
Bayern	Bedarfsermittlungsinstrument Bayern (BIBay)	Das Instrument befindet sich noch in der Pilotphase, ein Entwurf mit Stand Juli 2020 ist abrufbar unter: https://www.bay-bezirke.de/data/pdf/2020-07-15-ueberarbeitet_leitfaden_entwurf.pdf
Berlin	Teilhabeinstrument Berlin (TIB)	https://umsetzungsbegleitung-bthg.de/w/files/umsetzungsstand/teilhabeinstrument-berlin-tib-version-1.0.pdf
Brandenburg	Integrierter Teilhabeplan (ITP Brandenburg)	https://lasv.brandenburg.de/lasv/de/soziales/eingliederungshilfe-sozialhilfe/itp-brandenburg/
Bremen	B.E.Ni Bremen	Das in Kooperation mit Niedersachsen entwickelte Instrument soll in zwei Phasen erprobt werden: im Jahr 2019 im Hinblick auf die Aspekte der Gesprächsführung und der Beteiligung der leistungsberechtigten Personen, im Jahr 2020 unter der Überschrift „Vom Bedarf zur Leistung". Die Bedarfsermittlung und das neue Leistungsstrukturmodell sollen nach und nach in den Jahren 2021 bis 2023 eingeführt werden. Quelle: https://www.soziales.bremen.de/soziales/detail.php?gsid=bremen69.c.78575.de
Hamburg	noch nichts bekannt gemacht	–
Hessen	Personenzentrierter integrierter Teilhabeplan (PiT)	Die Umstellung auf das neue Gesamtplanverfahren einschließlich des PiT erfolgt stufen- bzw. regionenweise seit dem 1.4.2020: https://www.lwv-hessen.de/soziale-teilhabe/perseh/integrierter-teilhabeplan/?L=0

---

[439] Übernommen aus von Boetticher (2020) § 4 Rn. 148 und noch aktualisiert.; spätere Aktualisierungen sind abrufbar unter https://umsetzungsbegleitung-bthg.de/service/links-und-materialien/material-bedarfsermittlung-icf/ (30.06.2021).

Mecklenburg-Vorpommern	Integrierter Teilhabeplan (ITP M-V)	die Bögen des ITP M-V und des ITP M-V KiJu sowie das Manual dazu sind abrufbar beim Kommunalen Sozialverband: http://www.ksv-mv.de/sozialhilfe/projekt-einh-hilfeplanung.html
Niedersachsen	Bedarfsermittlungsinstrument Niedersachsen (B.E.Ni)	Die B.E.Ni Bedarfsermittlungsbögen und das Handbuch dazu sind abrufbar beim Niedersächsischen Landesamt für Soziales, Jugend und Familie: https://soziales.niedersachsen.de/startseite/menschen_mit_behinderung/eingliederungshilfe_fur_behinderte_menschen/bedarfsermittlungsinstrument_niedersachsen_b_e_ni/das-bedarfsermittlungsinstrument-niedersachsen-162892.html
Nordrhein-Westfalen	BEI_NRW	Muster des gemeinsamen Bedarfsermittlungsinstruments der beiden Landschaftsverbände LVR und LWL abrufbar unter: https://www.lwl-inklusionsamt-soziale-teilhabe.de/de/hilfe-planen/bei_nrw/
Rheinland-Pfalz	Individuelle Gesamtplanung Rheinland-Pfalz	noch nicht veröffentlicht
Saarland	keine Veröffentlichung, was geplant ist	
Sachsen	Integrierter Teilhabeplan (ITP) Sachsen	Bögen, Verfahrensbeschreibung und Manuale abrufbar unter: https://www.ksv-sachsen.de/menschen-mit-behinderung/antraege-formulare/itp-sachsen
Sachsen-Anhalt	„ICF Erhebung Sachsen-Anhalt"	bisher nur Übergangsinstrument auf der Grundlage §§ 141 ff. SGB XII a.F. bis Ende 2019 veröffentlicht: https://sozialagentur.sachsen-anhalt.de/fileadmin/Bibliothek/Politik_und_Verwaltung/MS/Sozialagentur/Sozialagentur_Gesamtplanverfahren/GPV_Neue_Handreichung-2018.pdf
Schleswig-Holstein	noch nicht bekannt	eine Weiterentwicklung der Bedarfsermittlung im Rahmen des Gesamtplanverfahrens in der Eingliederungshilfe bis zum 1.1.2020 ist beabsichtigt, Prozessbeschreibung abrufbar unter: https://www.schleswig-holstein.de/DE/Landesregierung/VIII/Service/Broschueren/Broschueren_VIII/Soziales/Weiterentwicklung_Bedarfsermittlung_Eingliederungshilfe.pdf?__blob=publicationFile&v=3

Thüringen	Integrierter Teilhabeplan (ITP) Thüringen	Downloadbereich für ITP Bogen, Ergänzungsbögen und das Manual: https://www.tmasgff.de/soziales/menschen-mit-behinderungen

3. Gesamtplankonferenz

Auf Initiative des Eingliederungshilfeträgers, der leistungsberechtigten Person, eines beteiligten Rehabilitationsträgers oder – bei minderjährigen Leistungsberechtigten – des Jugendamtes kann gemäß § 119 Abs. 1[440] und Abs. 4 SGB IX nach der Bedarfsermittlung **optional** auch eine **Gesamtplankonferenz** stattfinden unter den gleichen Voraussetzungen wie eine Teilhabeplankonferenz nach § 20 Abs. 2 SGB IX (→ Rn. 97). Hervorzuheben ist, dass eine Gesamtplankonferenz **nur mit Zustimmung** der leistungsberechtigten Person durchgeführt werden darf. Dasselbe gilt für die Beteiligung Dritter, wenn es um die mögliche Betreuung der Kinder von Eltern mit Behinderungen geht. **332**

Auf der Grundlage der ermittelten Bedarfe der leistungsberechtigten Person sind bei der Durchführung einer **Gesamtplankonferenz** folgende Themen zu beraten: **333**
- die Stellungnahmen der beteiligten Rehabilitationsträger gemäß § 15 Abs. 2 SGB IX (→ Rn. 78),
- ggf. die Stellungnahme der WfbM oder des anderen Leistungsanbieters bei Beendigung der Leistungen zur beruflichen Bildung nach § 57 SGB IX (→ Rn. 434 ff.) und den daran anschließenden Fortgang der Teilhabe am Arbeitsleben,
- die Wünsche der Leistungsberechtigten und deren Angemessenheit nach § 104 Abs. 2–4 SGB IX (→ Rn. 57 ff.),
- den Beratungs- und Unterstützungsbedarf nach § 106 SGB IX (→ Rn. 268) und
- die Erbringung der Leistungen, wobei ggf. die Frage der Höhe der aus dem Regelbedarf der Sozialhilfe verbleibenden Barmittel einzubeziehen ist (→ Rn. 328).

Die Ergebnisse einer Gesamtplankonferenz sind der Erstellung des Gesamtplanes „zu Grunde zu legen" (§ 120 Abs. 2 S. 4 SGB IX), müssen in diesen also einfließen und Berücksichtigung finden.

4. Feststellung der Leistungen und Gesamtplan

Nach Abschluss der Gesamtplankonferenz treffen die Träger der Eingliederungshilfe und ggf. beteiligte Rehabilitationsträger die **Feststellung, welche Leistungen** von ihnen zu erbringen sind, um den ermittelten Bedarf zu decken (§ 120 Abs. 1 SGB IX). Ist keine Gesamtplankonferenz durchgeführt worden, erfolgt die Feststellung nur auf der Grundlage der Bedarfsermittlung sowie auf den von der leistungsberechtigten Person geäußerten **Wünschen** und nach der **Besonderheit des Einzelfalls** gemäß § 104 SGB IX (→ Rn. 57 ff.). **334**

Unverzüglich nach der Feststellung der Leistungen hat der Träger der Eingliederungshilfe den **Gesamtplan** zu erstellen und dabei neben der **leistungsberechtigten Person** und ggf. deren Vertrauensperson **diejenigen zu beteiligen**, die in die **335**

---

440 § 119 Abs. 1 S. 2 i.d.F. durch das KJSG vom 3.6.2021, BGBl. I 1444.

Durchführung der Leistung eingebunden sind, insbesondere (§ 121 Abs. 3 Nr. 3 Buchstaben a)–e) SGB IX):

- den behandelnden Arzt,
- das Gesundheitsamt,
- den Landesarzt,
- das Jugendamt und
- die Dienststellen der Bundesagentur für Arbeit.

In Anbetracht des Signalwortes „insbesondere" kommt – je nach Besonderheit des Einzelfalls – die Beteiligung weiterer Personen/Institutionen in Betracht, u. a. diejenige von Rehabilitationsdiensten und -einrichtungen, aber auch von anderen öffentlichen Stellen wie der zuständigen Pflegekasse, dem Träger der Hilfe zur Pflege, dem Integrationsamt, dem Jobcenter oder der Schule (vgl. auch § 22 SGB IX), mit Zustimmung der leistungsberechtigten Person auch von Beiständen, Bevollmächtigten und/oder Leistungserbringern.

336 Der Gesamtplan ist **schriftlich abzufassen**. Da er der Steuerung, Wirkungskontrolle und Dokumentation dienen soll (→ Rn. 322), ist er regelmäßig – spätestens alle zwei Jahre – zu überprüfen und fortzuschreiben (§ 121 Abs. 2 SGB IX). Allerdings sind weder **Art und Weise** der **Erstellung des Gesamtplanes** noch die Beteiligung der leistungsberechtigten Person im Gesetz festgelegt. Ein tatsächliches Zusammentreffen aller Beteiligten ist nicht vorgeschrieben, das Gesamtplanverfahren kann daher auch schriftlich, z.B. im Wege eines Umlaufverfahrens, erfolgen.[441] Bei der Wahl der Art und Weise muss jedoch gewährleistet sein, dass sich die leistungsberechtigte Person gleichberechtigt an der Aufstellung beteiligen kann.

337 Als **Mindestinhalte des Gesamtplans** sind vorgeschrieben (§ 121 Abs. 4 SGB IX):
- die für den Teilhabeplan nach § 19 SGB IX vorgeschriebenen Inhalte (→ Rn. 95), insbesondere die Teilhabeziele,[442]
- die Ergebnisse einer ggf. durchgeführten Gesamtplankonferenz (§ 120 Abs. 2 S. 4 SGB IX),
- die Darstellung der eingesetzten Verfahren und Instrumente sowie die Maßstäbe und Kriterien der Wirkungskontrolle einschließlich des Überprüfungszeitpunkts,
- die Aktivitäten der Leistungsberechtigten (→ Rn. 331),
- die Feststellungen über die verfügbaren und aktivierbaren Selbsthilferessourcen der Leistungsberechtigten,
- die Feststellungen über Art, Inhalt, Umfang und Dauer der zu erbringenden Leistungen,
- die Berücksichtigung des Wunsch- und Wahlrechts nach § 8 SGB IX im Hinblick auf eine pauschale Geldleistung (→ Rn. 317),
- die Erkenntnisse aus vorliegenden sozialmedizinischen Gutachten und
- die Höhe der Barmittel, die Leistungsberechtigten verbleiben, die neben den Leistungen der Eingliederungshilfe in besonderen Wohnformen auch existenzsichernde Leistungen bekommen (→ Rn. 328).

Den fertigen Gesamtplan hat der Träger der Eingliederungshilfe der leistungsberechtigten Person **zur Verfügung zu stellen**, um dadurch deren Partizipation zu stärken.[443]

---

441 Vgl. BT-Drs. 18/9522, 238.
442 BT-Drs. 18/9522, 288.
443 BT-Drs. 18/10523, 13 (64).

IV. Gesamtplanverfahren 181

5. Leistungsgewährung durch Verwaltungsakt

Den Abschluss des Gesamtplanverfahrens bildet die **Leistungsentscheidung** des 338
Eingliederungshilfeträgers, die er in Form eines **Verwaltungsaktes** auf der Grundlage des Gesamtplanes und der festgestellten Leitungen trifft (§ 120 Abs. 2 SGB IX). Die Entscheidung hat innerhalb der Fristen nach den §§ 14 und 15 SGB IX zu erfolgen (→ Rn. 70 ff.). Der Verwaltungsakt hat mindestens zu beinhalten:

- die **bewilligten**, aber auch **abgelehnte Leistungen** als Regelungsinhalt des Verwaltungsaktes i.S.d. § 31 SGB IX sowie
- deren jeweilige Leistungsvoraussetzungen als Teil der Begründung des Verwaltungsaktes (§ 35 SGB X).

Ist die leistungsberechtigte Person mit der durch den Verwaltungsakt getroffenen 339
Regelung nicht einverstanden, kann sie dagegen **Widerspruch** einlegen; wird dem nicht abgeholfen, hat sie die Möglichkeit, gegen den Widerspruchsbescheid vor dem Sozialgericht **Klage** zu erheben (→ Rn. 483 ff.).

> **Hinweis**
>
> Der Verweis auf die nach §§ 14, 15 SGB IX einzuhaltenden Fristen findet sich in missverständlicher Weise in § 120 Abs. 1 SGB IX im Zusammenhang mit den festzustellenden Leistungen. Während die Feststellung der Leistungen aber nur ein notwendiger Verfahrensschritt im Gesamtplanverfahren ist, handelt es sich in §§ 14, 15 SGB IX um **Entscheidungsfristen**. Bis zum Ablauf dieser Fristen müssen nicht nur die Leistungen festgestellt, sondern auch der Gesamtplan aufgestellt und der abschließende Verwaltungsakt erlassen sein. Aufgrund von § 7 Abs. 2 S. 1 SGB IX darf das Gesamtplanverfahren von diesen Fristen auch nicht abweichen.

In **Eilfällen**, wenn der antragstellenden Person das Abwarten des Endes des Ge- 340
samtplanverfahrens nicht zuzumuten ist, kann der Träger der Eingliederungshilfe **vorläufige Leistungen** erbringen (§ 120 Abs. 4 SGB IX). Über den Umfang hat er nach **pflichtgemäßem Ermessen** zu entscheiden. Dass dies „vor Beginn der Gesamtplankonferenz" möglich ist, bedeutet, dass nach der Bedarfsfeststellung jederzeit im Gesamtplanverfahren vorläufige Leistungen erbracht werden können. Auf die Eilbedürftigkeit ist von der leistungsberechtigten Person entweder bereits in dem Leistungsantrag oder aber in einem gesonderten Antrag hinzuweisen. Wird die Eilbedürftigkeit abgelehnt, kann die leistungsberechtigte Person beim Sozialgericht den Erlass einer **einstweiligen Anordnung** vorläufiger Leistungen beantragen, wenn dies zur Abwendung wesentlicher Nachteile nötig erscheint (→ Rn. 492 f.). In Betracht kommt dann zudem die Möglichkeit einer Selbstbeschaffung der Leistungen verbunden mit einem Anspruch auf Erstattung der Kosten (→ Rn. 87).

6. Teilhabezielvereinbarung

Neben dem Gesamtplan und dem darauf aufbauenden Verwaltungsakt enthält § 122 341
SGB IX die **Möglichkeit** einer zusätzlich abzuschließenden **Teilhabezielvereinbarung** zur Umsetzung (ggf. von Teilen) der Mindestinhalte des Gesamtplanes. Ein denkbarer Anwendungsfall wäre zu vereinbaren, dass innerhalb längerfristiger Bewilligungszeiträume in festzulegenden Intervallen ein Abgleich stattfindet, ob die bewilligten Leistungen wie geplant zur Erreichung der vereinbarten Teilhabeziele geführt haben. Ist das nicht der Fall, wäre entsprechend nachzusteuern, wobei die Leistungen gemäß § 108 Abs. 2 SGB IX vom Eingliederungshilfeträger von Amts wegen an-

zupassen wären, da die geänderten Bedarfe im Rahmen des Gesamtplanverfahrens ermittelt würden.

Wiederholungsfragen

1. *In welchen Fällen hat der Träger der Eingliederungshilfe ein Gesamtplanverfahren durchzuführen?*
2. *In welchem Verhältnis stehen das Gesamtplan- und das Teilhabeplanverfahren nach § 19 SGB IX zueinander?*
3. *Auf welcher Grundlage ist der Bedarf der antragstellenden Person zu ermitteln?*
4. *Unter welchen Voraussetzungen ist das Jugendamt beratend am Gesamtplanverfahren zu beteiligen?*
5. *In welchen Fällen findet eine Gesamtplankonferenz statt? Hat die antragstellende Person einen Rechtsanspruch auf Durchführung einer solchen?*
6. *Was ist im Rahmen einer Gesamtplankonferenz zu beraten?*
7. *Welche besondere Bedeutung kommt der Beteiligung des Sozialhilfeträgers am Gesamtplanverfahren zu, wenn die antragstellende Person sich in einer besonderen Wohnform über Tag und Nacht befindet und auf Leistungen zum Lebensunterhalt angewiesen ist?*
8. *Welche Funktionen soll der Gesamtplan erfüllen?*
9. *Wie kommt der Gesamtplan zustande?*
10. *Welche Mindestinhalte sind im Gesamtplan aufzunehmen?*
11. *In welchem Verhältnis stehen der Gesamtplan und der das Verfahren abschließende Verwaltungsakt zueinander?*
12. *Welche Möglichkeit zur Abhilfe besteht, wenn der antragstellenden Person das Abwarten des Verfahrensabschlusses nicht zuzumuten ist?*

V. Einsatz von Einkommen und Vermögen

342 Eingliederungshilfe wird nicht generell als Nachteilsausgleich für die Behinderung unabhängig von der finanziellen Situation der antragstellenden Person gewährt; vielmehr ist gemäß § 92 SGB IX ein **Eigenbetrag** aus eigenem **Einkommen und Vermögen** aufzubringen. Nur eine Reihe von Leistungen – insbesondere aus der Leistungsgruppe der medizinischen und der beruflichen Rehabilitation – ist von der Erbringung eines Eigenbetrages ausgenommen (→ Rn. 356). Mit dem Eigenbeitrag ist kein abstrakter monatlicher Beitrag i.S. eines Sozialversicherungsbeitrages gemeint, sondern ein konkreter Kostenbeitrag bei der Inanspruchnahme von Leistungen. Im Rahmen einer Anspruchsprüfung (→ Rn. 365) muss daher auch immer ermittelt werden, ob und ggf. in welcher Höhe ein Eigenbetrag der leistungsberechtigten Person zu zahlen ist, da sich der Anspruch gegen den Eingliederungshilfeträger um die Summe dieses Betrages reduziert (→ Rn. 354).

> **Hinweis**
>
> Die Erhebung eines Eigenbetrages ist **sozial- und gesellschaftspolitisch inkonsequent**. Dem Behinderungsbegriff des § 2 SGB IX liegt das Verständnis zugrunde, dass eine Behinderung an der Teilhabe erst aus der Wechselwirkung individueller Beeinträchtigungen mit einstellungs- und umweltbedingten Barrieren entsteht. Obwohl also die Gesellschaft ihrer Verpflichtung zu einem inklusiven Gesellschaftsmodell nicht nachkommt, muss der Einzelne für den Ausgleich der ihm daraus erwachsenden Nach-

V. Einsatz von Einkommen und Vermögen

teile bei der Teilhabe mit eigenem Einkommen und Vermögen haften. Im Zuge der BTHG-Reform wurde die Einführung eines **Bundesteilhabegeldes** erwogen.[444] Durch einen entsprechenden Pauschalbetrag hätten Menschen mit Behinderungen ihre Bedarfe – je nach Höhe des Betrages zumindest teilweise – unabhängig von einer Einzelfallprüfung selbstständig decken können.[445] Die Idee des Teilhabegeldes wurde jedoch unter Hinweis auf mangelnde Zielgenauigkeit, Mitnahmeeffekte, Ausweitung des berechtigten Kreises und die daraus resultierenden Mehrkosten verworfen,[446] ohne dass entsprechende Berechnungen dazu bekannt gemacht worden wären.

Die Festlegung des Eigenbeitrages aus eigenem Einkommen erfolgt anhand folgender Schritte 343

- Bemessung des Einkommens anhand der steuerrechtlichen Einkünfte des Vorvorjahres (→ Rn. 346f.),
- Ermittlung der nach Einkommensarten gestaffelten Einkommensgrenze (→ Rn. 348f.) und
- ggf. Erhöhung der Einkommensgrenze um Partner- und Kinderzuschläge (→ Rn. 350ff.).
- Abzug des Eigenbeitrags i.H.v. 2 % des Einkommens oberhalb der Einkommensgrenze von der bewilligten Leistung und
- direkte Zahlung des Eigenbetrages durch die leistungsberechtigte Person an den Leistungserbringer (→ Rn. 353).

Die antragstellende Person hat zudem das eigene Vermögen zur Bezahlung der Leistungen der Eingliederungshilfe einzusetzen, sofern es einen Freibetrag übersteigt, der in § 139 S. 2 SGB IX festgelegt ist (→ Rn. 359ff.). Bestimmte Vermögenswerte sind dabei von der Anrechnung ausgenommen. Die Regelungen verweisen weitgehend auf diejenigen des Sozialhilferechts. 344

Erhalten Menschen mit Behinderungen nicht nur Leistungen der Eingliederungshilfe, sondern – aufgrund ihrer finanziellen Hilfebedürftigkeit – auch existenzsichernde Leistungen nach dem SGB XII oder dem SGB II, unterliegen sie diesbezüglich den **schärferen Regelungen der Einkommens- und Vermögensanrechnung** für existenzsichernde Leistungen nach dem SGB XII oder dem SGB II. Dies ist Folge der **Trennung** von **Fach- und existenzsichernden Leistungen** seit 1.1.2020 (→ Rn. 258). Die weniger strengen Anforderungen des Einsatzes eigenen Einkommens und Vermögens nach dem SGB IX im Vergleich zum SGB II und SGB XII kommen also nur denjenigen Personen mit Behinderungen zugute, die in der Lage sind, ihren Lebensunterhalt aus eigenen Mitteln zu bestreiten.[447] Neben denjenigen Menschen mit Behinderungen, die es trotz der erschwerten Rahmenbedingungen schaffen, sich beruflich gut zu integrieren, dürfte dies insbesondere für Eltern minderjähriger Kinder mit Behinderung gelten.[448] Leistungsberechtigte der Eingliederungshilfe, die zugleich existenzsichernde Leistungen erhalten, haben gemäß § 138 Abs. 1 SGB IX keinen Eigenbeitrag für die Eingliederungshilfeleistungen zu bezahlen (→ Rn. 356). 345

---

444 CDU, CSU und SPD (2013), S. 111.
445 Vgl. dazu Deutscher Verein NDV 2013, 484 f.
446 BT-Drs. 18/9522, 202 f.
447 So auch Keil SGb 2017, 451; Wersig KJ 2016, 555 f.
448 Von Boetticher (2020) § 4 Rn. 157.

1. Eigenbetrag aus Einkommen

a) Definition des Einkommens

346 Welches Einkommen zu berücksichtigen ist, ergibt sich aus § 135 SGB IX. Aus Gründen der Verwaltungsvereinfachung wird anstelle eines eigenen **Einkommensbegriffs** auf den **des Einkommensteuerrechts** zurückgegriffen. Dieser bezieht sich gemäß § 2 Abs. 2 EStG auf folgende Einkünfte:[449]

- den **Gewinn aus selbstständiger Arbeit** und Gewerbebetrieben nach Abzug der Betriebsausgaben von den Betriebseinnahmen sowie
- bei anderen Einkunftsarten wie **Einnahmen aus nichtselbstständiger Arbeit**, Renteneinkünften und Einnahmen aus Kapitalvermögen (wie Zinsen, Aktiendividenden u.ä.) die Einnahmen abzüglich der Pauschale für sog. Werbungskosten (§§ 19 Abs. 2 und 20 Abs. 9 EStG), also der Aufwendungen, die getätigt werden müssen, um Einnahmen zu erzielen, wie z.B. Fahrtkosten zur Arbeit.

347 Es handelt sich dabei jeweils um **Bruttoeinnahmen** ohne Abzug von Vorsorgebeiträgen (z.B. zur Sozialversicherung) und Einkommenssteuern.[450] Durch die Bezugnahme auf die **Einkünfte des Vorvorjahres** zum Zeitpunkt der Antragstellung lassen sich die Einkünfte i.d.R. allein durch den **Einkommensteuer-** oder den **Rentenbescheid** nachweisen. Nur wenn die Einkünfte in der Zwischenzeit aufgrund von Veränderungen der persönlichen Situation erheblich nach unten oder oben abweichen, ist vom Eingliederungshilfeträger gemäß Abs. 2 das aktuelle voraussichtliche Jahreseinkommen zu ermitteln.

> **Hinweis**
>
> Liegt hingegen wegen Steuer- noch Rentenbescheid vor, bedeutet der Verweis auf das Einkommensteuerrecht für die Träger der Eingliederungshilfe alles andere als eine Verwaltungsvereinfachung. Sie müssen dann eigene Ermittlungen auf der Grundlage des Einkommensteuerrechts anstellen und entsprechende Einkunftsnachweise abfragen.

b) Einkommensgrenze

348 Ein Eigenbetrag ist zu erbringen, wenn das ermittelte Einkommen der antragstellenden Person die relevante **Einkommensgrenze** übersteigt, die gemäß § 136 Abs. 2 SGB IX von der Art der überwiegenden Einkünfte abhängt:

1. 85 % der jährlichen Bezugsgröße nach § 18 Abs. 1 SGB IV bei Einkünften aus einer sozialversicherungspflichtigen Beschäftigung oder selbstständigen Tätigkeit (2021: 33.558 EUR),
2. 75 % der jährlichen Bezugsgröße nach § 18 Abs. 1 SGB IV bei Einkünften aus einer nicht-sozialversicherungspflichtigen Beschäftigung oder aus anderen Einkunftsarten wie z.B. Mieteinnahmen oder Kapitalerträgen (2021: 29.610 EUR) oder
3. 60 % der jährlichen Bezugsgröße nach § 18 Abs. 1 SGB IV aus Renteneinkünften (2021: 23.688 EUR).

---

449 Demgegenüber hängt die Einordnung des Einkommens im Sozialhilferecht vom Zeitpunkt der Antragstellung ab; es gilt das Zuflussprinzip. Vor der Antragstellung erworbenes Geldwertes ist Vermögen, alles was danach zufließt Einkommen; BSG 24.5.2017 – B 14 AS 32/16 R, Rn. 21 m.w.N.

450 Damit ist einbezogene Einkommen größer als im Sozialhilferecht, dem zur Folge gemäß § 82 Abs. 2 Nr. 1 und 2 diese Positionen aus dem Einkommen herausgerechnet werden.

Durch diese Einkommensgrenzen, bis zu denen kein Beitrag zu den Aufwendungen der Eingliederungshilfe zu leisten ist, soll der leistungsberechtigten Personen die **Aufrechterhaltung einer angemessenen Lebensführung** über den bloßen Lebensunterhalt hinaus ermöglicht werden.[451]

> **Hinweis**
>
> Die Bezugsgröße des § 18 SGB IV ist ein Rechenwert für die verschiedenen Zweige der Sozialversicherung, der jährlich anhand des steigenden Durchschnittsentgelts der Rentenversicherung im vorvergangenen Kalenderjahr neu berechnet wird.[452] Dadurch steigen zugleich die prozentual berechneten Einkommensgrenzen in der Eingliederungshilfe jährlich an. Indem § 136 Abs. 2 SGB IX nur auf die Bezugsgröße nach § 18 *Abs. 1* SGB IV verweist, während § 18 Abs. 2 SGB IV derzeit noch eine separate Bezugsgröße (Ost) vorsieht, gelten die gestaffelten **Einkommensgrenzen bundeseinheitlich**.

349 Welcher **Prozentsatz** der Nummern 1–3 zur Anwendung kommt, hängt von der – ggf. überwiegenden – **Art des Einkommens** ab. Der höhere Prozentsatz von 85 % der Nr. 1 gegenüber demjenigen von 75 % der Nr. 2 erklärt sich daraus, dass dadurch der Abzug der Sozialversicherungsbeiträge bzw. bei Selbstständigen der Abzug der Aufwendungen zur Risikovorsorge ausgeglichen wird. Der bei Renteneinkünften mit 60 % deutlich herabgesetzte Prozentsatz ist politisch bewusst so gewählt, um einen Anreiz dafür zu schaffen, trotz einer Behinderung erwerbstätig zu sein.[453]

350 Lebt die antragstellende Person mit einem Partner bzw. einer Partnerin und/oder unterhaltsberechtigten Kindern gemeinsam in einem Haushalt, erhöht sich die Einkommensgrenze, da zunächst pauschal davon ausgegangen wird, dass diese Personen aus dem Einkommen mit unterhalten werden müssen und somit weniger für den Eigenbetrag eingesetzt werden kann. Der **Zuschlag auf die Einkommensgrenze** beträgt, wieder bezogen auf die jährliche Bezugsgröße nach § 18 Abs. 1 SGB IV, gemäß § 136 Abs. 3 SGB IX:

- 15 % für den:die **Partner:in** und
- 10 % für jedes unterhaltsberechtigte **Kind**.

Beispiel 11:
Lebt eine Antragstellerin mit Behinderung, die Einkünfte aus einem sozialversicherungspflichtigen Angestelltenverhältnis erzielt, zusammen mit ihrem Lebenspartner und ihren beiden minderjährigen Kindern in einem Haushalt, beläuft sich die Einkommensgrenze auf 85 % + 15 % + 10 % + 10 % = 120 % von der jährlichen Bezugsgröße. Im Jahr 2021 müsste sie also nur dann einen Eigenbetrag leisten, wenn ihr Einkommen im Jahr 2019 (Bruttoeinkommen abzüglich Werbungskostenpauschale) oberhalb der Einkommensgrenze von 47.376 EUR gelegen hätte.

351 Erzielt der:die **Partner:in** der antragstellenden Person **selbst Einkommen** über die nach § 136 Abs. 2 SGB IX relevante Einkommensgrenze hinaus, gilt er:sie als nicht auf Unterhalt durch die antragstellende Person angewiesen, sondern kann sich selbst und die unterhaltsberechtigten Kinder – sofern diese vorhanden sind – hälftig mit unterhalten. In diesem Fall entfällt der Partnerzuschlag und der Kinderzuschlag wird auf 5 % pro Kind reduziert. Es wird also davon ausgegangen, dass sich der:die Partner:in selbst unterhalten kann sowie den Unterhalt der Kinder zur Hälfte trägt.

---

451 BT-Drs. 18/9522, 302.
452 Im Jahr 2021 beträgt die jährliche Bezugsgröße nach § 18 Abs. 1 SGB IV 39.480 Euro. Der jeweils aktuelle Wert ist z.B. abrufbar auf der Seite des Bundesministeriums für Arbeit und Soziales www.bmas.de
453 BT-Drs. 18/9522, 302.

Beispiel 12:
Erzielt der Lebenspartner im Beispiel 11 selbst Einkünfte, die 85 % der Bezugsgröße übersteigen, verändert das die Einkommensgrenze für die Antragstellerin wie folgt: 85 % + 5 % + 5 % = 95 % von der jährlichen Bezugsgröße (2021 wären das 37.506 EUR).

352 Ist die **antragstellende Person minderjährig**, wird auch das Einkommen der Eltern bzw. des alleinerziehenden Elternteils mit einbezogen, in deren bzw. dessen Haushalt sie lebt. Im Fall eines **alleinerziehenden Elternteils** kommt die bereits geschilderte Einkommensgrenze des § 136 Abs. 2 SGB IX zur Anwendung (→ Rn. 348), erhöht um einen Kinderzuschlag von je 10 % für die antragstellende Person und ggf. noch für weitere Kinder im Haushalt. Lebt die minderjährige antragstellende Person allerdings mit **beiden Eltern** in einem Haushalt, greift die Sonderregelung des § 136 Abs. 5 SGB IX ein. Danach ist die Einkommensgrenze nach Abs. 2 um einen Zuschlag von 75 % als Ausgleich dafür zu erhöhen, dass in dieser Situation beider Eltern Einkommen mit zugrunde gelegt werden. Die Regelungen über die Partner- und Kinderzuschläge der Absätze 3 und 4 soll daneben nicht zur Anwendung kommen. Das ist für den Partnerzuschlag zwar konsequent, da dieser bereits in dem 75 %-Zuschlag enthalten ist. Der Ausschluss auch des Kinderzuschlags für die antragstellende Person und für ggf. weitere Kinder im Haushalt ist unter Gleichheitsgesichtspunkten problematisch; daher ist in verfassungskonformer Auslegung des Abs. 5 ein Kinderzuschlag von jeweils 5 % in Ansatz zu bringen.[454]

Beispiel 13:
Lebt ein minderjähriger Antragsteller zusammen mit seinen sozialversicherungspflichtig abhängig beschäftigten Eltern und zwei unterhaltsberechtigten Geschwistern in einem Haushalt, ergibt sich die Einkommensgrenze nach der hier vertretenen Auffassung wie folgt: 85 % + 75 % + 5 % + 5 % + 5 % = 175 % der jährlichen Bezugsgröße. Nach dem Gesetzeswortlaut würde sie nur 160 % der Bezugsgröße betragen, die Einkommensgrenze, bis zu der kein Eigenbetrag gefordert wird, läge somit um 15% niedriger, im Jahr 2021 wären das absolut 5.922 EUR Unterschied.

c) Höhe des Eigenbetrages und Zahlungsweg

353 Die Höhe des **monatlichen Beitrags** ist festgelegt auf **2 %** des die individuelle Einkommensgrenze übersteigenden Einkommens (§ 137 Abs. 2 SGB IX). Der Beitragssatz ist vom Eingliederungshilfeträger verbindlich in dieser Höhe anzuwenden. Ihm ist dabei **kein Ermessen** eingeräumt, er hat den rechnerisch **ermittelten Betrag** jedoch **abzurunden** auf den nächsten durch 10 teilbaren Betrag.

354 Der Eigenbeitrag ist gemäß § 137 Abs. 3 SGB IX **von den Leistungen abzuziehen**. Allerdings werden in der Eingliederungshilfe überwiegend – mit wenigen Ausnahmen wie z.B. beim Persönlichen Budget und von Kostenerstattungen – keine konkreten Geldbeträge bewilligt, sondern Sachleistungen in Form von z.B. Fachleistungsstunden oder Betreuungsleistungen durch Leistungserbringer. Da die geschuldete Sachleistung und der von der leistungsberechtigten Person aufzubringende Beitrag ihrem Gegenstand nach nicht gleichartig sind, ist ein „Abzug" **begrifflich nicht möglich**. Einer Umsetzung des Abzugs dadurch, dass der Eingliederungshilfeträger die Kosten der gesamten Leistungen übernimmt und den Eigenbeitrag von der leistungsberechtigten Person einfordert, wird durch § 137 Abs. 4 SGB IX eine Absage erteilt. Eine solche **Vorleistungspflicht des Eingliederungshilfeträgers** bezüglich der gesamten Leistung mit anschließendem Kostenersatzanspruch soll danach nur in dem

---

454 Ausführlich von Boetticher (2020) § 4 Rn. 175 f.

V. Einsatz von Einkommen und Vermögen

Ausnahmefall zulässig sein, dass ein anderer als die leistungsberechtigte Person dem Eigenbetrag zu zahlen hat (also Eltern für Kinder)[455] und die Durchführung der Maßnahme andernfalls gefährdet ist. Im Regelfall soll der Abzug dadurch umgesetzt werden, indem im Bewilligungsbescheid die **Kostenübernahme** für die zu erbringenden Leistungen im Umfang des von der leistungsberechtigten Person aufzubringenden Beitrags **beschränkt wird**.

Hinweis

Der Vergütungsanspruch des Leistungserbringers gegen den Eingliederungshilfeträger hängt gemäß § 127 Abs. 1 S. 2 SGB IX wiederum vom Betrag der bewilligten Leistungen ab und verringert sich entsprechend im Umfang des abzuziehenden Eigenbeitrages. Diesen muss der Leistungserbringer von der leistungsberechtigten Person per Rechnung einfordern. Das bedeutet, dass der Leistungserbringer das Risiko trägt, ob die leistungsberechtigte Person diesen Beitrag an ihn zahlen kann, will und es auch tut. Dies hat nicht nur eine doppelte Rechnungslegung zur Folge, sondern auch **ethische Fragen**: wie soll der Leistungserbringer mit einem unterstützungsbedürftigen Menschen umgehen, der seinen Eigenbeitrag nicht bezahlt?

Eine Vorleistungspflicht des Eingliederungshilfeträgers auch ohne drohende Gefährdung der Maßnahme ist nur bei Betreuungsleistungen über Tag und Nacht sowie bei ärztlichen oder ärztlich verordneten Maßnahmen für minderjährige Leistungsberechtigten vorgesehen (§ 142 Abs. 2 SGB IX), für die ein Kostenbeitrag im Umfang der ersparten häuslichen Aufwendungen nach § 142 Abs. 1 SGB IX vorgesehen ist. **355**

d) Eigenbetrag in Sonderfällen

Nach § 138 Abs. 1 SGB IX werden folgende **Leistungen** erbracht, **ohne** dass ein **Eigenbeitrag** (auch nicht aus dem Vermögen gemäß § 140 Abs. 3 SGB IX) geleistet werden muss: **356**

1. heilpädagogische Leistungen nach § 113 Abs. 2 Nr. 3 SGB IX,
2. Leistungen zur medizinischen Rehabilitation nach § 109 SGB IX,
3. Leistungen zur Teilhabe am Arbeitsleben nach § 111 Abs. 1 SGB IX,
4. Leistungen zur Teilhabe an Bildung nach § 112 Abs. 1 Nr. 1 SGB IX,
5. Leistungen zur schulischen oder hochschulischen Ausbildung oder Weiterbildung für einen Beruf nach § 112 Abs. 1 Nr. 2 SGB IX, soweit diese Leistungen in besonderen Ausbildungsstätten über Tag und Nacht für Menschen mit Behinderungen erbracht werden,
6. Leistungen zum Erwerb und Erhalt praktischer Kenntnisse und Fähigkeiten nach § 113 Abs. 2 Nr. 5 SGB IX, soweit diese der Vorbereitung auf die Teilhabe am Arbeitsleben nach § 111 Abs. 1 SGB IX dienen,
7. Leistungen nach § 113 Abs. 1 SGB IX, die noch nicht eingeschulten leistungsberechtigten Personen die für sie erreichbare Teilhabe am Leben in der Gemeinschaft ermöglichen sollen und
8. bei gleichzeitiger Gewährung von Leistungen zum Lebensunterhalt nach dem Zweiten oder Zwölften Buch oder nach § 27a des Bundesversorgungsgesetzes.

Während die Leistungen der Leistungsgruppe der medizinischen Rehabilitation vollständig ohne Eigenbeitrag erbracht werden, die der Teilhabe am Arbeitsleben (bis auf Hilfsmittel) und die zur Teilhabe an Bildung (bis auf die für Berufs- und Hoch-

---

[455] BT-Drs. 18/9522, 302.

schulbildung außerhalb von Internaten) fast vollständig, ist der Eigenbeitrag für fast alle **Leistungen zur Sozialen Teilhabe** aufzubringen.

357 Sind minderjährige Leistungsberechtigte im Zusammenhang mit der Inanspruchnahme der in Abs. 1 genannten Leistungen außerhalb des elterlichen Haushalts in einer Einrichtung **über Tag und über Nacht** untergebracht, sind sie und ihre Eltern(-teile) nicht vollständig von der Entrichtung eines Eigenbeitrages befreit, sondern müssen gemäß § 142 Abs. 1 SGB IX einen **Eigenbeitrag in Höhe der ersparten häuslichen Aufwendungen** leisten.

Beispiel 14:
Die 13-jährige S mit einer geistigen Behinderung lebt in einem Internat und besucht dort die Schule mit ihren Bedarfen entsprechender Unterstützung. Während für die Leistungen zur Teilhabe an Schulbildung gemäß § 138 Abs. 1 Nr. 4 SGB IX kein Eigenbetrag erhoben wird, müssen die Eltern für die Verpflegung einen Eigenbetrag von ihrem Einkommen oberhalb der Einkommensgrenze bezahlen. Der Umfang der ersparten Mittel ist mittels einer Prognose individuell zu ermitteln.[456]

Hinweis

Hintergrund dieser Sonderregelung ist, dass bei minderjährigen Leistungsberechtigten in Einrichtungen eine Trennung von Fach- und existenzsichernden Leistungen unterbleibt. Da das Aufenthaltsbestimmungsrecht beim Sorgeberechtigten liegt, hätten Kinder und Jugendliche ohnehin nur ein eingeschränktes Selbstbestimmungsrecht, so dass diese weiterhin einrichtungsbezogene Komplexleistungen erhalten, die den Lebensunterhalt mit umfassen (zur Entsprechung im Vertragsrecht → Rn. 378).[457] Für diesen haben sie bzw. ihre Eltern aus dem Einkommen gemäß den §§ 135–137 SGB IX einen Eigenbetrag aufzubringen.

358 Werden **mehrere Leistungen** im gleichen Zeitraum von der leistungsberechtigten Person benötigt oder benötigt parallel ein weiteres Kind Leistungen, ist nach § 137 Abs. 2 SGB IX der **Eigenbeitrag nur einmal** aufzubringen. Bei der **einmaligen Anschaffung** von Bedarfsgegenständen mit einer Gebrauchsdauer von mindestens einem Jahr – z.B. orthopädische und andere Hilfsmittel, langlebige Pflegehilfsmittel, spezielle Einrichtungsgegenstände, Bekleidung oder Schuhe, Kfz[458] oder Kfz-Sonderausstattungen –, steht es im Ermessen des Eingliederungshilfeträgers, mehr als einen monatlichen Eigenbeitrag in Ansatz zu bringen, jedoch **maximal das Vierfache** des monatlichen Betrags (§ 138 Abs. 3 SGB IX).

2. Vermögensanrechnung

359 Vor der Gewährung von Leistungen durch den Träger der Eingliederungshilfe hat die leistungsberechtigte Person ihr Vermögen – bei minderjährigen Kindern auch das ihrer Eltern – für die Beschaffung der Eingliederungshilfeleistungen einzusetzen (§ 140 Abs. 1 SGB IX), sofern es den Freibetrag übersteigt (→ Rn. 360). Gemäß § 139 S. 1 SGB IX ist **alles verwertbare Vermögen** einzusetzen, also alles, was sich bildlich gesprochen „versilbern" lässt. Durch Verweis auf § 90 Abs. 2 Nr. 1–8 SGB XII werden folgende Vermögenswerte zu Schonvermögen erklärt, welche nicht veräußert werden müssen:

---

456 BSG 14.12.2017 – B 8 SO 18/15 R, Rn. 17.
457 BT-Drs. 18/9522, S. 333. Kritisch dazu von Boetticher (2020) § 3 Rn. 341 ff.
458 Schoch in LPK-SGB XII, § 87 Rn. 24.

V. Einsatz von Einkommen und Vermögen

1. Vermögen, das aus öffentlichen Mitteln zum Aufbau oder zur Sicherung einer Lebensgrundlage oder zur Gründung eines Hausstandes erbracht wird,
2. Kapital aus privater, staatlicher geförderter Altersvorsorge (insbesondere die sog. „Riester-Rente"),
3. sonstiges Vermögens, solange es nachweislich zur baldigen Beschaffung oder Erhaltung eines Hausgrundstücks im Sinne der Nr. 8 zum Wohnen von Menschen mit Behinderung oder Pflegebedarf bestimmt ist,
4. angemessener Hausrat (also Wohnungseinrichtung, Küchenausstattung, Kleidung, Gegenstände für den Alltagsgebrauch); dabei sind die bisherigen Lebensverhältnisse der nachfragenden Person zu berücksichtigen,
5. Gegenstände, die zur Aufnahme oder Fortsetzung der Berufsausbildung oder der Erwerbstätigkeit unentbehrlich sind,
6. Familien- und Erbstücke, deren Veräußerung für die nachfragende Person oder ihre Familie eine besondere Härte bedeuten würde,
7. Gegenstände, die zur Befriedigung geistiger, insbesondere wissenschaftlicher oder künstlerischer Bedürfnisse dienen und deren Besitz nicht Luxus ist und
8. ein angemessenes Hausgrundstück, das von der nachfragenden Person oder einer anderen in den § 19 Abs. 1 bis 3 SGB XII genannten Person allein oder zusammen mit Angehörigen ganz oder teilweise bewohnt wird und nach ihrem Tod von ihren Angehörigen bewohnt werden soll. Die Angemessenheit bestimmt sich nach der Zahl der Bewohner, dem Wohnbedarf (zum Beispiel behinderter, blinder oder pflegebedürftiger Menschen), der Grundstücksgröße, der Hausgröße, dem Zuschnitt und der Ausstattung des Wohngebäudes sowie dem Wert des Grundstücks einschließlich des Wohngebäudes.

Ein (oder gar mehrere) Kraftfahrzeug(e) ist bzw. sind somit nicht automatisch vom Vermögenseinsatz ausgenommen. Anders als im SGB II, wo gemäß § 12 Abs. 3 Nr. 2 für jede in der Bedarfsgemeinschaft lebende erwerbsfähige Person ein angemessenes Kraftfahrzeug unberücksichtigt bleibt, muss im SGB IX dafür eine Begründung gefunden werden; z.B. wenn das Kfz zur Aufnahme oder Fortsetzung einer Berufstätigkeit benötigt wird. Alternativ lässt sich auch mit der **Härtefallklausel** des § 139 Abs. 1 S. 3 SGB IX argumentieren. Danach darf die Eingliederungshilfe darf nicht von Vermögen abhängig gemacht werden, soweit dessen Verwertung für den, der das Vermögen einzusetzen hat, und für seine unterhaltsberechtigten Angehörigen eine Härte bedeuten würde. Im Fall eines Kfz wäre das denkbar, wenn dieses gerade benötigt werden würde, um die erstrebte Soziale Teilhabe zu erreichen, insbesondere dann, wenn die leistungsberechtigte Person im Sinne des § 114 SGB IX ständig darauf angewiesen ist (→ Rn. 314).

Grundsätzlich ist das gesamte Vermögen einzusetzen und nicht nur ein prozentualer Anteil dessen wie beim Einkommen. Allerdings wird ein **Freibetrag** für Barvermögen und andere Geldwerte (und somit für alles Vermögen) in Höhe des **Anderthalbfachen** (= 150 %) **der Bezugsgröße** nach § 18 Abs. 1 SGB IV eingeräumt (§ 139 S. 2 SGB IX). Im Jahr 2021 beläuft sich dieser Freibetrag auf 59.220 EUR. Durch die anteilige Festsetzung gemessen an der Bezugsgröße der Sozialversicherung, die jährlich angehoben wird (→ Rn. 348), wird auch der Vermögensfreibetrag jährlich angepasst. Nur Vermögenswerte oberhalb dieses Freibetrages müssen eingesetzt werden. Während dieser Freibetrag bei volljährigen Leistungsberechtigten der Eingliederungshilfe wohl eher selten zur Finanzierung der Leistungen (zunächst) aus eigenem Vermögen führen dürfte, stellt sich die Situation bei Eltern eines minderjährigen Kindes mit Behinderung anders dar.

360

361 Ist der antragstellenden Person oder bei Minderjährigen deren Eltern die sofortige Verwertung einzusetzenden Vermögens nicht möglich oder aus Härtefallgründen nicht zumutbar, sollen die Leistungen der **Eingliederungshilfe als Darlehen** gewährt werden. Im Regelfall wird es sich dabei um ein Sachdarlehen handeln, d.h. der Eingliederungshilfeträger gewährt die Leistungen, die bei einem externen Dienstleister in Anspruch genommen werden, und der Mensch mit Behinderung muss die Kosten dafür zurückzuzahlen, wenn er den Vermögensgegenstand verkauft hat.[459] Das Darlehen ist **ohne Zinsen** zurück zu bezahlen.

Beispiel 15:
Die Antragstellerin M ist Eigentümerin eines nicht von ihr bewohnten Hausgrundstücks, das in einem nicht nachgefragten ländlichen Raum gelegen ist. Solange M dieses trotz nachweislicher Verkaufsbemühungen nicht verkaufen kann, sind ihr die Leistungen der Eingliederungshilfe als zinsloses (Sach-)Darlehen zu gewähren.

362 Die Leistung kann von einer dinglichen Sicherung abhängig gemacht werden, das bedeutet, dass der Eingliederungshilfeträger sich ein Recht an dem zu verwertenden Vermögensgegenstand einräumen lassen kann (z.B. eine Grundschuld oder eine Hypothek auf ein Grundstück wie im Beispiel 15), um zu gewährleisten, dass bei erfolgreichem Verkauf das Darlehen aus dem erzielten Erlös zurückgezahlt wird.

3. Übergang von Ansprüchen

363 Bei der Überleitung Ansprüche gegen Dritte durch den Eingliederungshilfeträger (§ 141 SGB IX) geht es nicht um die Prüfung des Einkommens oder Vermögens der antragstellenden Person im Rahmen der Leistungsentscheidung, sondern um eine Frage des Nachrangs der Eingliederungshilfe. Die Regelung wird daher im Zusammenhang mit den §§ 91, 93 SGB IX dargestellt (→ Rn. 278).

Übungsfall zum Einsatz von Einkommen und Vermögen

(Lösung: Rn. 506)

364 *Nach einem kürzlich erlittenen Verkehrsunfall ist Frau B, 60 Jahre alt, hüftabwärts gelähmt und kann sich ohne Rollstuhl nicht mehr selbstständig bewegen. Sie beantragt eine Kfz-Hilfe beim zuständigen Träger der Eingliederungshilfe in Form der Kostenübernahme für den Einbau einer Hebevorrichtung für den Rollstuhl in ihr Kfz. Frau B lebt zusammen mit ihrem Ehemann in einer abgelegenen kleinen Gemeinde im ländlichen Raum ohne Anbindung an den öffentlichen Nahverkehr. Sie erhält eine Erwerbsminderungsrente und Zahlungen aus einer privaten Unfallversicherung. Beides zusammen ergibt laut ihrem Einkommensteuerbescheid des Vorvorjahres einen Betrag, der auf der Höhe von 70 % der Bezugsgröße nach § 18 Abs. 1 SGB IV (→ Rn. 348) liegt. Dabei ist der Anteil der Erwerbsminderungsrente höher als der Anteil aus der Unfallversicherung. Herr B ist 69 Jahre alt und bezieht eine Altersrente, die der Höhe nach im Vorvorjahr dem gesamten Einkommen von Frau B entsprach. Herr B besitzt Wertpapiere mit einem Vermögenswert von 150 % der jährlichen Bezugsgröße. Frau B hat einen PKW in Gestalt eines Vans, der aktuell einen Verkehrswert von 20.000 EUR hat. Der Van ist zwar groß genug für Frau B im Rollstuhl. Sie benötigt jedoch eine Hebevorrichtung, um überhaupt in den Wagen zu kommen. Das ist*

---

[459] Details s. von Boetticher in LPK-SGB II § 24 Rn. 44 ff.

erforderlich, damit Frau B ihre Arzttermine wahrnehmen kann, aber auch, damit sie mit Herrn B gemeinsame Besorgungen machen und als Theaterbegeisterte an kulturellen Veranstaltungen u.a. in der 10 km entfernten Kreisstadt teilnehmen kann. Herr B hat einen Führerschein und ist verfügbar, um Frau B mit dem Wagen zu den o.g. Terminen zu fahren.

Muss das Ehepaar B einen Eigenbeitrag für den Umbau aufbringen und wenn ja, wieviel? Die Erfüllung der Anspruchsvoraussetzungen für Leistungen der Eingliederungshilfe ist zu unterstellen und nicht zu prüfen.

Wiederholungsfragen

1. *Wessen Einkommen wird bei der Prüfung eines Eigenbeitrages herangezogen und welche Einkommensarten sind für die Heranziehung relevant?*
2. *Welche Einkommensgrenzen sieht das Eingliederungshilferecht vor?*
3. *Wie wirkt es sich aus, wenn die antragstellende Person mit einem:einer Partner:in und/oder unterhaltsberechtigten Kindern in einem Haushalt zusammenlebt?*
4. *Wie hoch ist der zu zahlende Eigenbeitrag?*
5. *An wen ist der Eigenbeitrag zu zahlen?*
6. *Was verstehen Sie unter der Vorleistungspflicht des Eingliederungshilfeträgers? In welchen Konstellationen kommt diese zum Tragen?*
7. *Inwieweit bestehen Unterschiede zwischen den Leistungsgruppen der Rehabilitationsleistungen bei der Erhebung des Eigenbeitrages?*
8. *Was gilt als Vermögen und welche Vermögenswerte bleiben verschont?*
9. *Wodurch unterscheidet sich der Einsatz eigenen Einkommens von dem eigenen Vermögens?*

VI. Prüfungsschema für Leistungen der Eingliederungshilfe

Ob ein **Anspruch** auf Leistungen der Eingliederungshilfe besteht, lässt sich zusammenfassend anhand des folgenden Schemas prüfen: **365**

1. Gehört die antragstellende Person zum **berechtigten Personenkreis** gemäß § 99 SGB IX i.V.m. §§ 1 – 3 EGH-VO i.d.F. am 31.12.2019[460]:

a) Liegt eine **(drohende) Behinderung i.S.d. § 2 SGB IX** vor (→ Rn. 17 ff.)? Also eine

- körperliche, seelische, geistige oder Sinnesbeeinträchtigung,
- die mit hoher Wahrscheinlichkeit länger als sechs Monate
- vom alterstypischen Zustand abweicht und
- die in Wechselwirkung mit einstellungs- und umweltbedingten Barrieren
- die gleichberechtigte Teilhabe der antragstellenden Person an der Gesellschaft bereits behindert oder absehbar behindern wird (drohende Behinderung)?

b) Ist die Person mit (drohender) Behinderung gemäß § 99 Abs. 1 SGB IX **wesentlich in ihrer Teilhabe** an der Gesellschaft **eingeschränkt** (→ Rn. 289 f.)? Prüfe das Vorliegen

---

[460] Die drei Vorschriften der alten Eingliederungshilfe-Verordnung sind gemäß § 99 Abs. 4 S. 2 SGB IX noch so lange weiter anzuwenden, bis die Bundesregierung eine neue Rechtsverordnung dazu erlassen hat (→ Rn. 287 f.).

- einer wesentlichen körperlichen Behinderung gemäß § 1 EGH-VO *oder*
- einer wesentlichen geistigen Behinderung gemäß § 2 EGH-VO *oder*
- einer wesentlichen seelischen Behinderung gemäß § 3 EGH-VO, wobei selbst bei Vorliegen einer der genannten Erkrankungen noch festzustellen ist, ob dies zu einer wesentlichen Teilhabeeinschränkung führt.

c) Besteht gemäß § 99 Abs. 1 SGB IX nach der Besonderheit des Einzelfalls, die **Aussicht, dass die Aufgabe der Eingliederungshilfe** nach § 90 SGB IX erfüllt werden kann (→ Rn. 291 f.)? Hier ist zu prüfen:

- die **Nachvollziehbarkeit** des individuellen Teilhabeziels; hierbei geht es darum, inadäquate Teilhabeziele auszuschließen, die eine durchschnittliche Vergleichsperson ohne Behinderung in ansonsten ähnlicher Lebenslage nicht aus eignen Mitteln verwirklichen würde,
- die **Geeignetheit**, ob dieses Teilhabeziel mit Leistungen der Eingliederungshilfe gemessen an deren Aufgaben gemäß § 90 SGB IX erfüllt werden kann,
- die **Notwendigkeit** von Leistungen der Eingliederungshilfe zur Erfüllung der Teilhabeziele, d.h., ob diese nicht auch auf anderem Wege in zumutbarer Weise erreicht werden können.

Zum anspruchsberechtigten Personenkreis gehört jemand nur, wenn die in a) – c) genannten Voraussetzungen erfüllt sind. Liegt zwar eine Behinderung, aber keine wesentliche Einschränkung der Teilhabe vor ("andere geistige, seelische, körperliche oder Sinnesbeeinträchtigungen"), besteht gemäß § 99 Abs. 3 SGB IX kein Rechtsanspruch auf Leistungen der Eingliederungshilfe, aber ein Anspruch auf eine Ermessensentscheidung darüber, ob überhaupt Leistungen gewährt werden (→ Rn. 293).

2. Nachrang der Eingliederungshilfe gemäß § 91 SGB IX. Hier ist zu prüfen, ob

- andere Rehabilitationsträger vorrangig zuständig sind anhand der Faustregeln (→ Rn. 36 ff.) oder
- andere Dritte vorrangige Leistungspflichten treffen, z.B. die Schule.
- Beachte: Zahlungsansprüche gegenüber Dritten führen nicht zur Ablehnung des Antrags, sondern dazu, dass der Eingliederungshilfeträger die Ansprüche nach einer Leistungsbewilligung auf sich überleitet (→ Rn. 277 f.).

3. Zu erbringender Eigenbeitrag, § 92 SGB IX. Hier ist das verfügbare Einkommen und Vermögen zu prüfen, welches von der zu bewilligenden Leistung gemäß § 137 Abs. 3 SGB IX abzuziehen ist. Vorab ist zunächst zu klären, ob für die in Frage stehende Leistung gemäß § 138 Abs. 1 SGB IX überhaupt ein Beitrag aufzubringen ist (→ Rn. 356).

a) Bezüglich des Einkommens ist dann zu prüfen (→ Rn. 346 ff.):
- wie hoch das einkommenssteuerrechtliche Einkommen der antragstellenden Person – und im Fall Minderjähriger das ihrer Eltern im gemeinsamen Haushalt – im Vorvorjahr war,
- welche Einkommensgrenze einschlägig ist anhand der überwiegend Einkommensart ggf. erhöht um Partner- und/oder Kinderzuschläge
- und soweit das Einkommen die individuelle Einkommensgrenze übersteigt, wieviel 2 % der Differenz betragen.

b) Bezüglich des Vermögens ist zu prüfen (→ Rn. 359 ff.):
- wie hoch das verwertbare Vermögen der antragstellenden Person ist – und im Fall Minderjähriger das ihrer Eltern im gemeinsamen Haushalt.
- Davon ist geschontes Vermögen gemäß § 90 Abs. 2 Nr. 1 – 8 SGB XII abzuziehen
- sowie ein Freibetrag i.H.v. 150 % der Bezugsgröße nach § 18 Abs. 1 SGB IV.

VI. Prüfungsschema für Leistungen der Eingliederungshilfe

- Auch Vermögen, dass diese Grenze übersteigt, bleibt unberücksichtigt, wenn die Verwertung des übersteigenden Einkommens für diejenige Person, die das Vermögen einzusetzen hat, und für ihre unterhaltsberechtigten Angehörigen eine Härte bedeuten würde.

4. Rechtsfolge

Sind die unter 1.-3. geprüften Voraussetzungen erfüllt, besteht ein Rechtsanspruch auf Leistungen dem Grunde nach; d.h. es ist geklärt, dass eine bedarfsdeckende Leistung gewährt werden muss. Über die Art und das Maß der zu gewährenden Leistung(en) hat der Eingliederungshilfeträger nach pflichtgemäßem Ermessen gemäß § 107 Abs. 2 SGB IX zu entscheiden. Bei der Ermessensentscheidung sind insbesondere die Wünsche der antragstellenden Person zu berücksichtigen und auf ihre Angemessenheit gemäß § 104 SGB IX zu überprüfen (→ Rn. 57 ff.):

- Kann der Bedarf durch eine vergleichbare Leistung abgedeckt werden?
- Wenn ja, ist diese vergleichbare Leistung der antragstellenden Person zumutbar?
- Wenn nein: Angemessenheit ohne Kostenvergleich prüfen u.a. anhand der Qualität der Leistungen.
- Wenn ja: Angemessenheit einschließlich Kostenvergleich prüfen: Mehrkosten der beantragten Leistungen gegenüber der vergleichbaren Leistung von bis zu 20 % sind i.d.R. nicht unverhältnismäßig

Die antragstellende Person hat also dann einen Rechtsanspruch auf die von ihr beantragte(n) Leistung(en), wenn und soweit

- sie geeignet und notwendig sind,
- es keine vergleichbare(n) Leistung(en) gibt,
- es diese zwar gibt, aber diese entweder im konkreten Fall nicht zumutbar sind oder
- es diese zwar gibt, aber die gewünschten Leistungen keine unverhältnismäßigen Mehrkosten verursachen.

In diesen Fällen liegt eine Reduzierung des Ermessens des Eingliederungshilfeträgers auf Null vor (→ Rn. 489), d.h. jede andere Entscheidung des Trägers der Eingliederungshilfe wäre rechtswidrig und damit per Widerspruch angreifbar (→ Rn. 482 ff.). Das gleiche gilt in dem Sonderfall, dass die antragstellende Person ein Wohnen außerhalb einer besonderen Wohnform wünscht und dies als bedarfsdeckend in Betracht kommt (→ Rn. 58). In allen übrigen Fällen sind Art und Umfang der Leistung(en) vom Eingliederungshilfeträger nach pflichtgemäßem Ermessen festzulegen.

> **Hinweis**
>
> Zu beachten ist das Antragserfordernis in der Eingliederungshilfe. Selbst wenn ein Anspruch auf Leistungen besteht, werden diese rückwirkend erst ab dem Ersten des Monats erbracht, in dem ein Antrag auf Leistung gestellt worden ist. Sobald in einem Fall Anhaltspunkte für einen Anspruch auf Eingliederungshilfe besteht, ist unverzüglich ein Antrag zu stellen. Dabei reicht ein formloses Schreiben aus, aus dem die Identität der antragstellenden Person und der – nach eigenem Verständnis bestehende – Bedarf ersichtlich sind, der vom leistende Rehabilitationsträger (→ Rn. 70 ff.) nach dem sog. Meistbegünstigungsprinzip auszulegen ist (→ Rn. 298).

VII. Vertragsrecht

1. Das sozialrechtliche Dreiecksverhältnis

366 Die §§ 90 – 122 sowie 135 – 142 SGB IX beinhalten das sog. Leistungsrecht der Eingliederungshilfe. Darin werden die Rechtsbeziehungen zwischen den Trägern der Eingliederungshilfe und den antragstellenden bzw. leistungsberechtigten Personen mit Behinderung normiert. Demgegenüber regelt das **Vertragsrecht** in den §§ 123–134 SGB IX die Rechtsbeziehung zwischen den Trägern der Eingliederungshilfe, im Vertragsrecht auch Kosten- oder **Leistungsträger** genannt, und den Anbietern sozialer Dienste und Einrichtungen für Menschen mit Behinderungen, sog. **Leistungserbringern**. Bevor ein Leistungserbringer auf Kosten von Eingliederungshilfeträgern Rehabilitationsleistungen für Menschen mit Behinderungen anbieten darf, muss zuvor gemäß § 123 Abs. 1 SGB IX eine schriftliche Vereinbarung geschlossen worden sein, in welcher der Personenkreis, die möglichen Leistungen, einzuhaltende Personal- und Qualitätsstandards sowie die dafür abrechenbaren Preise zu vereinbaren sind (§ 125 SGB IX). Aufgrund dessen wird das Vertragsrecht auch als **Leistungserbringungsrecht** bezeichnet. Der Abschluss eines solchen Vertrages bewirkt zunächst nur eine **Zulassung des Leistungserbringers** mit der Folge, dass er Rehabilitationsleistungen anbieten darf. Der Eingliederungshilfeträger erfüllt mithilfe dieser Verträge seinen Sicherstellungsauftrag gemäß § 95 SGB IX (→ Rn. 265), Leistungsberechtigten Rehabilitationsleistungen zur Deckung ihres festgestellten Bedarfes als Sachleistungen bewilligen zu können. Der Leistungserbringer ist dann gemäß § 123 Abs. 4 SGB IX verpflichtet, im Rahmen des vereinbarten Leistungsangebotes Leistungsberechtigte aufzunehmen und ihnen unter Berücksichtigung des Gesamtplans (→ Rn. 335) Eingliederungshilfeleistungen zu erbringen.

Beispiel 1:
Der eingetragene Verein Z möchte Menschen mit seelischen Beeinträchtigungen durch ein professionelles Angebot ambulant betreuten Wohnens dabei unterstützen, selbstständig in der eigenen Wohnung verbleiben zu können. Soll sich das Angebot nicht nur an Menschen richten, die die Leistungen selbst bezahlen können, muss der Verein zunächst mit dem Träger der Eingliederungshilfe eine Vereinbarung nach § 125 SGB IX abschließen.

367 Für **Leistungsberechtigte** mit einem Anspruch auf Eingliederungshilfe ist das Vertragsrecht nur mittelbar relevant. Ihr Wunsch- und Wahlrecht bei der Auswahl von Leistungserbringern nach § 104 SGB IX ist i.d.R. allerdings beschränkt auf diejenigen Leistungserbringer, die mit dem Träger der Eingliederungshilfe eine Vereinbarung nach § 125 SGB IX geschlossen haben. Mit dem ausgewählten Leistungserbringer schließt die leistungsberechtigte Person einen **zivilrechtlichen Vertrag** entweder schriftlich, mündlich oder durch sog. schlüssiges Verhalten, indem sie das Leistungsangebot in Anspruch nimmt.[461] Bei diesem Vertrag handelt es sich i.d.R. um einen Dienstleistungsvertrag i.S.d. § 611 BGB, ggf. in Kombination mit einem Mietvertrag, sofern der Leistungserbringer auch Wohnraum zur Verfügung stellt, z.B. bei einer Betreuung über Tag und Nacht. Aufgrund dieses Vertrages erhält die leistungsberechtigte Person die zur Deckung ihres Bedarfes erforderlichen Leistungen und der Leistungserbringer einen Anspruch auf Vergütung seiner Leistungen. Diesen Zahlungsanspruch, der eigentlich im Verhältnis zur leistungsberechtigten Person besteht, kann der Leistungserbringer gemäß § 123 Abs. 6 SGB IX direkt gegenüber dem Träger der Eingliederungshilfe geltend machen.[462] Nur soweit die leistungsbe-

---

461 S. dazu von Boetticher in Trenczek et al. (2018) S. 250.
462 Kritisch zu diesem direkten Zahlungsanspruch von Boetticher (2020) § 3 Rn. 365 ff.

VII. Vertragsrecht

rechtigte Person einen Eigenbeitrag aufzubringen hat (→ Rn. 354), muss sie den Leistungserbringer selbst direkt bezahlen.

Beispiel 2:
Herr T mit einer seelischen Beeinträchtigung möchte allein in einer eigenen Wohnung leben. Er braucht dafür jedoch stundenweise Unterstützung, um im Alltag klarzukommen, und jemanden, an den er sich in Krisenfällen wenden kann. Auf seinen Antrag stellt der Träger der Eingliederungshilfe seinen Bedarf und die zur Deckung erforderlichen Leistungen fest. Im Rahmen des zu erstellenden Gesamtplanes weist der Träger der Eingliederungshilfe Herrn T darauf hin, welche Leistungserbringer für die benötigten Leistungen in Betracht kommen. Herr T entscheidet sich für den Verein Z (s. Beispiel 1). Auf der Grundlage des Gesamtplans bewilligt der Träger der Eingliederungshilfe Assistenzleistungen in Form des ambulant betreuten Wohnens im Umfang von 10 Stunden in der Woche und Leistungen zur Erreichbarkeit einer Ansprechperson nach § 78 Abs. 1 und 6 SGB IX (→ Rn. 240). Herr T schließt daraufhin mit dem Verein Z einen Dienstleistungsvertrag, in dem u.a. vereinbart wird, an welchen Tagen und zu welchen Zeiten Mitarbeitende von Z bei Herrn T vorbeikommen sollen. Die erbrachten Leistungen rechnet Z direkt mit dem Träger der Eingliederungshilfe ab. Da das Einkommen von Herrn T unterhalb der Einkommensgrenze nach § 136 SGB IX liegt, muss er keinen Eigenbeitrag an Z bezahlen.

Hinweis
Bei Verträgen mit der Kombination aus Pflege- oder Betreuungsleistungen und Wohnraumüberlassung an Volljährige mit Behinderung finden aus Gründen des Verbraucherschutzes zusätzlich die Vorschriften des **Wohn- und Betreuungsvertragsgesetzes** (WBVG) Anwendung.

Die Rechtsbeziehungen zwischen diesen drei Beteiligten ergeben zusammen die **368** Rechtsfigur des sog. **sozialrechtlichen Dreiecksverhältnisses** (s.auch → Rn. 114).

Abbildung 15: Sozialrechtliches Dreieckverhältnis

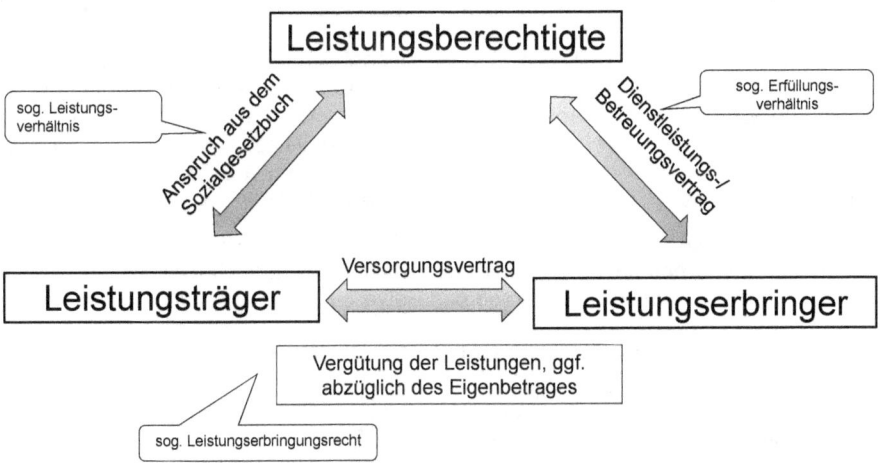

Auch wenn die Leistungen von einem Leistungserbringer ausgeführt werden, **bleibt** der **Eingliederungshilfeträger** dafür **verantwortlich**, dass die Bedarfe der leistungsberechtigten Person gemäß fachlicher Standards gedeckt werden. Ist das nicht der Fall, kann sich die leistungsberechtigte Person beim Eingliederungshilfeträger beschweren, der dem nachgehen muss. Der Träger der Eingliederungshilfe kann bei Anhaltspunkten dafür, dass der Leistungserbringer seine gesetzlichen oder vertraglichen Verpflichtungen ganz oder teilweise nicht ein einhält, vor Ort **Wirtschaftlichkeits- und Qualitätsprüfungen** gemäß § 128 SGB IX durchführen.[463] Werden dabei Pflichtverletzungen nachgewiesen, wird dem Leistungserbringer gemäß § 129 SGB IX die **Vergütung gekürzt**. Bei besonders gravierenden Mängeln, wenn z.B. Leistungsberechtigte infolge der Pflichtverletzung zu Schaden kommen oder wenn ein Abrechnungsbetrug vorliegt, kann der Eingliederungshilfeträger die Vereinbarung mit dem Leistungserbringer unter den Voraussetzungen des § 130 SGB IX auch **fristlos kündigen**.

2. Geeignete Leistungserbringer

369 Voraussetzung für den Abschluss eines Vertrages mit dem Eingliederungshilfeträger ist, dass der **Leistungserbringer** gemäß § 124 SGB IX **geeignet** ist, d.h., dass er
- die nach der Besonderheit des Einzelfalls erforderlichen **Leistungen wirtschaftlich und sparsam** erbringen kann,
- geeignetes **Fach- und anderes Betreuungspersonal** in der für das Leistungsangebot entsprechenden Anzahl beschäftigt und
- ein Qualitätsmanagement und ein Gewaltschutzkonzept nach den §§ 37 und 37a SGB IX implementiert hat.

370 Ob ein Leistungserbringer wirtschaftlich und sparsam ist, ist gemäß § 124 Abs. 1 SGB IX mithilfe eines sog. **externen Vergleiches** zu ermitteln.[464] Dazu hat der Eingliederungshilfeträger im Rahmen der Vertragsverhandlungen die für das Leistungsangebot geforderte Vergütung mit vergleichbaren Leistungsangeboten anderer Leistungserbringer abzugleichen. Sofern sich die geforderte **Vergütung im unteren Drittel** der Spannweite des Marktpreises für vergleichbare Leistungen bewegt, gilt sie ohne Weiteres als wirtschaftlich angemessen. Liegt die Vergütung oberhalb des unteren Drittels des Marktpreises, gilt das noch als wirtschaftlich angemessen, soweit die Überschreitung der Drittel-Grenze ausschließlich darauf zurückzuführen ist, dass das Personal des Leistungserbringers **tariflich oder anhand kirchlicher Arbeitsrechtsregelungen bezahlt** wird. Lässt sich die höhere Vergütung nicht (allein) durch die Zahlung von Tarifgehältern erklären, ist das Angebot nur dann wirtschaftlich, wenn sich der höhere Kostenansatz plausibel erklären lässt, z.B. bei innovativen Leistungsangeboten mit einem höheren Personaleinsatz.[465]

371 Beschäftigte sind gemäß § 124 Abs. 2 SGB IX geeignet, wenn sie
- von ihrer **Persönlichkeit** her für die Arbeit mit Menschen mit Behinderung geeignet sind, was individuell im Rahmen des Bewerbungsverfahrens und ggf. der Probezeit zu prüfen ist,
- über die **Fähigkeit zur Kommunikation** mit den leistungsberechtigten Personen verfügen; in Abhängigkeit von dem Kundenkreis bedeutet das ggf. Weiterbildungen in spezifischen Kommunikationsformen „wie Gebärdensprache und taktiles Gebärden, Lormen oder [...] in Brailleschrift",[466] und
- sie nicht rechtskräftig wegen einer der in Abs. 2 S. 3 genannten **Straftaten gegen die sexuelle und persönliche Selbstbestimmung** verurteilt worden sind, was

---

[463] Durch Landesrecht kann bestimmt werden, dass Wirtschaftlichkeits- und Qualitätsprüfungen auch ohne konkreten Anlass durchgeführt werden können. Die meisten Bundesländer sehen in ihren Ausführungsgesetzen zum SGB IX daher auch sog. "anlasslose Prüfungen" vor.
[464] Zum externen Vergleich s. von Boetticher in LPK-SGB XII § 75 Rn. 28 ff.
[465] BT-Drs. 18/9522, 294.
[466] BT-Drs. 18/9522, 294.

durch regelmäßige Vorlage eines Führungszeugnisses nach § 30a Abs. 1 BZRG zu überprüfen ist.

Letztgenannter Ausschlussgrund gilt – einschließlich der Pflicht zur Vorlage von Führungszeugnissen – auch für **Ehrenamtliche**, die in Kontakt mit Leistungsberechtigten kommen.

Das Gesetz gibt weder einen konkreten **Personalschlüssel** vor, noch macht § 124 Abs. 2 SGB IX Vorgaben für das Verhältnis von **Fachkräften**, die über eine abgeschlossene berufsspezifische Berufsausbildung i.d.R. im pädagogischen, psychosozialen, psychiatrischen oder therapeutischen Bereich[467] verfügen müssen, zu lediglich **angelernten Betreuungskräften**. Allerdings sind gemäß § 131 SGB IX auf Landesebene sog. **Rahmenverträge** zwischen den Eingliederungshilfeträgern und den Verbänden der Leistungserbringer unter Beteiligung der maßgeblichen Interessenvertretungen der Menschen mit Behinderungen zu schließen. Darin sind gemäß § 131 Abs. 1 S. 2 Nr. 5 SGB IX **Personalrichtwerte** oder andere Methoden zur Bestimmung der personellen Ausstattung zu vereinbaren. Für jedes einzelne Leistungsangebot ist die konkrete personelle Ausstattung verpflichtend in der Leistungsvereinbarung festzulegen.

Gemäß § 37 Abs. 2 SGB IX müssen die Erbringer von Leistungen ein Qualitätsmanagement vorsehen, bei dem durch zielgerichtete und systematische Verfahren und Maßnahmen die Qualität der Versorgung gewährleistet und kontinuierlich verbessert wird. Grundlage dafür ist die "Gemeinsame Empfehlung Qualitätssicherung nach § 37 Abs. 1 SGB IX", die die Rehabilitationsträger im Rahmen der BAR (→ Rn. 101, → Rn. 104) vereinbart haben.[468] Rehabilitationseinrichtungen mit Betreuungsleistungen über Tag und Nacht, müssen ihr Qualitätsmanagement gemäß § 37 Abs. 3 SGB IX zertifizieren lassen, um i.S.d. des § 124 SGB IX geeignet zu sein. Darüber hinaus sind Leistungserbringer aufgrund von § 37a SGB IX[469] verpflichtet, ein **Gewaltschutzkonzept** zu entwickeln und umzusetzen, das bezogen auf die jeweilige Einrichtung oder Dienstleistung geeignete Maßnahmen zum Schutz vor Gewalt für Menschen mit (drohenden) Behinderungen, insbesondere für betroffene Frauen und Kinder vorsieht. **372**

3. Zu vereinbarende Inhalte

Die zwischen dem Träger der Eingliederungshilfe und dem Leistungserbringer abzuschließende Vereinbarung hat gemäß § 125 SGB IX eine Leistungsvereinbarung und eine Vergütungsvereinbarung zu beinhalten, die sich im Rahmen der Vorgaben des **Landesrahmenvertrages** nach § 131 Abs. 1 S. 2 SGB IX zu bewegen haben. In der **Leistungsvereinbarung** sind **Inhalt, Umfang und Qualität** einschließlich der **Wirksamkeit** der Fachleistungen der Eingliederungshilfe zu regeln. Als wesentliche Merkmale sind darin mindestens vorzusehen **373**

- der zu betreuende Personenkreis,
- die erforderliche sächliche Ausstattung,
- Art, Umfang, Ziel und Qualität der Leistungen der Eingliederungshilfe,
- die Festlegung der personellen Ausstattung,

---

467 BT-Drs. 18/9522, 295.
468 Abrufbar unter https://www.bar-frankfurt.de/fileadmin/dateiliste/_publikationen/reha_vereinbarungen/pdfs/GEQuali_37Abs.1SGB_IX.web.pdf (30.06.2021).
469 Eingefügt durch das Teilhabestärkungsgesetz vom 2.6.2021, BGBl. I 1387.

- die Qualifikation des Personals,
- soweit erforderlich, die betriebsnotwendigen Anlagen des Leistungserbringers sowie
- bei gemeinsam an mehrere Leistungsberechtigte erbrachten Leistungen (sog. Poolen → Rn. 312 und → Rn. 318) die insoweit erforderlichen Strukturen.

374 Aufgrund der **Personenzentrierung** der Eingliederungshilfe (→ Rn. 258) sind die Leistungen nicht als „all inclusive"-Leistungskomplexe zu beschreiben, sondern sind **in Module** oder einzelne Leistungspakete zu **untergliedern**,[470] die von den Leistungsberechtigten unabhängig vom Ort der Leistungserbringung **selbstbestimmt wähl- und kombinierbar** sind.

Beispiel 3:
Der Leistungserbringer Q unterhält ein Haus für Menschen mit geistiger Behinderung zur Betreuung über Tag und Nacht. Bestandteil des Leistungsangebotes ist ein Angebot zur tagesstrukturierenden Beschäftigung in Form eines sog. anderen Leistungsanbieters (→ Rn. 448 ff.), Training lebenspraktischer Fähigkeiten bezüglich der Essens- und Hauswirtschaftsversorgung in kleinen Gruppen, verschiedene Therapieformen sowie verschiedene Sport- und Freizeitangebote. Die Angebote sind so auszugestalten und zu verpreislichen, dass die einzelne leistungsberechtigte Person die Wahl hat, einige der Leistungen in Anspruch zu nehmen, andere hingegen nicht und stattdessen das Angebot eines anderen Leistungserbringers zu wählen.

375 In der **Vergütungsvereinbarung** sind für die in der Leistungsvereinbarung beschriebenen Leistungsmerkmale Preise in Form von **Leistungspauschalen** zu vereinbaren. Diese sind anhand von **Leistungstypen** und von **Hilfebedarfsgruppen** mit vergleichbarem Hilfebedarf oder vergleichbarem Betreuungsaufwand zu kalkulieren, welche gemäß § 131 Abs. 1 S. 1 Nr. 2 SGB IX im Landesrahmenvertrag zu bestimmen sind. Zudem sind gesonderte Leistungspauschalen für die gemeinsame Leistungserbringung gegenüber mehreren Leistungsberechtigten i.S.d. § 116 Abs. 2 SGB IX zu berechnen, sofern diese Form der Leistungserbringung angeboten wird (sog. Poolen → Rn. 312 und → Rn. 318).

4. Vertragsschluss und Schiedsstellenverfahren

376 Die Initiative zur Aufnahme und die Durchführung **von Vertragsverhandlungen** zum Abschluss der Vereinbarung kann nach § 126 Abs. 1 SGB IX sowohl vom Leistungserbringer als auch vom Eingliederungshilfeträger ausgehen. Kommt eine Einigung zustande, werden Vergütungsvereinbarungen typischerweise befristet geschlossen, da sich die Rechnungsgrundlagen der Leistungspauschalen, z.B. Personalkosten, mit der Zeit verändern. Um zu verhindern, dass mit Ablauf der Befristung ein vertragsloser Zustand eintritt, aufgrund dessen der Leistungserbringer nicht mehr bezahlt werden würde und daher die Versorgung der Leistungsberechtigten einstellen müsste, legt § 127 Abs. 4 SGB IX fest, dass die vereinbarte Vergütung so lange weiter gilt, bis eine neue Vereinbarung geschlossen oder festgesetzt worden ist. Vereinbarungen dürfen gemäß § 126 Abs. 3 S. 2 und 4 SGB IX frühestens mit dem Tag des Vertragsschlusses in Kraft treten; somit sind **rückwirkende** Vereinbarungen unzulässig. Daher ist es – aus Sicht des Leistungserbringers – notwendig, rechtzeitig vor Ablauf der alten Vereinbarung zu Neuverhandlungen aufzurufen.

377 Kommt es nicht innerhalb von drei Monaten nach dem Aufruf zu Verhandlungen zu einer schriftlichen Vereinbarung, so kann jede Partei hinsichtlich der strittigen Punkte der Leistungs- und/oder der Vergütungsvereinbarung gemäß § 126 Abs. 2 SGB IX

---

470 Vgl. dazu BT-Drs. 18/9522 S. 256.

VII. Vertragsrecht

eine **Schiedsstelle** anrufen. Zu diesem Zweck wird gemäß § 133 SGB IX in jedem Bundesland (mindestens) eine Schiedsstelle eingerichtet, die neben eine:m:r unparteiischen Vorsitzenden und einer Stellvertretung je zur Hälfte mit Vertreter:innen der Eingliederungshilfeträger und der Leistungserbringer besetzt ist. Die Schiedsstelle hat unverzüglich über die zwischen den Parteien **strittigen Punkte** zu verhandeln und mit Stimmenmehrheit gemäß § 133 Abs. 4 SGB IX **verbindlich zu entscheiden**. Der Schiedsspruch tritt in diesen Punkten also an die Stelle einer Vereinbarung der Parteien. Hält eine Partei die Entscheidung der Schiedsstelle für rechtswidrig, ist dagegen eine **Klage** beim Landessozialgericht[471] möglich, die **gegen den Verhandlungspartner** und nicht gegen die Schiedsstelle zu richten ist. Die Details zur Ausgestaltung der Schiedsstelle und deren Verfahrens sind gemäß § 133 Abs. 5 SGB IX in einer Rechtsverordnung auf Landesebene zu bestimmen.

5. Sonderregelung für Minderjährige

Anders als bei volljährigen Leistungsberechtigten der Eingliederungshilfe werden bei minderjährigen Leistungsberechtigten die Leistungen nicht getrennt nach Fach- und existenzsichernden Leistungen erbracht (→ Rn. 357). Aufgrund der Sonderregelung des § 27c SGB XII werden von Leistungserbringern – insbesondere in stationären Einrichtungen – **integrierte Komplexleistungen** an **Minderjährige** erbracht, die auch die Unterbringung und Verpflegung mit umfassen. Dementsprechend besteht die Vergütungsvereinbarung nach § 134 Abs. 3 SGB IX nicht nur aus einer Leistungspauschale, sondern – wie auch im Vertragsrecht der Sozialhilfe gemäß § 76 Abs. 2 SGB XII – aus einer **Maßnahmenpauschale** für die Fachleistungen, einer **Grundpauschale** für Unterkunft und Verpflegung und einem **Investitionsbetrag** für die Anlagen und die sächliche Ausstattung. Gemäß § 134 Abs. 4 SGB IX gilt dieses Sondervertragsrecht für minderjährige Leistungsberechtigte zum einen auch für **volljährigen Leistungsberechtigte**, die Leistungen zur Teilhabe an Bildung **in speziellen Internatsschulen** erhalten, beispielsweise in solchen für blinde oder taubblinde Menschen.[472] Zum anderen ist sie auch anzuwenden auf **andere volljährig gewordene Bewohner:innen** in Einrichtungen mit überwiegend minderjährigen Leistungsberechtigten. Denn nicht immer sei mit Vollendung des achtzehnten Lebensjahres der Wechsel in eine Einrichtung für Erwachsene möglich oder sinnvoll, z.B. aus pädagogischen Gründen. Da die Regelung nur für einen Übergangszeitraum bis längstens zur Vollendung des 21. Lebensjahres anzuwenden ist, ist es zudem nicht praktikabel, für ein und dieselbe Einrichtung unterschiedliche Vergütungs- und Abrechnungsstrukturen vorzusehen.[473]

378

Wiederholungsfragen

1. *Wer sind die Beteiligten im Rahmen des sozialrechtlichen Dreiecksverhältnisses und welche Rechtsbeziehung verbindet sie jeweils miteinander?*
2. *Warum ist für einen Leistungserbringer der Vertragsschluss mit dem Träger der Eingliederungshilfe so wichtig?*
3. *Welche beiden Bestandteile hat die Vereinbarung zu beinhalten?*

---

471 Von Boetticher (2020) § 3 Rn. 397.
472 BT-Drs. 18/9522, 301.
473 BT-Drs. 19/14868, 23.

4. Was kann der Leistungserbringer tun, wenn eine Vereinbarung nicht zustande kommt?
5. Muss der Leistungserbringer seine Leistungen aus wirtschaftlichen Gründen einstellen, wenn die Vereinbarung bezüglich der Vergütung befristet abgeschlossen ist und die Frist abläuft?
6. Von wem kann der Leistungserbringer die Vergütung für die von ihm erbrachten Leistungen verlangen?
7. An wen kann sich eine leistungsberechtigte Person wenden, wenn ihre Bedarfe vom Leistungserbringer nicht oder nur mangelhaft gedeckt werden?
8. Welche Möglichkeit der Kontrolle hat der Eingliederungshilfeträger und welche Möglichkeiten der Reaktion bei festgestellten Mängeln?

Kapitel 4: Grundzüge des Schwerbehindertenrechts

Im dritten Teil des SGB IX finden sich die besonderen Regelungen zur Teilhabe **379** schwerbehinderter Menschen: das **Schwerbehindertenrecht**. Dieser Teil geht ursprünglich auf das Schwerbeschädigtengesetz vom 16.6.1953[474] zurück, das im Jahr 2001 ins SGB IX integriert worden ist. Schwerpunkt des Schwerbehindertenrechts ist die **Eingliederung** von schwerbehinderten Menschen **in Beschäftigung und Beruf**. Das Schwerbehindertenrecht des SGB IX wird durch weitere Verordnungen ergänzt. Hierzu gehören u.a.

- die **Schwerbehinderten-Ausgleichsabgabeverordnung** (SchwbAV), in der die Förderung der Teilhabe schwerbehinderter Menschen am Arbeitsleben aus der Ausgleichsabgabe (→ Rn. 393) geregelt wird und
- die **Schwerbehindertenausweisverordnung** (SchwbAwV), die Einzelheiten zum Schwerbehindertenausweis und den einzelnen Merkmalen regelt.

Im Jahre 2019 gab es in Deutschland etwa 7,9 Millionen schwerbehinderte Menschen, das sind 9,5 % der Gesamtbevölkerung.[475] Die Tendenz ist steigend; die Mehrzahl der Schwerbehinderung (rund 89%) wurden durch eine Krankheit verursacht. Dies zeigt, dass das Schwerbehindertenrecht für sehr viele Menschen auch praktisch von großer Bedeutung ist.

Das Schwerbehindertenrecht gilt nach § 151 Abs. 1 SGB IX für **schwerbehinderte** **380** und diesen **gleichgestellte Menschen mit Behinderung**. Nach § 2 Abs. 2 SGB IX sind Menschen schwerbehindert, wenn

- bei ihnen ein Grad der Behinderung (GdB) von wenigstens 50 (zum Begriff des GdB → Rn. 383) vorliegt und
- sie ihren Wohnsitz, ihren gewöhnlichen Aufenthalt oder ihren Arbeitsplatz in Deutschland haben.

Eine Schwerbehinderung wird auf Antrag nach einem **Anerkennungsverfahren** durch einen **Schwerbehindertenausweis** dokumentiert. Dieser stellt die Schwerbehinderung fest;[476] für bestimmte Rechte, v.a. arbeitsrechtliche Schutzvorschriften, muss bereits ein entsprechender Antrag auf Schwerbehinderung gestellt worden sein, um von diesen Schutzvorschriften zu „profitieren" (zu den arbeitsrechtlichen Regelungen bei Schwerbehinderung → Rn. 391 ff.).

Schwerbehinderten Menschen gleichgestellt werden Menschen mit Behinderun- **381** gen, die einen GdB von weniger als 50, aber wenigstens 30 haben, wenn sie ansonsten ebenfalls in Deutschland wohnen oder arbeiten und wenn sie infolge ihrer Behinderung ohne die Gleichstellung **keinen geeigneten Arbeitsplatz** i.S.d. § 156 SGB IX erlangen oder behalten können (§ 2 Abs. 3 SGB IX). Eine Gleichstellung wird auf Antrag von der **Bundesagentur für Arbeit** (ggf. mit Befristung) festgestellt (§§ 151 Abs. 2, 187 Abs. 1 Nr. 5 SGB IX). Auf gleichgestellte Menschen mit Behinde-

---

474 BGBl. I 389. Die letzte Neufassung vom 26.8.1986 (BGBl. I 1421) hat bereits die Terminologie der Schwerbehinderung statt der Schwerbeschädigung aufgegriffen.
475 Vgl. die Pressemitteilung des Statistischen Bundesamtes unter https://www.destatis.de/DE/Presse/Pressemitteilungen/2020/06/PD20_230_227.html;jsessionid=A40CC6342F62A39B15320522F5014AA0.internet741 (10.3.2021).
476 Vgl. mit zahlreichen Nachweisen Deinert in SWK Behindertenrecht, Stichwort Schwerbehindertenrecht, arbeitsrechtliches Rn. 18 f.

rungen sind die Regelungen des Schwerbehindertenrechts grundsätzlich anwendbar mit Ausnahme von § 208 SGB IX (Zusatzurlaub) und den §§ 228 ff. SGB IX (unentgeltliche Beförderung im öffentlichen Personennahverkehr).

Hinweis

Jugendliche und junge Erwachsene mit Behinderungen sind während der Zeit ihrer Berufsausbildung in Betrieben und Dienststellen oder einer beruflichen Orientierung auch dann gleichgestellt, wenn ihr GdB weniger als 30 beträgt oder überhaupt kein GdB festgestellt wurde. In diesen Fällen genügt eine Stellungnahme der Bundesagentur für Arbeit oder ein Bescheid über die Erbringung von Leistungen zur Teilhabe am Arbeitsleben. Diese Gleichstellung ist v.a. für bestimmte Leistungen des Integrationsamtes erforderlich (§ 151 Abs. 4 SGB IX).

I. Anerkennung und Merkzeichen

1. Anerkennung und Schwerbehindertenausweis

382 Auf **Antrag**[477] eines Menschen mit Behinderung stellt die zuständige Behörde das Vorliegen einer Behinderung und den Grad der Behinderung zum Zeitpunkt der Antragstellung fest (§ 152 Abs. 2 SGB IX). Die **Feststellung** bezieht sich i.d.R. auf den **Zeitpunkt der Antragstellung**, kann aber auch – falls ein besonderes Interesse glaubhaft gemacht wird – bereits für einen früheren Zeitpunkt festgestellt werden. Zuständig für die Feststellung sind i.d.R. die örtlich zuständigen **Versorgungsämter**,[478] mit Inkrafttreten des SGB IX zum 1.1.2024 haben die Bundesländer die zuständige Behörde zu regeln. Die Auswirkung einer Behinderung auf die Teilhabe am Leben in der Gesellschaft wird in Zehnergraden (nicht in Prozenten!!) abgestuft festgestellt und als **Grad der Behinderung** (GdB) bezeichnet. Er beträgt mindestens 20 und höchstens 100. Das Verfahren läuft im Wesentlichen wie folgt ab:

---

477 Antragsformular-Vordrucke finden sich i.d.R. auf den Internetseiten der zuständigen Versorgungsämter, z.B. für Berlin beim Landesamt für Gesundheit und Soziales unter https://www.berlin.de/lageso/_assets/behinderung/schwerbehinderung-versorgungsamt/publikationen/schwerbehindertenantrag.pdf oder für Brandenburg bei Landesamt für Soziales und Versorgung als online auszufüllender Antrag unter https://secure.service.brandenburg.de/intelliform/forms/lasv/cottbus/LASV_SchwebNet_Onlineantrag/index (10.3.2021).

478 Eine Suche nach dem örtlich zuständigen Versorgungsamt kann man z.B. auf der Seite https://www.soziales.niedersachsen.de/aktuelles_service/ortsverzeichnis_deutschland_nach_zustaendigen_versorgungsaemtern/ (10.3.2021) vornehmen.

I. Anerkennung und Merkzeichen

Abbildung 16

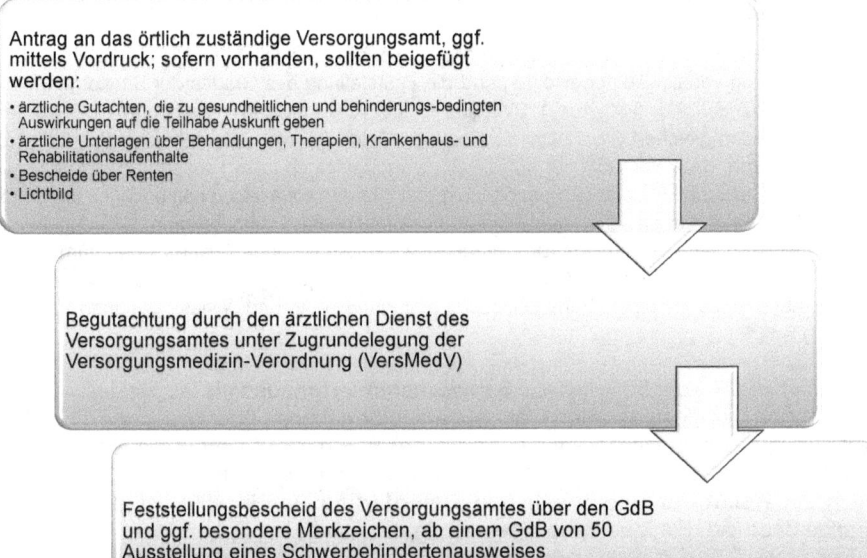

Hinweis

Die Feststellung einer Schwerbehinderung sagt nichts über die Erwerbsfähigkeit eines Menschen. Auch bei einem GdB von 100 können Menschen durchaus in Vollzeit erwerbsfähig sein, auch wenn hierfür ggf. Hilfsmittel erforderlich sind.

Grundlage der Beurteilung über den GdB ist die **Versorgungsmedizin-Verordnung** 383 (VersMedV),[479] die einzelne Beeinträchtigungen und ihre Auswirkungen auf die Teilhabe am Leben in der Gesellschaft einzelnen GdBs zuordnet. Liegen mehrere Beeinträchtigungen vor, werden die sich daraus ergebenden GdB nicht einfach addiert. Vielmehr wird in diesen Fällen der GdB nach den Auswirkungen der Beeinträchtigungen in ihrer Gesamtheit unter Berücksichtigung ihrer wechselseitigen Beziehungen festgestellt (§ 152 Abs. 3 SGB IX).

Beispiel 1:

Nach der VersMedV erhält jemand mit Wirbelsäulenschäden und schweren funktionellen Auswirkungen in einem Wirbelsäulenabschnitt (Verformung, häufig rezidivierende oder anhaltende Bewegungseinschränkung oder Instabilität schweren Grades, häufig rezidivierende und Wochen andauernde ausgeprägte Wirbelsäulensyndrome) einen GdB von 30 (GdS-Tabelle B 18.9). Hat der Betroffene auch noch eine Augenmuskellähmung, bei der ein Auge wegen der Doppelbilder vom Sehen ausgeschlossen werden muss und die mit einem GdB von 30 nach der Verordnung bewertet wird (GdS-Tabelle B 4.4), werden die beiden „Teil"-GdB nicht auf 60 addiert.

---

479 Die Versorgungsmedizin-Verordnung findet sich auf der Seite des BMAS und kann da als Broschüre bestellt oder als pdf heruntergeladen werden: https://www.bmas.de/SharedDocs/Downloads/DE/Publikationen/k710-versorgungsmed-verordnung.pdf?__blob=publicationFile&v=1 (10.3.2021).

Vielmehr wird geprüft, wie beide Behinderungen sich gegenseitig beeinflussen und wie sie sich insgesamt auf die Teilhabe auswirken.

Hinweis

Nach § 1 VersMedV regelt die Verordnung u.a. die Grundsätze für die medizinische Bewertung von Schädigungsfolgen und die Feststellung des Grades der Schädigungsfolgen (GdS) i.S.d. § 30 Abs. 1 BVG (ab 1.1.2024: § 5 SGB XIV). GdS und GdB werden nach den gleichen Grundsätzen bemessen. Beide Begriffe unterscheiden sich lediglich dadurch, dass der GdS nur auf die Schädigungsfolgen (also kausal) und der GdB auf alle Gesundheitsstörungen unabhängig von ihrer Ursache (also final) bezogen ist. Beide Begriffe haben die Auswirkungen von Funktionsbeeinträchtigungen in allen Lebensbereichen und nicht nur die Einschränkungen im allgemeinen Erwerbsleben zum Inhalt. GdS und GdB sind ein Maß für die körperlichen, geistigen, seelischen und sozialen Auswirkungen einer Funktionsbeeinträchtigung aufgrund eines Gesundheitsschadens.[480]

384 Ab einem GdB von 50 wird ein **Schwerbehindertenausweis** ausgestellt. Dieser kann neben dem festgestellten GdB weitere Informationen über gesundheitliche Beeinträchtigungen und ihre Folgen (Merkzeichen → Rn. 388 ff.) enthalten. Der Ausweis in Gestalt einer Plastikkarte im Bankkartenformat hat die Grundfarbe grün; besteht auch ein **Recht zur unentgeltlichen Beförderung** (→ Rn. 459), ist er halbseitig orange bedruckt. Ein Muster befindet sich in der Anlage zur SchwbAwV:

Abbildung 17

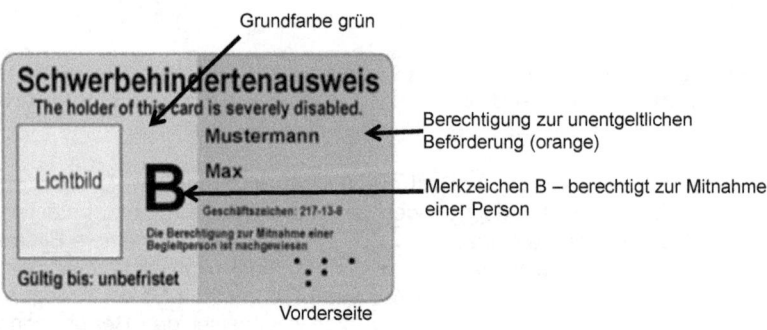
Vorderseite

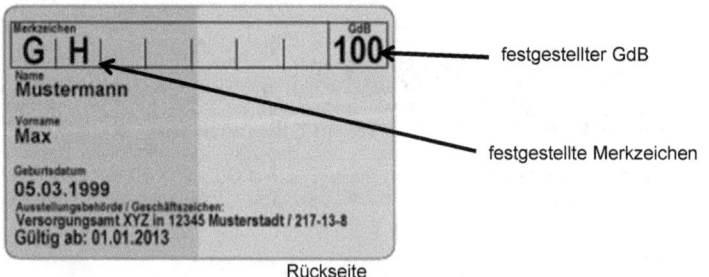
Rückseite

---

480 Anlage zu § 2 VersMedV, Teil A Allgemeine Grundsätze, Ziff. 2.

I. Anerkennung und Merkzeichen

Hinweis

Von der Antragstellung bis zur Erteilung eines Schwerbehindertenausweises können mehrere Monate vergehen. Da der ärztliche Dienst i.d.R. nach Aktenlage entscheidet, ist es notwendig, vorhandene medizinische Unterlagen (z.B. Entlassungsberichte aus Krankenhäusern oder Rehabilitationseinrichtungen, ärztliche Befunde, Arztbriefe) möglichst vollständig mitzuschicken, genaue Namen und Adressen der behandelnden Ärzt:innen anzugeben und deren Entbindung von der Schweigepflicht zu erklären. Anträge von berufstätigen Menschen werden grundsätzlich bevorzugt bearbeitet, weil für sie entscheidend ist, ob sie besonderen arbeitsrechtlichen Schutzvorschriften unterliegen (→ Rn. 413 ff.).

385 Der Schwerbehindertenausweis dient nach § 152 Abs. 5 S. 2 SGB IX dem **Nachweis** für die Inanspruchnahme von Leistungen und sonstigen Hilfen, die schwerbehinderten Menschen nach dem SGB IX und anderen Rechtsvorschriften zustehen.

Beispiele:
Schwerbehinderte Menschen haben das Recht, eine vorgezogene Altersrente ohne Abschläge in Anspruch zu nehmen (§§ 37, 236a SGB VI) oder sie erhalten bestimmte Steuerermäßigungen. Finanziell hilfebedürftige Menschen speziell mit dem Merkzeichen G haben u.U. gemäß § 23 Nr. 4 SGB II bzw. § 30 Abs. 1 SGB XII einen Anspruch auf einen Mehrbedarfszuschlag.[481]

386 Der Schwerbehindertenausweis wird erstmalig i.d.R. **für längstens fünf Jahre** ausgestellt; ist eine wesentliche Änderung in den gesundheitlichen Verhältnissen, die für die Feststellung maßgeblich sind, nicht zu erwarten, kann er auch unbefristet ausgestellt werden (§ 6 Abs. 2 SchwbAwV). Anderenfalls kann er zwei Mal verlängert werden. Bei Kindern und Jugendlichen sowie bei nichtdeutschen schwerbehinderten Menschen, deren Aufenthaltstitel oder Arbeitserlaubnis befristet ist, gelten weitere Vorschriften zur Gültigkeit (§ 6 Abs. 3 bis 5 SchwbAwV).

387 Nach § 152 Abs. 5 S. 4 SGB IX wird der **Ausweis eingezogen**, sobald der Schutz als schwerbehinderter Mensch erloschen ist. Auch eine Berichtigung ist möglich, sobald eine Neufeststellung rechtskräftig geworden ist (§ 152 Abs. 5 S. 5 SGB IX). Beide Maßnahmen unterliegen der Schutzfrist des § 199 SGB IX über die Beendigung der Anwendung besonderer Regelungen zur Teilhabe schwerbehinderter Menschen. Diese Schutzfrist umfasst drei Monate. Sie beginnt nach Eintritt der Unanfechtbarkeit des Bescheids und endet am dritten Kalendermonat danach.

2. Merkzeichen

388 Merkzeichen geben einen Hinweis auf **besondere gesundheitliche Beeinträchtigungen**, die zur Schwerbehinderung hinzukommen. Diese Merkzeichen verleihen zusätzliche Rechte und berechtigen zur Inanspruchnahme von bestimmten **Nachteilsausgleichen**. Die Merkzeichen sind in § 229 SGB IX sowie in § 3 SchwbAwV geregelt. Bedeutung und gesundheitliche Voraussetzungen und finden sich in nachfolgender Tabelle (zu den damit verbundenen Nachteilsausgleichen → Rn. 458 ff.):

---

481 Zwar knüpft die Vorschrift des SGB II an das Innehaben eines Ausweises an, während bei § 30 SGB XII der Feststellungsbescheid des zuständigen Versorgungsamtes genügt. Da die Vorschrift des SGB II eingeführt wurde, um Menschen, die als Erwerbsunfähige dem Rechtskreis des SGB II unterliegen mit denen nach dem SGB XII gleich zu behandeln (vgl. BT-Drs. 16/1410, 25), müssen beide Vorschriften gleich ausgelegt werden; vgl Saitzek in Eicher/Luik, SGB II § 23 Rn. 32.

Merkzeichen	Bedeutung	gesundheitliche Voraussetzungen
G	erhebliche Beeinträchtigung der Bewegungsfähigkeit im Straßenverkehr oder erhebliche Geh-/Stehbeeinträchtigung	Erheblich beeinträchtigt ist, wer infolge von Einschränkungen des Gehvermögens (auch durch innere Leiden oder infolge von Anfällen oder Störungen der Orientierungsfähigkeit) nicht ohne erhebliche Schwierigkeiten oder nicht ohne Gefahren für sich oder andere Wegstrecken im Ortsverkehr zurückzulegen vermag, die üblicherweise noch zu Fuß zurückgelegt werden können (§ 229 Abs. 1 SGB IX)
aG	außergewöhnlich gehbehindert	erhebliche mobilitätsbezogene Teilhabebeeinträchtigung, die dann vorliegt, wenn sich der schwerbehinderte Mensch wegen der Schwere seiner Beeinträchtigung dauernd nur mit fremder Hilfe oder mit großer Anstrengung außerhalb seines Kraftfahrzeugs bewegen kann; i.d.R. Menschen, die aus medizinischer Sicht auf einen Rollstuhl angewiesen sind; möglich sind auch andere Gesundheitsstörungen (z.B. Störungen bewegungsbezogener, neuromuskulärer oder mentaler Funktionen, Störungen des kardiovaskulären oder des Atmungssystems) - § 229 Abs. 3 SGB IX
B	Berechtigung zur Mitnahme einer Begleitperson	schwerbehinderter Mensch ist bei der Benutzung von öffentlichen Verkehrsmitteln aufgrund seiner Behinderung regelmäßig auf Hilfe angewiesen (§ 229 Abs. 2 SGB IX)
Bl	Blindheit	Schwerbehinderte Menschen, denen das Augenlicht vollständig fehlt oder deren Sehschärfe so gering ist, dass sie sich in einer ihnen nicht vertrauten Umgebung ohne fremde Hilfe nicht zurechtfinden können, i.d.R. eine Sehschärfe auf dem besseren Auge von nicht mehr als 1/50 oder andere Sehstörungen; dabei spielt es keine Rolle, ob die Blindheit auf einer spezifischen Sehstörung beruht oder durch eine cerebrale Schädigung verursacht wird
Gl	Gehörlosigkeit	beiderseitige Taubheit oder eine an Taubheit grenzende Schwerhörigkeit beiderseits, wenn daneben schwere Sprachstörungen vorliegen
H	Hilflosigkeit	Schwerbehinderte Menschen, die infolge der Behinderung nicht nur vorübergehend für die gewöhnlichen und regelmäßig wiederkehrenden Verrichtungen im Ablauf des täglichen Lebens in erheblichem Umfang fremder Hilfe dauernd bedürfen; i.d.R. angenommen bei Querschnittslähmungen, Verlust mehrerer Gliedmaßen, schweren Hirnschäden, GdB von 100; Menschen mit Pflegegrad 4 und 5 werden idR diese Voraussetzungen erfüllen
RF	Ermäßigung des Rundfunkbeitrags auf ein Drittel	Menschen mit einem GdB von mindestens 80, die wegen ihrer Behinderung nicht an (sämtlichen) öffentlichen Veranstaltungen teilnehmen können, auch nicht mit Begleitperson oder technischen Hilfsmitteln oder Menschen mit einem GdB von mindestens 60 wegen einer Sehbehinderung oder einem GdB von mindestens 50 aufgrund einer Hörbehinderung
1. Kl	Berechtigung zur Fahrt in der der 1. Wagenklasse mit einem Fahrausweis für die 2. Klasse	Schwerkriegsbeschädigte mit einer schädigungsbedingten MdE ab 70% und NS-Verfolgte mit einer schädigungsbedingten MdE ab 70%, wenn ihr Zustand eine Unterbringung in der 1. Klasse erfordert
TBl	Taubblind	Schwerbehinderte Menschen, die aufgrund einer Störung der Hörfunktion einen GdB von mindestens 70 und aufgrund der Störung des Sehvermögens einen GdB von 100 haben

389 Für Menschen, die nach dem Bundesversorgungsgesetz oder dem Bundesentschädigungsgesetz eine Versorgung erhalten, gibt es noch folgenden Merkzeichen (§ 2 Abs. 2 SchwbAwV):

VB	Schwerbehinderter Mensch hat einen GdS von mindestens 50 und Anspruch auf Versorgung nach dem BVG oder anderen auf dieses verweisenden Gesetze (z.B. OEG, IfSchG) oder GdS von 50, der aufgrund des Zusammentreffens mehrerer Ansprüche nach dem BVG, den darauf verweisenden Gesetzen oder nach dem Bundesentschädigungsgesetz insgesamt besteht
EB	Schwerbehinderter Mensch mit einem GdS von 50 und erhält Entschädigung nach § 28 des Bundesentschädigungsgesetzes (Verfolgte des Nationalsozialismus)

Teilweise erkennen auch einzelne Bundesländer eigene Merkzeichen an. So gilt in Berlin das Merkzeichen **390**

T	Berechtigung zur Beförderung mit dem Sonderfahrdienst

Wiederholungsfragen

1. *Worauf zielt das Schwerbehindertenrecht des SGB IX vorrangig?*
2. *Für welche Personengruppen gilt das Schwerbehindertenrecht?*
3. *Wann ist eine Gleichstellung möglich? Wer ist für die Anerkennung zuständig?*
4. *Skizzieren Sie das Verfahren bis zum Erhalt eines Schwerbehindertenausweises! Wer ist für die Ausstellung des Ausweises zuständig?*
5. *Was verstehen Sie unter einem Grad der Behinderung (GdB) und wie wird er ermittelt?*
6. *Was sind Merkzeichen und wo sind sie geregelt?*
7. *Nennen Sie fünf Merkzeichen, ihre Bedeutung und ihre gesundheitlichen Voraussetzungen!*

II. Beschäftigung von Menschen mit Schwerbehinderungen

Ein wichtiger Bereich des Schwerbehindertenrechts des SGB IX widmet sich der **Beschäftigung schwerbehinderter Menschen.** Dass dies auch praktisch durchaus notwendig ist, zeigt sich daran, dass die Arbeitslosenquote bei schwerbehinderten erwerbsfähigen Menschen im Verlauf der vergangenen Jahre zwar kontinuierlich gesunken ist, im Jahr 2018 um vier Prozent, im Vergleich zu Menschen ohne Behinderungen aber viel geringer – hier waren es acht Prozent. Auch die Verweildauer schwerbehinderter Menschen in der Arbeitslosigkeit ist mit 43% deutlich höher als bei Menschen ohne Behinderung (34%).[482] Die Leistungen der Rehabilitationsträger für Arbeitgeber im Rahmen der Leistungen zur Teilhabe am Arbeitsleben, die einen Anreiz zur Beschäftigung von Menschen mit Behinderungen schaffen sollen (§§ 50 und 61 SGB IX), werden im Schwerbehindertenrecht durch eine Vielzahl von Verpflichtungen der Arbeitgeber, von Rechten schwerbehinderter Arbeitnehmer:innen und von Unterstützungsleistungen v.a. durch Integrationsämter und -fachdienste ergänzt. Für die Unterstützung schwerbehinderter Beschäftigter in allen Bereichen gibt **391**

---

[482] Bundesagentur für Arbeit: Situation schwerbehinderter Menschen, April 2019, S. 11 ff., abrufbar unter https://statistik.arbeitsagentur.de/DE/Statischer-Content/Statistiken/Themen-im-Fokus/Menschen-mit-Behinderungen/generische-Publikation/Arbeitsmarktsituation-schwerbehinderter-Menschen.pdf. (17.3.2021).

es eine gesonderte Interessenvertretung: die Schwerbehindertenvertretung. Im Überblick lassen sich die Regelungen für schwerbehinderte Menschen in Beschäftigung und Beruf wie folgt darstellen:

Abbildung 18

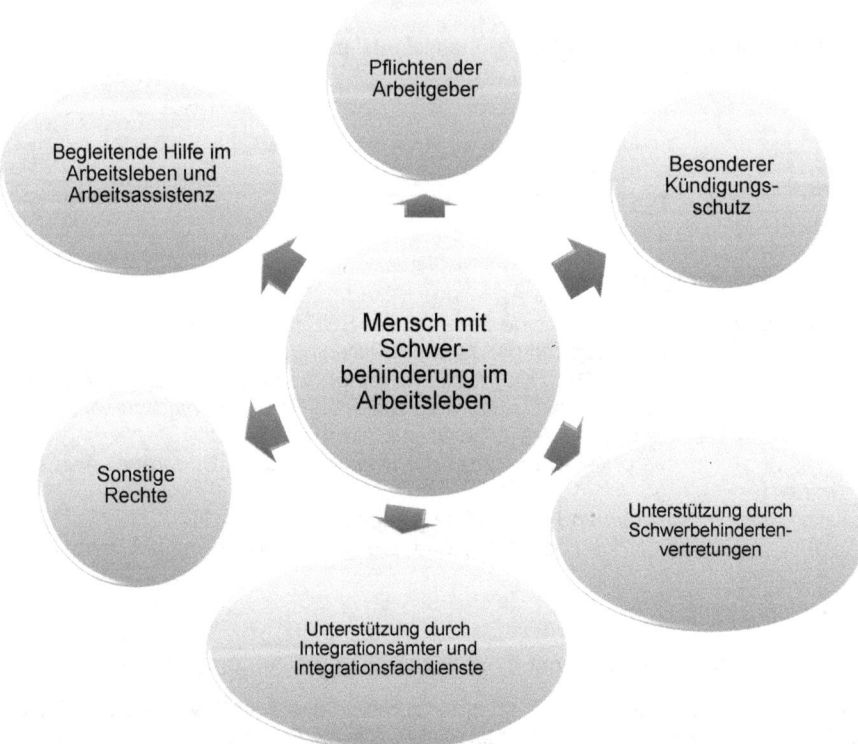

1. Pflichten der Arbeitgeber

392 Die Pflichten der Arbeitgeber zur und bei der Beschäftigung schwerbehinderter Arbeitnehmer:innen finden sich im Wesentlichen in den §§ 154 bis 167 SGB IX. Hierzu gehören:
- die Pflicht von privaten und öffentlichen Arbeitgebern, ab einer Unternehmensgröße von mindestens 20 Arbeitsplätzen (zum Begriff s. § 156 SGB IX) wenigstens 5 % der Arbeitsplätze mit schwerbehinderten Menschen zu besetzen (**Pflichtarbeitsplätze**); bei Nichterfüllung der entsprechenden Quote muss eine Ausgleichsabgabe gezahlt werden,
- die Pflicht der **frühzeitigen Prüfung**, ob freie Arbeitsplätze mit schwerbehinderten Menschen besetzt werden können,
- das **Verbot**, schwerbehinderte Menschen zu **benachteiligen**,

- die Pflicht, für eine **dauerhafte behinderungsgerechte Beschäftigung** zu sorgen und entsprechende Maßnahmen dafür zugunsten ihrer schwerbehinderten Arbeitnehmer:innen zu ergreifen,
- die Verpflichtung, mit der Schwerbehindertenvertretung eine **Inklusionsvereinbarung** zu schließen sowie
- bei Feststellung bestimmter Schwierigkeiten einzelner Arbeitnehmer:innen frühzeitig präventive Maßnahmen zu ergreifen und ein **betriebliches Eingliederungsmanagement** durchzuführen.

Arbeitgeber sind verpflichtet, **Inklusionsbeauftragte** nach § 181 SGB IX zu bestellen, die insbesondere auf die Einhaltung der dem Arbeitgeber obliegenden Verpflichtungen achten (→ Rn. 417). Zur Unterstützung der Arbeitgeber, die schwerbehinderte Menschen ausbilden, einstellen und beschäftigen wollen, werden Einheitliche – trägerunabhängige – Ansprechstellen eingerichtet, die die Arbeitgeber informieren, beraten und unterstützen. Die **Einheitlichen Ansprechstellen** sollen auch proaktiv Arbeitgeber ansprechen, sind unabhängiger Lotse und unterstützen bei Anträgen (§ 185a SGB IX).

Arbeitgeber, die die vorgesehene Pflichtquote nicht erreichen, müssen für jeden unbesetzten Pflichtarbeitsplatz eine **Ausgleichsabgabe** bezahlen. Deren Höhe wird auf der Grundlage einer jahresdurchschnittlichen Beschäftigungsquote ermittelt (§ 160 Abs. 1 SGB IX). Sie beträgt ab dem Jahr 2021 zwischen 140 und 360 EUR (Einzelberechnung s. § 160 Abs. 2 und 3 SGB IX). Die Ausgleichsabgabe wird an die Integrationsämter gezahlt und darf nur für besondere Leistungen zur Förderung der Teilhabe schwerbehinderter Menschen im Arbeitsleben einschließlich begleitender Hilfen im Arbeitsleben (hierzu § 184 Abs. 3 SGB IX, → Rn. 407) verwendet werden (§ 160 Abs. 5 SGB IX). Die Einzelheiten hierzu regelt die Schwerbehinderten-Ausgleichsabgabeverordnung (SchwbAV). 393

Alle Arbeitgeber sind verpflichtet zu prüfen, ob **freie Arbeitsplätze** mit schwerbehinderten Menschen – insbesondere mit solchen, die arbeitslos oder arbeitsuchend gemeldet sind – besetzt werden können. Hierzu sollen sie frühzeitig Verbindung mit den Arbeitsagenturen aufnehmen, die ihnen selbst oder über einen Integrationsfachdienst (→ Rn. 404) geeignete schwerbehinderte Menschen vorschlagen. Gibt es im Unternehmen eine Schwerbehindertenvertretung (→ Rn. 417 f.), ist diese einzubinden (§ 164 Abs. 1 SGB IX). Haben sich schwerbehinderte Menschen bei einem öffentlichen Arbeitgeber beworben oder wurden hierfür vorgeschlagen, sind sie zu einem **Vorstellungsgespräch** einzuladen, es sei denn, die fachliche Qualifikation fehlt offensichtlich (§ 165 SGB IX). Bei Verstößen gegen diese Einladungspflicht können nicht berücksichtigte schwerbehinderte Bewerber:innen eine Entschädigung einfordern und ggf. notfalls einklagen. 394

Nach § 164 Abs. 2 SGB IX dürfen Arbeitgeber schwerbehinderten Menschen nicht wegen ihrer Behinderung benachteiligen. Das Gesetz verweist auf die Regelungen des **§ 12 AGG**, demzufolge Arbeitgeber Maßnahmen zum Schutz vor Benachteiligungen ergreifen und bei Verstößen sowohl gegenüber Beschäftigten als auch gegenüber Dritten (z.B. Dienstleister, Kund:innen) zum Schutz Beschäftigter mit Behinderungen reagieren müssen. 395

Beispiel 1:
Bei einem Mitarbeiter, der als MTA in einem Labor arbeitet, wurde eine HIV-Infektion festgestellt.[483] Weigern sich Kolleg:innen daraufhin, mit ihm zu arbeiten, oder Kund:innen, mit ihm Kontakt aufzunehmen, weil sie fürchten sich anzustecken, muss der Arbeitgeber – auch im Rahmen seiner Fürsorgepflicht – dafür sorgen, dass der betroffene Kollege nicht diesen Diskriminierungen ausgesetzt ist.

396 Arbeitgeber haben darüber hinaus durch geeignete Maßnahmen sicherzustellen, dass in ihren Betrieben und Dienststellen zumindest die vorgeschriebene Zahl schwerbehinderter Menschen eine möglichst **dauerhafte behinderungsgerechte Beschäftigung** finden kann (§ 164 Abs. 3 SGB IX). Korrespondierend zu dieser Pflicht gibt es eine Anzahl von **Ansprüchen der Arbeitnehmer:innen** gegenüber ihrem Arbeitgeber (§ 164 Abs. 4 SGB IX); die hierfür vorgesehenen Maßnahmen werden teilweise durch die Bundesagentur und die Integrationsämter unterstützt. Darüber hinaus haben die Arbeitgeber die Einrichtung von **Teilzeitarbeitsplätzen** zu fördern, wenn schwerbehinderte Arbeitnehmer:innen wegen Art und Schwere ihrer Behinderung nur kürzer arbeiten können (§ 164 Abs. 5 SGB IX).

397 Nach § 166 SGB IX treffen Arbeitgeber gemeinsam mit den Schwerbehindertenvertretungen und anderen Akteuren eine Vereinbarung über die Ausgestaltung der Rechte und Pflichten im Hinblick auf Krankheit, Behinderung und Prävention im betrieblichen Kontext. Diese **Inklusionsvereinbarungen** sind mehrseitige Verträge eigener Art.[484] § 166 SGB IX beschreibt deren notwendigen Inhalte (Abs. 2, u.a. Regelungen zur Personalplanung, Arbeitsorganisation, Arbeitszeit sowie Regelungen über die Durchführung in den Betrieben und Dienststellen) sowie weitere, optionale Inhalte (Abs. 3). Auf diese Weise dienen sie auch als Planungs- und Steuerungsinstrument zur Erreichung der vereinbarten Ziele.[485] Eine Inklusionsvereinbarung kann als Betriebsvereinbarung verbindlich abgeschlossen oder über die einzelnen Arbeitsverträge in das Arbeitsverhältnis hineingezogen werden.[486]

398 Zu den Pflichten der Arbeitgeber im Rahmen der Beschäftigung schwerbehinderter Menschen gehört nach dem SGB IX auch die Durchführung präventiver Maßnahmen, die verhindern sollen, dass Menschen aufgrund ihrer Behinderung oder sonstiger gesundheitlicher Einschränkungen ihre Beschäftigung verlieren. § 167 SGB IX regelt hierfür zwei Verfahren: das **Präventionsverfahren** (auch als Konfliktprävention oder Kündigungsprävention bezeichnet)[487] in Abs. 1 und das **Betriebliche Eingliederungsmanagement** (BEM) in Abs. 2.

399 Das **Präventionsverfahren** nach § 167 Abs. 1 SGB IX hat ein Arbeitgeber dann durchzuführen, wenn personen-, verhaltens- oder betriebsbedingte Schwierigkeiten in einem Arbeits- oder Beschäftigungsverhältnis auftreten, die zur Gefährdung dieses Verhältnisses führen. Die Ursache dieser Schwierigkeiten muss nicht in einer Krankheit oder (drohenden) Behinderung liegen, es genügt, dass das **Beschäftigungsverhältnis gefährdet** ist.[488] In diesem Fall hat der Arbeitgeber frühzeitig die Schwerbehindertenvertretung und andere Beschäftigtenvertretungen (z.B. Betriebs-

---

483 Eine – auch symptomlose – HIV-Infektion sieht das BAG als Behinderung iSd § 2 Abs. 1 SGB IX an. Die Teilhabebeeinträchtigung folge hier aus der gesellschaftlichen Stigmatisierung der Erkrankung und dem damit einhergehenden „sozialen Vermeidungsverhalten", vgl. BAG 19.12.2013 – 6 AZR 190/12, Rn. 70 (jL).
484 Winkler in SWK Behindertenrecht, Stichwort Inklusionsvereinbarung Rn. 5.
485 Winkler in SWK Behindertenrecht, Stichwort Inklusionsvereinbarung Rn. 15.
486 Muster zu Inklusionsvereinbarungen, geordnet nach Branchen finden sich unter https://www.rehadat-g utepraxis.de/inklusion-gestalten/inklusionsvereinbarungen/ (17.3.2021).
487 Winkler in SWK Behindertenrecht, Stichwort Betriebliches Eingliederungsmanagement, Rn. 2.
488 Winkler in SWK Behindertenrecht, Stichwort Betriebliches Eingliederungsmanagement, Rn. 4.

rat, Personalrat, Mitarbeitervertretung) einzuschalten, um hier durch alle zur Verfügung stehenden Mittel (z.b. Beratung, finanzielle Hilfen, Teilhabeleistungen) die Schwierigkeiten zu beseitigen. Auf diese Weise soll das Beschäftigungsverhältnis „gerettet" werden. Das Präventionsverfahren gilt nur für schwerbehinderte und diesen gleichgestellte Beschäftigte.

Das **Betriebliche Eingliederungsmanagement (BEM)** ist ein Verfahren, mit dessen Hilfe der Arbeitgeber bei längerer Arbeitsunfähigkeit eines:einer Beschäftigten gemeinsam mit ihm:ihr, der zuständigen Arbeitnehmer:innen- bzw. Beschäftigtenvertretung und ggf. mit weiteren Beteiligten klären muss, wie die Arbeitsunfähigkeit möglichst überwunden, künftiger Arbeitsunfähigkeit entgegengewirkt und der Arbeitsplatz erhalten werden kann.[489] Anders als das Präventionsverfahren nach § 167 Abs. 1 SGB IX richten sich die Vorschriften des BEM zum einen **an alle Beschäftigten**; eine (Schwer)Behinderung ist nicht erforderlich. Zum anderen sind alle Arbeitgeber dazu verpflichtet, ein BEM durchzuführen unabhängig von ihrer Betriebsgröße (§ 167 Abs. 2 SGB IX). Voraussetzung ist, dass Beschäftigte innerhalb eines Jahres länger als sechs Wochen ununterbrochen oder wiederholt arbeitsunfähig sind. Ein BEM erfordert die Einwilligung und Beteiligung der betroffenen Personen.[490]

400

2. Unterstützung durch Integrationsämter und -fachdienste

Die Teilhabe am Arbeitsleben für Menschen mit Schwerbehinderungen wird v.a. durch die **Integrationsämter** und die **Bundesagentur für Arbeit** sichergestellt. Ihre **Aufgaben** sind konkret in §§ 185 Abs. 1, 187 Abs. 1 SGB IX normiert. Dazu gehören u.a.:

401

1. die Feststellung der Gleichstellung von Menschen mit Behinderungen mit schwerbehinderten Menschen (§ 187 Abs. 1 Nr. 5 SGB IX, → Rn. 381).
2. die Erhebung und Verwendung der Ausgleichsabgabe (§ 185 Abs. 1 S. 1 Nr. 1 SGB IX, → Rn. 393),
3. die Erbringung der begleitenden Hilfe im Arbeitsleben (§ 185 Abs. 1 S. 1 Nr. 3, Abs. 2 und Abs. 3 SGB IX, → Rn. 407 f.),
4. die Sicherstellung des besonderen Kündigungsschutzes (§ 185 Abs. 1 S. 1 Nr. 2 SGB IX, → Rn. 413 ff.) und
5. die zeitweise Entziehung der besonderen Hilfen für schwerbehinderte Menschen, die sich der Teilhabe am Arbeitsleben verweigern, z.B. durch Aufgabe oder Zurückweisung eines zumutbaren Arbeitsplatzes ohne berechtigten Grund (§§ 185 Abs. 1 S. 1 Nr. 4, 200 SGB IX).
6. Die Integrationsämter beauftragen auch die Integrationsfachdienste oder andere geeignete Träger, als Einheitliche Ansprechstellen für Arbeitgeber tätig zu werden (§ 185a Abs. 5 SGB IX).

Obwohl Integrationsämter selbst keine Rehabilitationsträger sind, sind sie weitgehend in die Strukturen der Zusammenarbeit und Koordination eingebunden. Sie unterstützen die für die Leistungen zur Teilhabe am Arbeitsleben zuständigen Rehabilitationsträger, insbesondere arbeiten sie mit der Bundesagentur für Arbeit zusammen (§ 184 SGB IX). Sie nehmen nach § 185 Abs. 7 SGB IX am **Verfahren** zur Feststellung des **leistenden Rehabilitationsträgers** und zur Bedarfsfeststellung bei einer **Mehr-**

402

---

489 Winkler in SWK Behindertenrecht, Stichwort Betriebliches Eingliederungsmanagement, Rn. 1.
490 Zur Feststellung der Sechs-Wochen-Frist s. Winkler in SWK Behindertenrecht, Stichwort Betriebliches Eingliederungsmanagement, Rn. 11.

heit von **Rehabilitationsträgern** nach den §§ 14, 15 SGB IX (→ Rn. 70 f.) teil, wenn Leistungen direkt beim Integrationsamt beantragt werden, und können im Rahmen des Persönlichen Budgets auch leistender Rehabilitationsträger sein (§ 29 Abs. 3 S. 2 SGB IX, → Rn. 120). Ob sie für bestimmte Leistungen zuständig sind, beurteilt sich nach § 185 Abs. 6 SGB IX.

403 Die **Organisation** der Integrationsämter wird von den Bundesländern bestimmt und ist sehr unterschiedlich geregelt.[491] Die Integrationsämter haben sich mit der **Bundesarbeitsgemeinschaft der Integrationsämter und Hauptfürsorgestellen** (BIH) einen Dachverband geschaffen, der länderübergreifend die Verwaltungspraxis der Integrationsämter organisiert und entsprechende Empfehlungen herausgibt (z.B. für Präventionsverfahren und BEM → Rn. 399, 400).[492] Darüber hinaus ist die BIH auch Mitglied der BAR und bei der Erstellung der Gemeinsamen Empfehlungen nach § 26 SGB IX (→ Rn. 105 ff.) beteiligt.

404 **Integrationsfachdienste** (IFD) sind nach § 192 Abs. 1 SGB IX Dienste privater Dritter, die bei der Durchführung der Maßnahmen zur Teilhabe schwerbehinderter (und ihnen gleichgestellter) Menschen am Arbeitsleben, die noch einen **besonderen Unterstützungsbedarf** aufweisen, beteiligt werden. Dazu gehören nach § 192 Abs. 2 SGB IX:

- schwerbehinderte Menschen mit einem besonderen Bedarf an arbeitsbegleitender Betreuung (s. dazu § 192 Abs. 3 SGB IX),
- schwerbehinderte Menschen mit Bedarf an aufwändigen, personalintensiven, individuellen arbeitsbegleitenden Hilfen beim Übergang von der WfbM auf den allgemeinen Arbeitsmarkt sowie
- schwerbehinderte Schulabgänger, die auf dem allgemeinen Arbeitsmarkt beschäftigt werden sollen.

IFD können darüber hinaus auch für Menschen mit Behinderungen (ohne Schwerbehinderung) tätig werden, wenn es besonders nachteilige Faktoren für ihre Teilhabe am Arbeitsleben gibt und eine Eingliederung in den allgemeinen Arbeitsmarkt deshalb erschwert ist. Das Gesetz benennt hier v.a. die Gruppe von Menschen mit (drohenden) seelischen Behinderungen (§ 192 Abs. 4 SGB IX).

405 IFD werden nach § 194 SGB IX **von den Integrationsämtern oder den Rehabilitationsträgern beauftragt** und unterstützen diese bei ihren Pflichten zur Erbringung von Leistungen zur Teilhabe am Arbeitsleben. Bei der Erfüllung ihrer Aufgaben arbeiten sie mit verschiedenen Akteuren zusammen, insbesondere mit ihren Auftraggebern, der Bundesagentur für Arbeit, den Arbeitgebern und deren Schwerbehindertenvertretungen und anderen an der beruflichen Teilhabe beteiligter Personen und Organisationen. Die Einzelheiten hierzu werden in Verträgen nach § 194 Abs. 4 SGB IX festgelegt. Die Vergütung der Leistungen erfolgt durch Festlegung in einer Gemeinsamen Empfehlung, an der die BIH beteiligt wird (§ 196 Abs. 3 SGB IX; → Rn. 105).[493]

---

491 In Berlin nimmt z.B. das Landesamt für Gesundheit und Soziales die Aufgaben des Integrationsamtes wahr, in Brandenburg das Landesamt für Soziales und Versorgung und in Nordrhein-Westfalen die Landschaftsverbände Rheinland und Westfalen-Lippe. Über die Internetseite https://www.integrationsaemter.de/kontakt/89c7/index.html (19.3.2021) lässt sich das zuständige Integrationsamt ausfindig machen.
492 https://www.integrationsaemter.de/bih/514c28/index.html (28.08.2021).
493 https://www.bar-frankfurt.de/service/publikationen/produktdetails/produkt/137.html (28.08.2021).

II. Beschäftigung von Menschen mit Schwerbehinderungen

IFD sollen mit ihrem Leistungsangebot die Schnittstellen im gegliederten Rehabilitationssystem und zum Zuständigkeitsbereich der Integrationsämter überbrücken.[494] Ihr Aufgabenspektrum ist in § 193 SGB IX festgelegt und bezieht sich v.a. auf **Beratungs-, Unterstützungs- und Vermittlungsfunktionen** sowohl für schwerbehinderte Menschen als auch für Arbeitgeber. Sie bewerten die Fähigkeiten der zugewiesenen schwerbehinderten Menschen, schätzen diese ein und erstellen daraufhin ein individuelles Fähigkeits-, Leistungs- und Interessenprofil. Mit dessen Hilfe können sie z.B. Jugendliche beim Einstieg in das Berufsleben begleiten, geeignete Arbeitsplätze suchen und erschließen, Arbeitgeber auf die Beschäftigung vorbereiten oder Kolleg:innen der schwerbehinderten Menschen informieren und beraten (mit Zustimmung des schwerbehinderten Menschen). Sie sind auch für die Nachbetreuung, Krisenintervention und psychosoziale Betreuung des schwerbehinderten Menschen verantwortlich und stehen jederzeit den Arbeitgebern als Ansprechpartner zur Verfügung. Darüber hinaus unterstützen sie Menschen bei der Ermittlung bedarfsgerechter Leistungen und bei der notwendigen Antragstellung und stehen als Einheitliche Ansprechstellen für Arbeitgeber zur Verfügung (§ 193 Abs. 2 Nr. 9 SGB IX).

406

3. Begleitende Hilfe im Arbeitsleben und Arbeitsassistenz

Die **begleitende Hilfe im Arbeitsleben** umfasst alle Maßnahmen und Leistungen, die erforderlich sind, um schwerbehinderten Menschen die Teilhabe am Arbeitsleben zu ermöglichen. In diesem Rahmen werden Leistungen (§ 185 Abs. 3 SGB IX):

407

- an schwerbehinderte Menschen,
- an Arbeitgeber,
- an Träger von Integrationsfachdiensten,
- zur Durchführung von Aufklärungs-, Schulungs- und Bildungsmaßnahmen,
- nachrangig zur beruflichen Orientierung sowie
- zur Deckung eines Teils der Aufwendungen für ein Budget für Arbeit oder eines Teils der Aufwendungen für ein Budget für Ausbildung

erbracht. Die begleitende Hilfe soll darauf hinwirken, dass schwerbehinderte Menschen in ihrer sozialen Stellung nicht absinken, dass sie auf Arbeitsplätzen beschäftigt werden, auf denen sie ihre Fähigkeiten und Kenntnisse voll verwerten und weiterentwickeln können sowie, dass sie befähigt werden, sich im Wettbewerb um Arbeitsplätze mit Menschen ohne Behinderung behaupten zu können. Darüber hinaus umfasst die begleitende Hilfe auch ggf. notwendige psychosoziale Betreuung schwerbehinderter Menschen (§ 185 Abs. 2 Sätze 2 und 4 SGB IX). Letztlich zielt die Hilfe auf eine **dauerhafte und nachhaltige Eingliederung** schwerbehinderter Menschen ins Arbeitsleben; Schwierigkeiten im Arbeitsleben sollen verhindert oder beseitigt werden (§ 185 Abs. 2 S. 6 SGB IX). Als begleitende Hilfe werden auch die **Einheitlichen Ansprechstellen** für Arbeitgeber erbracht (§ 185a Abs. 2 SGB IX).

Begleitende Hilfe wird durch das **Integrationsamt** geleistet, das mit der Bundesagentur für Arbeit und den übrigen Rehabilitationsträgern zusammenarbeitet. Die Kosten werden aus den Mitteln der Ausgleichsabgabe finanziert (§§ 14 Abs. 1 Nr. 2, 17 ff. SchwbAV). Die **Bundesarbeitsgemeinschaft der Integrationsämter und Hauptfürsorgestellen** (BIH) hat im Zusammenhang mit der begleitenden Hilfe im Ar-

408

---

[494] Bieritz-Harder in SWK Behindertenrecht Stichwort Integrationsfachdienste, Rn. 1.

beitsleben Empfehlungen erlassen, die sich teilweise auf ihrer Internetseite[495] finden. Teilweise wurden die Empfehlungen auch als Landesrecht übernommen.[496]

Hinweis

Auf die begleitende Hilfe im Arbeitsleben besteht nur insofern ein Rechtsanspruch gegen das Integrationsamt, als die entsprechenden (finanziellen) Mittel zur Verfügung stehen.

409 Eine besondere Unterstützung im beruflichen Kontext ist die **Arbeitsassistenz.** Dabei handelt es sich um eine Leistung zur Teilhabe am Arbeitsleben nach §§ 49 Abs. 3 Nr. 1 und 7, Abs. 8 Nr. 3, 185 Abs. 5 SGB IX für schwerbehinderte Menschen. Sie zielt v.a. auf die **Erlangung oder Erhaltung eines Arbeitsplatzes** auf dem allgemeinen Arbeitsmarkt für einen schwerbehinderten Menschen,[497] kann aber auch als sonstige Hilfe i.S.d. § 49 Abs. 3 Nr. 7 SGB IX die Teilhabe am Arbeitsleben fördern. Es handelt sich dabei um eine, über gelegentliche Handreichungen hinausgehende, zeitlich wie tätigkeitsbezogen regelmäßig wiederkehrende Unterstützung schwerbehinderter Menschen bei der Ausübung ihres Berufs in Form einer, i.d.R. von ihnen beauftragten persönlichen Arbeitskraft.[498]

Hinweis

Die Arbeitsassistenz als Leistung zur Teilhabe am Arbeitsleben ist zu unterscheiden von den Assistenzleistungen i.S.d. § 78 SGB IX, die als Leistung zur Sozialen Teilhabe i.d.R. von den Trägern der Eingliederungshilfe zur selbstbestimmten und eigenständigen Bewältigung des Alltags erbracht werden (→ Rn. 233 ff.).

Beispiele für Arbeitsassistenz:
Vorlesekräfte für blinde und hochgradig sehbehinderte Menschen, Gebärdendolmetscher:innen,[499] Kommunikationshelfer:innen zur Ermöglichung der Teilnahme an einer Ausbildung[500]

410 Eine Arbeitsassistenz kann darüber hinaus auch für das **Eingangsverfahren** oder den **Berufsbildungsbereich** einer Werkstatt für behinderte Menschen (→ Rn. 431) oder bei einem anderen Anbieter nach den §§ 60, 62 SGB IX in Frage kommen.[501]

411 Die Arbeitsassistenz muss notwendig sein. Die **Notwendigkeit** liegt vor, wenn sie Voraussetzung für eine Tätigkeit eines schwerbehinderten Menschen auf dem allgemeinen Arbeitsmarkt ist und wenn die betroffene Person „erst durch diese Leistung eine wettbewerbsfähige Erbringung der jeweils arbeitsvertraglich/dienstrechtlich geschuldeten Tätigkeiten möglich wird".[502] Dabei spielt keine Rolle, ob die Stelle nur befristet ist.[503] Vorrangig sollen andere Möglichkeiten ausgeschöpft werden, um Assistenzbedarf zu verringern oder zu vermeiden (z.B. Ausgestaltung des Arbeitsplat-

---

495 www.integrationsaemter.de (19.3.2021).
496 Z.B. für Hamburg http://www.hamburg.de/basfi/integrationsamt-rechtliche-grundlagen/ (19.3.2021). Ein guter Überblick der Leistungen findet sich auch unter https://www.berlin.de/lageso/_assets/behinderung/arbeit-und-behinderung-integrationsamt/publikationen/zb_ratgeber_leistungen_2018_barrierefrei.pdf (19.3.2021).
497 HessVGH 15.12.2016 – 10 B 2438/16. Das Gericht leitet daraus auch ab, dass die Arbeitsassistenz deshalb dem Grunde nach nur bis Erreichung der Regelaltersgrenze finanziert wird.
498 Luik in SWK Behindertenrecht, Stichwort Arbeitsassistenz Rn. 2.
499 OVG RP 30.5.2016 – 7 A 10583/15.
500 Vgl. BSG 4.6.2013 – B 11 AL 8/12 R.
501 Vgl. LSG SAN 27.11.2014 – L 2 AL 41/14 B ER.
502 Ziff. 2.2. der Empfehlungen der BIH zur Arbeitsassistenz nach § 49 Abs. 8 S. 1 Nr. 3 SGB IX, https://www.integrationsaemter.de/files/11/Arbeitsassistenz.pdf (19.3.2021).
503 BayVGH 15.6.2007 – 12 BV 05.2577.

II. Beschäftigung von Menschen mit Schwerbehinderungen

zes, eine auf die individuellen Fähigkeiten abgestimmte berufliche Ausbildung und Einarbeitung, ggf. Jobcoaching, personelle Unterstützung durch Kolleg:innen).

Die Arbeitsassistenz wird zunächst von den zuständigen **Rehabilitationsträgern** (§ 6 Abs. 1 Nr. 2 bis 7 SGB IX) für die Dauer von bis zu drei Jahren erbracht (→ Rn. 167). Ausgeführt wird diese Leistung allerdings in Abstimmung mit den Rehabilitationsträgern von Anfang an durch das **Integrationsamt** (→ Rn. 401); dessen Aufwendungen hierfür werden durch die Rehabilitationsträger erstattet (§ 49 Abs. 8 Sätze 2 und 3 SGB IX). Nach Ablauf der drei Jahre setzt das Integrationsamt aus dem ihm zur Verfügung stehenden Mitteln aus der Ausgleichsabgabe die Arbeitsassistenz selbst fort; eine zeitliche Begrenzung gibt es in diesem Fall nicht. Da die Arbeitsassistenz von Anfang an – auch bei der Zuständigkeit eines Rehabilitationsträgers – vom Integrationsamt ausgeführt wird, kommt es nicht zum Wechsel des Leistungsträgers. Damit bleibt i.d.R. auch die Assistenzperson die gleiche. **412**

4. Besonderer Kündigungsschutz

Der besondere Kündigungsschutz schwerbehinderter und ihnen gleichgestellter (→ Rn. 381) Menschen, die in einem Arbeitsverhältnis stehen, in Heimarbeit oder einem gleichgestellten Beschäftigungsverhältnis beschäftigt sind[504] oder in Ausbildung[505] stehen, ist im Vierten Kapitel des Dritten Teils des SGB IX geregelt. Die Verpflichtung, den Kündigungsschutz zu beachten, gilt für alle Arbeitgeber, unabhängig von der Anzahl der beschäftigten Arbeitnehmer:innen, der vereinbarten Arbeitszeitdauer oder einer Beschäftigungspflicht nach § 154 SGB IX. Er gilt für ordentliche, außerordentliche und Änderungskündigungen unabhängig vom Kündigungsgrund. Die Kündigungsfrist beträgt nach § 169 SGB IX mindestens vier Wochen. Ausnahmen vom besonderen Kündigungsschutz, etwa bei Arbeitsverhältnissen, die noch keine sechs Monate bestanden haben, sind in § 173 SGB IX geregelt. **413**

Nach § 168 SGB IX bedarf die Kündigung eines schwerbehinderten (oder diesen gleichgestellten) Menschen der **vorherigen Zustimmung des Integrationsamtes**. Diese vorherige Zustimmung ist Zulässigkeits- bzw. Wirksamkeitsvoraussetzung für die Kündigung der schwerbehinderten (oder gleichgestellten) Beschäftigten durch den Arbeitgeber. Das Integrationsamt entscheidet über die Zustimmung nach pflichtgemäßem Ermessen unter Abwägung der Interessen der Arbeitgeber an einer Kündigung und den Interessen des schwerbehinderten Menschen, seinen Arbeitsplatz zu erhalten. **414**

Bei der Zustimmung handelt es sich um einen privatrechtsgestaltenden **Verwaltungsakt mit Doppelwirkung**, da zum einen den Arbeitgebern ermöglicht wird, schwerbehinderte (und diesen gleichgestellte) Beschäftigte zu kündigen. Zum anderen sind die von der Kündigung bedrohten Beschäftigten betroffen, da mit der Zustimmung „der Weg zur Kündigung frei" ist. Allerdings können sich Beschäftigte auch nach Erteilung der Zustimmung des Integrationsamtes weiterhin auf andere Kündigungsschutzgründe berufen. **415**

> **Hinweis**
>
> Da es sich bei der Entscheidung des Integrationsamtes um einen Verwaltungsakt mit Doppelwirkung handelt, können sowohl der Arbeitgeber als auch die betroffenen Be-

---

504 Joussen/Düwell in LPK-SGB IX § 210 Rn. 10.
505 Vgl. BAG 10.12.1987 – 2 AZR 385/87.

schäftigten dagegen Widerspruch einlegen und, wenn dem nicht abgeholfen wird (→ Rn. 483 ff.), Klage beim Verwaltungsgericht einlegen. Allerdings haben diese Rechtsmittel keine aufschiebende Wirkung (§ 171 Abs. 4 SGB IX), d.h. auch ein Widerspruch gegen die Zustimmung verhindert nicht das Wirksamwerden der Kündigung. Hier bedarf es dann ggf. einstweiligen Rechtsschutzes in Form eines Antrags auf Anordnung der aufschiebenden Wirkung des Widerspruchs nach § 80 Abs. 5 VwGO (→ Rn. 492 f.).

416 Besonderheiten gelten nach § 174 SGB IX bei einer **außerordentlichen Kündigung**. In diesem Fall kann die Zustimmung zur Kündigung nur innerhalb von zwei Wochen beantragt werden. Das Integrationsamt hat ebenfalls zwei Wochen, um seine Entscheidung zu treffen; nach Fristablauf ohne Entscheidung gilt die Zustimmung als erteilt. Bestand ein Grund zur außerordentlichen Kündigung, der **nicht mit der Behinderung im Zusammenhang** steht, soll die Zustimmung erteilt werden.

5. Unterstützung durch Schwerbehindertenvertretungen

417 In Betrieben und Dienststellen, in denen wenigstens fünf schwerbehinderte Menschen nicht nur vorübergehend beschäftigt sind, wird eine Schwerbehindertenvertretung gewählt. Diese besteht aus einer **Vertrauensperson** und mindestens einer Stellvertretung (§ 177 Abs. 1 S. 1 SGB IX). Die Schwerbehindertenvertretung ist eine eigenständige Einrichtung, die weder dem Arbeitgeber noch dem Betriebs- oder Personalrat untergeordnet ist. Wahlberechtigt sind alle schwerbehinderten Mitarbeiter:innen; auf die Dauer ihrer Betriebszugehörigkeit kommt es nicht an; auch Leiharbeitnehmer:innen sind unabhängig von der Dauer ihrer Beschäftigung im Betrieb wahlberechtigt; die Vorschrift § 7 S. 2 BetrVG, die eine Beschäftigung von mehr als drei Monaten Dauer voraussetzt, ist im SGB IX nicht anwendbar.[506] Wählbar sind alle in dem Betrieb oder in der Dienststelle nicht nur vorübergehend Beschäftigten, die am Wahltag das 18. Lebensjahr vollendet haben und dem Betrieb oder der Dienststelle seit sechs Monaten angehören (§ 177 Abs. 3 SGB IX). Es ist nicht erforderlich, dass die Mitglieder der Schwerbehindertenvertretung selbst schwerbehindert sind.[507] Die Wahlen finden regelmäßig alle vier Jahre in der Zeit zwischen dem 1. Oktober und dem 30. November statt (§ 177 Abs. 5 SGB IX).

> **Hinweis**
>
> Die Schwerbehindertenvertretung ist die Interessenvertretung schwerbehinderter Menschen (Arbeitnehmer:innen, Beschäftigte) in einem Betrieb oder einer Dienststelle. Demgegenüber sind Arbeitgeber verpflichtet, nach § 181 SGB IX eine:n **Inklusionsbeauftragte:n** zu bestellen, der:die für sie in Angelegenheiten schwerbehinderter Beschäftigter verantwortlich tätig wird und sie vertritt. Der:die Inklusionsbeauftragte wird also für die Arbeitgeber tätig; das Gesetz sieht vor, dass er:sie deshalb auch nach Möglichkeit selbst schwerbehindert sein soll.

418 Als Interessenvertretung schwerbehinderter Beschäftigter hat die **Schwerbehindertenvertretung** nach § 178 Abs. 1 SGB IX die **Aufgabe**, die Eingliederung schwerbehinderter Menschen in den Betrieb oder die Dienststelle zu fördern und ihnen beratend und unterstützend zur Seite zu stehen. Sie hat zur Durchsetzung ihrer Aufgaben keine Mitbestimmungs- oder Streikrechte, ist aber umfassend vom Arbeitgeber in

---

506 Düwell in LPK-SGB IX § 177 Rn. 16.
507 LAG Baden-Württemberg 4.5.2016 – 10 TaBV 2/16.

sämtlichen Angelegenheiten, die schwerbehinderte Menschen betreffen (können), zu informieren, anzuhören und zu beteiligen. Sie hat im Einzelnen:

- ein unverzügliches **Unterrichtungsrecht** über alle Angelegenheiten, die einen einzelnen schwerbehinderten Menschen oder die schwerbehinderten Menschen als Gruppe betreffen;
- das Recht, an **Bewerbungsgesprächen** teilzunehmen und entscheidungsrelevante Teile der Bewerbungsunterlagen einzusehen, wenn sich eine schwerbehinderte Person beworben hat oder von der Arbeitsagentur oder einem IFD vorgeschlagen wurde;
- ein **Anhörungsrecht** bei einseitigen Entscheidungen der Arbeitgeber wie Versetzungen, Abmahnungen und Kündigungen; wurde dieses Recht verletzt, muss die Vollziehung der Entscheidung ausgesetzt und die Anhörung innerhalb von sieben Tagen nachgeholt werden;

   Hinweis

   Nach § 178 Abs. 2 S. 3 SGB IX ist die Kündigung schwerbehinderter Arbeitnehmer:innen unwirksam, wenn die Schwerbehindertenvertretung nicht beteiligt wird. Das gilt für alle Arten von Kündigungen, auch während der ersten sechs Monate des Beschäftigungsverhältnisses, in denen der besondere Kündigungsschutz noch nicht gilt. Insofern sind die Rechte der Schwerbehindertenvertretung mit denen des Betriebsrates nach § 102 Abs. 1 S. 3 BetrVG vergleichbar.

- die Aufgabe, darauf zu achten, dass Arbeitgeber die zugunsten von schwerbehinderten Menschen geltenden Gesetze, Verordnungen, Vereinbarungen, Tarifverträge usw. einhalten und anwenden;
- **Vorschlagsrechte** z.B. für präventive Maßnahmen, zur Besetzung eines freien Platzes mit einem:einer schwerbehinderten Arbeitnehmer:in oder für die Inhalte einer **Inklusionsvereinbarung** (→ Rn. 397) und Mitwirkung im Rahmen des BEM (→ Rn. 400);
- das Recht, mindestens einmal im Kalenderjahr eine **Versammlung** schwerbehinderter Menschen im Betrieb oder in der Dienststelle durchzuführen;
- das Recht, Beratung und Unterstützung im Einzelfall durchzuführen, insbesondere, in dem sie **Anregungen und Beschwerden** schwerbehinderter Menschen entgegennimmt und ggf. mit den Arbeitgebern auf deren Erledigung hinwirkt, sowie
- das Recht, an Betriebs- und Personalratssitzungen sowie an Monatsgesprächen mit beratender Stimme teilzunehmen.

Die **persönlichen Rechte** der Vertrauensperson der schwerbehinderten Menschen (= Schwerbehindertenvertretung) sind in § 179 SGB IX festgehalten. Sie ähneln denen der Betriebsrats- und Personalratsvertreter:innen, insbesondere was den Kündigungs-, Versetzungs- und Abordnungsschutz sowie die Freistellung von ihrer beruflichen Tätigkeit für die Wahrnehmung ihrer Aufgaben betrifft. **419**

6. Sonstige Rechte im Zusammenhang mit Beschäftigung

Kapitel 10 des Dritten Teils des SGB IX benennt weitere Rechte schwerbehinderter Arbeitnehmer:innen und Beschäftigten. Zu den wichtigsten zählen danach: **420**

- der Vorrang schwerbehinderter Menschen bei Einstellungen (§ 205 SGB IX)

und als besondere Nachteilsausgleiche (zum Begriff → Rn. 458):
- die **Freistellung von Mehrarbeit** von über acht Stunden täglich[508] (§ 207 SGB IX), damit die Leistungsfähigkeit schwerbehinderter Menschen nicht durch zu lange Arbeitszeiten überbeansprucht wird und sie ausreichend Zeit für soziale Teilhabe haben,[509] sowie
- die Gewährung von **Zusatzurlaub** von **fünf zusätzlichen Arbeitstagen**[510] bezogen auf den gesetzlich, vertraglich, tarifvertraglich oder durch Betriebsvereinbarung gewährten Urlaub als **gesetzlichen Mindesturlaub**, von dem auch nicht durch Arbeitsvertrag abgewichen werden darf[511] (§ 208 SGB IX). Anspruch auf den Zusatzurlaub haben **nur schwerbehinderte Menschen**, nicht dagegen ihnen gleichstellte Menschen (§ 151 Abs. 3 SGB IX).

Übungsfall zur Beschäftigung schwerbehinderter Menschen

(Lösung: Rn. 507)

421 K ist seit 32 Jahren bei der Bank B als Kundenberater tätig. Mit Bescheid vom 14.12.2014 stellte das zuständige Versorgungsamt bei ihm einen GdB von 50 fest. Nach dem Feststellungsbescheid beruht die Behinderung auf seelischem Leiden (Zwangsstörung und Depression). K befindet sich seit Mitte 2014 in verhaltenstherapeutischer Behandlung bei einer Fachärztin für Innere Medizin und Psychotherapie. Er ist verheiratet und hat zwei unterhaltsberechtigte Kinder. Seit Mai 2018 ist er arbeitsunfähig erkrankt. In dem im Dezember 2016 abgeschlossenen (geänderten) Arbeitsvertrag wurde festgelegt, dass K nur zu bestimmten Tageszeiten die Filiale der Bank, in der er arbeitet, betreten kann. Hintergrund dessen war, dass K ständig seinen Arbeitsplatz aufgesucht hat, um die Arbeiten zu erledigen, die er während seiner Arbeitszeit nicht geschafft hat. Aufgrund seiner Zwangsstörung hatte er große Angst, Fehler zu machen und musste z.B. alle E-Mails mehrfach lesen, bevor er sie löschen konnte. Das führte zu einem erheblichen Rückstau seiner Korrespondenz. Dies wiederum veranlasste ihn dazu, dass er während der Schließzeiten der Bank diese betreten musste, was mit der Abschaltung des Sicherheitssystems verbunden war. Nachdem K permanent die Auflage in seinem Arbeitsvertrag verletzte und weiterhin die Bank außerhalb seiner Arbeitszeiten betrat, wollte die Bank das Sicherheitsrisiko, das K darstellte, nicht länger hinnehmen und ihm außerordentlich kündigen. Eine fachärztliche Bescheinigung, in der K eine schwere Zwangserkrankung mit multiplen Zwangshandlungen und eine zwanghaften Persönlichkeitsstörung und ihm die Bereitschaft bescheinigt wurde, eine Therapie gegen seine Zwangsstörungen zu beginnen, führte nicht dazu, dass die Bank ihre Meinung änderte. Eine Schwerbehindertenvertretung gab es in der Bank nicht.

---

508 BAG 3.12.2002 – 9 AZR 462/01.
509 Vgl. Jeschke in SWK Behindertenrecht Stichwort Mehrarbeit Rn. 1.
510 Hat der schwerbehinderte Mensch eine Sechs-Tage-Arbeitswoche oder eine Vier-Tage-Arbeitswoche, hat er entsprechend Anspruch auf sechs bzw. vier Tage Zusatzurlaub; im Einzelnen Jeschke in SWK Behindertenrecht Stichwort Zusatzurlaub Rn. 3.
511 BAG 25.6.1996 – 9 AZR 182/95.

Aufgaben:
1. Was muss die Bank tun, um K zu kündigen?
2. Welche Regelung gilt für die außerordentliche Kündigung im Schwerbehindertenrecht und würde diese eine Kündigung des K ermöglichen?
3. Könnte K ordentlich gekündigt werden?

Wiederholungsfragen
1. *Welche Unterstützung erhalten schwerbehinderte Menschen im Arbeitsleben mit dem Schwerbehindertenrecht?*
2. *Was verstehen Sie unter der Ausgleichsabgabe? Müssen alle Arbeitgeber diese entrichten und wer ist für die Einziehung zuständig?*
3. *Welche besondere Verpflichtung haben öffentliche Arbeitgeber bei der Besetzung freier Arbeitsplätze?*
4. *Welche Ansprüche haben schwerbehinderte Menschen gegen ihre Arbeitgeber und wo sind diese geregelt?*
5. *Was sind Inklusionsvereinbarungen?*
6. *Was ist ein Betriebliches Eingliederungsmanagement?*
7. *Was verstehen Sie unter Arbeitsassistenz? Wer ist zuständiger Leistungsträger?*
8. *Was verstehen Sie unter dem „besonderen Kündigungsschutz" für schwerbehinderte Beschäftigte?*
9. *Was sind Integrationsfachdienste, von wem und in welchen Fällen werden sie beauftragt?*
10. *Wie setzt sich eine Schwerbehindertenvertretung zusammen? Ab wann muss sie in einem Unternehmen eingerichtet werden?*
11. *Welche Rechte hat eine Schwerbehindertenvertretung?*
12. *Wie viele Tage Zusatzurlaub erhalten schwerbehinderte Beschäftigte?*

III. Werkstätten für Menschen mit Behinderungen

Werkstätten für Menschen mit Behinderungen (WfbM) sind Einrichtungen zur **Teilhabe am Arbeitsleben**. Sie sind für die Beschäftigung von Menschen mit Behinderungen von erheblicher Bedeutung. So arbeiteten 2019 in rund 3.000 Betriebsstätten der WfbM rund 320.000 Menschen mit Behinderungen.[512] Der Bedarf an Teilhabe am Arbeitsleben, der durch die WfbM gedeckt wird, zeigt sich auch daran, dass der Anteil schwerbehinderter Menschen, die eigentlich auf dem ersten Arbeitsmarkt beschäftigt werden könnten, in den WfbM stetig steigt. Hintergrund dieser Entwicklung ist, dass der allgemeine Arbeitsmarkt wenig inklusiv gestaltet ist, schwerbehinderte Menschen im Vergleich zu Menschen ohne Behinderungen überproportional von Arbeitslosigkeit betroffen sind und die WfbM häufig die einzige Beschäftigungsmöglichkeit darstellt. Allerdings sind WfbM als Einrichtungen exklusiv für Menschen mit Behinderungen im Lichte der Inklusion, die mit der BRK gefordert wird, nicht unumstritten.[513] Dementsprechend hat der Gesetzgeber mit dem BTHG Alternativen zu

422

---

512 Vgl. Jahresbericht BAG WfbM 2019, S. 45 ff., download unter https://www.bagwfbm.de/file/1323/ (22.3.2021).
513 Zur Kritik des UN-Fachausschusses an den deutschen WfbM im Jahre 2015 s. Ritz in SWK Behindertenrecht Stichwort Werkstatt für behinderte Menschen Rn. 9.

den WfbM geschaffen, die es schwerbehinderten Menschen ermöglichen sollen, eine Beschäftigung auch außerhalb dieser Einrichtungen zu finden (→ Rn. 447 ff.).

Hinweis

Eine Beschäftigungsmöglichkeit für schwerbehinderte Menschen bilden auch die sog. **Inklusionsbetriebe**, deren rechtliche Grundlagen und Aufgaben sich in den §§ 215 ff. SGB IX finden. Inklusionsbetriebe gehören zum allgemeinen Arbeitsmarkt. Sie sind rechtlich und wirtschaftlich selbstständige Unternehmen oder Abteilungen von Unternehmen zur Beschäftigung schwerbehinderter Menschen auf dem allgemeinen Arbeitsmarkt, die dort ansonsten kaum Chancen auf Beschäftigung hätten. Inklusionsbetriebe bieten nicht nur Beschäftigung an, sondern auch Maßnahmen der betrieblichen Gesundheitsförderung, arbeitsbegleitende Betreuung und ggf. auch Maßnahmen der beruflichen Weiterbildung oder Gelegenheit zur Teilnahme an entsprechenden außerbetrieblichen Maßnahmen. Sie werden aus Mitteln der Ausgleichsabgabe finanziert.[514]

423 Auch wenn die WfbM in erster Linie Einrichtungen zur Teilhabe am Arbeitsleben sind, werden die **grundlegende Zielsetzungen**, die § 49 Abs. 1 SGB IX für Leistungen zur beruflichen Rehabilitation festlegt (→ Rn. 158), in § 56 SGB IX **erweitert**. In den WfbM geht es nicht allein um die Erhaltung, Entwicklung, Verbesserung oder Wiederherstellung der Erwerbsfähigkeit von Menschen mit Behinderungen, sondern auch um die Weiterentwicklung der Persönlichkeit und die Ermöglichung oder Sicherung ihrer Beschäftigung. Es handelt sich insoweit um eine **Komplexmaßnahme**,[515] die überdies – was den Arbeitsbereich betrifft – zeitlich nicht begrenzt ist, sieht man vom Eintritt des Rentenalters oder dem Wegfall der Voraussetzungen für eine Aufnahme in einer WfbM ab.

424 Die **Aufgaben** der WfbM finden sich in § 219 Abs. 1 SGB IX. Danach haben sie – neben den bereits in § 56 SGB IX genannten und hier wiederholten Zielen – die Aufgabe, leistungsberechtigten Menschen mit Behinderungen:

- eine **angemessene berufliche Bildung** und eine Beschäftigung zu einem ihrer Leistung angemessenen Arbeitsentgelt anzubieten und
- den **Übergang** geeigneter Personen **auf den allgemeinen Arbeitsmarkt** durch geeignete Maßnahmen zu fördern.

Sie müssen zur Erfüllung der Ziele und Aufgaben über ein möglichst breites Angebot an Berufsbildungs- und Arbeitsplätzen sowie über qualifiziertes Personal und einen begleitenden Dienst verfügen.

1. Gesetzliche Regelungen zur WfbM

425 Das Recht der WfbM ist in mehreren Teilen des SGB IX und in Rechtsverordnungen verteilt und ziemlich komplex. Die grundlegenden Regelungen finden sich in:

---

[514] Weiterführendes auf der Homepage des Bundesarbeitsgemeinschaft Inklusionsfirmen (bag if) www.bag-if.de (28.08.2021).
[515] Ritz in SWK Behindertenrecht Stichwort Werkstatt für behinderte Menschen, Rn. 3.

III. Werkstätten für Menschen mit Behinderungen 221

Rechtsgrundlage	Inhalt
§§ 56–59, 62–63 SGB IX	Leistungen, Zuständigkeit der Rehabilitationsträger, Arbeitsförderungsgeld, Wahlrecht
§§ 219–227 SGB IX	Einrichtungsdefinition, Aufnahme in WfbM, Rechtstellung und Mitwirkung der schwerbehinderten Beschäftigten, Anrechnung von WfbM-Aufträgen auf die Ausgleichsabgabeschuld, Anerkennungsverfahren für WfbM u.a.
Werkstättenverordnung (WVO)	Einzelheiten zu fachlichen Anforderungen an die Werkstätten und zum Verfahren für die Anerkennung als WfbM
Werkstätten-Mitwirkungsverordnung (WMVO)	Mitwirkungsrechte der schwerbehinderten Beschäftigten
§§ 90, 99, 111 SGB IX	persönliche Voraussetzungen und die Rechtsgrundlage für Leistungen der Eingliederungshilfe zur Teilhabe am Arbeitsleben in den WfbM bzw. ihren Alternativen (→ Rn. 304)
§§ 112–128 SGB III; § 16 SGB VI, § 35 SGB VII, § 26 BVG (bzw. § 63 SGB XIV ab 1.1.2024)	persönliche Voraussetzungen und Leistungen anderer Leistungsträger (Bundesagentur für Arbeit; Rentenversicherung, gesetzliche Unfallversicherung, Träger der Kriegsopferfürsorge bzw. Träger der Sozialen Entschädigung ab 1.1.2024) für WfbM

Ergänzend sind in den Sozialgesetzbüchern **Regelungen zur Sozialversicherung** von Beschäftigten mit Behinderungen in WfbM (→ Rn. 442) festgehalten. Darüber hinaus gibt es eine Anzahl von Vorschriften, die Leistungen zur Teilhabe am Arbeitsleben für Personen regeln, die ggf. einen Anspruch auf Leistungen in einer WfbM haben und die auf den allgemeinen Arbeitsmarkt vermittelt werden sollen. Dazu gehören v.a. die Unterstützte Beschäftigung nach § 55 SGB IX (→ Rn. 177), die Beschäftigung in Inklusionsbetrieben nach den §§ 215 ff. SGB IX (→ Rn. 422), die Unterstützung durch Integrationsfachdienste nach den §§ 192 ff. SGB IX (→ Rn. 404 ff.), Leistungen einer Arbeitsassistenz nach § 185 Abs. 5 SGB IX (→ Rn. 409), das Budget für Arbeit oder das Budget für Ausbildung nach den §§ 61, 61a SGB IX (→ Rn. 452) oder der Rückkehranspruch in die WfbM nach § 220 Abs. 3 SGB IX.

2. Leistungsberechtigter Personenkreis

Leistungen in WfbM erhalten nach § 219 Abs. 1 SGB IX Menschen mit Behinderungen, die wegen der Art und Schwere der Behinderung **nicht, noch nicht oder noch nicht wieder auf dem allgemeinen Arbeitsmarkt beschäftigt** werden können. Das bedeutet im Einzelnen: **426**

- **nicht auf dem allgemeinen Arbeitsmarkt beschäftigt** werden können Menschen, die wegen ihren Beeinträchtigungen auch mit Unterstützung nicht die Pflichten eines Arbeitsverhältnisses dort erfüllen können,
- **noch nicht auf dem allgemeinen Arbeitsmarkt tätig** sein können Menschen, die nach Beendigung der Schule oder einer Rehabilitationsmaßnahme jedenfalls nicht ohne weitere Fördermaßnahmen und Praktika, die von der WfbM begleitet werden, in ein Arbeitsverhältnis auf den allgemeinen Arbeitsmarkt wechseln können,

■ **nicht mehr auf dem allgemeinen Arbeitsmarkt tätig** sein können Menschen, die aufgrund von Krankheit oder Unfällen ein solches Ausmaß an Beeinträchtigungen haben, dass sie nicht mehr in den allgemeinen Arbeitsmarkt vermittelt werden können und auf die WfbM verwiesen werden. Der Bezug einer Erwerbsminderungsrente steht dem nicht entgegen.

427 Liegt eine dieser Einschränkungen bezüglich einer Beschäftigung auf dem allgemeinen Arbeitsmarkt vor, besteht grundsätzlich ein **Rechtsanspruch auf Aufnahme** in eine WfbM gemäß § 220 Abs. 1 i.V.m. § 219 Abs. 2 SGB IX. Für die Berechtigung, Leistungen in einer WfbM zu erhalten, sind Art und Ursache der Behinderung unerheblich; auch eine anerkannte Schwerbehinderung ist keine Voraussetzung. Allerdings muss die betreffende Person – spätestens nach der Teilnahme im Berufsbildungsbereich – ein **Mindestmaß an wirtschaftlich verwertbarer Arbeitsleistung** erbringen können (§ 219 Abs. 2 S. 1 SGB IX). Eine unmittelbare Definition dessen, was das ist, gibt es nicht; es wird insoweit aber nicht auf den Umfang des konkreten Arbeitsergebnisses abgestellt, sondern darauf, ob der individuelle Unterstützungsbedarf mit den der WfbM zur Verfügung stehenden personellen und sachlichen Mitteln geleistet werden kann. Für die personelle Ausstattung, insbesondere in Bezug auf die Fachkräfte legt § 9 Abs. 3 WVO einen **Betreuungsschlüssel** fest. Im Arbeitsbereich soll dieser 1:12 – eine Fachkraft auf 12 Beschäftigte; im Berufsbildungsbereich 1:6 betragen. Ist mit diesem Personalschlüssel aufgrund einer erheblichen Fremd- oder Selbstgefährdung oder des Ausmaßes der erforderlichen Betreuung und Pflege die Teilnahme an Maßnahmen im Berufsbildungsbereich oder am Arbeitsprozess im Arbeitsbereich nicht zu gewährleisten (vgl. § 219 Abs. 2 S. 2 SGB IX), hat der betroffene Mensch mit Behinderung keinen Anspruch (mehr) auf Aufnahme oder Weiterbeschäftigung in einer WfbM.[516]

428 Erfüllt ein Mensch mit Behinderung aufgrund seines hohen Betreuungsbedarfs die Voraussetzungen für eine WfbM nicht, so soll er in Einrichtungen oder Gruppen betreut und gefördert werden, die der Werkstatt angegliedert sind (§ 219 Abs. 3 SGB IX); dabei handelt es sich um sog. **Förder- und Betreuungsgruppen**. Die Leistungen in diesen Gruppen gehören nicht zu den Leistungen der Teilhabe am Arbeitsleben, sondern zu **den Leistungen der Sozialen Teilhabe** und werden i.d.R. im Rahmen der Eingliederungshilfe erbracht (→ Rn. 245). Durch die Angliederung an die WfbM soll sichergestellt werden, dass ggf. ein Übergang in den Bereich der Teilhabe am Arbeitsleben ermöglicht werden kann; deshalb können die Menschen nach § 219 Abs. 3 S. 2 SGB IX auch gemeinsam mit den Werkstattbeschäftigten in der Werkstatt betreut werden. Menschen in den Förder- und Betreuungsgruppen haben aber – anders als die Beschäftigten in den WfbM – keine arbeitnehmerähnliche Stellung (→ Rn. 440) und sind nicht über die Einrichtung sozialversichert (→ Rn. 442).

429 Ob jemand die Voraussetzungen einer Aufnahme in die WfbM erfüllt, prüft neben dem zuständigem Rehabilitationsträger auch der **Fachausschuss** der Werkstatt, der nach § 2 WVO jeder Werkstatt zugehört. In diesen Fachausschuss sind i.d.R. Vertreter:innen der Werkstatt, der Bundesagentur für Arbeit und des nach Landesrecht bestimmten Trägers der Eingliederungshilfe in gleicher Zahl versammelt. Der Fachausschuss gibt vor der Aufnahme eines Menschen mit Behinderung in die Werkstatt eine **Stellungnahme** darüber ab, ob Leistungen zur Teilhabe im Arbeitsleben in der WfbM für den Betroffenen geeignet und notwendig sind. Allerdings wird der Fach-

---

516 Die Werkstattfähigkeit bei einem dauerhaften Betreuungsbedarf von 1:1 verneint haben LSG NSB 23.9.2014 – L 7 AL 56/12, Rn. 25 f.; SächsLSG 3.6.2011 – L 3 AL 86/10; BayLSG 23. 5.2012 – L 10 AL 8/11.

ausschuss nur dann tätig, wenn es **kein Teilhabeplanverfahren** nach den §§ 19 bis 23 SGB IX (→ Rn. 88 ff.) bzw. **kein Gesamtplanverfahren** nach den §§ 117 ff. SGB IX (→ Rn. 322 ff.) gibt (§ 2 Abs. 1a WVO).

Hinweis

Parallel zum Rechtsanspruch der Leistungsberechtigten auf Beschäftigung in einer WfbM sind diese **verpflichtet**, die leistungsberechtigten Menschen aus ihrem Einzugsgebiet auch **aufzunehmen** (§ 219 Abs. 1, 2 SGB IX i.V.m. § 1 Abs. 1 WVO). Das bedeutet, dass Werkstätten auch bei einer beschränkten Aufnahmekapazität keine Auswahl zwischen verschiedenen Bewerber:innen treffen oder bestimmte Kriterien (z.B. Konfessionszugehörigkeit bei kirchlichen Trägern) zugrunde legen dürfen. Alle eingehenden Aufnahmeanträge müssen gleichberechtigt geprüft werden – das gilt sowohl für den Fall, dass der Fachausschuss tätig wird, als auch für den, dass die Entscheidungen bei einem Teilhabe- und/oder Gesamtplanverfahren getroffen werden. Dabei ist das Wunsch- und Wahlrecht der Menschen mit Behinderungen (§§ 8, 62 SGB IX) zu berücksichtigen.

3. Verfahren und Leistungen in WfbM

Das Verfahren und die Rechtsgrundlagen in einer WfbM lassen sich wie folgt darstellen: **430**

Abbildung 19

Eine anerkannte WfbM muss sämtliche Leistungen anbieten, um Menschen mit Behinderungen einen durchgängigen Ausbildungs- und Beschäftigungsprozess zu ermöglichen (Prinzip der **einheitlichen Werkstatt**; zu den Besonderheiten bei anderen Leistungsanbietern → Rn. 448).

a) Eingangsverfahren

431 Das **Eingangsverfahren** dient nach § 57 Abs. 1 Nr. 1 SGB IX, § 3 Abs. 1 WVO der Feststellung, ob die Werkstatt die **geeignete Einrichtung** für die Teilhabe am Arbeitsleben ist, sowie dazu, welche Bereiche der Werkstatt und welche Leistungen zur Teilhabe am Arbeitsleben für die Menschen mit Behinderungen in Betracht kommen. Bei einer positiven Prognose wird dann ein **Eingliederungsplan** erstellt. Das Eingangsverfahren dauert in der Regel **drei Monate** (§ 57 Abs. 2 SGB IX, § 3 Abs. 2 WVO). Es kann auf bis zu vier Wochen verkürzt werden, wenn im Einzelfall *während* des Eingangsverfahrens festgestellt wird, dass die kürzere Leistungsdauer ausreicht. Es ist nicht zulässig, eine Verkürzung auf vier Wochen bereits im Bewilligungsbescheid festzulegen. Nach Abschluss des Eingangsverfahrens entscheidet der Rehabilitationsträger, ob eine Eignung für die Werkstatt besteht und welche Bereiche in Frage kommen. Wurde kein Teilhabe- und/oder Gesamtplan erstellt, ist vor der Entscheidung eine Stellungnahme des Fachausschusses der Werkstatt einzuholen; anderenfalls ersetzt das Teilhabe- bzw. Gesamtplanverfahren die Stellungnahme des Fachausschusses (§ 2 Abs. 1a WVO).

432 Nehmen Menschen mit Behinderungen am Eingangsverfahren teil, führt dies gemäß § 221 Abs. 4 i.V.m. § 52 SGB IX nicht zu einer Eingliederung in den Betrieb der WfbM. Sie sind keine Arbeitnehmer:innen i.S.d. Betriebsverfassungsgesetzes, sondern gelten als Empfänger:innen von Sozialleistungen. **Arbeitsrechtliche Grundsätze** wie Persönlichkeitsschutz, Haftungsbeschränkungen bei schuldhafter Verletzung von Arbeitspflichten sowie die gesetzlichen Vorschriften über den Arbeitsschutz, den Schutz vor Diskriminierungen in Beschäftigung und Beruf (AGG), den Erholungsurlaub und die Gleichberechtigung von Männern und Frauen werden aber entsprechend angewendet; zu ihrer Mitwirkung wählen sie besondere Vertreter:innen.

433 Leistungen im Eingangsverfahren in einer anerkannten WfbM erbringen nach § 63 Abs 1 SGB IX folgende **Rehabilitationsträger:**
- die Träger der gesetzlichen Unfallversicherung bei Personen, deren Behinderung auf einem Arbeitsunfall oder einer Berufskrankheit beruht,
- die Träger der Kriegsopferfürsorge, sofern die Ursache der Behinderung auf einem Schadensfall nach dem BVG oder einem auf das BVG verweisenden Gesetz vorliegt (ab 1.1.2024: Träger der Sozialen Entschädigung für Leistungsberechtigte nach § 2 SGB XIV nach Maßgabe der §§ 63, 64 SGB XIV),
- die Träger der gesetzlichen Rentenversicherung, sofern die Voraussetzungen nach den §§ 11 bis 13 SGB VI vorliegen, sowie
- nachrangig die Bundesagentur für Arbeit.

Hauptleistungsträger im Eingangsverfahren ist – auch wenn nur nachrangig zuständig – die **Bundesagentur für Arbeit**. Die Leistungsvoraussetzungen finden sich in §§ 112 ff. SGB III, insbesondere in § 117 Abs. 2 SGB III.

b) Berufsbildungsbereich

434 An das Eingangsverfahren schließt sich der **Berufsbildungsbereich** an. Dieser dient nach § 57 Abs. 1 Nr. 2 SGB IX, § 4 WVO dazu, die Leistungs- und Erwerbsfähigkeit der Menschen mit Behinderungen so weit wie möglich zu entwickeln, zu verbessern oder wiederherzustellen. Es muss eine **Prognose** darüber getroffen werden, ob nach der Teilnahme im Berufsbildungsbereich ein **Mindestmaß an wirtschaftlich verwertbarer Arbeitsleistung** von den Teilnehmer:innen erbracht werden kann (→

Rn. 427). Der Berufsbildungsbereich besteht aus Einzelmaßnahmen und Lehrgängen, in denen möglichst viele Angebote gemacht werden, um der Art und Schwere der Behinderung, der unterschiedlichen Leistungsfähigkeit, den unterschiedlichen Entwicklungsmöglichkeiten sowie der Eignung und Neigung der Menschen mit Behinderungen so weit wie möglich Rechnung zu tragen. Die Lehrgänge teilen sich in einen **Grund- und einen Aufbaukurs** von jeweils regelmäßig zwölf Monaten. Während im Grundkurs Fertigkeiten und Grundkenntnisse verschiedener Arbeitsabläufe vermittelt werden, darunter auch manuelle Fertigkeiten im Umgang mit verschiedenen Werkstoffen und Werkzeugen, werden im Aufbaukurs Fertigkeiten mit höherem Schwierigkeitsgrad, im Umgang mit Maschinen oder vertiefte Kenntnisse über Werkstoffe und Werkzeuge vermittelt. Es geht im Berufsbildungsbereich einerseits auch darum, Menschen mit Behinderungen in ihrem Arbeits- und Sozialverhalten zu entwickeln und zu fördern und festzustellen, für welche Bereiche sie geeignet sind sowie welche Bereiche ihren Neigungen entsprechen. Andererseits soll auch die Fähigkeit zu größerer Ausdauer und Belastung gestärkt werden, um dann den **Übergang in den Arbeitsbereich** zu ermöglichen (vgl. zu allem § 4 Abs. 2 bis 5 WVO). Der Berufsbildungsbereich spiegelt häufig die verschiedenen Teile des Arbeitsbereichs einer Werkstatt wider.

Leistungen im Berufsbildungsbereich werden nach § 57 Abs. 3 SGB IX i.d.R. **für zwei Jahre erbracht**; zunächst werden sie für ein Jahr bewilligt und dann verlängert, wenn eine entsprechende Befürwortung durch den Fachausschuss erfolgt. Vor Beendigung der Maßnahme entscheidet der zuständige Rehabilitationsträger auf der Grundlage des Teilhabeplans, ob die Teilnahme an einer anderen oder weiterführenden Bildungsmaßnahme oder eine Wiederholung der Maßnahme im Berufsbildungsbereich oder eine Beschäftigung im Arbeitsbereich oder auf dem allgemeinen Arbeitsmarkt zweckmäßig ist. Die berufliche Bildung soll somit auch einen Übergang auf den allgemeinen Arbeitsmarkt ermöglichen, wenn die Voraussetzungen hierfür vorliegen, ggf. auch mit Unterstützung durch Integrationsfachdienste, Arbeitsassistenz und in Inklusionsbetriebe. Wird kein Teilhabe- und/oder Gesamtplanverfahren durchgeführt, ist zuvor die Stellungnahme des Fachausschusses einzuholen (§ 2 Abs. 1a WVO). 435

Für den Berufsbildungsbereich sind die **gleichen Rehabilitationsträger** nach § 63 Abs. 1 SGB IX **zuständig** wie im Eingangsverfahren (→ Rn. 433). Auch die Rechtsstellung der Teilnehmer:innen entspricht der des Eingangsverfahrens (→ Rn. 432). Ist der zuständige Rehabilitationsträger die Bundesagentur für Arbeit, erhalten die Leistungsberechtigten in dieser Zeit **Ausbildungsgeld** (→ Rn. 193). Sind die Träger der gesetzlichen Unfallversicherung oder der gesetzlichen Rentenversicherung zuständig, erhalten die Leistungsberechtigten **Übergangsgeld** (→ Rn. 192); vom Träger der Kriegsopferfürsorge **Unterhaltsbeihilfe** (bzw. ab 1.1.2024 Übergangsgeld oder Unterhaltsbeihilfe nach § 64 SGB XIV vom Träger der Sozialen Entschädigung). 436

c) Arbeitsbereich

Wurde im Eingangsverfahren und im Berufsbildungsbereich festgestellt, dass der betroffene Mensch mit Behinderung **werkstattfähig** ist, erhält er Leistungen im Arbeitsbereich (§ 58 SGB IX, § 5 WVO). Dabei ist eine **Beschäftigung auf dem allgemeinen Arbeitsmarkt**, einschließlich in einem Inklusionsbetrieb oder eine andere Leistung zur Teilhabe am Arbeitsleben, immer **vorrangig** zu prüfen. Nur wenn diese nicht, noch nicht oder noch nicht wieder in Betracht kommen und der Mensch mit 437

Behinderung ein Mindestmaß an wirtschaftlich verwertbarer Arbeitsleistung erbringen kann, schließen sich Leistungen im Arbeitsbereich einer WfbM an. Die Arbeitsplätze im Arbeitsbereich einer Werkstatt sollen in ihrer Ausstattung möglichst denjenigen auf dem allgemeinen Arbeitsmarkt entsprechen, so dass ein Übergang ggf. möglich ist und aktiv gefördert werden kann. Die Leistungen im Arbeitsbereich sind allerdings nicht allein auf die Aufnahme, Ausübung und Sicherung einer der Eignung und Neigung des Menschen mit Behinderung entsprechenden Beschäftigung auszurichten, sondern umfassen auch **arbeitsbegleitende Maßnahmen** zur Verbesserung der Leistungsfähigkeit und zur Weiterentwicklung der Persönlichkeit.

438 Leistungen im Arbeitsbereich werden dem Grunde nach **ohne zeitliche Befristung** erbracht. Entscheidend ist, ob die Voraussetzungen der Beschäftigung in einer WfbM (noch) vorliegen. Eine zeitliche Begrenzung bildet allein der Eintritt der **Regelaltersgrenze**; haben in einer Werkstatt beschäftigte Menschen mit Behinderungen diese erreicht, sollen die Leistungen im Arbeitsbereich nach § 58 Abs. 1 S. 3 SGB IX mit Ablauf des entsprechenden Monats, in dem das Lebensalter für die Regelaltersgrenze erreicht wird, enden. Die Regelaltersgrenze ergibt sich aus den §§ 35 S. 2, 235 SGB VI.

439 Leistungen im Arbeitsbereich einer WfbM erbringen nach § 63 Abs. 2 SGB IX folgende **Rehabilitationsträger:**

- die Träger der gesetzlichen Unfallversicherung, wenn die Behinderung auf einem Arbeitsunfall oder einer Berufskrankheit beruht,
- die Träger der Kriegsopferfürsorge, wenn die Behinderung durch einen Schadensfall aus dem BVG bzw. aus einem darauf verweisenden Gesetz verursacht wurde (bzw. ab 1.1.2024 die Träger der Sozialen Entschädigung für Leistungsberechtigte des Sozialen Entschädigungsrechts),
- die Träger der öffentlichen Jugendhilfe, wenn es sich um Jugendliche mit seelischen Behinderungen handelt, und
- die Träger der Eingliederungshilfe in allen anderen Fällen.

Hauptleistungsträger ist der **Träger der Eingliederungshilfe**. Er erbringt die Leistungen unter den Voraussetzungen der §§ 99, 111 SGB IX.

440 Menschen mit Behinderungen im Arbeitsbereich einer WfbM stehen zu den Werkstätten nach § 221 Abs. 1 SGB IX i.d.R. in einem **arbeitnehmerähnlichen Rechtsverhältnis**. Der Inhalt dieses Verhältnisses ist in dem **Werkstattvertrag**, den die WfbM mit den Menschen mit Behinderungen abschließt, geregelt (§ 221 Abs. 3 SGB IX). Ist die Geschäftsfähigkeit des Beschäftigten nicht geklärt, gelten die Vorschriften des § 221 Abs. 5 bis 7 SGB IX, die einen entsprechenden Schutz vor vorschneller Beendigung des Vertragsverhältnisses sicherstellen sollen.[517] Durch ihre arbeitnehmerähnliche Rechtsstellung werden Beschäftigte mit Behinderungen in den Geltungsbereich der **Arbeitsschutzgesetze** einbezogen. Das bedeutet, dass arbeitsrechtliche Vorschriften und Grundsätze, insbesondere über Beschäftigungszeit, Erholungspausen, Urlaub, Entgeltfortzahlung im Krankheitsfall, Entgeltzahlung an Feiertagen, Mutterschutz, Elternzeit, Persönlichkeitsschutz und Haftungsbeschränkungen im Arbeitsverhältnis gelten.

> **Hinweis**
>
> Der Werkstattvertrag ist ein zivilrechtlicher Vertrag. Bei Streitigkeiten aus diesem Vertrag ist der **Rechtsweg zu den Arbeitsgerichten** gegeben. Allerdings sind die WfbM-

---

[517] Zu den Einzelheiten s. Ritz in SWK Behindertenrecht, Stichwort Werkstatt für behinderte Menschen, Rn. 31.

III. Werkstätten für Menschen mit Behinderungen

Träger nicht berechtigt, den Werkstattvertrag – wie einen Arbeitsvertrag – zu kündigen. Da Leistungsberechtigte einen Anspruch auf Beschäftigung in einer WfbM haben, kommt eine Lösung des Vertrages nur dann in Frage, wenn die Voraussetzungen für eine Beschäftigung im Arbeitsbereich nicht mehr vorliegen. Die Lösung des Werkstattvertrages ist nach § 221 Abs. 7 SGB IX schriftlich vorzunehmen und zu begründen.

Zur Sicherung des Lebensunterhalts erhalten Beschäftigte im Arbeitsbereich ein **Arbeitsentgelt**. Dieses setzt sich nach § 221 Abs. 2 SGB IX zusammen aus einem **Grundbetrag** in Höhe des Ausbildungsgeldes der Bundesagentur für Arbeit im Berufsbildungsbereich (§ 125 SGB III: 119 EUR monatlich) und einem **leistungsangemessenen Steigerungsbetrag**. Der Steigerungsbetrag bemisst sich nach der individuellen Arbeitsleistung des Menschen mit Behinderung, insbesondere unter Berücksichtigung von Arbeitsmenge und Arbeitsgüte.[518] Gezahlt wird das Arbeitsentgelt aus dem Arbeitsergebnis nach § 12 Abs. 4, 5 WVO. Es liegt i.d.R. deutlich unter dem gesetzlichen Mindestlohn, allerdings ist das Mindestlohngesetz auf arbeitnehmerähnliche Rechtsverhältnisse nicht anwendbar.[519] Darüber hinaus erhalten Menschen mit Behinderungen neben dem Arbeitsentgelt ein **Arbeitsförderungsgeld** nach § 59 SGB IX. Dieses beträgt 52 EUR monatlich für jeden im Arbeitsbereich beschäftigten Menschen mit Behinderung, wenn dessen Arbeitsentgelt zusammen mit dem Arbeitsförderungsgeld den Betrag von 351 EUR nicht übersteigt. Ist das Arbeitsentgelt monatlich höher als 299 EUR, beträgt das Arbeitsförderungsgeld den Differenzbetrag zwischen dem Arbeitsentgelt und 351 EUR.

441

Beispiel:
Ein Beschäftigter in einer WfbM erhält als Arbeitsentgelt einen Grundbetrag von 119 EUR und einen Steigerungsbetrag von 200 EUR, insgesamt 319 EUR. Rechnet man jetzt das Arbeitsförderungsgeld (52 EUR) dazu, erhält man 371 EUR. Dies liegt über 351 EUR; der Beschäftigte erhält als Arbeitsförderungsgeld nur den Differenzbetrag zwischen 319 und 351 EUR, d.h. das Arbeitsförderungsgeld beträgt 32 EUR. Das volle Arbeitsförderungsentgelt erhielte er nur, wenn er maximal 299 EUR verdienen würde.

Hinweis
Das Arbeitsförderungsgeld wird – sofern der Leistungsberechtigte bedürftigkeitsabhängige Leistungen zur Sicherung des Lebensunterhalts (z.B. Hilfe zum Lebensunterhalt, Grundsicherung bei Erwerbsminderung) erhält, **nicht als Einkommen** angerechnet (§ 59 Abs. 2 SGB IX). Die Anrechnung des übrigen Arbeitsentgelts für Leistungen der Grundsicherung bei Erwerbsminderung oder der Hilfe zum Lebensunterhalt richtet sich nach § 82 Abs. 3 S. 2 SGB XII. Danach kann ein Achtel der Regelbedarfsstufe 1 (2021: 55,75 EUR/Monat) zuzüglich 50 % des diesen Betrag übersteigenden Arbeitsentgelts abgesetzt werden. Diese Regelung gilt auch bei einem Arbeitsentgelt, das bei einem anderen Leistungsanbieter i.S.d. § 60 SGB IX (→ Rn. 448 ff.) bezogen wird.

4. Sozialversicherungsrechtliche Stellung der WfbM-Beschäftigten

Beschäftigte mit Behinderungen in WfbM sind in fast allen Zweigen der Sozialversicherung versicherungspflichtig. Lediglich in der Arbeitslosenversicherung besteht keine Versicherungspflicht, da Werkstattberechtigte im rentenrechtlichen Sinn als voll erwerbsgemindert gelten und deshalb vom Leistungsbezug ausgeschlossen sind. Zudem besteht keine Notwendigkeit einer Arbeitslosenversicherung, weil die

442

---
518 Zur Verbindlichkeit der gesetzlichen Formulierung s. BAG 3.3.1999 – 5 AZR 162/98.
519 LSG S-H 11.1.2016 – 1 Sa 224/15, Rn. 46.

WfbM eine Verpflichtung zur Beschäftigung von Leistungsberechtigten haben (§ 220 Abs. 2, 3 SGB IX). Außer in der Arbeitslosenversicherung sind Beschäftigte mit Behinderungen nach folgenden Vorschriften **pflichtversichert**:

Krankenversicherung	§ 5 Abs. 1 Nr. 7 SGB V
Pflegeversicherung	§ 20 Abs. 1 S. 1 Nr. 7 SGB XI
Rentenversicherung	§ 1 S. 1 Nr. 2 SGB VI
Gesetzliche Unfallversicherung	§ 2 Abs. 1 Nr. 4 SGB VII

Die **Beiträge** zur Versicherung, die der Einrichtungsträger zu zahlen hat, erstatten diesem i.d.R. die zuständigen Rehabilitationsträger.

443 Eine Besonderheit gilt in Bezug auf die **Rentenversicherung**. Der Beitrag für diese Leistungen richtet sich gem. § 162 S. 1 Nr. 2, 2a SGB VI nach dem tatsächlich erzielten Arbeitsentgelt, mindestens aber nach der Höhe von 80 % der monatlichen Bezugsgröße nach § 18 SGB IV. Das bedeutet faktisch, dass für WfbM-Beschäftigte Rentenversicherungsbeiträge in der Höhe bezahlt werden, als würden sie monatlich – so im Jahre 2021 – 2.632 EUR (alte Bundesländer) bzw. 2.492 EUR (neue Bundesländer) verdienen. WfbM-Beschäftigte gelten nach § 43 Abs. 2 S. 3 Nr. 1 SGB VI rentenrechtlich als voll erwerbsgemindert. Sie haben deshalb gem. § 43 Abs. 6 SGB VI nach 20 Jahren Wartezeit (ununterbrochene Beschäftigung in einer WfbM) Anspruch auf eine **volle Erwerbsminderungsrente**, deren Höhe sich aus den gezahlten Beiträgen berechnet und ohne Abschläge ausgezahlt wird.

Hinweis

Wird die Beschäftigung in der WfbM für einen Arbeitsversuch auf dem allgemeinen Arbeitsmarkt unterbrochen, gehen der Rentenanspruch und die bereits erworbenen Anwartschaftszeiten nicht verloren, wenn es sich um einen sog. „gescheiterten Arbeitsversuch" handelt, d.h. wenn der Beschäftigte wieder in die WfbM zurückkehrt, weil er letztlich den Anforderungen des allgemeinen Arbeitsmarktes nicht gewachsen ist (zur rentenrechtlichen Problematik beim Budget für Arbeit → Rn. 456).

5. Mitbestimmungsrechte der WfbM-Beschäftigten

444 Menschen mit Behinderungen im Arbeitsbereich haben nach § 222 Abs. 1 SGB IX das Recht, einen **Werkstattrat** zu wählen. Dieser vertritt die Interessen der Beschäftigten gegenüber der Werkstattleitung und anderen Personen. Er vertritt auch die Interessen der Teilnehmer:innen im Eingangsverfahren und im Berufsbildungsbereich, solange diese keine eigene Vertretung haben. Der Werkstattrat besteht aus mindestens drei gewählten Mitgliedern; gewählt werden können Menschen, die seit mindestens sechs Monate in der WfbM beschäftigt sind. Die Aufgaben der Werkstatträte, die mit dem BTHG umfangreich erweitert wurden,[520] und Einzelheiten der Wahl sind in der **Werkstätten-Mitwirkungsverordnung** (WMVO) geregelt. Insbesondere haben Werkstatträte auch ein Unterrichtungsrecht nach § 7 WMVO bei Beendigung des Werkstattvertrages oder bei Versetzung von Beschäftigten mit Behinderung, aber auch bei Einstellung und Versetzung des betreuenden Fachpersonals. Das **Un-**

---

520 Im Einzelnen von Boetticher (2020) § 2 Rn. 24 ff.

terrichtungsrecht beinhaltet einen Informationsanspruch und ein Anhörungsrecht.[521]

Die Werkstätten haben nach § 222 Abs. 4 SGB IX die Pflicht, diejenigen Personen, die die Beschäftigten mit Behinderung vertreten oder mit deren Betreuung beauftragt sind, einmal im Kalenderjahr in einer **Eltern- und Betreuerversammlung** in angemessener Weise über die Angelegenheiten der Werkstatt, auf die sich die Mitwirkungsrechte beziehen, zu informieren und sie hierzu anzuhören. Es kann überdies ein **Eltern- und Betreuerbeirat** errichtet werden, der die Werkstatträte bei der Wahrnehmung ihrer Aufgaben unterstützt. 445

Gemäß § 222 Abs. 5 SGB IX muss in jeder WfbM eine **Frauenbeauftragte** und mindestens eine Stellvertreterin gewählt werden, die die Interessen der beschäftigten Frauen mit Behinderungen vertritt. Die Einzelheiten zur Wahl und ihren Aufgaben sind in §§ 39a-c WMVO geregelt.[522] 446

6. Alternativen zur Beschäftigung in einer WfbM

Mit dem BTHG wurden für Menschen mit Behinderungen, die einen Anspruch auf Beschäftigung in einer WfbM haben, alternative Möglichkeiten geschaffen, um ihre Teilhabe am Arbeitsleben zu realisieren. Dies beruht nicht zuletzt auch auf der Kritik an dem System der WfbM, die im Gegensatz zu einem inklusiv gewollten Arbeitsmarkt steht (→ Rn. 422). So wurden auf der einen Seite die **Wahlmöglichkeiten** der Menschen mit Behinderungen verstärkt, die die Leistungen zur Teilhabe am Arbeitsleben nicht allein in anerkannten WfbM erhalten können, sondern auch bei anderen Leistungsanbietern, und überdies zwischen den einzelnen Einrichtungen wechseln können. Zur Unterstützung der Beschäftigung auf dem allgemeinen Arbeitsmarkt können leistungsberechtigte WfbM-Beschäftigte überdies ein **Budget für Arbeit** erhalten. Dieses stellt einen Anreiz insbesondere für Arbeitgeber da, Menschen mit Behinderungen zu beschäftigen. Das gleiche Ziel verfolgt das mit dem Angehörigen-Entlastungsgesetz[523] eingeführte **Budget für Ausbildung**. Damit soll Menschen mit Behinderungen ein regulärer Ausbildungsvertrag als Alternative zur Ausbildung in einer WfbM ermöglicht werden.[524] Das Budget für Ausbildung wurde durch das Teilhabestärkungsgesetz[525] noch einmal ausgeweitet. 447

a) Andere Leistungsanbieter (§ 60 SGB IX)

Um Menschen mit Behinderungen, die Anspruch auf Leistungen im Eingangsverfahren, Berufsbildungsbereich und Arbeitsbereich einer WfbM haben, Alternativen zu ermöglichen, wurde mit dem BTHG in § 60 SGB IX die Möglichkeit geschaffen, diese Leistungen vollständig oder teilweise (→ Rn. 430) bei einem **anderen Leistungsanbieter** in Anspruch zu nehmen. Um die Qualität der Leistungserbringung und die Mitbestimmung zu sichern, unterliegen die anderen Leistungsanbieter grundsätzlich 448

---

521 LAG Hamm 7.2.2013 – 15 Sa 994/12.
522 Im Einzelnen von Boetticher (2020) § 2 Rn. 31 ff.
523 Gesetz zur Entlastung unterhaltsverpflichteter Angehöriger in der Sozialhilfe und in der Eingliederungshilfe (Angehörigen-Entlastungsgesetz) vom 10.12.2019, BGBl. I 2135.
524 Zur Begründung s. BT-Drs. 19/13399, S. 36 f.
525 Gesetz zur Stärkung der Teilhabe von Menschen mit Behinderungen (Teilhabestärkungsgesetz) vom 2.6.2021, BGBl. I 1387.

den Vorschriften für die WfbM des SGB IX, der WVO und der WMVO. Allerdings ermöglicht § 60 Abs. 2 SGB IX von diesem Grundsatz einige **Ausnahmen**. So

- bedürfen andere Leistungsanbieter nicht der förmlichen Anerkennung,
- müssen sie nicht über eine Mindestplatzzahl und die für die Erbringung der Leistungen erforderliche räumliche und sächliche Ausstattung verfügen,
- können sie ihr Angebot auf einzelne Bereiche einer WfbM (Eingangsverfahren und Berufsbildungsbereich oder Arbeitsbereich) beschränken und müssen nicht das ganze Leistungsspektrum anbieten,
- unterliegen sie keiner Aufnahmeverpflichtung, auch wenn die Voraussetzungen vorliegen,
- müssen sie eine dem Werkstattrat vergleichbare Vertretung ab fünf Wahlberechtigten wählen; bei bis zu 20 Wahlberechtigten besteht sie aus einem Mitglied,
- müssen sie eine Frauenbeauftragte ab fünf wahlberechtigten Frauen und eine Stellvertreterin ab 20 wahlberechtigten Frauen wählen und
- können sie, wenn sie Leistungen nach im Berufsbildungs- oder Arbeitsbereich ausschließlich in betrieblicher Form anbieten, einen besseren Personalschlüssel als in der WVO vorgesehen (→ Rn. 427) anwenden.[526]

Allerdings sind die Vergünstigungen, die Auftraggeber von WfbMs in Bezug auf die Anrechnung von Aufträgen auf die Ausgleichsabgabe (§ 223 SGB IX) haben oder die WfbMs bei der Vergabe von öffentlichen Aufträgen bevorzugt (§ 224 SGB IX) nicht auf die anderen Leistungsanbieter anwendbar.

449 Die zuständigen Rehabilitationsträger sind gemäß § 60 Abs. 3 SGB IX nicht verpflichtet, Leistungen durch andere Leistungsanbieter zu ermöglichen; insofern besteht **keine Gewährleistungsverpflichtung** bzw. kein Sicherstellungsauftrag, Plätze bei anderen Leistungsanbietern anzubieten.[527] Somit kann sich auf diesem Feld sozialer Dienste nur entsprechend der Nachfrage durch die Leistungsberechtigten ein Markt etablieren, der ihnen sowohl bezüglich der Qualifizierung als auch der Beschäftigung Wahl- und Kombinationsmöglichkeiten eröffnet (→ Rn. 451); die Rehabilitationsträger sind insoweit nicht verpflichtet, aktiv zu werden und für alternative Angebote statt der WfbMs zu sorgen

450 Für das Rechtsverhältnis zwischen dem anderen Leistungsanbieter und dem Menschen mit Behinderung gilt das gleiche **Rechtsverhältnis** wie in der Werkstatt (→ Rn. 440 für den Arbeitsbereich; → Rn. 432 für das Eingangsverfahren und den Berufsbildungsbereich). Auch die **Sozialversicherungspflichten** sind identisch.

b) Wahlrecht des Menschen mit Behinderung (§ 62 SGB IX)

451 § 62 SGB IX legt ein **besonderes Wunsch- und Wahlrecht** für Menschen fest, die Anspruch auf Leistungen in einer WfbM haben. Danach können sie selbst bestimmen, bei welchem Anbieter sie die Leistungen des Eingangsverfahrens, des Berufsbildungsbereichs oder des Arbeitsbereichs in Anspruch nehmen wollen. Sie können also zunächst darüber entscheiden, ob sie einen Teil des Verfahrens in einer WfbM oder bei einem anderen Leistungsanbieter oder sowohl in einer WfbM als auch bei

---

526 Zur Begründung s. BR-Drs. 395/19, S. 31.S. auch das Fachkonzept für Eingangsverfahren / Berufsbildungsbereich bei anderen Leistungsanbietern der Bundesagentur für Arbeit (Stand Dezember 2019) unter https://con.arbeitsagentur.de/prod/apok/ct/dam/download/documents/FK-Eingang-Berufsbildung g_ba015973.pdf (29.08.2021).
527 Vgl. von Boetticher (2020) § 3 Rn. 231.

einem anderen Leistungsanbieter durchlaufen wollen. Dieses Wahlrecht betrifft allerdings nicht nur den jeweiligen Bereich als Ganzes, sondern auch einzelne Leistungen innerhalb dieser Bereiche.

Beispiel:
Eine leistungsberechtigte Person kann den arbeitsbegleitenden Dienst durch einen anderen Leistungsanbieter in Anspruch nehmen, der sein Angebot wiederum auf diese „Teilleistungen" beschränken kann.

Letztlich erfordert dies eine **Modularisierung des Leistungsspektrums** einer WfbM, die ihrerseits mit anderen Leistungsanbietern zusammenarbeiten muss. Will ein leistungsberechtigter Mensch allerdings nur Teile einer Leistung von einem anderen Leistungsanbieter in Anspruch nehmen, benötigt er die Zustimmung des verantwortlichen Leistungsanbieters (§ 62 Abs. 2 SGB IX). Dieses Zustimmungserfordernis beschränkt das Wahlrecht; wie dieser Fall praktisch umzusetzen ist, ist bisher noch nicht geklärt.[528]

c) Budget für Arbeit, Budget für Ausbildung (§§ 61, 61a SGB IX)

Das **Budget für Arbeit** nach § 61 SGB IX ist ein seit dem 1.1.2018 bestehender Anspruch für Menschen, die die Leistungsvoraussetzungen für den Arbeitsbereich einer WfbM erfüllen. Es ermöglicht den Wechsel in ein **sozialversicherungspflichtiges Beschäftigungsverhältnis** bei privaten oder öffentlichen Arbeitgebern. Das Budget für Arbeit ist praktisch ein **Lohnkostenzuschuss** für diejenigen Arbeitgeber, die bereit sind, Menschen zu beschäftigen, die eigentlich (noch) nicht (wieder) fit sind für den allgemeinen Arbeitsmarkt. Das Budget für Arbeit setzt dementsprechend voraus:

- die Werkstattfähigkeit des Menschen mit Behinderung (→ Rn. 426),[529] der
- einen Anspruch auf Leistungen im Arbeitsbereich einer WfbM hat sowie
- den Abschluss eines sozialversicherungspflichtigen Arbeitsverhältnisses auf dem ersten Arbeitsmarkt (eine geringfügige, versicherungsfreie Beschäftigung genügt nicht).

Budgetberechtigte müssen **Anspruch** auf Leistungen im Arbeitsbereich einer WfbM haben (→ Rn. 437); nicht erforderlich ist, dass sie diese Leistungen auch tatsächlich in Anspruch nehmen bzw. genommen haben. Der Gesetzgeber geht ausdrücklich davon aus, dass das Budget für Arbeit auch für diejenigen Menschen mit Behinderungen in Betracht kommt, die bisher nicht in einer WfbM arbeiten (wollten).[530]

Das **Budget für Ausbildung** nach § 61a SGB IX wurde mit dem Angehörigen-Entlastungsgesetz zum 1.1.2020 eingeführt. Sein Ziel war zunächst – ähnlich wie das Budget für Arbeit das für Menschen gilt, die Anspruch auf Leistungen im Arbeitsbereich einer WfbM haben – Menschen mit Behinderungen, die einen Anspruch auf Leistungen nach § 57 SGB IX (Eingangsverfahren und im Berufsbildungsbereich einer WfbM) haben, eine Alternative zur Ausbildung in einer WfbM zu schaffen. Voraussetzung für das Budget für Ausbildung ist darüber hinaus, dass die Leistungsberechtig-

---

528 Zu einer Lösungsmöglichkeit s. von Boetticher (2020) § 3 Rn. 237.
529 Hingegen ist eine volle Erwerbsminderung keine Voraussetzung für das Budget für Arbeit, auch wenn die Gesetzesbegründung (BT-Drs. 18/9522, S. 255) darauf hindeutet. Die volle Erwerbsminderung ist eine rentenrechtliche Folge (→ Rn. 443) einer Beschäftigung in einer WfbM, keine Zugangsvoraussetzung für Leistungen in den WfbM (vgl. zur Leistungsberechtigung § 58 SGB IX), vgl. zu allem Nebe in Feldes et al. § 61 Rn. 10 m.w.N.
530 BT-Drs. 18/9522, S. 253, 255.

ten ein sozialversicherungspflichtiges Ausbildungsverhältnis in einem anerkannten Ausbildungsberuf oder in einem Ausbildungsgang nach dem Berufsbildungsgesetz oder der Handwerksordnung erhalten. Mit dem Teilhabestärkungsgesetz wurde das Budget für Ausbildung mit Wirkung ab dem 1.1.2022 auch auf Menschen mit Behinderungen ausgeweitet, die bereits Leistungen im Arbeitsbereich einer WfbM oder eines anderen Leistungsanbieters erhalten.[531] Damit soll dieser Personengruppe eine weitere Alternative neben dem Budget für Arbeit geboten werden, um eine Erwerbstätigkeit auf dem allgemeinen Arbeitsmarkt aufzunehmen.[532]

453 Um das Budget für Arbeit in Anspruch zu nehmen, genügt ein Anspruch auf Leistungen im Berufsbildungsbereich nicht. Menschen mit Behinderungen müssen hierfür eine Berufsausbildung bzw. den Berufsbildungsbereich bereits durchlaufen haben. Dies kann in einer WfbM oder bei einem anderen Leistungsanbieter oder auch in anderen Einrichtungen stattfinden; ggf. können Leistungsberechtigte hierfür ein Persönliches Budget nach § 29 SGB IX in Anspruch nehmen.[533] Für Personen mit Anspruch auf Leistungen im Berufsbildungsbereich steht aber das Budget für Ausbildung nach § 61a SGB IX zur Verfügung.

Hinweis

Trotz der begrifflichen Nähe haben das Budget für Arbeit oder das Budget für Ausbildung und das Persönliche Budget wenig gemeinsam. Beim Budget für Arbeit handelt es sich um eine Leistung zur Teilhabe am Arbeitsleben, in Gestalt eines Lohnkostenzuschusses und von Begleitleistungen; beim Budget für Ausbildung werden die Ausbildungsvergütung, Sozialversicherungsbeiträge, die Fahrtkosten und Unterstützungsleistungen finanziert. Der leistungsberechtigten Person selbst wird gerade kein Budget i.S. einer Geldleistung zur Verfügung gestellt. Aus ihrer Sicht handelt es sich um Sachleistungen. Gewählt wurde diese Bezeichnung – zunächst für das Budget für Arbeit, weil zuvor in mehreren Bundesländern Modellprojekte unter dieser Bezeichnung erfolgreich durchgeführt worden waren.[534] Um die Nähe zum Budget für Arbeit zu zeigen, wurde dann entsprechend das Budget für Ausbildung als solches benannt. Das Persönliche Budget ist demgegenüber eine alternative Form der Ausführung der Rehabilitationsleistung, bei der leistungsberechtigten Personen auf ihren Antrag Geld ausgezahlt wird, um sie in die Lage zu versetzen, sich selbst bedarfsdeckende Leistungen zu verschaffen (→ Rn. 113).

454 Das **Budget für Arbeit** umfasst nach § 61 Abs. 2 SGB IX einen Lohnkostenzuschuss von **bis zu 75 %** **des Arbeitgeberbruttos** zum Ausgleich der Leistungsminderung der Beschäftigten und die Aufwendungen, die für die wegen der Behinderung erforderliche Anleitung und Begleitung am Arbeitsplatz entstehen. Es handelt sich letztlich um einen Differenzbetrag zwischen dem tariflich oder ortsüblich gezahlten Arbeitsentgelt und der tatsächlichen Leistungsfähigkeit des Menschen mit Behinderung. Das Budget ist begrenzt auf 40 % der monatlichen Bezugsgröße, einem Orientierungswert aus dem Sozialversicherungsrecht in § 18 Abs. 1 SGB IV (2021: 1.316 EUR),[535] die Bundesländer können einen höheren Prozentsatz als Budget fest-

---

531 Teilhabestärkungsgesetz vom 2.6.2021, BGBl. I 1387.
532 Zur Begründung BR-Drs. 129/21, S. 60
533 Vgl. BSG 30.11.2011 – B 11 AL 7/10 R.
534 U.a. in Nordrhein-Westfalen und in Rheinland-Pfalz, s. den Bericht unter https://www.lvr.de/media/wwwlvrde/soziales/menschenmitbehinderung/1_dokumente/arbeitundausbildung/dokumente_229/15_045 6_Forschungsbericht_barrierefrei.pdf (23.3.2021).
535 Da die Vorschrift nur auf § 18 Abs. 1 SGB IV Bezug nimmt, gilt die Bezugsgröße Ost aus § 18 Abs. 2 SGB IV nicht.

legen.[536] Dauer und Umfang des Lohnkostenzuschusses richten sich nach den Umständen des Einzelfalls, gleichwohl geht auch der Gesetzgeber davon aus, dass es sich i.d.R. um einen **dauerhaften Zuschuss** handelt wird.[537] Das Budget für Arbeit schließt nicht notwendig Leistungen anderer Rehabilitationsträger aus, die diese als Leistungen zur Teilhabe am Arbeitsleben erbringen (z.B. Hilfsmittel, Anpassung des Arbeitsplatzes u.a.).

Beispiel:
Eine ehemalige WfbM-Beschäftigte geht in Hessen als Pflegehelferin auf den ersten Arbeitsmarkt in ein Altenheim. Sie arbeitet dort für Mindestlohn (2021: 11,60 EUR/Stunde) 30 Stunden pro Woche, insgesamt 138 Stunden (wenn man von 23 Arbeitstagen im Monat ausgeht). Sie hat damit ein Arbeitnehmerbrutto von rund 1.600 EUR im Monat. Das Arbeitgeberbrutto beträgt hierfür rund 1.990 EUR. Der Lohnkostenzuschuss wäre bei 75 % des Arbeitgeberbruttos 1.492,50 EUR, der Betrag liegt über dem Maximalförderbetrag von 1.316 EUR, so dass der Arbeitgeber diesen erhält.

Der Lohnkostenzuschuss ist **ausgeschlossen**, wenn Arbeitgeber andere Beschäftigungsverhältnisse beenden, um ersatzweise einen Menschen mit Behinderung einzustellen, der Anspruch auf den Lohnkostenzuschuss hat (§ 61 Abs. 3 SGB IX).

Das **Budget für Ausbildung** umfasst nach § 61a Abs. 2 SGB IX seit dem Teilhabestärkungsgesetz:

- die (vollständige)[538] Erstattung der Ausbildungsvergütung (entweder bis zur Höhe der tarifvertraglich vereinbarten oder bis zur Höhe der nach § 17 Berufsbildungsgesetz angemessenen Ausbildungsvergütung) einschließlich des Anteils des Arbeitgebers am Gesamtsozialversicherungsbeitrags und des Beitrags zur Unfallversicherung,
- die Aufwendungen für die wegen der Behinderung erforderliche Anleitung und Begleitung am Ausbildungsplatz und in der Berufsschule[539] sowie
- die erforderlichen Fahrtkosten.

Ist der Besuch einer Berufsschule aufgrund der Art und Schwere der Behinderung nicht möglich, kann der schulische Teil der Ausbildung auch in einer **Einrichtung der beruflichen Rehabilitation** erfolgen (§ 51 SGB IX – Berufsbildungs- oder Berufsförderungswerk oder vergleichbare Einrichtung). Vor Abschluss einer Vereinbarung mit dieser Einrichtung muss dem zuständigen Leistungsträger das Angebot mit konkreten Angaben zu den entstehenden Kosten zur Bewilligung vorgelegt werden. Dies gilt v.a. in den Fällen, in denen der Träger der Eingliederungshilfe zuständiger Leistungsträger ist, da dieser mit den entsprechenden Einrichtungen keine Vereinbarung schließen muss und ihm durch diese Vorlage eine Prüfungsmöglichkeit eröffnet wird. Das Budget für Ausbildung wird erbracht, so lange es erforderlich ist, längstens **bis zum erfolgreichen Abschluss** der Ausbildung. Wechselt der Mensch mit Behinderung in eine WfbM werden die Ausbildungszeiten auf die Dauer des Eingangs- und Berufsbildungsverfahrens angerechnet (§ 61a Abs. 3 SGB IX).

Zuständig für das Budget für Arbeit sind die **Rehabilitationsträger**, die auch Leistungen im Arbeitsbereich einer Werkstatt erbringen (§ 63 Abs. 2 SGB IX; → Rn. 439). Hauptleistungsträger sind die **Träger der Eingliederungshilfe**; sie erbringen das

455

---
536 Einen höheren Prozentsatz hat z.B. Bayern festgelegt, hier beträgt der Lohnkostenzuschuss 48 % der monatlichen Bezugsgröße, vgl. § 1 Art. 66b Abs. 2 Bayerisches Teilhabegesetz I, BayGVBl. 2018 Nr. 1 S. 2.
537 BT-Drs. 18/9522 S. 256.
538 Hierzu s. BT-Drs. 19/13399, S. 37.
539 Diese Leistungen können auch gepoolt werden, d.h. von mehrere Leistungsberechtigten in Anspruch genommen werden (§ 61a Abs. 4 SGB IX).

Budget für Arbeit unter den Voraussetzungen des § 111 Abs. 1 Nr. 3 SGB IX. Es besteht allerdings keine Verpflichtung der zuständigen Leistungsträger, entsprechende Arbeitsplätze bereitzustellen oder zu akquirieren (§ 61 Abs. 5 SGB IX), sondern sie müssen das Budget für Arbeit nur dann leisten, wenn die leistungsberechtigte Person einen Arbeitgeber gefunden hat.

Das **Budget für Ausbildung** wird einerseits von allen Rehabilitationsträgern erbracht, die auch Leistungen im Eingangsverfahren und im Berufsbildungsbildungsbereich einer WfbM bzw. bei einem anderen Leistungsanbieter übernehmen (v. a. GRV nach § 16 SGB VI und GUV nach § 35 Abs. 1 SGB VII – jeweils aber nur für die berufliche Erstausbildung und die BA; → Rn. 433, → Rn. 436) und andererseits seit dem Teilhabestärkungsgesetz auch vom Träger der Eingliederungshilfe nach § 111 Abs. 1 Nr. 4 SGB IX. Die BA trifft darüber hinaus noch eine besondere Verpflichtung, die Menschen mit Behinderungen bei der Suche nach einem geeigneten Ausbildungsplatz und ggf. bei der nach einer geeigneten Einrichtung der beruflichen Rehabilitation zu unterstützen (§ 61a Abs. 5 SGB XI).

456 Menschen mit Behinderungen, die mit dem Budget für Arbeit auf dem allgemeinen Arbeitsmarkt beschäftigt sind, sind in allen **Sozialversicherungszweigen** wie Arbeitnehmer:innen sonst auch versichert. Ausgenommen ist die Arbeitslosenversicherung, da diese Menschen grundsätzlich werkstattberechtigt sind und nach § 220 Abs. 3 SGB IX einen Anspruch auf Rückkehr (bzw. auf Aufnahme) in die WfbM haben. Sie können damit faktisch nicht arbeitslos werden.[540] Allerdings gibt es erhebliche Änderungen bei der **Rentenversicherung**. Da sich die Beiträge dann nach ihrem Arbeitsentgelt richten, sind die Anwartschaften zumindest für diejenigen geringer, die weniger als 2.632 EUR (2021 West) bzw. 2.492 EUR (2021 Ost) monatlich verdienen, was angesichts der Begrenzung des Lohnkostenzuschusses mehr als wahrscheinlich ist. Auch der Zugang zur Erwerbsminderungsrente nach § 43 Abs. 6 SGB VI könnte ggf. wegfallen (→ Rn. 443). Beim Budget für Ausbildung besteht aufgrund der Beschäftigung zur Berufsausbildung in allen Zweigen der Sozialversicherung – einschließlich der Arbeitslosenversicherung – Versicherungspflicht. Die Beiträge werden dem Arbeitgeber erstattet (§ 64 Abs. 2 S. 1 Nr. 1 SGB IX, → Rn. 454).

Übungsfall zur Beschäftigung in WfbM[541]

(Lösung: Rn. 508)

457 *Die 19-jährige K leidet infolge eines atypischen Autismus an emotionalen Entwicklungs-, Wahrnehmungs- und Kommunikationsstörungen. Sie kann aktiv nicht sprechen und kommuniziert im Wesentlichen über einen PC mithilfe von mit der sog. gestützten Kommunikation (Facilitated Communication) ausgebildeten Assistent:innen. Bei dieser Technik können Assistent:innen durch geringe Berührungen an der Hand, am Arm oder an der Schulter motorische Anforderungen weitergeben und dadurch bei Autist:innen Bewegungsabläufe auslösen. Nachdem der ärztliche Dienst des zuständigen Leistungsträgers festgestellt hat, dass K auch mithilfe gestützter Kommunikation schnell an ihre Grenze stoße und eine gewinnbringende Tätigkeit auf dem allgemeinen Arbeitsmarkt nicht ausüben könnte, empfahl er Leistungen zur Teilhabe am Arbeitsleben in einer WfbM. Dort absolvierte K das Eingangsverfahren; der Fachausschuss der Werkstatt stellte fest, dass K bei allen Tätigkeiten die Unterstützung*

---

540 Zur Kritik an dieser Versicherungsfreiheit s. Nebe in Feldes at al. § 61 Rn. 42 ff.
541 Nach LSG NSB 23.9.2014 – L 7 AL 56/12.

ihrer Kommunikationsassistentin benötige, so dass nur eine 1:1 Betreuung möglich gewesen sei. Der Rehabilitationsträger erklärte sich bereit, die normalen Maßnahmekosten und die Fahrtkosten für die Eingliederung in die WfbM zu übernehmen, nicht aber Kosten für die Kommunikationsassistenz, weil die personelle Ausstattung zum Verantwortungsbereich der WfbM gehört.
Beantworten Sie die Fragen unter Nennung der gesetzlichen Vorschriften!
1. Für welchen Bereich muss K nach dem Eingangsverfahren Leistungen erhalten?
2. Wer ist zuständiger Rehabilitationsträger für diese Leistungen?
3. Hat K einen Anspruch auf diese Leistungen in der WfbM?

Wiederholungsfragen

1. *Zu welcher Leistungsgruppe der Rehabilitation gehören WfbM?*
2. *Welche Leistungen werden in einer WfbM erbracht? Wo finden sich hierzu die gesetzlichen Regelungen?*
3. *Welche Voraussetzungen müssen vorliegen, damit Menschen mit Behinderungen Leistungen in einer WfbM erhalten?*
4. *In welchem Rechtsverhältnis stehen Beschäftigte im Arbeitsbereich einer WfbM zum Träger der Werkstatt?*
5. *Wie setzt sich das Arbeitsentgelt von Beschäftigten im Arbeitsbereich einer WfbM zusammen?*
6. *Wie sind Beschäftigte im Arbeitsbereich einer WfbM (sozial)versichert?*
7. *Wie bestimmen Beschäftigte im Arbeitsbereich einer WfbM mit?*
8. *Welche Alternativen zur Teilhabe am Arbeitsleben haben Menschen, die berechtigt sind, Leistungen in einer WfbM zu erhalten?*
9. *Was verstehen Sie unter dem Budget für Arbeit und was unter dem Budget für Ausbildung?*
10. *Welcher Unterschied besteht zwischen einem Budget für Arbeit und einem Persönlichen Budget?*
11. *Welche Voraussetzungen müssen für ein Budget für Arbeit bzw. für ein Budget für Ausbildung vorliegen?*

IV. Nachteilsausgleiche für schwerbehinderte Menschen

Schwerbehinderte Menschen haben aufgrund der behinderungsbedingten Beeinträchtigung ihrer Teilhabe Anspruch auf eine Vielzahl von **Nachteilsausgleichen**. Dabei handelt es sich nach der Definition in § 209 Abs. 1 SGB IX um Hilfen für Menschen mit Behinderungen zum Ausgleich behinderungsbedingter Nachteile oder Mehraufwendungen. Sie beinhalten keine „Vergünstigungen", sondern sind Hilfen zur Herstellung von Chancengleichheit, die auch Art. 3 Abs. 3 S. 2 GG fordert. Die Rechtsordnung kennt eine Vielzahl dieser Unterstützungsleistungen; eine sehr gute Zusammenfassung findet sich z.B. im „Berliner Ratgeber für Menschen mit Behinderungen", den das Berliner Landesamt für Gesundheit und Soziales – auch in Leichter Sprache – herausgibt.[542] Im **Überblick** lassen sich die wichtigsten Nachteilsausglei-

458

---

542 https://www.berlin.de/lageso/_assets/behinderung/schwerbehinderung-versorgungsamt/publikationen /ratgeber.pdf und in Leichter Sprache https://www.berlin.de/lageso/_assets/behinderung/schwerbehin derung-versorgungsamt/publikationen/rat_geber_f__r_menschen_mit_behinderung_leichte_sprache.pd f (24.3.2021).

che in folgenden Bereichen zusammenfassen (Nachteilsausgleiche für die Bereiche Beschäftigung und Beruf: → Rn. 391 ff.):

Abbildung 20

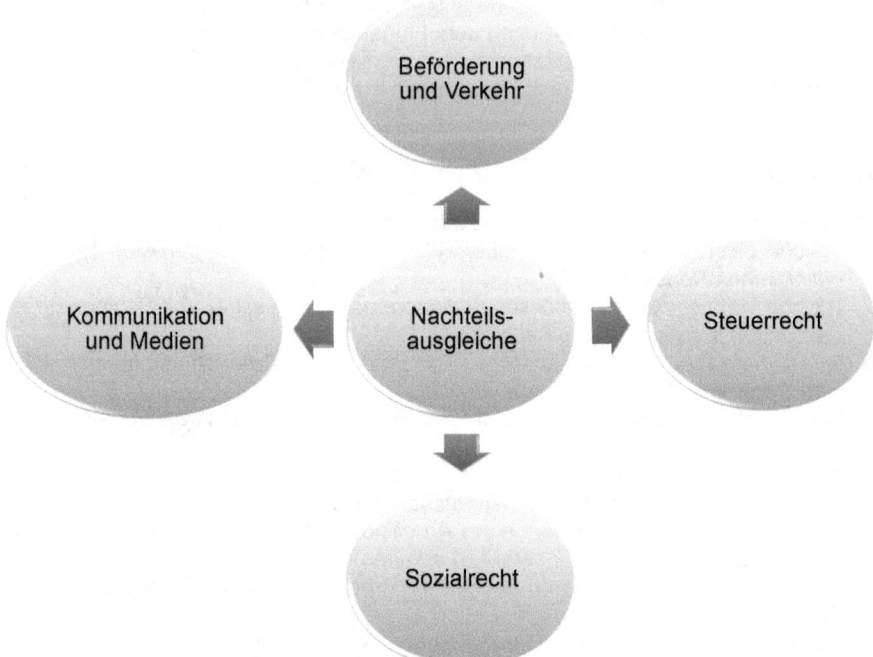

Teilweise sind die Nachteilsausgleiche an einen bestimmten GdB und/oder an ein bestimmtes Merkzeichen geknüpft. Darüber hinaus gibt es Nachteilsausgleichsregelungen im jeweiligen Landesrecht, z.B. für Prüfungen im Schul[543]- bzw. Hochschulgesetz[544]. Im Folgenden soll nur eine Auswahl an bundesrechtlich geregelten Nachteilsausgleichen dargestellt werden.

1. Beförderung und Verkehr

459 Ein wichtiger, im SGB IX geregelter Nachteilsausgleich findet sich in den §§ 228 ff. SGB IX und betrifft die **unentgeltliche Beförderung im öffentlichen Personenverkehr**. Voraussetzung dafür ist neben dem Nachweis einer Schwerbehinderung
- eine aufgrund der Behinderung erhebliche Beeinträchtigung der Bewegungsfähigkeit im Straßenverkehr (Merkzeichen G oder aG, → Rn. 388),
- Hilflosigkeit (Merkzeichen H, → Rn. 388),
- Blindheit (Merkzeichen Bl, → Rn. 388),

---

543 Z.B. § 58 Abs. 8 und 9 BerlSchulG,
544 Z.B. § 4 Abs. 7 BerlHG, § 3 Abs. 4 BbgHG.

IV. Nachteilsausgleiche für schwerbehinderte Menschen

- Gehörlosigkeit (Merkzeichen Gl; → Rn. 388) oder
- Taubblind (Merkzeichen Tbl; → Rn. 388).

Der Nachweis dieser Beeinträchtigung wird durch das Vorzeigen eines entsprechend gekennzeichneten Schwerbehindertenausweises geführt, der mit einer gültigen **Wertmarke** versehen sein muss. Er berechtigt zur unentgeltlichen Beförderung im Personennahverkehr (Definition: § 230 SGB IX). Die Wertmarke kostet derzeit 91 EUR für zwölf Monate bzw. 46 EUR für sechs Monate. Bestimmte, in § 228 Abs. 4 SGB IX benannte Personengruppen, z.B. blinde oder hilflose oder taubblinde Menschen oder Menschen, die existenzsichernde Leistungen nach dem SGB II oder dem SGB XII beziehen, erhalten die Wertmarke ohne Zuzahlung.

Ist die Notwendigkeit der **Mitnahme einer Begleitperson** für den schwerbehinderten Menschen nachgewiesen (Merkzeichen B, § 229 Abs. 2 SGB IX), kann diese kostenlos sowohl im öffentlichen Nah- als auch im Fernverkehr mitfahren. Dabei muss der schwerbehinderte Mensch selbst keine Wertmarke besitzen. **460**

Nach § 3a Kraftfahrzeugsteuergesetz sind schwerbehinderte Menschen, die Halter eines Kfz sind, von der **Kfz-Steuer befreit**, wenn sie die Berechtigung zur unentgeltlichen Beförderung im öffentlichen Personenverkehr und die Merkzeichen H, Bl oder aG in ihrem Schwerbehindertenausweis haben. Personen mit Merkzeichen G erhalten eine Steuerermäßigung um 50 %. **461**

> **Hinweis**
>
> Die Kfz-Steuerermäßigung nach § 3a Abs. 2 Kraftfahrzeugsteuergesetz ist alternativ zur unentgeltlichen Beförderung im Personennahverkehr bei schwerbehinderten Menschen mit Merkzeichen G. In diesem Fall kann nur einer von beiden Nachteilsausgleichen in Anspruch genommen werden.

Schwerbehinderte Menschen mit einer außergewöhnlichen Gehbehinderung (Merkzeichen aG) oder Blindheit (Merkzeichen Bl) erhalten nach § 46 StVO einen blauen **EU-Parkausweis**. Damit können sie u.a. auf gesondert ausgewiesenen Parkplätzen („Behindertenparkplätze") parken, über drei Stunden im eingeschränkten Halteverbot stehen, in Fußgängerzonen während der Ladezonen oder an Parkuhren oder Parkscheinautomaten ohne Gebühr und zeitliche Begrenzung parken. **462**

2. Steuerrecht

Statt der außergewöhnlichen Belastungen, die Menschen mit Behinderungen nach § 33 EStG geltend machen können, können sie einen Pauschbetrag („**Behinderten-Pauschbetrag**") nach § 33b EStG bei ihrem Einkommen angeben, der das zu versteuernde Einkommen mindert. Dieser setzt voraus, dass die Person mindestens einen GdB von 50 hat oder einen GdB zwischen 20 und unter 50 und aufgrund der Behinderung eine Rente oder andere laufende Bezüge erhält oder die Behinderung zu einer dauernden Einbuße der körperlichen Beweglichkeit geführt hat, was durch einen Zusatz im Bescheid des Versorgungsamtes nachgewiesen wird. Die **Höhe des Pauschbetrages** richtet sich nach dem GdB (§ 33b Abs. 3 EStG). Er liegt zwischen 384 EUR (bei einem GdB von 20) und 2.840 EUR (bei einem GdB von 100). Bei Menschen, die hilflos sind, blind oder taubblind beträgt der Pauschbetrag 7.400 EUR. **463**

3. Sozialrecht

464 Schwerbehinderte Menschen können **vorzeitig abschlagsfrei ihre Regelaltersrente** in Anspruch nehmen, wenn sie (§ 37 SGB VI)
- das 65. Lebensjahr vollendet haben,
- bei Beginn der Altersrente als schwerbehinderter Mensch anerkannt sind und
- eine Wartezeit von 35 Jahren erfüllt haben.

Liegt das Geburtsjahr vor dem 1.1.1964 kann die Rente auch früher in Anspruch genommen werden; Einzelheiten finden sich in § 236a SGB VI.

465 Schwerbehinderte Menschen sind berechtigt – auch ohne zuvor gesetzlich krankenversichert gewesen zu sein – **freiwillig der gesetzlichen Krankenversicherung beizutreten**, wenn sie, ein Elternteil, ihr:e Ehegatt:e:in oder ihr:e Lebenspartner:in in den letzten fünf Jahren vor dem Beitritt mindestens drei Jahre versichert waren und sie den Antrag auf Beitritt innerhalb von 3 Monaten nach Feststellung der Schwerbehinderung stellen (§ 9 Abs. 1 Nr. 4, Abs. 2 Nr. 4 SGB V).

466 Kinder mit Behinderungen sind ohne Altersbegrenzung in der Familienversicherung versichert, wenn sie außerstande sind, sich selbst zu unterhalten. Die Behinderung muss zu einem Zeitpunkt vorgelegen haben, in dem das Kind auch sonst in der Familienversicherung versichert gewesen war/wäre (§ 10 Abs. 2 Nr. 4 SGB V).

467 Besondere Freibeträge gibt es in den Fällen, in denen Menschen mit Behinderungen **Wohngeld** als Zuschuss zu ihren Mietkosten oder zu den Kosten für selbst genutzten Wohnraum beantragen. So können bei der Ermittlung des für die Höhe des Wohngeldzuschusses zu berechnenden Einkommens besondere Freibeträge nach § 17 Nr. 1 WoGG geltend gemacht werden, die das anrechenbare Einkommen mindern.

4. Kommunikation und Medien

468 Schwerbehinderte Menschen
- mit einem GdB von mindestens 80, die wegen ihres Leidens dauerhaft nicht an öffentlichen Veranstaltungen teilnehmen können und denen das Merkzeichen RF zuerkannt wurde,
- die blind sind und das Merkzeichen RF haben,
- die dauerhaft sehbehindert sind und die aufgrund dessen einen GdB von mindestens 60 und ebenfalls das Merkzeichen RF haben oder
- die gehörlos oder hörgeschädigt sind und denen eine ausreichende Verständigung über das Gehör auch mit Hörhilfen nicht möglich ist und denen das Merkzeichen RF zuerkannt wurde,

haben **auf Antrag** Anspruch auf eine **Ermäßigung des Rundfunkbeitrags**. Taubblinde Menschen, bei denen im Sinne des Rundfunkbeitragsstaatsvertrags (RBStV) auf dem besseren Ohr eine an Taubheit grenzende Schwerhörigkeit und auf dem besseren Auge eine hochgradige Sehbehinderung gegeben ist, Empfänger von Blindenhilfe (§ 72 SGB XII und § 27d BVG) sowie Sonderfürsorgeberechtigte (§ 27e BVG) werden vom Rundfunkbeitrag auf Antrag ganz befreit.

Wiederholungsfragen

1. Was verstehen Sie unter einem Nachteilsausgleich?
2. Welche Voraussetzungen müssen für die unentgeltliche Beförderung im Personennachverkehr vorliegen? Wo finden sich die gesetzlichen Regelungen hierzu?
3. Was verstehen Sie unter dem Behindertenpauschbetrag?
4. Welchen Nachteilsausgleich gibt es bezüglich der Altersrente für schwerbehinderte Menschen?
5. Wann sind Kinder mit Behinderungen in der gesetzlichen Krankenversicherung familienversichert?

Kapitel 5: Verfahren und Rechtsschutz

I. Verwaltungsverfahren

469 Über Sozialleistungen wie die Leistungen zur Teilhabe, die Bewilligung eines Persönlichen Budgets oder Leistungen in einer WfbM oder über Feststellungen der Schwerbehinderteneigenschaft oder einer Gleichstellung wird nach Ablauf eines **Sozialverwaltungsverfahrens** entschieden. Die dazugehörigen allgemeinen Vorschriften finden sich im SGB I und im SGB X, sofern es keine besonderen Verfahrensvorschriften in den besonderen Leistungsgesetzen gibt. Solche besonderen Verfahrensvorschriften sind z.B. § 14 SGB IX, der die Fallverantwortung der unterschiedlichen Leistungsträger klären soll (→ Rn. 70 f.) und durch den allgemeine Vorschriften des SGB I sogar ausdrücklich ausgenommen werden (§ 14 Abs. 5 SGB IX), die §§ 19 ff. SGB IX über das Teilhabeplanverfahren (→ Rn. 88 ff.) sowie die §§ 117 ff. SGB IX über das Gesamtplanverfahren in der Eingliederungshilfe (→ Rn. 322 ff.).

470 Nach § 8 SGB X ist das Verwaltungsverfahren im Sinne des SGB „die nach außen wirkende Tätigkeit der Behörden, die auf die Prüfung der Voraussetzungen, die Vorbereitung und den Erlass eines **Verwaltungsaktes** oder den Abschluss eines öffentlich-rechtlichen Vertrages gerichtet ist...". In dieser Vorschrift finden sich bereits zwei wichtige Handlungsformen öffentlicher Verwaltung: der Verwaltungsakt – umgangssprachlich "**Bescheid**" genannt - und der öffentlich-rechtliche Vertrag. Keinem formellen Verwaltungsverfahren unterliegt eine weitere Handlungsform – das **schlicht-hoheitliche oder schlichte Verwaltungshandeln**. Während Verwaltungsakte und öffentlich-rechtliche Verträge mit bestimmten konkreten Rechtsfolgen für die Adressaten verbunden sind, ist das schlicht-hoheitliche Verwaltungshandeln zunächst eher informell. Hierbei handelt es sich um **Beratungs- und Informationsaufgaben**, um **Aufforderungen** zur Mitwirkung oder um **Auszahlung von Geldbeträgen**. Allerdings kann auch dieses Verwaltungshandeln unter Umständen Rechtsfolgen nach sich ziehen, wie z.B. bei Falschberatung den sozialrechtlichen Herstellungsanspruch (→ Rn. 112) oder die Versagung von Leistungen bei Verletzung der Mitwirkungspflichten (→ Rn. 478).

I. Verwaltungsverfahren

Das Verwaltungsverfahren lässt sich im Überblick wie folgt darstellen: **471**

Abbildung 21

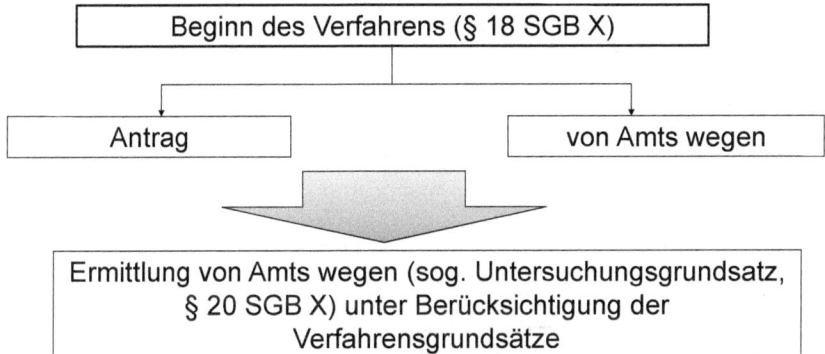

1. Antrag und Verfahren

Leistungen zur Teilhabe setzen i.d.R. einen **Antrag** voraus. Dies gilt zumindest dann, **472** wenn der zuständige Rehabilitationsträger:

- die gesetzliche Krankenversicherung
- die gesetzliche Rentenversicherung oder
- die Bundesagentur für Arbeit

ist. Dies ergibt sich bereits aus § 19 S. 1 SGB IV. Auch die Leistungen der Kinder- und Jugendhilfe, der Träger der Eingliederungshilfe (§ 108 SGB IX) und – teilweise (z.B. § 1 OEG) – der Träger der Kriegsopferfürsorge/ Kriegsopferversorgung erfordern einen Antrag. Dies gilt auch ab 1.1.2024 grundsätzlich auch für Leistungen der Träger der Sozialen Entschädigung (§ 10 SGB XIV, Ausnahmen für Leistungen, die von Amts wegen erbracht werden, sind in den Abs. 2 und 3 geregelt). Leistungen der Träger der gesetzlichen Unfallversicherung werden hingegen von Amts wegen erbracht (§ 19 S. 2 SGB IV); d.h. sobald der Träger Kenntnis von den Umständen erhält, die zur Inanspruchnahme von Leistungen berechtigten (z.B. durch Information durch den Arbeitgeber oder den sog. Durchgangsarzt).

Hinweis

Um das Verfahren zur Klärung der Zuständigkeit in Gang zu setzen, ist ein **Antrag** auf eine Teilhabeleistung **in jedem Fall sinnvoll**. Es liegt dann in der Verantwortung des jeweiligen Leistungsträgers, die Zuständigkeit festzustellen oder den Antrag weiterzuleiten (→ Rn. 71); das erspart den Antragsteller:innen die Suche nach dem zuständigen Rehabilitationsträger.

473 Ein Antrag kann **formlos** gestellt werden (§ 9 SGB X), also nicht nur schriftlich, sondern auch elektronisch (eMail), (fern-)mündlich oder durch sog. schlüssiges Verhalten. Ausreichend für einen Antrag ist, dass die Willensbekundung einer bestimmten Person erkennbar ist, Unterstützung durch Leistungen der Teilhabe zu benötigen oder bekommen zu wollen. Sofern diese Willensbekundung nicht eindeutig ist, hat der Rehabilitationsträger die Pflicht, den Willen der Person durch Auslegung zu ermitteln nach dem **Grundsatz der Meistbegünstigung**. Das bedeutet, dass davon auszugehen ist, dass die antragstellende Person die nach der Lage des Falls in Betracht kommenden Leistungen begehrt; kommen verschiedene Teilhabeleistungen in Frage, sind diese grundsätzlich alle als Gegenstand des Antrags aufzufassen.[545] Bleibt die Willensbekundung uneindeutig, ist der Rehabilitationsträger verpflichtet nachzufragen und auf eine zeitnahe, verständliche und sinnvolle Antragstellung hinzuwirken (s. auch § 12 Abs. 1 SGB IX). Auch wenn bei Leistungen zur Teilhabe i.d.R. die Anträge über Ärzte, Krankenhäuser oder Einrichtungen gestellt werden, ist **jede Person** mit einer (drohenden) Behinderung **berechtigt**, selbst einen Antrag zu stellen und damit das Verwaltungsverfahren auszulösen. Im Sozialrecht sind auch Minderjährige **ab vollendetem 15. Lebensjahr** antragsberechtigt (§ 36 SGB I). Nach § 13 SGB X können sich Antragsteller:innen von **Bevollmächtigten** vertreten lassen; zu Verhandlungen und Besprechungen können sie in Begleitung einer beliebigen Person als **Beistand** erscheinen (§ 13 Abs. 4 SGB X). Diese Bevollmächtigten und Beistände müssen nicht die gesetzlichen Betreuer sein. Antragszeitpunkt ist der Moment, an dem für den Rehabilitationsträger der Wille zur Antragstellung erkennbar ist oder bei ordnungsgemäßer Bearbeitung erkennbar werden musste.[546]

474 In der Regel sollen Anträge auf Sozialleistungen **beim zuständigen Leistungsträger** gestellt werden (§ 16 Abs. 1 SGB I), allerdings werden sie auch von allen anderen Leistungsträgern und den Kommunen (bzw. im Ausland von den Vertretungen der Bundesrepublik Deutschland) entgegengenommen und dann unverzüglich an den zuständigen Leistungsträger weitergeleitet (§ 16 Abs. 2 S. 1 SGB I). Diese Vorschrift gilt allerdings nicht, wenn bei einem Rehabilitationsträger ein Antrag auf Leistungen zur Teilhabe gestellt wurde (§ 14 Abs. 5 SGB IX). § 14 SGB IX regelt ein eigenes Verfahren, in dem die Rehabilitationsträger ihre Zuständigkeit und ggf. die Weiterleitung prüfen (→ Rn. 70).

475 Das Verwaltungsverfahren muss unter Berücksichtigung **verfahrensrechtlicher Grundsätze** durchgeführt werden, die sich aus dem Grundgesetz (Art. 1 Abs. 3, Art. 20 Abs. 3 GG – Verfassungsbindung der Verwaltung) ergeben. Neben der Nicht-

---

545 BAR 2019, § 5 Abs. 3.
546 Vgl. Nr. 18 der Ausführungsvorschriften Eingliederungshilfe des Landes Berlin, https://www.berlin.de/sen/soziales/service/berliner-sozialrecht/kategorie/ausfuehrungsvorschriften/av-eh-887875.php#p2020-01-21_1_23_0 (28.08.2021).

I. Verwaltungsverfahren

förmlichkeit des Verfahrens gilt im Sozialrecht vor allem der Amtsermittlungs- oder **Untersuchungsgrundsatz** (§ 20 SGB X), der die Rehabilitationsträger verpflichtet, den Sachverhalt von Amts wegen zu ermitteln und diesen von sich aus aufzuklären. Sie können dabei die nach ihrer Ansicht nach notwendigen **Beweismittel** nach pflichtgemäßem Ermessen heranziehen (§ 21 SGB X). Die **Amtssprache** ist deutsch, allerdings haben Menschen mit Hörbehinderungen und Menschen mit Sprachbehinderungen das Recht, in Deutscher Gebärdensprache, mit lautsprachbegleitenden Gebärden oder über andere geeignete Kommunikationshilfen zu kommunizieren. Die Kosten für die Kommunikationshilfen sind von den Leistungsträgern zu tragen (§ 19 SGB X). Auch Anträge, die nicht in deutscher Sprache gestellt werden, sind zu bearbeiten, wenn die Behörde in der Lage ist den Antrag und/oder die Schriftstücke zu verstehen (§ 19 Abs. 2 S. 1 Halbsatz 2 SGB IX). Andernfalls soll sie die antragstellenden Person zur Einreichung einer Übersetzung innerhalb einer angemessen Frist auffordern (§ 19 Abs. 2 S. 2 SGB X). Darüber hinaus besteht grundsätzlich das Recht, **Akteneinsicht** zu erhalten, wenn diese notwendig ist, um rechtliche Interessen geltend zu machen oder zu verteidigen (§ 25 SGB X). Das Akteneinsichtsrecht kann eingeschränkt werden: zum einen kann dann, wenn die Akten Angaben über gesundheitliche Verhältnisse der Antragsteller:innen oder Angaben enthalten, die die Entwicklung und Entfaltung der Persönlichkeit beeinträchtigen können, die Vermittlung durch einen Arzt oder eine Ärztin erfolgen (§ 25 Abs. 2 SGB X). Zum anderen kann die Akteneinsicht verweigert werden, wenn berechtigte Interessen Beteiligter oder dritter Personen dieser entgegenstehen (§ 25 Abs. 3 SGB X). Weitere **Beteiligungsrechte** der Antragsteller:innen können sich aus den besonderen Leistungsgesetzen ergeben. Hierzu gehören z.B. die Beteiligung der Menschen mit Behinderung im Teilhabeplan- und Gesamtplanverfahren (§§ 19 Abs. 2 S. 3; 20 SGB IX, § 117 SGB IX) oder die Berücksichtigung des Wunsch- und Wahlrechts bei der Ausführung der Leistungen (§ 8 SGB IX, § 104 Abs. 2 SGB IX).

Hinweis

§ 20 Abs. 3 SGB X verpflichtet die Leistungsträger zur Entgegennahme von Erklärungen und Anträgen, die in ihren Zuständigkeitsbereich fallen, auch wenn sie die Erklärung oder den Antrag in der Sache nach für unzulässig oder unbegründet halten. Anträge sind also auf jeden Fall entgegenzunehmen und letztlich auch zu bescheiden, um auf diese Weise ggf. den Weg zur Überprüfung im Rechtsschutzverfahren zu eröffnen.

2. Mitwirkungspflichten

Im Sozialleistungsrecht sind die Antragsteller:innen und diejenigen, die Sozialleistungen beziehen wollen, zur Mitwirkung verpflichtet. Diese **Mitwirkungspflicht** unterstützt die Leistungsträger bei ihrer Untersuchungs- und Amtsermittlungspflicht, damit die für die Aufklärung des Sachverhalts notwendigen Informationen zusammengetragen werden können.

Beispiel 1:
Soll ein Rehabilitationsträger Teilhabeleistungen erbringen, muss er die Bedarfe ermitteln, die sich aus den Teilhabebeeinträchtigungen ergeben. Dabei greift er i.d.R. auf ärztliche Befunde, Berichte von Therapeut:innen oder Berichte über Klinikaufenthalte zurück. Da diese ärztlichen Unterlagen der ärztlichen Schweigepflicht unterliegen, müssen Antragsteller:innen ihre Ärzt:innen und Therapeut:innen zuvor **von der Schweigepflicht entbinden**.

477 Die **allgemeinen Mitwirkungspflichten**, ihre Einschränkungen und die Folgen ihrer Nichtbefolgung sind in den §§ 60 bis 67 SGB I geregelt. Danach sind alle Menschen, die Sozialleistungen beantragen, verpflichtet:
- alle für die Leistung erheblichen Tatsachen anzugeben,
- einer Auskunftserteilung durch Dritte zuzustimmen,
- alle Änderungen in den Verhältnissen, die für die Leistung erheblich sind, unaufgefordert und unverzüglich mitzuteilen,
- vorhandene Beweismittel zu benennen,
- auf Verlangen des Sozialleistungsträgers zur mündlichen Erörterung des Antrags oder zur Vornahme anderer für die Entscheidung über die Leistung notwendiger Maßnahmen persönlich zu erscheinen,
- sich aller notwendigen ärztlichen und psychologischen Untersuchungen zu unterziehen, soweit sie verhältnismäßig und zumutbar sind,
- Heilbehandlungen einschließlich Operationen in einem bestimmten Umfang zu dulden, wenn diese der Besserung des Gesundheitszustandes dienen oder eine Verschlechterung verhindern und
- sich an berufsfördernden Maßnahmen zu beteiligen.

Die Mitwirkungspflichten bestehen nicht uneingeschränkt. Die **Einschränkungen und Grenzen** sind in § 65 SGB I geregelt (z.B. Unverhältnismäßigkeit oder Unzumutbarkeit der Mitwirkung).

478 Kommen antragstellende oder leistungsbeziehende Personen ihrer Mitwirkungspflicht nicht nach und kann der Sachverhalt aufgrund dessen nicht ausreichend aufgeklärt werden, können die **Leistungen ganz oder teilweise versagt oder entzogen** werden (§ 66 SGB I). Allerdings darf die fehlende Mitwirkung nur dann zu einer Versagung oder Entziehung der Leistungen führen, wenn die mitwirkungspflichtigen Personen durch den Leistungsträger auf die Folgen fehlender Mitwirkung **schriftlich hingewiesen** wurden und sie eine für die Nachholung der Mitwirkung **angemessene Frist** erhalten haben (§ 66 Abs. 3 SGB I).

> **Hinweis**
>
> Im Rehabilitationsrecht sind Rechte der leistungsberechtigten Personen geregelt, die an eine Mitwirkung anknüpfen, die allerdings ohne Folgen auch verweigert werden kann. So kann z.B. eine Teilhabeplankonferenz nur mit Zustimmung der Leistungsberechtigten durchgeführt werden (§ 20 Abs. 1 SGB IX) oder können Teilhabeleistungen nicht ohne Zustimmung der Leistungsberechtigten erbracht werden (§ 8 Abs. 4 SGB IX). Fehlt diese Zustimmung, dürfen daran keine Sanktionen geknüpft werden.

3. Ausbleibende Entscheidung des Leistungsträgers

479 Es kommt immer wieder vor, dass ein Leistungsträger nicht über einen Antrag trotz bestehender Dringlichkeit entscheidet. Im Rehabilitationsrecht haben die Antragsteller:innen dann unter den Voraussetzungen des § 18 SGB IX das Recht, sich die Leistungen selbst zu beschaffen und die **Kosten** hierfür **erstattet** zu bekommen (→ Rn. 83 ff.).

480 Eine der wichtigsten Optionen bei Untätigkeit der Behörde ist die **Untätigkeitsklage**, die sowohl im Falle eines nicht beschiedenen Antrags als auch eines nicht entschiedenen Widerspruchsverfahrens beim Sozialgericht erhoben werden kann (§ 88 SGG). Sie ist im Antragsverfahren dann zulässig, wenn **über den Antrag nicht innerhalb von sechs Monaten entschieden** wurde, ohne dass es hierfür einen zureichenden Grund gibt. Im Widerspruchsverfahren kann die Untätigkeitsklage bereits nach drei Monaten erhoben werden. Zureichende Gründe, die die verspätete Entscheidung des Leistungsträgers rechtfertigen können, sind z.b. programmtechnische Schwierigkeiten, das Nichtausfüllen der benötigten Formulare durch die Antragsteller:innen oder ausstehende medizinische Gutachten. Nicht zureichend sind z.B. allgemeiner Personalmangel oder eine ungenügende finanzielle Ausstattung. Auch das Abwarten eines Musterprozesses ist kein zureichender Grund. Problematisch ist allerdings, dass das Gericht im Fall einer Untätigkeitsklage die Akten aus der Verwaltung anfordert und dies letztlich zu weiteren Verzögerungen bei der Bearbeitung des Antrags führt.

Besteht ein begründeter Verdacht, dass die Verzögerung der Entscheidung auf einem persönlichen Fehlverhalten der zuständigen Sachbearbeiter:innen beruht, kann auch eine **Dienstaufsichtsbeschwerde** beim jeweiligen Vorgesetzten eingereicht werden. **481**

II. Rechtsschutzverfahren

Wird ein Antrag von einem Leistungsträger abgelehnt oder wird dem Antrag nicht im beantragten Umfang stattgegeben oder statt der begehrten Leistung etwas anderes bewilligt, obwohl dies nicht der Zielrichtung des Antrags entspricht, oder wird eine bereits bewilligte Leistung wieder entzogen (**belastender Verwaltungsakt**), besteht die Möglichkeit, gegen diese Entscheidung des Leistungsträgers vorzugehen. Dies ist Gegenstand des Grundrechts auf effektiven Rechtsschutz (Art. 19 Abs. 4 GG) und ermöglicht die **Überprüfung** der Entscheidung der Leistungsträger im Hinblick auf ihre Rechtmäßigkeit, zunächst im Widerspruchs- und bei anschließendem Fortbestand der Belastung im Gerichtsverfahren (→ Rn. 486). Für Klagen im Rehabilitationsrecht sind i.d.R. (abgesehen von den Trägern der Kinder- und Jugendhilfe und der Kriegsopferfürsorge) die Sozialgerichte zuständig (§ 51 SGG). Das Rechtsschutzverfahren lässt sich im Überblick insgesamt wie folgt darstellen: **482**

Abbildung 22

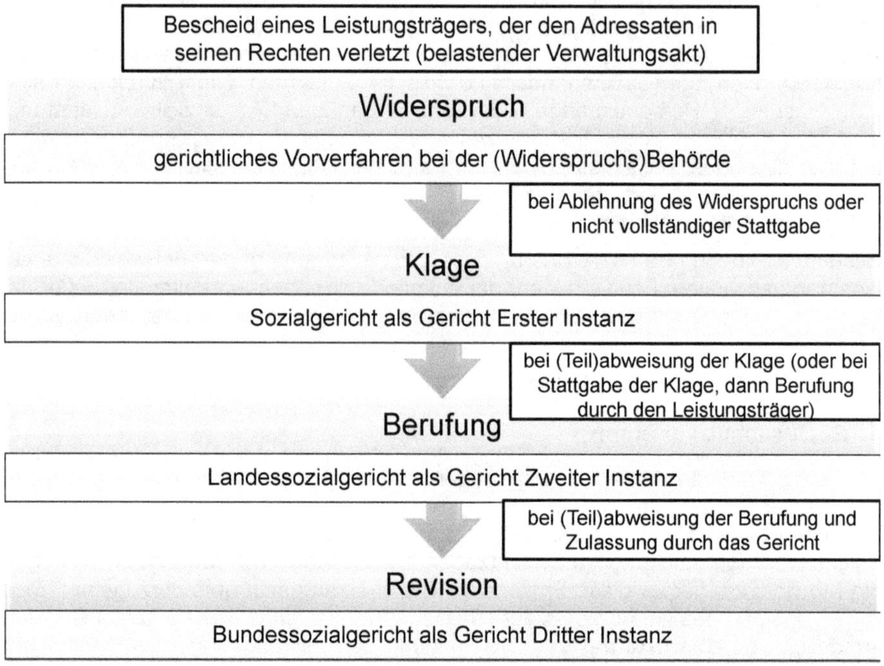

| Bescheid eines Leistungsträgers, der den Adressaten in seinen Rechten verletzt (belastender Verwaltungsakt) |

Widerspruch

| gerichtliches Vorverfahren bei der (Widerspruchs)Behörde |

bei Ablehnung des Widerspruchs oder nicht vollständiger Stattgabe

Klage

| Sozialgericht als Gericht Erster Instanz |

bei (Teil)abweisung der Klage (oder bei Stattgabe der Klage, dann Berufung durch den Leistungsträger)

Berufung

| Landessozialgericht als Gericht Zweiter Instanz |

bei (Teil)abweisung der Berufung und Zulassung durch das Gericht

Revision

| Bundessozialgericht als Gericht Dritter Instanz |

1. Widerspruchsverfahren

483 Bevor Klage gegen einen Bescheid (Verwaltungsakt) eines Rehabilitationsträgers beim Sozialgericht eingereicht werden kann, muss i.d.R. ein Widerspruchsverfahren durchgeführt werden, in dem der Rehabilitationsträger selbst noch einmal Recht- und Zweckmäßigkeit seines Handelns unter Berücksichtigung der Argumente der Widerspruchsführer:innen überprüfen muss. Die Einzelheiten sind im Sozialgerichtsgesetz (SGG) geregelt, da es sich beim Widerspruchsverfahren gemäß § 78 Abs. 1 SGG um eine **Prozessvoraussetzung** handelt. Inhaltlich ist ein Widerspruch entweder auf die **Aufhebung eines belastenden Verwaltungsaktes** (z.B. bei Entzug einer Leistung, der Herabstufung eines GdB oder der Gewährung einer nur eingeschränkten Leistung wie z.B. eine geringere Stundenzahl für eine Schulbegleitung) oder auf eine **Verpflichtung zum Erlass eines begünstigenden Verwaltungsaktes** (z.B. Bewilligung einer Rehabilitationsleistung nach Ablehnung) gerichtet. Die Einzelheiten sind in den §§ 78, 83, 84 SGG geregelt, die festlegen:

- wann ein Widerspruchsverfahren durchgeführt werden muss,
- wann dieses beginnt und
- innerhalb welcher Form (schriftlich, elektronisch oder zur Niederschrift bei der Behörde) und in welcher Frist (innerhalb eines Monats nach Bekanntgabe des Ver-

II. Rechtsschutzverfahren

waltungsaktes; beachte hierbei die Bekanntgabefiktion des § 37 Abs. 2 SGB X) ein Widerspruch eingelegt werden muss.

Hinweis

Für das Einlegen eines Widerspruchs genügt es, wenn der oder die von dem belastenden Verwaltungsakt Betroffene deutlich macht, dass er oder sie mit diesem nicht einverstanden ist. Das allein ist schon zur Wahrung der Frist ausreichend. Es ist nicht erforderlich, die genaue juristische Formulierung zu verwenden, und eine Begründung kann man später nachreichen. Der Widerspruch hindert die Bestandskraft eines Verwaltungsaktes; wird die Frist versäumt, wird der Verwaltungsakt bestandskräftig, auch wenn er ggf. rechtswidrig ist und kann nur unter bestimmten Voraussetzungen wieder aufgehoben werden.[547]

Wie auf einen Widerspruch zu reagieren ist, ist geregelt in § 85 SGG: **484**

- werden die vorgebrachten Einwände für (zumindest zum Teil) begründet angesehen, wird dem Widerspruch (ggf. teilweise) stattgegeben und es ergeht ein (teilweiser) **Abhilfebescheid** bzw.
- hält der Rehabilitationsträger an seiner Auffassung fest, wird der Widerspruch durch einen **Widerspruchsbescheid** zurückgewiesen.

Widerspruch und Anfechtungsklage haben i.d.R. **aufschiebende Wirkung**, d.h. so- **485** lange das Widerspruchs- und Klageverfahren läuft, ist der angegriffene Verwaltungsakt nicht wirksam und die darin angeordnete Folge kann so lange nicht vollstreckt, d.h. nicht umgesetzt werden (§ 86a Abs. 1 SGG). Ausnahmen von dieser Regel finden sich in § 86a Abs. 2 SGG; entfällt die aufschiebende Wirkung nach dieser Vorschrift, kann – unabhängig davon, ob ein Rechtsmittel eingelegt wurde – der Verwaltungsakt vollstreckt werden.

Beispiel 2:
Der 10-jährige P hat eine körperliche Behinderung und aufgrund dieser einen Schwerbehindertenausweis mit einem GdB von 80 erhalten. Bei einer Nachuntersuchung stellt das Versorgungsamt fest, dass die Teilhabebeeinträchtigung bei P aufgrund seiner körperlichen Entwicklung inzwischen kaum noch besteht und erkennt ihm die Schwerbehinderteneigenschaft ab. Legt nun P (vertreten durch seine Eltern) Widerspruch gegen die Entscheidung des Versorgungsamtes ein, entfaltet dieser Widerspruch aufschiebende Wirkung, d.h. bis zur endgültigen Rechtskraft des Bescheides gilt P weiterhin als schwerbehindert.

Beispiel 3:
Eine Ausnahme der aufschiebenden Wirkung kann sich nach § 86a Abs. 2 Nr. 4 SGG aus einem Bundesgesetz ergeben. Eine solche bundesgesetzliche Vorschrift ist z.B. § 171 Abs. 4 SGB IX, der festlegt, dass Widerspruch und Anfechtungsklage gegen die Zustimmung des Integrationsamtes zur Kündigung eines schwerbehinderten Arbeitnehmers keine aufschiebende Wirkung entfaltet. Das bedeutet, dass der betroffene Arbeitnehmer zwar Widerspruch gegen diese Zustimmung einlegen kann, dieser hindert aber nicht deren Wirksamkeit, so dass der Arbeitgeber dem Arbeitnehmer kündigen kann (→ Rn. 415).

2. Gerichtsverfahren

Wird der Widerspruch von Leistungsberechtigten mit Widerspruchsbescheid ganz **486** oder teilweise abgewiesen oder ist ausnahmsweise kein Widerspruchsverfahren durchzuführen (§ 78 Abs. 1 S. 2 SGG), besteht die Möglichkeit, **Klage beim Sozialgericht** bzw. in Angelegenheiten der Kinder- und Jugendhilfe und der Kriegsopfer-

---

547 S. zu Verwaltungsakt, Zugang, Bestandskraft, Widerspruch und Aufhebung bei Trenczek in Trenczek et al. (2018) S. 416.

fürsorge[548] beim **Verwaltungsgericht** einzulegen. Die Einzelheiten regelt das Sozialgerichtsgesetz (SGG) bzw. die Verwaltungsgerichtsordnung (VwGO). So ist eine Klage nach den §§ 87, 90 SGG bzw. §§ 74, 81 VwGO

- schriftlich oder zur Niederschrift beim zuständigen Sozial- bzw. Verwaltungsgericht und
- innerhalb eines Monats nach Bekanntgabe des Widerspruchsbescheids

zu erheben. Die Frist im Sozialgerichtsverfahren ist auch gewahrt, wenn die Klageschrift statt beim zuständigen Sozialgericht bei einer anderen inländischen Behörde oder einem Versicherungsträger eingeht; diese sind verpflichtet, die Klage unverzüglich an das zuständige Gericht weiterzuleiten (§ 91 SGG).

Hinweis

Die Gerichte haben sog. **Rechtsantragsstellen**. Will man die Klageschrift nicht selbst verfassen, kann man zu diesen Stellen gehen, wo Rechtspfleger:innen die Klage aufnehmen. Hierzu muss man lediglich die Bescheide mitbringen, gegen die man vorgehen will.

487 Die **Form des Klageantrags** richtet sich nach dem Begehren der Kläger:innen. Soll mit der Klage ein belastender Verwaltungsakt ganz oder teilweise aufgehoben werden (z.B. die Aberkennung der Schwerbehinderteneigenschaft, die Zustimmung des Integrationsamtes zur Kündigung des schwerbehinderten Arbeitnehmers), wird eine Anfechtungsklage erhoben. Die **Anfechtungsklage** ist eine Gestaltungsklage, weil das Gericht mit dem Urteil unmittelbar die Rechtslage gestalten kann.

Beispiel 4:

Die 8-jährige M, die ein Down-Syndrom hat, erhält für den Besuch einer Regelschule 20 Stunden Schulbegleitung. Nachdem die Schule einen eigenen sonderpädagogischen Dienst einstellt und der Träger der Eingliederungshilfe dies zur Kenntnis bekommt, kürzt er die Schulbegleitung auf 10 Stunden während des laufenden Schuljahrs. M muss, nach erfolglosem Widerspruchsverfahren, den Bescheid mit der Kürzung anfechten; ist die Klage erfolgreich, wird der Kürzungsbescheid aufgehoben und sie erhält weiterhin 20 Stunden Schulbegleitung, wie im Ausgangsbescheid vorgesehen.

488 Begehren hingegen die Kläger:innen vom Leistungsträger eine bestimmte Leistung, dann kommt eine Leistungsklage in Betracht. Da es i.d.R. um eine Verpflichtung zum Erlass eines begünstigenden Verwaltungsaktes geht, muss eine **Verpflichtungsklage** erhoben werden. Ist der Rehabilitationsträger nach der geltend gemachten Anspruchsgrundlage in seiner Entscheidung gebunden und tritt die Rechtsfolge bei Vorliegen der Anspruchsvoraussetzungen zwingend ein, hat das Gericht – sofern es der Argumentation der Kläger:innen folgt und die Anspruchsvoraussetzungen vorliegen – in seiner Entscheidung der Klage stattzugeben.

Beispiel 5:

Die 24-jährige C ist querschnittsgelähmt und ist neben einem Rollstuhl u.a. auch auf persönliche Assistenz i.S.d. § 78 SGB IX angewiesen. Da C Einfluss darauf haben möchte, wer sie als Assistenzkraft unterstützt, beantragt sie die Assistenzleistungen in Form eines Persönlichen Budgets. Dies wird vom Eingliederungshilfeträger abgelehnt, weil nach § 29 Abs. 4 S. 2 Nr. 2 SGB IX erforderliche Zielvereinbarung deswegen nicht zustande kommt, weil sich die Beteiligten nicht auf die erforderlichen Nachweise verständigen können. Folgt das Gericht im Klageverfahren der Auffassung von C, verurteilt es den Eingliederungshilfeträger zum Abschluss der

---

548 Ab 1.1.2024 werden die Angelegenheiten des Sozialen Entschädigungsrechts ebenfalls insgesamt den Sozialgerichten zugeordnet, vgl. Art. 16 Nr. 11 des Gesetzes zur Regelung des Sozialen Entschädigungsrechts vom 12.12.2019, BGBl. I 2652, der § 51 Abs. 1 Nr. 6 SGG entsprechend ändert.

II. Rechtsschutzverfahren

Zielvereinbarung mit vom Gericht festgelegten Nachweispflichten und zur Gewährung des Persönlichen Budgets (→ Rn. 121 ff.).

Hat der Rehabilitationsträger hingegen **Ermessen** bei der Entscheidung über das „Ob" und v.a. das „Wie" einer Leistung, wenn z.b. die Leistung unterschiedlich ausgeführt werden kann, kann das Gericht den Rehabilitationsträger i.d.R. nicht zum Erlass eines bestimmten Verwaltungsaktes verurteilen. Da das Gesetz in diesen Fällen der Verwaltung einen Entscheidungsspielraum zugesteht, kann das Gericht – auch wenn es die Ermessensentscheidung aufgrund der Argumentation der Kläger:innen für falsch hält – zwar den belastenden Verwaltungsakt aufheben, zugleich aber den Rehabilitationsträgerträger nur zu einer Neuprüfung und **Neubescheidung** des Antrags verurteilen. 489

Beispiel 6:
Der 38-jährige O benötigt nach einem Unfall eine Umschulung. Der zuständige Rentenversicherungsträger weist die begehrte Umschulung ab, weil der angestrebte Abschluss nicht zur nachhaltigen Eingliederung in den Arbeitsmarkt führen würde. O muss eine Verpflichtungsklage erheben, mit der der Rentenversicherungsträger verpflichtet wird, dem O die gewünschte Leistung zur Teilhabe am Arbeitsleben zu gewähren. Da bei der Auswahl der Leistungen der Rentenversicherungsträger allerdings Ermessen hat (§ 13 SGB VI), kann das Gericht lediglich prüfen, ob die Argumente des O für die begehrte Umschulung sprechen und ggf. den Träger zur Neubescheidung verpflichten.

Eine Verurteilung zu einer konkreten Entscheidung bzw. Leistung kommt bei Ermessensentscheidungen der Rehabilitationsträger ausnahmsweise nur dann in Frage, wenn es aufgrund der Besonderheiten im Einzelfall trotz des im Gesetz vorgesehenen Handlungsspielraums keine andere richtige Entscheidung als diese gibt (sog. **Ermessensreduktion auf Null**).

Gegen Urteile des Sozialgerichts findet gem. § 143 SGG die **Berufung** an das Landessozialgericht (LSG) statt, sofern die Berufung nach § 144 Abs. 1 S. 1 SGG nicht unzulässig ist. Gegen dessen Urteile ist eine **Revision** beim Bundessozialgericht (BSG) zulässiges Rechtsmittel, die sich allerdings darauf beschränkt, zu überprüfen, ob die Vorinstanzen das Recht richtig angewandt haben. Revisionen müssen ausdrücklich im Urteil des LSG zugelassen werden (§ 160 Abs. 2 SGG). Für den Verwaltungsrechtsweg in Angelegenheiten der Kinder- und Jugendhilfe bzw. der Kriegsopferfürsorge gelten bezüglich der Berufung vor den Oberverwaltungsgerichten bzw. Verwaltungsgerichtshöfen und der Revision vor dem Bundesverwaltungsgericht die §§ 124, 132 VwGO. 490

Gerichtsverfahren am Sozialgericht sind für Versicherte und Leistungsberechtigte grundsätzlich **kostenfrei** (§ 183 SGG), ebenso in der Verwaltungsgerichtsbarkeit in Jugendhilfesachen (§ 188 S. 2 VwGO). Für die Verfahren an den Sozialgerichten und an den Landessozialgerichten wird überdies keine anwaltliche Vertretung verlangt (§ 73 SGG). Das gleiche gilt für das Verfahren vor den Verwaltungsgerichten (Erste Instanz), bereits ab den Oberverwaltungsgerichten bzw. Verwaltungsgerichtshöfen besteht jedoch Anwaltszwang (§ 67 VwGO). Wollen oder müssen Kläger:innen hier einen Anwalt oder eine Anwältin zur Seite haben, besteht die Möglichkeit, beim Gericht des Hauptsacheverfahrens **Prozesskostenhilfe** zu beantragen. Die Einzelheiten regeln § 73a SGG bzw. § 166 VwGO i.V.m. §§ 114 ff. ZPO. 491

Hinweis

Benötigen Leistungsberechtigte bereits vor einem Gerichtsverfahren anwaltliche Unterstützung, können sie u.U. **Beratungshilfe** erhalten. Diese einkommensabhängige Unterstützung richtet sich nach dem Beratungshilfegesetz und ist beim Amtsgericht des jeweiligen Wohnorts zu beantragen. Mit einem entsprechenden Berechtigungsschein und einem Eigenbeitrag von 15 EUR erhalten die Ratsuchenden eine anwaltliche Beratung; auch eine Vertretung ist bereits möglich.[549]

3. Einstweiliger Rechtsschutz

492 Das Grundrecht auf effektiven Rechtsschutz nach Art. 19 Abs. 4 GG bedeutet auch, dass der Rechtsschutz zeitnah erfolgen muss. Dies ist v.a. dann notwendig, wenn ohne diesen Rechtsschutz die Rechte der Betroffenen so erheblich verletzt werden können, dass dies durch das Hauptsacheverfahren nicht mehr beseitigt werden kann. Da Sozialleistungen häufig existenziell notwendig, die Verfahren in der Hauptsache gleichwohl langwierig sind, gibt es in diesem Bereich Verfahren des **einstweiligen Rechtsschutzes**. In diesen Verfahren, die nur **bei begründeter Eilbedürftigkeit** zulässig sind, findet i.d.R. lediglich eine **summarische Prüfung** der Angelegenheit statt, da umfassende Ermittlungen aufgrund der Zeitnot kaum möglich sind. Einstweiliger Rechtsschutz ist beim Gericht der Hauptsache zu beantragen.

493 Die – für das Rehabilitationsrecht wichtigsten – einstweiligen Rechtsschutzverfahren finden sind zum einen in § 86b Abs. 1 Nr. 2 SGG bzw. § 80 Abs. 5 VwGO (**Antrag auf Anordnung/Wiederherstellung der aufschiebenden Wirkung**) und in § 86b Abs. 2 SGG bzw. in § 123 VwGO (**Antrag auf einstweilige Anordnung**). Welches Verfahren für die Betroffenen in Betracht kommt, richtet sich nach dem Begehren der Antragsteller:innen:

- Wollen sie, dass alles so bleibt, wie es vor dem Erlass des belastenden Verwaltungsaktes war, und haben Widerspruch und Anfechtungsklage keine aufschiebende Wirkung, muss ein Antrag auf Anordnung der aufschiebenden Wirkung des Widerspruchs (bzw. der Anfechtungsklage) gestellt werden; ein entsprechender Widerspruch ist zuvor beim Leistungsträger einzulegen.

Beispiel 7:
Kürzung der Schulbegleitungsstunden während des laufenden Schuljahres, wodurch der weitere Besuch der Regelschule akut gefährdet ist. Da hier allerdings im Regelfall der Widerspruch aufschiebende Wirkung entfaltet, ist das Verfahren nur notwendig, wenn die Behörde den sofortigen Vollzug der Kürzung anordnet.

- Wollen die Antragsteller:innen, dass eine Leistung gewährt wird, die zuvor abgelehnt wurde oder deren Ablehnung bereits deutlich signalisiert wurde oder entscheidet die Behörde trotz großer Eilbedürftigkeit nicht, dann ist ein Antrag auf einstweilige Anordnung die richtige Antragsart.

Beispiel 8:
Ablehnung einer medizinischen Rehabilitationsmaßnahme, ohne die die begründete Gefahr besteht, dass sich der gesundheitliche Zustand erheblich verschlechtert.

---

549 Das Bundesministerium für Justiz gibt speziell zur Beratungs- und Prozesskostenhilfe eine informative Broschüre heraus, die auf der Website www.bmjv.de unter Publikationen heruntergeladen werden kann.

II. Rechtsschutzverfahren 251

Übungsfall zum Rechtsschutzverfahren

(Lösung: Rn. 509)

Lesen Sie den Übungsfall zu den Leistungen zur Teilhabe am Arbeitsleben (→ **494**
Rn. 188). Kann D in diesem Fall die konkrete Übernahme der Weiterbildungskosten zum Berufspiloten mit Aussicht auf Erfolg einklagen?

Wiederholungsfragen

1. *In welchem Gesetz ist das Sozialverwaltungsverfahren geregelt?*
2. *Wie beginnt ein Verwaltungsverfahren? Unterscheiden Sie zwischen den verschiedenen Rehabilitationsträgern!*
3. *Wer kann einen Antrag stellen? Bedarf ein Antrag einer bestimmten Form?*
4. *Welche verfahrensrechtlichen Grundsätze kennen Sie und wo sind diese geregelt?*
5. *Warum müssen Leistungsberechtigte im Sozialverwaltungsverfahren mitwirken und wo finden sich die Mitwirkungspflichten?*
6. *Wann können Leistungen aufgrund fehlender Mitwirkung versagt oder entzogen werden?*
7. *Wann ist eine Untätigkeitsklage zulässig?*
8. *Was ist das Widerspruchsverfahren? Innerhalb welcher Frist muss ein Widerspruch erhoben werden?*
9. *Was bedeutet „aufschiebende Wirkung"?*
10. *Welches Gericht ist für Rechtsschutzverfahren im Rehabilitationsrecht zuständig? Unterscheiden Sie zwischen den verschiedenen Rehabilitationsträgern!*
11. *Wann kann eine Klage erhoben werden?*
12. *Welcher Unterschied besteht zwischen Anfechtungs- und Verpflichtungsklage?*
13. *Welche unterschiedlichen Urteilsarten gibt es bei der Verpflichtungsklage? Wovon hängt es ab, welche Art der Verurteilung das Gericht aussprechen kann?*
14. *Welche Formen einstweiligen Rechtsschutzes gibt es und wann sind diese anwendbar?*

Kapitel 6: Lösungen der Übungsfälle

Lösung der Übungsfälle zu den Faustregeln – Rn. 67

1. a) Die Nachsorge in einem Reha-Zentrum ist eine Leistung zur medizinischen Rehabilitation.
   b) Bei Leistungen zur medizinischen Rehabilitation ist die Rentenversicherung vorrangig zu prüfen (Faustregel 3) – vorrangige Leistungsträger (Faustregel 1 und 2) kommen hier nicht in Betracht . Da B seit 16 Jahren angestellt ist, erfüllt sie die versicherungsrechtlichen Voraussetzungen nach § 11 SGB VI; durch ihre Krebserkrankung ist ihre Erwerbsfähigkeit gefährdet; die Nachsorge im Reha-Zentrum kann dem entgegenwirken, so dass auch die persönlichen Voraussetzungen nach § 10 SGB VI erfüllt sind. Ein Leistungsausschluss i.S.d. §§ 12 und 13 SGB VI ist nicht erkennbar, so dass die Rentenversicherung zuständiger Rehabilitationsträger ist.
2. a) Eine Umschulung gehört zu den Leistungen zur Teilhabe am Arbeitsleben.
   b) Faustregel 1 und 2 kommen hier nicht in Frage; zwar ist auch die Rentenversicherung nach § 22 Abs. 2 SGB III bei Leistungen zur Teilhabe am Arbeitsleben vorrangiger Rehabilitationsträger, allerdings ist A nicht gesetzlich rentenversichert und erfüllt damit nicht die versicherungsrechtlichen Voraussetzungen nach § 11 SGB VI. Zuständig für die Umschulung ist deshalb die Bundesagentur für Arbeit (Faustregel 4).
3. a) Die Behandlung in einer Rehabilitationsklinik ist eine medizinische Rehabilitation.
   b) Da die Ursache der (drohenden) Behinderung auf einen gesetzlich definierten Schadensfall zurückgeht (rechtswidriger tätlicher Angriff nach § 1 OEG, ab 1.1.2024: § 13 SGB XIV), ist zuständiger Rehabilitationsträger ein Träger der Kriegsopferfürsorge/Kriegsopferversorgung (Versorgungsamt ab 1.1.2024: Träger der sozialen Entschädigung; Faustregel 2).
4. a) Die Prothese und die ärztlichen Heilbehandlungen sind Leistungen zur medizinischen Rehabilitation; die berufliche Anpassung eine Leistung zur Teilhabe am Arbeitsleben.
   b) Ursache von C's Behinderung war ein Arbeitsunfall i.S.d. § 8 Abs. 1, Abs. 2 Nr. 1 SGB VII (Wegeunfall); als angestellte Gesundheits- und Krankenpflegerin ist sie nach § 2 Nr. 1 SGB VII auch versichert. Zuständig für die Teilhabeleistungen ist deshalb die gesetzliche Unfallversicherung (Faustregel 1).
5. a) Die heilpädagogische Begleitung für den Besuch eines Regelkindergartens ist eine Leistung zur Sozialen Teilhabe.
   b) Da K's Autismus seelischer Natur ist, ist für die Leistung der Träger der Kinder- und Jugendhilfe zuständig (Faustregel 6).
6. a) Die Unterstützung für T's Studium durch Gebärden- und Sprachdolmetscher ist eine Leistung zur Teilhabe an Bildung.
   b) Da für T kein anderer Rehabilitationsträger in Betracht kommt, erbringt die Leistungen zur Teilhabe an Bildung der Träger der Eingliederungshilfe (Faustregel 6).

Lösung des Übungsfalls zum Wunsch- und Wahlrecht – Rn. 68

O hat – laut Sachverhalt – Anspruch auf Leistungen der Eingliederungshilfe. Bei der Auswahl der Leistung hat der Leistungsträger grundsätzlich einen Ermessensspielraum, muss allerdings nach § 8 SGB IX das Wunsch- und Wahlrecht der Leistungsberechtigten berücksichtigen. Dieses Wunsch- und Wahlrecht findet für das Recht der Eingliederungshilfe seine Konkretisierung in § 104 Abs. 2 und 3 SGB IX. Diese Vorschriften sind vorrangig anzuwenden. Nach § 104 Abs. 2 SGB IX werden die Wünsche der Leistungsberechtigten in Bezug auf die Gestaltung der Leistungen, einschließlich der Wahl der Leistungen und dem Ort der Leistungserbringung berücksichtigt, soweit sie angemessen sind. Die Angemessenheit bestimmt sich danach, ob es vergleichbare bedarfsdeckende Leistungen gibt, die der Leistungsberechtigten Person individuell zumutbar sind und einen Kostenvergleich. Die Arbeit in der WfbM ist mit der hauswirtschaftlichen Tätigkeit in der Waldorfschule im Sinne einer tagesstrukturierenden Beschäftigung durchaus vergleichbar. Auch wenn die hauswirtschaftliche Tätigkeit eher ihren Neigungen entspricht und ihr Wunsch nach einem Wechsel nachvollziehbar ist, ist deswegen nicht von einer Unzumutbarkeit der Verpackungs- und Stanzarbeiten in der WfbM auszugehen. Gegen eine Unzumutbarkeit spricht auch der Umstand, dass O die Tätigkeit in der WfbM über zwei Jahre ausgeführt hat. Somit sind die Kosten der beiden Maßnahmen miteinander zu vergleichen. Sind die Kosten unverhältnismäßig höher als die Kosten für eine vergleichbare Leistung und kann der Bedarf des Leistungsberechtigten auch durch die vergleichbare Leistung gedeckt werden, sind die Wünsche des Leistungsberechtigten unangemessen. Die Kosten für die Betreuung der O in der gewünschten Einrichtung des K sind zwar um 23 % höher, gleichwohl darf nicht nur ein rein rechnerischer Kostenvergleich stattfinden. Vielmehr ist eine wertende Betrachtungsweise erforderlich, in der die persönliche Lebenssituation und die Entwicklungsperspektive der Leistungsberechtigten zu berücksichtigen sind. Obwohl nach dem Abschluss des Berufsbildungsverfahrens festgestellt wurde, dass sie u.a. für hauswirtschaftliche Tätigkeiten besonders geeignet ist, wird sie im Arbeitsbereich bei L mit Verpackungs- und anderen einfachen Arbeiten beschäftigt. Die Betreuung und Beschäftigung in der Einrichtung des K entspricht der Lebenssituation der O, die bereits in einer ähnlichen pädagogischen Einrichtung ihre Schulbildung absolviert hat und so am besten ihren Bedürfnissen und Fähigkeiten entgegenkommt. Darüber hinaus kann O durch den Auszug aus dem Elternhaus selbstständiger werden und ihre Persönlichkeit weiterentwickeln. Unter dieser wertenden Betrachtung sind die Mehrkosten von 23 % nicht unverhältnismäßig bzw. unangemessen hoch. Der Träger der Eingliederungshilfe hat die Kosten für die gewünschte Einrichtung zu übernehmen.

Lösung des Übungsfalls zur Koordinierung der Leistungen – Rn. 100

1. *Welcher der beiden beteiligten Reha-Träger hat sich rechtswidrig verhalten und ist – unabhängig von der Frage, ob die beantragten Leistungen der beruflichen Rehabilitation und/oder der Sozialen Teilhabe zuzuordnen sind – als leistender Rehabilitationsträger für die Gewährung der Leistung zuständig?*

Der RVT hat sich mit der Ablehnung des Antrags wegen Unzuständigkeit und der Aufforderung zur erneuten Antragstellung beim EGHT jedenfalls rechtswidrig verhalten, denn entweder ist er selbst als leistender Rehabilitationsträger für die Entscheidung zuständig oder aber der EGHT, so dass eine Entscheidung in der Sache noch zu ergehen hat, also kein neuer Antrag erforderlich ist.

Ob der RVT leistender Rehabilitationsträger geworden ist, hängt davon ab, ob er den Antrag fristgerecht weitergeleitet hat. Wird ein Antrag bei einem unzuständigen Leistungsträger gestellt, hat dies im allgemeinen Sozialverwaltungsverfahren gemäß § 16 Abs. 2 SGB I zur Folge, dass der Antrag an den zuständigen Träger weiterzuleiten ist. Im Rehabilitationsrecht gibt es angesichts der Vielzahl an Rehabilitationsträgern jedoch mit § 14 SGB IX eine speziellere Regelung zur Zuständigkeitsklärung, die vorrangig ist. Dieser zufolge wird derjenige Rehabilitationsträger für die Entscheidung zuständig, bei dem der Antrag gestellt wird, es sei denn, dieser stellt innerhalb von 2 Wochen nach Eingang des Antrages die eigene Unzuständigkeit fest und leitet den Antrag an den Träger weiter, den er für zuständig hält (§ 14 Abs. 1 SGB IX).

Der RVT hat den Antrag am 23. Februar weitergeleitet. Dies wäre dann i.S.d. § 14 Abs. 1 SGB IX fristgemäß, wenn der Antrag erst mit Einreichung der ergänzenden Unterlagen am 9. Februar als gestellt anzusehen wäre. Dann hätte die zwei Wochen Frist gemäß § 26 SGB X i.V.m. § 187 Abs. 1 BGB erst mit Beginn des 10. Februar zu laufen begonnen und wäre gemäß § 188 Abs. 2 BGB mit Ende des 23. Februar abgelaufen. Die Weiterleitung wäre somit noch innerhalb der zwei Wochen Frist erfolgt.

Ein Antrag ist eine Willenserklärung, die auf ein Leistungsverlangen gerichtet ist.[550] Er ist formlos möglich (§ 9 SGB X) und gilt bereits als gestellt, sobald die Identität der antragstellenden Person feststeht und ihr Leistungsbegehren deutlich geworden ist. Das war bereits am 2. Februar der Fall, da laut Sachverhalt B an diesem Tag beim Träger der Rentenversicherung (RVT) konkret die Kostenübernahme für den barrierefreien Umbau des Hauseingangs, der Küche und des Bades beantragt hat. Dementsprechend hatte die Weiterleitungsfrist bereits am 3. Februar begonnen und war am 16. Februar abgelaufen. Mit Ablauf der Frist ist der RVT zum leistenden Rehabilitationsträger geworden und hätte selbst über den Antrag entscheiden müssen.

2. Gesetzt den Fall, der Umbau des Hauseingangs ist der Leistungsgruppe der Teilhabe am Arbeitsleben zuzurechnen und derjenige von Küche und Bad der Sozialen Teilhabe: wie hat der leistende Rehabilitationsträger zur Feststellung des Bedarfes vorzugehen?

Zum einen ist der RVT gemäß § 19 Abs. 1 SGB IX verpflichtet, einen Teilhabeplan zu erstellen. Denn es sind ausweislich der Fragestellung Leistungen unterschiedlicher Leistungsgruppen i.S.d. § 5 SGB IX erforderlich, die aufeinander abzustimmen sind. Hinzu kommt, dass der RVT nicht für Leistungen der Sozialen Teilhabe zuständig sein kann, was auch die Aufzählung in § 6 Abs. 1 Nr. 4 SGB IX i.V.m. § 5 Nr. 5 SGB IX verdeutlicht. Deshalb muss der RVT einen weiteren Rehabilitationsträger beteiligen, so dass auch Leistungen mehrerer Rehabilitationsträger erforderlich sind.

Da der RVT nicht für Leistungen der Sozialen Teilhabe zuständig sein kann (s.o.), hat er gemäß § 15 Abs. 1 S. 1 SGB IX den Antragsteil bezüglich des Umbaus der Küche und des Bades unverzüglich dem nach seiner Auffassung zuständigen Rehabilitationsträger zuzuleiten, hier also dem EGHT, und B gemäß § 15 Abs. 4 S. 3 SGB IX sowohl darüber als auch über die Entscheidungsfrist (s. 3.) zu unterrichten.

Während der EGHT gemäß § 15 Abs. 1 S. 1 SGB IX nach seinen Leistungsgesetzen über diesen Antragsteil zu entscheiden und B hierüber zu informieren hat, muss der RVT den Teilhabeplan erstellen und über den Antragsteil bezüglich des Umbaus des Hauseinganges entscheiden.

---

550 *Hampel* in *Schlegel/ Voelzke*, jurisPK SGB IV, 3. Aufl. (2016), § 19 Rz. 23.

Kapitel 6: Lösungen der Übungsfälle   255

3. Innerhalb welcher Frist muss über den Antrag entschieden worden sein, wenn der Bedarf ohne Einholung eines Gutachtens möglich ist?

§ 14 Abs. 2 S. 2 SGB IX sieht eine Entscheidung des erstangegangenen Trägers innerhalb von drei Wochen ab Eingang des Antrags vor, sofern – wie vorgegeben – kein Gutachten für die Bedarfsfeststellung erforderlich ist. Die Drei-Wochen-Frist hätte gemäß § 26 SGB X i.V.m. § 187 Abs. 1 BGB mit Beginn des 3. Februar zu laufen begonnen und wäre gemäß § 188 Abs. 2 BGB mit Ende des 23. Februar abgelaufen. Allerdings ist hier zu berücksichtigen, dass der RVT nicht allein über den Antrag zu entscheiden hat, sondern gemäß § 15 Abs. 1 S. 1 SGB IX den EGHT zu beteiligen hat. Aufgrund dieser Beteiligung verlängert sich die Entscheidungsfrist gemäß § 15 Abs. 4 SGB IX auf sechs Wochen nach Antragseingang. Die Entscheidungsfrist endet folglich mit Ablauf des 16. März (vorausgesetzt, der Fall spielt nicht in einem Schaltjahr). Sollte sich der RVT für die Durchführung einer Teilhabplankonferenz entscheiden, betrüge die Entscheidungsfrist gemäß § 15 Abs. 4 SGB IX sogar zwei Monate, würde dann also erst am 2. April enden.

Lösung des Übungsfalls zum Persönlichen Budget – Rn. 130

1. Welche Unterstützungsbedarfe sehen Sie bei T? Ordnen Sie die Unterstützungsbedarfe einer Leistungsgruppe zur Teilhabe zu!   **498**

T benötigt Unterstützung beim Auszug aus der elterlichen Wohnung und beim Einzug in eine Wohngemeinschaft; damit verbunden ist Unterstützung zur Förderung haushaltspraktischer Tätigkeiten, die bisher ihre Eltern übernehmen. Darüber hinaus braucht sie Begleitung zu ihren Freizeitaktivitäten. Dabei handelt es sich um Leistungen zur Sozialen Teilhabe.

Zudem benötigt sie Unterstützung am Arbeitsplatz, v.a. Unterstützung beim Umgang mit Konflikten, durch eine Arbeitsassistenz. Diese ist den Leistungen zur Teilhabe am Arbeitsleben zuzuordnen.

Die Ergotherapie ist eine Leistung zur medizinischen Rehabilitation.

2. Welche Rehabilitationsträger sind für die jeweiligen Unterstützungsbedarfe zuständig?

Für die Leistungen zur Sozialen Teilhabe ist der Träger der Eingliederungshilfe zuständig. Die Unterstützung am Arbeitsplatz wird entweder durch die Bundesagentur für Arbeit übernommen oder – falls sie länger andauert – durch das Integrationsamt. Die medizinische Rehabilitation fällt in die Zuständigkeit der Krankenversicherung.

3. Würde T ihre Unterstützungsbedarfe mit einem Persönlichen Budget finanzieren wollen, wo würden Sie ihr raten, den Antrag zu stellen?

T kann grundsätzlich ihren Antrag bei allen Rehabilitationsträgern stellen; da jedoch die Leistungen zur Sozialen Teilhabe am umfangreichsten sein werden, ist es sinnvoll, den Antrag beim Träger der Eingliederungshilfe zu stellen.

4. Wie könnte das Verfahren zur Erlangung des Persönlichen Budgets aussehen?

T stellt einen Antrag beim zuständigen Träger der Eingliederungshilfe, der – nachdem er seine Zuständigkeit festgestellt hat – leistender Rehabilitationsträger wird. Der Träger führt im Rahmen des Gesamtplanverfahrens eine Bedarfsermittlung durch (§§ 117 ff. SGB IX) und bezieht die BA und die Krankenversicherung mit ein (§ 15 Abs. 2 SGB IX), die ihrerseits den Bedarf feststellen. Da T Leistungen verschiedener Leistungsträger und aus verschiedenen Leistungsgruppen erhält, wird das Gesamtplanverfahren verbunden mit einem Teilhabeplanverfahren (§ 19 SGB IX). Darüber hinaus ist eine Gesamtplan- bzw. Teilhabeplankonferenz (§ 20 SGB IX) anzuraten, um mit T gemeinsam die Einzelheiten ihres Budgets, insbesondere auch den Stundenbedarf für die jeweiligen Assistenzleistungen zu klären. Der leistende Rehabilitationsträger schließt mit T eine Zielvereinbarung und erlässt einen Bescheid. T bekommt aufgrund dieses Bescheids ein Gesamtbudget und kann mit Leistungserbringern und/oder Assistenzkräften eigene Verträge schließen. Dabei sollte sie von einer Budgetassistenz begleitet und unterstützt werden.

Lösung des Übungsfalls zur medizinischen Rehabilitation – Rn. 156

499 1. *Prüfen Sie die Anspruchsvoraussetzungen für die Reha-Leistung, zu denen der Arzt in der Verordnung Stellung nehmen muss!*

Zunächst müsste bei Frau B zumindest eine drohende Behinderung i.S.d. § 2 Abs. 1 SGB IX vorliegen. Die seelische Gesundheit von Frau A ist durch die fortwährende Überforderung aufgrund der Alleinerziehung ihrer beiden Kinder und ihrer psychischen Disposition jedenfalls bedroht, wenn nicht gar bereits beeinträchtigt, was unter anderem durch – u.U. bereits sogar chronische – psychosomatische Beschwerden zum Ausdruck kommt. Dieser Zustand dauert erkennbar länger als sechs Monate an („seit längerer Zeit", „immer mal wieder") und ist auch nicht alterstypisch. Statt sich zu offenbaren und ihr privates Netzwerk zu nutzen, zieht sie sich zurück, offensichtlich sieht sie sich mit einer Erwartungshaltung konfrontiert und überfordert, den Alltag auch als Alleinerziehende schaffen zu müssen. In Wechselwirkung mit einer derartigen einstellungsbedingten Barriere behindert sie die verstärkte soziale Isolation an der gleichberechtigten Teilhabe am Leben in der Gesellschaft.

Frau A weist auch einen Rehabilitationsbedarf auf. Angesichts ihrer Symptome erscheint keine akute Krankenbehandlung durch einen Arzt erforderlich, aber multiprofessionelle medizinische Hilfe, um eine Einstellungs- bzw. Verhaltensänderung zu erreichen.

Frau A ist auch erkennbar rehabilitationsfähig. Sie hat den Arzt aus eigener Motivation aufgesucht, um ihr Leben wieder in den Griff zu bekommen, und wird als hinreichend mobil beschrieben, wobei die Versorgung der beiden Kinder zu berücksichtigen ist.

Als Rehabilitationsziele lassen sich Schmerzreduktion, Gewichtsreduktion und die Verbesserung des Verhältnisses zu ihren Kindern ableiten. Da Frau A von sich aus Hilfe gesucht hat und entsprechend motiviert ist, ist von einer positiven Rehabilitationsprognose auszugehen.

Somit ist eine medizinische Rehabilitation erforderlich, um eine (drohende) Behinderung abzuwenden bzw. zu mindern.

2. *Welche Leistung(en) würden Sie empfehlen, um die diagnostizierten Auffälligkeiten möglichst umfassend bearbeiten zu können?*

- bezogen auf das Erschöpfungssyndrom und die Schmerzen: z.B. spezialmedizinische Behandlung mit Medikamenten, um die Schmerzen zu lindern, in Kombination mit Strategien zur Stressbewältigung wie z.B. autogenes Training, Yoga, o.Ä., um einen bewussten Umgang mit sich selbst zu erlernen.

- bezogen auf die Adipositas: diätische Ernährung, Einleitung einer Verhaltensänderung bzgl. der Koch-, Ess- und Bewegungsgewohnheiten zur Gewichtsreduktion, Aktivierung durch Angebote zur körperlichen Betätigung
- mit Blick auf das Verhältnis zu den Kindern: Erziehungsberatung und Training sozialer und kommunikativer Fähigkeiten.

Zwar wird Frau A als mobil beschrieben, so dass eine ambulante Leistungsform grundsätzlich in Betracht kommt. Aber aufgrund der Tatsache, dass ihre aktuellen Alltagsumstände insgesamt sie überfordern und krank machen, spricht mehr für eine medizinische Rehabilitation in stationärer Form. Da nicht nur die Versorgung der beiden Kinder gewährleistet werden muss, sondern das Verhältnis von Frau A zu ihnen vielmehr Gegenstand der Rehabilitation ist, liegt eine Mutter-Kind-Kur i.S.d. § 41 Abs. 1 SGB V nahe, um nicht nur die Beschwerden der Mutter bearbeiten zu können, sondern zugleich ihr Verhältnis zu den Kindern zu verbessern.

Da Frau A seit der Geburt ihres ersten Kindes vor über 5 Jahren arbeitslos ist, sollte der leistende Rehabilitationsträger gemäß § 10 Abs. 1 SGB IX zugleich mit der Einleitung der medizinischen Rehabilitation prüfen, ob Leistungen zur Teilhabe am Arbeitsleben erforderlich sind, um die Erwerbsfähigkeit von Frau A ggf. zu verbessern.

3. Welcher Rehabilitationsträger ist für den Antrag der richtige Adressat?

Da die (drohende) Behinderung von Frau A weder durch einen Arbeitsunfall oder eine Berufskrankheit entstanden ist, noch durch ein gesellschaftliches Sonderopfer, scheiden eine Zuständigkeit der gesetzlichen Unfallversicherung ebenso aus wie diejenige der Versorgungsämter und Hauptfürsorgestellen bzw. (ab 1.1.2024) der Träger der Sozialen Entschädigung (s. Faustregeln 1 und 2, → Rn. 37 f.).

Als nächster Rehabilitationsträger in der Rangfolge für medizinische Rehabilitation kommt die gesetzliche Rentenversicherung in Betracht. Persönliche Voraussetzung dafür wäre, dass die Erwerbsfähigkeit von Frau A wegen der seelischen Beeinträchtigung bereits gemindert oder zumindest erheblich gefährdet ist gemäß § 10 Abs. 1 SGB VI. Dafür liefert der Sachverhalt keinen unmittelbaren Anhaltspunkt. Auch wenn die längerfristig instabile Gesundheit von Frau A Anhaltspunkte dafür bietet, kann dies hier letztlich offenbleiben. Denn jedenfalls scheitert die Zuständigkeit der Rentenversicherung an den versicherungsrechtlichen Voraussetzungen des § 11 SGB VI. Als 28-Jährige kann Frau A weder die allgemeine Wartezeit von 15 Jahren mit Pflichtbeiträgen erfüllt haben, noch ist eine Rente wegen verminderter Erwerbsfähigkeit im Sachverhalt erwähnt. Auch hat sie in den vergangenen zwei Jahren keine sechs Monate Pflichtbeiträge für eine sozialversicherungspflichtige Beschäftigung gezahlt (s. Faustregeln 3, → Rn. 39), da sie seit Geburt des älteren Kindes vor über 5 Jahren arbeitslos ist.

Nachrangig zuständig ist die gesetzliche Krankenversicherung gemäß § 40 Abs. 4 SGB V. Da Frau A laut Sachverhalt gesetzlich krankenversichert ist und das SGB V keine weiteren Anforderungen stellt (s. Faustregeln 4, → Rn. 40), ist die Krankenkasse von Frau A richtiger Adressat für ihren Antrag auf medizinische Rehabilitation.

Lösung des Übungsfalls zu den Leistungen zur Teilhabe am Arbeitsleben – Rn. 188

500 a) *Geht der Rentenversicherungsträger richtiger Weise von seiner Zuständigkeit aus?*

Bei der Umschulung handelt es sich um eine Leistung zur Teilhabe am Arbeitsleben gemäß § 49 Abs. 3 Nr. 4 SGB IX. Für Leistungen zur Teilhabe am Arbeitsleben können gemäß §§ 5 Nr. 2, 6 Abs. 1 SGB IX insgesamt sechs Rehabilitationsträger zuständig sein. Die vorrangig zu prüfenden Träger der gesetzlichen Unfallversicherung scheiden ebenso aus wie diejenigen der Kriegsopferversorgung und -fürsorge (bzw. ab 1.1.2024 der Sozialen Entschädigung), da die Beeinträchtigung des D in Gestalt des komplizierten Fußbruches mit dauerhaft bleibenden Folgeschäden Folge eines privaten Verkehrsunfalls sind und nicht eines Arbeitsunfalls oder eines Sonderopfers i.S.d § 1 BVG (s. Faustregeln 1 und 2, → Rn. 37 f.). Für eine Zuständigkeit der Rentenversicherung müssten die persönlichen Voraussetzungen des § 10 SGB VI und die versicherungsrechtlichen Voraussetzungen des § 11 SGB IX erfüllt sein und es dürfte kein Ausschlussgrund nach § 12 SGB VI vorliegen (s. Faustregeln 3, → Rn. 39). Laut Entlassungsbericht der Rehabilitationsklinik ist D nicht mehr in der Lage, in seinem erlernten Beruf als Zimmermann zu arbeiten, so dass seine Erwerbsfähigkeit erheblich gefährdet ist. Da D aber voraussichtlich noch leichte Tätigkeiten überwiegend im Sitzen vollschichtig auf dem allgemeinen Arbeitsmarkt ausüben könne, kann die Gefährdung mithilfe einer Maßnahme der beruflichen Rehabilitation voraussichtlich abgewendet werden. Die persönlichen Voraussetzungen gemäß § 10 Abs. 1 Nr. 1 und 2 a SGB VI sind somit erfüllt. Da D zudem laut Sachverhalt über 15 Jahre lang sozialversicherungspflichtig beschäftigt war, sind auch die versicherungsrechtlichen Voraussetzungen gemäß § 11 Abs. 1 Nr. 1 SGB IX gegeben (somit muss die Voraussetzung einer Anschluss-Rehabilitation nach § 11 Abs. 2a Nr. 2 SGB VI auch nicht weiter geprüft werden). Da auch keiner der Ausschlussgründe des § 12 SGB VI einschlägig ist, ist die Zuständigkeit der gesetzlichen Rentenversicherung gegeben.

b) *Ist die Entscheidung des Rentenversicherungsträgers rechtmäßig, wenn davon auszugehen ist, dass die Kosten der Weiterbildung zum Qualitätsfachmann bei etwa 35.000 EUR liegen und die Eingliederungschancen eines solchen etwa ebenso hoch sind wie die eines Berufshubschrauberpiloten?*

Zwischen den Beteiligten ist unstreitig, dass D dem Grunde nach einen Rechtsanspruch auf eine Leistung zur Teilhabe am Arbeitsleben hat, da er unfallbedingt eine bleibende körperliche Beeinträchtigung am Fuß hat i.S.d. § 2 SGB IX, die ihn in Wechselwirkung mit den Anforderungen des Berufes als Zimmermann an der weiteren Teilhabe am Arbeiten behindert. Der Rentenversicherungsträger hat gemäß § 13 Abs. 1 S. 1 SGB VI im Einzelfall Art, Umfang, Beginn und Durchführung der Leistungen nach pflichtgemäßem Ermessen unter Beachtung der Grundsätze der Wirtschaftlichkeit und Sparsamkeit zu bestimmen. Gemäß § 16 SGB VI werden die Leistungen zur Teilhabe am Arbeitsleben nach den §§ 49 – 54 SGB IX erbracht. § 49 Abs. 4 SGB IX schreibt als zu beachtende Kriterien bei der Auswahl der Leistungen die Eignung, die Neigung, bisherige Tätigkeiten sowie Lage und Entwicklung auf dem Arbeitsmarkt vor. Ein Anknüpfen an die bisherige Tätigkeit scheidet aus, da D diese aufgrund seiner Beeinträchtigung nicht mehr ausführen kann. Für den Beruf des Berufshubschrauberpiloten ist D angesichts des vorgelegten fliegerärztlichen Tauglichkeitszeugnisses als geeignet eingestuft und auch die Chancen am Arbeitsmarkt sind in diesem Beruf laut Sachverhalt ebenso gut wie die nach einer Umschulung zum Qualitätsfachmann. Auch entspricht das Berufsziel den Neigungen des D, der sich dafür nicht nur um das Tauglichkeitszeugnis bemüht hat, sondern auch seine Bereitschaft erklärt hat, Teile der Kosten, nämlich diejenigen für die private Fluglizenz, selbst zu übernehmen. Die Ablehnung wäre daher nur dann rechtmäßig, wenn die Umschulung zum Berufshubschrauberpiloten unwirtschaftlich wäre im Vergleich zu alternativ in Frage kommenden Leistungen zur Teilhabe am Arbeitsleben. Laut Sachverhalt wären die Kosten allein für die Weiterbildung zum Berufshubschrauberpiloten – je nach Flugschule – vergleichbar hoch wie diejenigen der vorgeschlagenen Weiterbildung zum Qualitätsfachmann. Unwirtschaftlich wäre der Berufspilotenschein daher nur dann, wenn der Rentenversicherungsträger auch den Erwerb der Privatlizenz finanzieren müsste, obwohl D sich dazu selbst bereit erklärt hat, wenn also eine Kostenteilung bzw. teilweise Übernahme der Kosten unzulässig wäre. Diese Argumentation findet im Gesetz keine Stütze. Unabhängig von der Frage, ob ein Rehabilitationsträger die Leistungsgewährung von einem Eigenanteil als Selbsthilfe abhängig machen kann,[551] bietet D von sich aus einen Eigenanteil an. Allein die Kosten des Berufspilotenscheins wären also wirtschaftlich gewesen. Somit war die Ablehnung rechtswidrig.

Lösung des Übungsfalls zu den ergänzenden Leistungen – Rn. 211

a) *War die Entscheidung der Rentenversicherung rechtmäßig? Prüfen Sie diese unter Zugrundelegung der gesetzlichen Vorschriften!*   501

Rechtsgrundlage für die Übernahme der Fahrtkosten sind §§ 64 Abs. 1 Nr. 5, § 73 SGB IX i.V.m. § 28 SGB VI. Danach werden Leistungen zur medizinischen Rehabilitation und zur Teilhabe am Arbeitsleben durch die Reisekosten ergänzt. Hierzu zählen u.a. die Fahrtkosten (§ 73 Abs. 1 S. 1 SGB IX). Die Übernahme der Fahrtkosten setzt voraus, dass es sich bei der stufenweisen Wiedereingliederung um eine Maßnahme zur medizinischen Rehabilitation handelt.

Die stufenweise Wiedereingliederung ist zwar in Kapitel 9 – Leistungen zur medizinischen Rehabilitation – in § 44 SGB IX geregelt, allerdings nicht im Leistungskatalog des § 42 Abs. 2 SGB IX. Gleichwohl ergibt sich aus der Gesetzessystematik des SGB VI und des SGB IX sowie aus dem Sinn und Zweck der gesetzlichen Regelungen, dass es sich um eine (Haupt)Leistung zur medizinischen Rehabilitation handelt. Die Teilhabeleistungen der gesetzlichen Rentenversicherung sind in den §§ 9 ff. SGB VI geregelt. Die Hauptteilhabeleistungen sind hierbei die Leistungen zur medizinischen Rehabilitation (§ 15 SGB VI) sowie die Leistungen zur Teilhabe am Arbeitsleben (§ 16 SGB VI). Nach § 15 SGB VI erbringen die Träger der Rentenversicherung im Rahmen von Leistungen zur medizinischen Rehabilitation Leistungen nach den §§ 42 bis 47 SGB IX, ausgenommen sind lediglich die Leistungen der Früherkennung und Frühförderung. Damit werden auch die Leistungen nach § 44 SGB IX von den Leistungen zur medizinischen Rehabilitation erfasst. Nach § 28 SGB VI werden die Leistungen zur Teilhabe außer durch das Übergangsgeld durch die Leistungen nach § 64 Abs. 1 Nr. 2 bis 6 und Abs. 2 sowie nach den §§ 73 und 74 SGB IX ergänzt. Daraus ergibt sich, dass sämtliche genannten Teilhabeleistungen und damit auch die in § 15 SGB VI i.V.m. § 44 SGB IX genannte stufenweise Wiedereingliederung durch Fahrtkosten ergänzt werden können. Im SGB IX sind die Leistungen zur stufenweisen Wiedereingliederung ebenfalls im Kapitel 9 über die Hauptleistungen zur medizini-

---

551 Dies bejahend BSG 6.12.1983 – 11 RA 72/82, Rn. 13 (jL).

nischen Rehabilitation geregelt, nicht hingegen bei den ergänzenden Leistungen. Es handelt sich daher um eine Hauptleistung zur medizinischen Rehabilitation, nicht um eine ergänzende Leistung und kann somit durch ergänzende Leistungen begleitet werden.

Die stufenweise Wiedereingliederung dient – ebenso wie eine stationäre Rehabilitationsleistung – dazu, die krankheitsbedingte Gefährdung der Erwerbsfähigkeit zu überwinden, damit die Versicherten an ihren alten Arbeitsplatz zurückkehren können (→ Rn. 142). Sie steht insofern in einem engen Zusammenhang mit einer stationären Rehabilitationsmaßnahme, vor allem dann, wenn die Leistungsberechtigten nach der Entlassung aus der Rehabilitationseinrichtung nicht arbeitsfähig sind. Die stationäre Rehabilitationsmaßnahme hat in diesem Fall nur einen „Teilerfolg" erzielt; die uneingeschränkte Wiederaufnahme der Erwerbstätigkeit kann dann ggf. durch eine stufenweise Wiedereingliederung erreicht werden.

Da es sich danach bei der stufenweisen Wiedereingliederung nach § 44 SGB IX um eine Leistung der medizinischen Rehabilitation handelt, muss sie durch ergänzende Leistungen – hier Fahrtkosten nach §§ 64 Abs. 1 Nr. 5, 73 SGB IX i.V.m. § 28 SGB VI ergänzt werden, wenn sie für K erforderlich sind und keine kostengünstigere Möglichkeit zumutbar ist. K konnte ihren Arbeitsplatz nur mit eigenem Fahrzeug erreichen, die Durchführung der stufenweisen Wiedereingliederung war ihr anders nicht möglich. Die Entscheidung der Rentenversicherung war daher rechtswidrig, K hat Anspruch auf Übernahme der Fahrtkosten.

b) *In welcher Höhe kann K Fahrtkosten ggf. geltend machen, wenn sie eine Wegstrecke für Hin- und Rückfahrt von 74 km mit dem eigenem PKW zurücklegen musste, da es die Möglichkeit der Nutzung öffentlichen Nahverkehrs nicht gab?*

Die Höhe der Fahrtkosten ergibt sich aus § 73 Abs. 4 S. 1 SGB IX i.V.m. § 5 Abs. 1 Bundesreisekostengesetz. Sie beträgt pro Kilometer 0,20 EUR (→ Rn. 201). K hatte einen Fahrweg von 74 km, bei 12 Maßnahmetagen ergibt das 888 km. Multipliziert mit 0,20 EUR/ Km errechnet sich daraus ein zu übernehmender Betrag i.H.v. 177,60 EUR.

Lösung des Übungsfall zu den Leistungen zur Teilhabe an Bildung – Rn. 223

502 Bei einem:einer Gebärdensprachendolmetscher:in für den Schulbesuch handelt es sich um eine Leistung zur Teilhabe an Bildung gemäß § 75 SGB IX, da sie A ermöglichen soll, dem überwiegend in Lautsprache abgehaltenen Schulunterricht zu folgen. Als zuständiger Rehabilitationsträger für die Leistung zur Teilhabe an Bildung kommt nur der örtlich zuständige Träger der Eingliederungshilfe in Betracht, da A eine angeborene körperliche Beeinträchtigung hat, so dass die anderen Rehabilitationsträger, die gemäß § 6 Abs. 1 SGB IX für Teilhabe an Bildung zuständig sein können,[552] hier ausscheiden. Anspruchsgrundlage ist somit § 99 SGB IX. A gehörte dann zum leistungsberechtigten Personenkreis, wenn er die Voraussetzungen des § 2 Abs. 1 S. 1 SGB IX erfüllte, wesentlich in der gleichberechtigten Teilhabe an der Gesellschaft eingeschränkt ist und nach der Besonderheit des Einzelfalls die Aussicht besteht, dass die Aufgabe der Eingliederungshilfe gemäß § 90 SGB IX erfüllt werden kann.

---

552 Die Träger der gesetzlichen Unfallversicherung, die Träger der Kriegsopferversorgung und -fürsorge sowie die Träger der Kinder- und Jugendhilfe (→ Abb. 4 Rn. 32 und Rn. 36 ff.).

A ist mit seiner angeborenen Hörschädigung, die länger als 6 Monate vom alterstypischen Zustand abweicht, in seiner Sinneswahrnehmung beeinträchtigt. Die überwiegend akustische Verständigung in der Schule durch Lautsprache stellt eine umweltbedingte Barriere dar, durch welche er in seiner Möglichkeit zur Teilhabe an Bildung in der Schule behindert wird. A erfüllt somit die Voraussetzungen des Behinderungsbegriffes gemäß § 2 Abs. 1 S. 1 SGB IX. Der unbestimmte Rechtsbegriff der wesentlichen Einschränkung der Teilhabefähigkeit wird ausgefüllt durch die §§ 1 – 3 EGH-VO i.d.F. 31.12.2019, auf die § 99 Abs. 4 S. 2 SGB IX bis zum Inkrafttreten einer eigenen Rechtsverordnung Bezug nimmt. Da A laut Sachverhalt nahezu gehörlos ist, ist er gemäß § 1 Nr. 5 EGH-VO auch wesentlich in seiner gleichberechtigten Teilhabe eingeschränkt (wesentlichen Behinderung).

Gemäß § 99 Abs. 1 SGB IX erhalten Personen mit einer wesentlichen Einschränkung ihrer Fähigkeit, an der Gesellschaft teilzuhaben, Leistungen der Eingliederungshilfe, wenn und solange nach der Besonderheit des Einzelfalls Aussicht besteht, dass die Aufgabe der Eingliederungshilfe nach § 90 SGB IX erfüllt werden kann. Dies ist der Fall, wenn das individuelle Teilhabeziel nachvollziehbar ist i.S.d. der Aufgaben der Eingliederungshilfe und Leistungen der Eingliederungshilfe geeignet und notwendig sind, um dieses Teilhabeziel zu erreichen. Besondere Aufgabe der Leistungen zur Teilhabe an Bildung ist es gemäß § 90 Abs. 4 SGB IX, eine Schulbildung zu ermöglichen, die den Fähigkeiten und Leistungen der Leistungsberechtigten entspricht. Laut § 112 Abs. 1 S. 1 Nr. 1 und S. 3 SGB IX fallen alle Maßnahmen darunter, die erforderlich und geeignet sind, den Schulbesuch im Rahmen der allgemeinen Schulpflicht zu ermöglichen oder zu erleichtern. Nur durch die Unterstützung beim Schulbesuch besteht die Aussicht, dass A überhaupt dem Unterricht folgen und somit eine Schulbildung erreichen kann. Zwar ist die von A besuchte Grundschule bereits auf Hörgeschädigte spezialisiert, jedoch verfügen die Lehrkräfte überwiegend nur ausreichende Kenntnis in Lautsprache, um den Unterricht durchzuführen. A hingegen kann nur über Gebärdensprache kommunizieren, dementsprechend ist Lautsprache für ihn eine Fremdsprache.[553] Die beantragte Unterstützung durch eine:n Gebärdensprachendolmetscher:in ist damit sowohl geeignet als auch erforderlich.

Allerdings ist der Eingliederungshilfeträger aufgrund des Nachrangs der Eingliederungshilfe gemäß § 91 Abs. 2 SGB IX nur dann zur Leistung verpflichtet, wenn keine andere Stelle den Bedarf vorrangig decken muss. Zwar ist hier kein anderer Rehabilitationsträger vorrangig zuständig, aber gemäß § 91 Abs. 2 SGB IX sind auch Leistungsverpflichtungen anderer Stellen vorrangig. So bleiben gemäß § 112 Abs. 1 S. 1 Nr. 1 Hs. 2 die Bestimmungen über die Ermöglichung der Schulbildung im Rahmen der allgemeinen Schulpflicht unberührt. Der Eingliederungshilfeträger verweist insofern auf die Zuständigkeit der Schule, die eine Verpflichtung habe, die Wissensvermittlung mittels Gebärdensprache zu gewährleisten.[554] Dagegen spricht schon, dass die Vermittlung in Gebärdensprache nicht zum pädagogischen Kernbereich der Schule gehört. Selbst wenn dem aufgrund der Vorgaben des jeweiligen Schulgesetzes so wäre, dann muss der Träger der Eingliederungshilfe hier zunächst gleichwohl in Vorleistung gehen, da die Schule derzeit kein Angebot in Gebärdensprache unterhält. Denn der Nachrang der Eingliederungshilfe greift gemäß § 91 Abs. 1 SGB IX nur

---

553 Vgl. Dazu LSG SN 27.3.2018 – L 8 SO 123/17 B ER, Rn. 26.
554 Hier wären in der Praxis die schulrechtlichen Vorschriften einzubeziehen, inwieweit diese – wie z.B. in Sachsen – die Pflicht der Schulen zu einer behinderungsgerechten Beschulung vorsehen.

dann, wenn eine andere Stelle den Unterstützungsbedarf tatsächlich abdeckt.[555] Dazu ist die Schule laut Sachverhalt aber aktuell nicht in der Lage.

Ein Nachrang gegenüber der Selbsthilfe des A und seines Vaters i.S.d. § 92 SGB IX ist nicht zu prüfen, da gemäß § 138 Abs. 1 Nr. 4 SGB IX für Leistungen zur Teilhabe an Bildung nach § 112 Abs. 1 S. 1 Nr. 1 SGB IX kein Eigenbeitrag erhoben wird (→ Rn. 356).

Ergebnis: A hat Anspruch auf Eingliederungshilfe gemäß § 99 SGB IX i.V.m. §§ 112, 75 SGB IX. Über die Art und den Umfang der Leistung hat der Träger der Eingliederungshilfe gemäß § 107 Abs. 2 SGB IX nach pflichtgemäßem Ermessen entsprechend den Besonderheiten des Einzelfalls i.S.d. § 104 Abs. 2 SGB IX zu entscheiden. A hat konkret die Unterstützung durch eine:n Gebärdensprachdolmetscher:in beantragt. Dieser Wunsch ist angemessen, soweit der Bedarf nicht durch eine vergleichbare Leistung gedeckt werden kann, die zumutbar und deutlich kostengünstiger ist. Da laut Sachverhalt eine Schule mit durchgängigem Unterricht in Gebärdensprache nicht in zumutbarer Entfernung erreichbar ist, spricht viel dafür, dass nur der:die beantragte Gebärdensprachendolmetscher:in als geeignete Hilfe in Frage kommt.

Lösung des Übungsfalls zur Sozialen Teilhabe – Rn. 254

503 Bei der Beschaffung und den Betriebskosten für einen PKW handelt es sich um Leistungen zur Mobilität gemäß § 83 SGB IX, da sie es B ermöglichen sollen, sich mehrfach wöchentlich ehrenamtlich für den Umweltschutz zu engagieren. Als zuständiger Rehabilitationsträger für die Leistungen zur Mobilität kommt nur der örtlich zuständige Träger der Eingliederungshilfe in Betracht, da B 55 Jahre alt ist und eine angeborene körperliche Beeinträchtigung hat, sodass die anderen Rehabilitationsträger, die gemäß § 6 Abs. 1 SGB IX für die Leistungsgruppe sozialer Teilhabeleistungen zuständig sein können, hier ausscheiden (→ Rn. 32 und → Rn. 36 ff.). Anspruchsgrundlage ist somit § 99 SGB IX. B gehörte dann zum leistungsberechtigten Personenkreis, wenn er die Voraussetzungen des § 2 Abs. 1 S. 1 SGB IX erfüllt, wesentlich in seiner gleichberechtigten Teilhabe an der Gesellschaft eingeschränkt und somit wesentlich behindert ist und die Aussicht besteht, dass durch die beantragten Leistungen die Aufgabe der Eingliederungshilfe gemäß § 90 SGB IX in dem Einzelfall verwirklicht werden kann.

B ist mit seiner angeborenen Schädigung der Wirbelsäule, die länger als 6 Monate vom alterstypischen Zustand abweicht, körperlich beeinträchtigt. Die Entfernungen zu den Veranstaltungen und Kundgebungen der Organisation Grünfrieden stellen eine umweltbedingte Barriere dar, durch welche er in seiner Möglichkeit zur Teilhabe am Leben in der Gesellschaft behindert wird. B erfüllt somit die Voraussetzungen des Behinderungsbegriffes gemäß § 2 Abs. 1 S. 1 SGB IX. Der unbestimmte Rechtsbegriff der wesentlichen Behinderung wird ausgefüllt durch die §§ 1 – 3 EGH-VO i.d.F. 31.12.2019, auf die § 99 Abs. 4 SGB IX bis zum Inkrafttreten einer neuen Rechtsverordnung Bezug nimmt. Da B laut Sachverhalt aufgrund der Schädigung der Wirbelsäule nicht mehr als 150 m laufen kann, ist seine Bewegungsfähigkeit durch eine Beeinträchtigung des Stützapparates in erheblichem Umfang eingeschränkt und er somit gemäß § 1 Nr. 1 EGH-VO auch wesentlich in seiner Teilhabefähigkeit eingeschränkt.

---

555 Gegebenenfalls hat der Eingliederungshilfeträger dann einen Erstattungsanspruch gegen den vorrangig verpflichteten Schulträger.

Gemäß § 99 SGB IX erhalten Personen mit einer wesentlichen Behinderung, Leistungen der Eingliederungshilfe, wenn und solange nach der Besonderheit des Einzelfalls Aussicht besteht, dass die Aufgabe der Eingliederungshilfe erfüllt werden kann. Dies ist der Fall, wenn das individuelle Teilhabeziel nachvollziehbar i.S.d. der Aufgaben der Eingliederungshilfe ist und Leistungen der Eingliederungshilfe geeignet und notwendig sind, um dieses Teilhabeziel zu erreichen. Besondere Aufgabe der Leistungen zur Sozialen Teilhabe ist es gemäß § 90 Abs. 5 SGB IX, die gleichberechtigte Teilhabe am Leben in der Gemeinschaft zu ermöglichen oder zu erleichtern. Was unter Teilnahme am Leben in der Gemeinschaft zu verstehen ist, ist nicht objektiv zu bestimmen und jedenfalls nicht beschränkt auf das Aufsuchen-Können lebensnotwendiger Infrastrukturangebote. Das Teilhabeziel ist vielmehr abhängig von individuellen Bedürfnissen und Wünschen der Leistungsberechtigten, sofern diese nicht sozial unangemessen sind im Vergleich zu denen jener von Altersgenossen ohne Behinderung. Teilhabeziel von B ist die notwendige Mobilität, um ehrenamtlich umweltpolitische Themenabende und Diskussionsveranstaltungen durchzuführen. Zivilgesellschaftliches Engagement als Form der Sozialen Teilhabe ist sozial angemessen.

Leistungen für ein Kraftfahrzeug sind entgegen der Argumentation des Eingliederungshilfeträgers nicht auf Leistungen zur Teilhabe am Arbeitsleben (gemäß § 49 Abs. 8 S. 1 Nr. 1 SGB IX) beschränkt, sondern gemäß § 114 SGB IX i.V.m. § 83 Abs. 1 Nr. 2 SGB IX auch als Leistungen zur Sozialen Teilhabe vorgesehen. Als solche sind die Leistungen zur Mobilität auch geeignet, die Teilhabeziele des B zu verwirklichen. Notwendig sind diese Leistungen gemäß § 114 Abs. 2 SGB IX nur, wenn sowohl die Benutzung öffentlicher Verkehrsmittel als auch die Fahrt mit Beförderungsdiensten unzumutbar oder nicht wirtschaftlich ist. Die Benutzung von Bus und Bahn ist B nicht zumutbar, da er die Wege zu und von den Haltestellen aufgrund der Entfernung nicht selbstständig zurücklegen kann. Auch die Fahrt mit Beförderungsdiensten einschließlich Taxen erscheint unzumutbar, da diese zu den Zeiten der Ausübung des ehrenamtlichen Engagements nicht oder nicht zuverlässig verfügbar sind, B als Leiter der Themen- und Diskussionsabende aber jeweils pünktlich in den Nachbargemeinden vor Ort sein muss. Doch selbst dann kommen Leistungen für ein Kraftfahrzeug nur dann in Frage, wenn die Benutzung unentbehrlich ist. § 114 Nr. 1 SGB IX spricht für die Eingliederungshilfe vom „Ständig-Angewiesen-Sein". Damit sollen nur vereinzelte oder gelegentliche Mobilitätsbedarfe ausgeschlossen werden;[556] ein täglicher Bedarf ist keine Voraussetzung. B ist in diesem Sinne ständig auf das Kfz angewiesen, denn laut Sachverhalt führt er zum einen bereits mehrfach in der Woche o.g. Veranstaltungen durch und will zum anderen sein Engagement durch die Teilnahme an spontanen Kundgebungen der Umweltorganisation im gesamten Bundesland noch ausweiten. Zudem ist er im Besitz einer Fahrerlaubnis und kann ein Kfz selbst fahren.

Sowohl die Beschaffung eines Kfz als auch die mit dessen Betrieb verbundenen Kosten sind gemäß § 83 Abs. 3 S. 1 Nr. 1 und 3 SGB IX von den Leistungen für ein Kraftfahrzeug umfasst, Art und Umfang der Leistungen bemessen sich nach der Kraftfahrzeughilfe-Verordnung (KfzHV). § 4 Abs. 1 KfzHV setzt voraus, dass kein eigenes Kfz vorhanden ist. B wurde sein bisheriges Fahrzeug gestohlen. Gemäß § 114 Nr. 2 SGB IX ist bezüglich der Höhe der Kostenübernahme nicht § 6 der KfzHV anzuwenden, sondern das Beitragsverfahren nach §§ 135 ff. SGB IX (→ Rn. 342 ff.). Laut Sachverhalt liegt die Rente von B knapp oberhalb der Hilfebedürftigkeitsgrenze für

---

556 BT-Drs. 18/9522, 285.

Leistungen der Grundsicherung nach dem SGB XII und Vermögen ist nicht erwähnt, so dass er keinen Beitrag zu den Beschaffungskosten leisten muss. Die Übernahme von Betriebskosten ist in der KfzHV nicht geregelt, jedoch in § 83 Abs. 3 S. 1 Nr. 5 SGB IX ausdrücklich vorgesehen.

Ergebnis: Somit hat B einen Anspruch auf Leistungen zur Mobilität dem Grunde nach gemäß § 99 SGB IX i.V.m. §§ 114, 83 SGB IX. Über Art und Umfang der Leistungen hat der Träger der Eingliederungshilfe gemäß § 107 Abs. 2 SGB IX nach pflichtgemäßem Ermessen entsprechend den Besonderheiten des Einzelfalls i.S.d. § 104 SGB IX zu entscheiden. A hat konkret die Übernahme der Kosten zur Anschaffung und zum Betrieb (Versicherung, Steuern, Treibstoff) eines PKW beantragt. Dieser Wunsch ist angemessen, da der Bedarf durch öffentlichen Nahverkehr oder Beförderungsdienste nicht in vergleichbarer und in zumutbarer Weise gedeckt werden kann. Insofern ist das Ermessen beschränkt auf den Umfang der Beschaffungskosten des Pkw und die Höhe der Betriebskosten, soweit diese nicht gesetzlich vorgegeben sind.

Lösung des Übungsfalls zu den Voraussetzungen der Eingliederungshilfe – Rn. 299

504 Frau P müsste zum berechtigten Personenkreis nach § 99 SGB IX i.V.m. §§ 1 – 3 EGH-VO i.d.F. bis 31.12.2019 gehören, also eine Behinderung i.S.d. § 2 SGB IX erfahren, die sie wesentlich in ihrer Teilhabe am Leben in der Gesellschaft einschränkt.

a) Die dauerhafte halbseitige Lähmung stellt eine Behinderung i.S.d. § 2 SGB IX dar, da sie altersuntypisch ist, länger als 6 Monate andauert und Frau P in Wechselwirkung mit der Anforderung der Verschriftlichung von Manuskripten an der Sozialen Teilhabe behindert wird.

b) Das Vorliegen einer wesentlichen Teilhabeeinschränkung wird bei körperlichen Beeinträchtigungen durch § 1 EGH-VO konkretisiert. Aufgrund ihrer Halbseitenlähmung ist jedenfalls ihr Bewegungsapparat i.S.d. § 1 Nr. 1 EGH-VO beeinträchtigt. Dadurch müsste ihre Bewegungsfähigkeit in erheblichem Umfang eingeschränkt sein. Davon ist bei einer halbseitigen Lähmung auszugehen.

[Anmerkung: Die Beeinträchtigung in erheblichem Umfang ist im Einzelfall durch medizinische Fachkräfte festzustellen. Mangels entsprechender Feststellungen im Sachverhalt ist die gegenteilige Ansicht argumentativ vertretbar. Dann bestünde kein Rechtsanspruch auf Eingliederungshilfe, sondern es käme nur eine Leistung gem. § 99 Abs. 3 SGB IX nach Ermessen des Trägers in Betracht.]

Eine Aussicht, dass nach der Besonderheit des Einzelfalls die Aufgabe der Eingliederungshilfe erfüllt werden kann (§ 99 Abs. 1 SGB IX) besteht, wenn das individuelle Teilhabeziel nachvollziehbar i.S.d. der Aufgaben der Eingliederungshilfe ist und Leistungen der Eingliederungshilfe geeignet und notwendig sind, um dieses Teilhabeziel zu erreichen. Die Definition des Ziels der Teilhabe ist individuell zu bestimmen. Teilhabe bedeutet im vorliegenden Fall, umfangreichere Gedanken regelmäßig verschriftlichen, veröffentlichen und mit den Kursteilnehmer:innen teilen zu können. Das Teilhabeziel ist auch nachvollziehbar i.S.d. der Aufgaben der Sozialen Teilhabe gemäß § 90 Abs. 5 SGB IX, gleichberechtigt am Leben in der Gemeinschaft teilzunehmen und geht nicht über die Bedürfnisse einer nicht hilfebedürftigen Vergleichsperson ohne Behinderung hinaus. Ein Hilfsmittel mit einarmiger Bedienbarkeit wie der beantragte Laptop mit angeschlossenem Drucker ist auch geeignet, das Teilhabeziel zu erreichen. Das Hilfsmittel erscheint auch erforderlich, damit Frau P ihre Gedanken auch weiterhin allein verschriftlichen kann.

Die Eingliederungshilfe ist gemäß § 91 Abs. 1 SGB IX nur nachrangig zuständig gegenüber Anderen oder Trägern anderer Sozialleistungen. Von den anderen Rehabilitationsträgern, die gemäß §§ 5, 6 Abs. 1 SGB IX für Soziale Teilhabe zuständig sein können (Träger der Unfallversicherung, der Kriegsopferversorgung und -fürsorge oder der Kinder- und Jugendhilfe → Rn. 32), kommt keiner in Betracht, da die Beeinträchtigung Folge eines Schlagfallanfalls und Frau P 67 Jahre alt ist (→ Rn. 36 ff.). Ein vorrangiger Anspruch gegen andere Stellen ist laut Sachverhalt nicht erkennbar.

Zwar ist gemäß §§ 92 i.V.m. §§ 135 ff. SGB IX ein Eigenbetrag zu den Leistungen der Eingliederungshilfe aufzubringen, und Leistungen der Sozialen Teilhabe sind gemäß § 138 Abs. 1 SGB IX von dieser Pflicht auch nicht prinzipiell ausgenommen. Als Empfängerin von Leistungen der Grundsicherung im Alter seit 3 Jahren hat Frau P jedoch gemäß § 138 Abs. 1 Nr. 8 SGB IX keinen Eigenbeitrag zu leisten (→ Rn. 356).

Ergebnis: Frau P hat einen Rechtsanspruch auf Leistungen der Eingliederungshilfe dem Grunde nach. [Anmerkungen: nach vertretbarer anderer Ansicht nur einen Anspruch auf Entscheidung des Eingliederungshilfeträgers nach pflichtgemäßem Ermessen, s.o.]. Über Art und Umfang hat der Eingliederungshilfeträger gemäß § 107 Abs. 2 SGB IX nach pflichtgemäßem Ermessen zu entscheiden unter Berücksichtigung der Besonderheiten des Einzelfalls. Dabei erscheint der geäußerte Wunsch nach einem Laptop mit Drucker angemessen i.S.d. § 104 Abs. 2 SGB IX, da ein vergleichbar geeignetes und zugleich deutlich kostengünstigeres Hilfsmittel schwerlich zur Auswahl stehen dürfte.

Lösung des Übungsfalls zu den Leistungen der Eingliederungshilfe – Rn. 321

V müsste zum berechtigten Personenkreis nach § 99 SGB IX i.V.m. §§ 1 – 3 EGH-VO i.d.F. bis 31.12.2019 gehören, also eine Behinderung i.S.d. § 2 SGB IX haben, die sie wesentlich in ihrer Teilhabe am Leben in der Gesellschaft einschränkt.

505

a) Die angeborene Gehörlosigkeit stellt eine Sinnesbeeinträchtigung i.S.d. § 2 SGB IX dar, die alterstypisch ist, länger als 6 Monate andauern wird und die V in Wechselwirkung mit den Anforderungen des Hochschulbetriebes, dem in Lehrveranstaltungen und Tutorien akustisch verbreiteten Lernstoff zu folgen, an der gleichberechtigten Teilhabe an Bildung behindert.

b) Gemäß § 1 Nr. 5 EGH-VO sind gehörlose Menschen wesentlich in ihrer Teilhabe am Leben in der Gesellschaft beeinträchtigt. Nähere Feststellungen zum Ausmaß der Einschränkungen der Teilhabefähigkeit sind bei Gehörlosen nicht erforderlich.[557]

Es müsste zudem die Aussicht bestehen, dass die Aufgabe der Eingliederungshilfe angesichts des individuellen Bedarfes erfolgreich erfüllt werden kann (§ 99 Abs. 1 SGB IX). Dies ist der Fall, wenn das individuelle Teilhabeziel nachvollziehbar i.S.d. der Aufgaben der Eingliederungshilfe ist und Leistungen der Eingliederungshilfe geeignet und notwendig sind, um dieses Teilhabeziel zu erreichen. Die Definition des Ziels der Teilhabe ist individuell zu bestimmen. Teilhabe bedeutet für V die Absolvierung eines Bachelor-Studiums der Druck- und Medientechnologie. Es gehört gemäß § 90 Abs. 4 SGB IX zu den Aufgaben der Leistungen zur Teilhabe an Bildung, hoch-

---

[557] BSG 19.5.2009 – B 8 SO 32/07 R, Rn. 14 (jL).

schulische Aus- und Weiterbildung für einen Beruf zu ermöglichen. Die Unterstützung der gehörlosen V bei der Teilnahme an den verbal ausgerichteten Lehrveranstaltungen ist sowohl geeignet als auch erforderlich für das erfolgreiche Absolvieren des Studiums. Fraglich ist jedoch, ob die Aufnahme des Studiums auch sozial nachvollziehbar war. Für eine Zweitausbildung würde das gemäß § 112 Abs. 1 S. 4 SGB IX nur gelten, wenn dies aus behinderungsbedingten Gründen erforderlich ist. V strebt jedoch keine Zweitausbildung im Sinne einer beruflichen Umorientierung an, sondern will sich auf ihrem bereits eingeschlagenen Berufsweg weiterentwickeln. Hochschulische Weiterbildung wird gemäß § 112 Abs. 2 S. 1 SGB IX mit Leistungen der Eingliederungshilfe unterstützt, wenn diese in einem zeitlichen Zusammenhang an den vorangegangenen Ausbildungsabschnitt anschließt, in dieselbe fachliche Richtung führt und es der leistungsberechtigten Person ermöglicht, das von ihr angestrebte Ziel zu erreichen. Das Studium der Druck- und Medientechnologie führt in die gleiche Fachrichtung wie die duale Ausbildung der V zur Mediengestalterin. Es ermöglicht V auch, das von ihr erstrebte Berufsziel zu erreichen, welches nachvollziehbar ist, weil dieses Studium nach Angaben der IHK eine typische Weiterentwicklung für ausgelernte Mediengestalter mit Hochschulzugangsberechtigung ist. Auch der zeitliche Zusammenhang ist erfüllt, da es nicht auf den – hier fünfjährigen – zeitlichen Abstand zwischen den Ausbildungsabschnitten ankommt, sondern darauf, dass die leistungsberechtigte Person zu Beginn der Weiterbildung das 30. Lebensjahr noch nicht vollendet hat. V war zum Zeitpunkt des Studienbeginns erst 28 Jahre alt.[558]

Die Eingliederungshilfe ist gemäß § 91 Abs. 1 SGB IX nur nachrangig zuständig gegenüber anderen Stellen oder Trägern anderer Sozialleistungen. Von den anderen Rehabilitationsträgern, die gemäß §§ 5, 6 Abs. 1 SGB IX für Leistungen zur Teilhabe an Bildung zuständig sein können (Träger der Unfallversicherung, der Kriegsopferversorgung und -fürsorge oder der Kinder- und Jugendhilfe → Rn. 32), kommt keiner in Betracht, da die Gehörlosigkeit der V angeboren ist und V mit 28 Jahren weder altersmäßig in die Zuständigkeit der Kinder- und Jugendhilfe fällt noch eine seelische Beeinträchtigung aufweist (→ Rn. 36 ff.). Ein vorrangiger Anspruch gegen andere Stellen ist laut Sachverhalt nicht erkennbar.

Gemäß §§ 92 i.V.m. §§ 135 ff. SGB IX ist ein Eigenbetrag zu den Leistungen der Eingliederungshilfe aufzubringen; Leistungen zur Teilhabe an hochschulischer Weiterbildung nach § 112 Abs. 1 Nr. 2 SGB IX sind gemäß § 138 Abs. 1 SGB IX von dieser Pflicht auch nicht ausgenommen. Aufgrund der Tatsache, dass V nur Einkommen aus ihrer Teilzeittätigkeit neben dem Studium erzielt, dass gerade ebenso dazu ausreicht, ihren Lebensunterhalt zu decken, ist davon auszugehen, dass das Einkommen die Einkommensgrenze nach § 136 Abs. 2 Nr. 1 SGB IX i.H.v. 85 % der Bezugsgröße (→ Rn. 348) nicht überschreitet; [dies wäre in der Praxis noch genauer zu prüfen und nachzuweisen].

Ergebnis: V hat einen Rechtsanspruch auf Leistungen der Eingliederungshilfe dem Grunde nach. Über Art und Umfang hat der Eingliederungshilfeträger gemäß § 107 Abs. 2 SGB IX nach pflichtgemäßem Ermessen zu entscheiden unter Berücksichtigung der Besonderheiten des Einzelfalls. Hinsichtlich der von V gewünschten Leistungen an Gebärdensprachdolmetschern, studentischen Mitschreibkräften und qualifizierten Tutoren zur Prüfungsvorbereitung bleibt dabei zu prüfen, ob diese ange-

---

558 Im Unterschied zum Eingliederungshilferecht vor der BTHG-Reform ist jetzt nicht mehr zu prüfen, ob das Teilhabeziel einen „angemessener Beruf" darstellt. S. zur alten Rechtslage § 54 Abs. 1 S. 1 Nr. 2 SGB XII a.F., § 13 Abs. 1 Nr. 5 EGH-VO a.F. und LSG NRW 27.3.2014 – L 9 SO 497/11, Rn. 74 ff.

messen sind, ob es also vergleichbare Leistungen gibt, wie etwa Tablets mit Mikrofon und Spracherkennungssoftware, die die Inhalte der Lehrveranstaltungen verlässlich aufzeichnen und in Schriftsprache umsetzen, ob ihr ggf. diese alternativen Leistungen zumutbar sind und wie der Vergleich der (ggf. Mehr-)kosten ausfällt (zur Angemessenheitsprüfung → Rn. 55 ff.).

Lösung des Übungsfalls zum Einsatz von Einkommen und Vermögen – Rn. 364

1. Eigenbeitrag aus dem Einkommen? 506

Laut § 92 SGB IX ist zu den Leistungen der Eingliederungshilfe ein Beitrag aus Einkommen und Vermögen gemäß den §§ 135 – 142 SGB IX zu erbringen. Aus dem Einkommen ist laut § 137 Abs. 2 SGB IX ein Betrag in Höhe von 2 % des Anteils des Einkommens nach § 135 SGB IX aufzubringen, der die Einkommensgrenze nach § 136 SGB IX übersteigt.

Als Einkommen sind laut § 135 Abs. 1 SGB IX die im Einkommensteuer- bzw. des Rentenbescheid des Vorvorjahres genannten Einkünfte anzusehen. Zu berücksichtigen ist dabei gemäß § 136 Abs. 1 SGB IX nur das Einkommen von Frau B als antragstellende Person angerechnet wird, nicht aber das ihres Ehemannes. Frau B hatte im Vorvorjahr Einkünfte in Höhe von 70 % der Bezugsgröße nach § 18 Abs. 1 SGB IV. Die Einkommensgrenze richtet sich in ihrem Fall nach § 136 Abs. 2 Nr. 3 SGB IX, da ihre Einkünfte aus der Erwerbsminderungsrente überwiegen. Die Einkommensgrenze liegt demnach bei 60 % der Bezugsgröße. Zu prüfen ist, ob die Einkommensgrenze noch gemäß § 136 Abs. 3 SGB IX um einen Partnerzuschlag i.H.v. 15 % der Bezugsgröße zu erhöhen ist. Da Herr B Altersrente bezieht, die im Vorvorjahr der Höhe nach 70 % der Bezugsgröße entsprochen hat, liegt sein eigenes Einkommen oberhalb der Einkommensgrenze nach § 136 Abs. 2 Nr. 3 SGB IX von 60 % der Bezugsgröße. Somit ist gemäß § 136 Abs. 4 SGB IX die Einkommensgrenze von Frau B nicht um einen Partnerzuschlag zu erhöhen. Ihr Einkommen übersteigt somit die Einkommensgrenze i.H.v. 10 % der Bezugsgröße. Von diesem Betrag wäre monatlich ein Betrag i.H.v. von 2 % aufzubringen.[559] Zu berücksichtigen ist noch, dass es sich bei dem Einbau einer Hebevorrichtung in das Kfz um die Beschaffung eines Bedarfsgegenstandes i.S.d. § 138 Abs. 3 SGB IX handelt, dessen Gebrauch für mehr als ein Jahr bestimmt ist. Daher steht es im Ermessen des Trägers der Eingliederungshilfe, von Frau B die Aufbringung eines höheren Eigenbetrages zu verlangen, höchstens jedoch das Vierfache des monatlichen Betrages.[560]

2. Eigenbeitrag aus dem Vermögen?

Neben dem Einkommen ist auch der Einsatz eigenen Vermögens zu prüfen. Es ist das gesamte verwertbare Vermögen einzusetzen, soweit es gemäß § 139 S. 2 SGB IX nicht zum Schonvermögen des § 90 Abs. 2 Nr. 1–8 SGB XII gehört und nicht oberhalb der Freibetragsgrenze von 150 % der jährlichen Bezugsgröße liegt. Zwar verfügt das Ehepaar B zusammen über Vermögenswerte, die oberhalb dieser Freibetragsgrenze liegen, da allein Herr B Wertpapiere in diesem Umfang besitzt. Aller-

---

559 Zur Verdeutlichung: Im Jahr 2021 ist die Bezugsgröße nach § 18 Abs. 1 SGB IV festgelegt auf 39.480 EUR im Jahr, d.h. 3.115 EUR im Monat. Im Fall liegt 10 % des Einkommens über der Einkommensgrenze, also ein Betrag von 3.738 EUR. Davon wären monatlich 2 % aufzubringen, also 70 EUR (Betrag [74,76 EUR] ist gemäß § 137 Abs. 2 S. 2 SGB IX auf volle 10 EUR abzurunden).
560 Im Jahr 2021 also höchstens 4 x 2% von (10% von 39.480 EUR) = 315,84 EUR.

dings kommt es gemäß § 140 Abs. 1 SGB IX nur auf das Vermögen von Frau B als antragstellender Person an, nicht aber auf jenes von Herrn B. Das Kfz von Frau B gehört nicht per se zum Schonvermögen des § 90 Abs. 2 SGB XII, zumal sie das Kfz nur für die Soziale Teilhabe, nicht aber zur Aufnahme oder Fortsetzung einer Erwerbstätigkeit (Nr. 5) benötigt. Der Verkehrswert des Wagens von 20.000 EUR liegt allerdings deutlich unterhalb der Freibetragsgrenze von 150 % der jährlichen Bezugsgröße.[561] Frau B muss daher kein Vermögen für den Umbau einsetzen. Aber selbst wenn der Wert des Kfz die Freibetragsgrenze übersteigen würde, wäre zu prüfen, ob seine Verwertung eine unzumutbare Härte i.S.d. § 139 S. 3 SGB IX bedeuten würde.

3. Ergebnis: Frau B muss aus ihrem Einkommen einen Eigenbeitrag i.H.v. von mindestens 2 % ihres Einkommens leisten, das den Freibetrag von 60 % der jährlichen Bezugsgröße nach § 18 Abs. 1 SGB IV übersteigt, maximal bis zum Vierfachen dieses Betrages. Die genaue Höhe ist vom Träger der Eingliederungshilfe nach pflichtgemäßem Ermessen festzulegen. Herr B muss weder sein Einkommen noch sein Vermögen einsetzen.

Lösung des Übungsfalls zur Beschäftigung schwerbehinderter Menschen – Rn. 421

507 *1. Was muss die Bank tun, um K zu kündigen?*

K hat mit Bescheid vom 14.12.2014 einen GdB von 50 anerkannt bekommen. Damit ist er nach § 2 Abs. 2 SGB IX schwerbehindert. Aus diesem Grund gilt für ihn der besondere Kündigungsschutz nach den §§ 168 ff. SGB IX. Eine Ausnahme nach § 173 SGB IX liegt nicht vor, insbesondere ist K bereits langjährig bei der B beschäftigt. Der Arbeitgeber muss deshalb vor der Kündigung die Zustimmung des Integrationsamtes nach § 168 SGB IX einholen. Diese Zustimmung muss durch die Bank nach § 170 SGB IX schriftlich beantragt werden und dies gemäß § 174 Abs. 2 S. 1 SGB IX innerhalb von zwei Wochen nach Kenntnis der für die Kündigung maßgebenden Gründe, da es sich um eine außerordentliche Kündigung handeln soll.

2. Welche Regelung gilt für die außerordentliche Kündigung im Schwerbehindertenrecht und würde diese eine Kündigung des K ermöglichen?

Die außerordentliche Kündigung eines schwerbehinderten Arbeitnehmers richtet sich nach § 174 SGB IX. Ebenso wie bei anderen Kündigungsverfahren entscheidet das Integrationsamt über die Zustimmung nach pflichtgemäßem Ermessen. Dieses wird jedoch nach § 174 Abs. 4 SGB IX eingeschränkt. Diese Vorschrift bestimmt, dass das Integrationsamt die Zustimmung erteilen soll, wenn die Kündigung aus einem anderen Grund erfolgt, der nicht im Zusammenhang mit der Behinderung steht. Ein solcher Zusammenhang liegt dann vor, wenn die jeweilige Behinderung unmittelbar oder mittelbar zu Defiziten in der Einsichtsfähigkeit und/oder Verhaltenssteuerung des schwerbehinderten Arbeitnehmers geführt hat, denen behinderungsbedingt nicht entgegengewirkt werden konnte, und wenn das einer Kündigung aus wichtigem Grund zu Grunde liegende Verhalten des schwerbehinderten Arbeitnehmers gerade auf diese behinderungsbedingte mangelhafte Verhaltenssteuerung zurückzu-

---

561 Im Jahr 2019 liegt dieser Freibetrag bei 37.380 EUR * 150 % = 56.070 EUR.

führen ist. Im vorliegenden Fall ist das Verhalten des K, welches die Bank zur Kündigung veranlasst hat – das ständige Betreten der Bank außerhalb der vereinbarten Arbeitszeiten, das nicht rechtzeitige Erledigen seiner Arbeitsaufgaben – auf seine Behinderung zurückzuführen. Seine diagnostizierte schwere Zwangsstörung mit multiplen Zwangshandlungen im Alltag führen unmittelbar zur Unfähigkeit, sein Arbeitspensum zu schaffen und zu seiner Angst, Fehler zu machen und deshalb Geschriebenes mehrfach zu kontrollieren. Aus diesem Grund ist das Ermessen des Integrationsamtes nicht nach § 174 Abs. 4 SGB IX eingeschränkt.

3. Könnte K ordentlich gekündigt werden?
Bei der Entscheidung zur Zustimmung über die ordentliche Kündigung hat das Integrationsamt weiterhin Ermessen. Hierbei muss es die widerstreitenden Interessen des schwerbehinderten Arbeitnehmers und die des Arbeitgebers unter Berücksichtigung des fürsorgerischen Schutzzwecks des Gesetzes gegeneinander abwägen. Hierbei ist zu berücksichtigen, dass K bereits seit vielen Jahren für die Bank arbeitet, Familie hat und auch bereit ist, eine Therapie durchzuführen. Die Bank ist zwar berechtigt – auch aus Sicherheitsgründen – die Einhaltung ihrer Anweisungen von K einzufordern; allerdings kann sie den weiteren Verlauf der ärztlichen Behandlung zunächst abwarten. Das Integrationsamt, das nach § 170 Abs. 3 SGB IX verpflichtet ist, jederzeit auf eine gütliche Einigung hinzuwirken, wird vermutlich seine Zustimmung davon abhängig machen, ob K's Therapie erfolgreich ist.

Lösung des Übungsfalls zur Beschäftigung in einer WfbM – Rn. 457

1 Für welchen Bereich muss K nach dem Eingangsverfahren Leistungen erhalten? **508**
Nach dem Eingangsverfahren muss K in den Berufsbildungsbereich übergehen, § 57 Abs. 1 Nr. 2, Abs. 3 SGB IX, § 4 WVO.

2. Wer ist zuständiger Rehabilitationsträger für diese Leistungen?
Zuständiger Leistungsträger ist nach § 63 Abs. 1 Nr. 1 die Bundesagentur für Arbeit. Sie ist zwar nachrangig zuständig, allerdings liegen keine Anhaltspunkte für die Zuständigkeit eines anderen Rehabilitationsträgers vor. Die Bundesagentur für Arbeit erbringt Leistungen im Berufsbildungsbereich einer WfbM nach § 117 Abs. 2 SGB III.

3. Hat K einen Anspruch auf diese Leistungen in der WfbM?
Die Voraussetzungen für einen Anspruch auf Leistungen zur Teilhabe im Arbeitsleben für den Berufsbildungsbereich sind in § 57 Abs. 1 Nr. 2 SGB IX geregelt. Danach erhalten Menschen mit Behinderungen Leistungen im Berufsbildungsbereich, wenn die Leistungen erforderlich sind, um die Leistungs- oder Erwerbsfähigkeit des Menschen mit Behinderung so weit wie möglich zu entwickeln, zu verbessern oder wiederherzustellen und wenn erwartet werden kann, dass der Mensch mit Behinderung nach Teilnahme an diesen Leistungen in der Lage ist, wenigstens ein Mindestmaß an wirtschaftlich verwertbarer Arbeitsleistung i.S.d. § 219 SGB IX, § 4 Abs. 1 S. 2 WVO zu erbringen. Diese Erwartung besteht nach § 219 Abs. 2 S. 2 SGB IX nicht bei Menschen mit Behinderungen, bei denen trotz einer der Behinderung angemessenen Betreuung eine erhebliche Selbst- oder Fremdgefährdung zu erwarten ist oder bei

denen das Ausmaß der erforderlichen Betreuung und Pflege die Teilnahme an der Maßnahme im Berufsbildungsbereich oder sonstige Umstände ein Mindestmaß an wirtschaftlich verwertbarer Arbeitsleistung im Arbeitsbereich dauerhaft nicht zulassen. Steht von vornherein fest, dass der Mensch mit Behinderung nach Durchlaufen des Berufsbildungsbereichs die Voraussetzung für eine Aufnahme in den Arbeitsbereich nicht erfüllen wird, weil er nicht mindestens an einem der mehreren möglichen Arbeitsvorgänge eingesetzt werden kann, die in dem Arbeitsbereich einer WfbM wiederholt anfallen, hat er keinen Anspruch auf Förderung; es besteht keine Werkstattfähigkeit.

Maßstab für diese Werkstattfähigkeit sind die konkreten Verhältnisse (z.B. der Personalschlüssel) in der Werkstatt, in der der Mensch mit Behinderung aufgenommen werden soll. Eine Aufnahme ist immer dann ausgeschlossen, wenn die Betreuung des Menschen mit Behinderung mit dem Betreuungsschlüssel der Einrichtung nicht zu erreichen ist. Der Personalschlüssel in einer WfbM wird durch § 9 Abs. 3 S. 2 WVO vorgegeben; er beträgt im Berufsbildungsbereich 1:6 und im Arbeitsbereich 1:12. K benötigt zur Unterstützung für jede Tätigkeit ihre Assistentin, sie kann nicht aktiv sprechen und ausschließlich über den PC mithilfe ihrer Assistentin kommunizieren. Ohne Hilfe kann sie keinen Arbeitsvorgang realisieren; dies entspricht einem Betreuungsbedarf von 1:1. Dieser Betreuungsbedarf, der auch nicht geringer wird, lässt sich weder im Berufsbildungsbereich noch später im Arbeitsbereich realisieren, so dass ein Mindestmaß an wirtschaftlich verwertbarer Leistung nicht erwartet werden kann.

K hat keinen Anspruch auf Leistungen im Berufsbildungsbereich.

Lösung des Übungsfalls zum Rechtsschutzverfahren – Rn. 494

509 D hat das für eine Klageerhebung gemäß § 78 SGG erforderlich Widerspruchsverfahren erfolglos durchlaufen. Und die Ablehnung der Kostenübernahme für den Berufshubschrauberpilotenschein ist rechtswidrig (s. Lösung des Übungsfalls 6b). Allerdings ist zu berücksichtigen, dass es bei der Gewährung von Leistungen zur Teilhabe am Arbeitsleben um eine Ermessensentscheidung geht. Hat eine Behörde ihr Ermessen nicht pflichtgemäß ausgeübt, kann das Gericht i.d.R. diese Entscheidung nur aufheben und die Behörde zur Neubescheidung unter Berücksichtigung der Auffassung des Gerichts verurteilen, nicht aber eine Entscheidung an Stelle der Behörde treffen.[562] Dies kommt nur ausnahmsweise bei einer sog. „Ermessensreduzierung auf Null" in Betracht, wenn der Entscheidungsspielraum der Behörde angesichts der Umstände des Einzelfalls so eingeschränkt ist, dass nur die Bewilligung der konkret begehrten Leistung als rechtmäßig anzusehen ist. Im vorliegenden Fall ist von einer solchen Ermessensreduzierung auf Null auszugehen, da der Berufswusch des D sämtliche nach § 49 Abs. 4 SGB IX relevanten Auswahlkriterien erfüllt hat[563] und dabei mindestens ebenso wirtschaftlich war wie die vom Rentenversicherungsträger vorgeschlagene Alternative und somit der Wunsch des D nach § 8 Abs. 1 S. 1 SGB IX berechtigt war. Daher hat eine Klage des D auf Übernahme der Weiterbildungskosten zum Berufspiloten Aussicht auf Erfolg.

---

562 So auch LSG SAR 4.8.2006 – L 7 RJ 22/04, Rn. 32 und 38.
563 Insoweit weicht dieser Fall vom dem des LSG SAR 4.8.2006 – L 7 RJ 22/04 ab, vgl. dort Rn. 38.

Literaturverzeichnis

Arnade, Sigrid: Selbstbestimmung und Empowerment downlaod unter http://www.lebensnerv.de/index.php/projekte/empowerment/selbstbestimmung

Bielefeldt, Heiner: Zum Innovationspotenzial der UN-Behindertenrechtskonvention, hrsg. vom Deutschen Institut für Menschenrechte, 3. Auflage, 2009

Bieritz-Harder, Renate/ Conradis, Wolfgang/ Thie, Stephan (Hrsg.): Sozialgesetzbuch XII, Sozialhilfe Lehr- und Praxiskommentar, 12. Auflage, 2020, zit. Barbeiter in LPK-SGB XII

Bieritz-Harder, Renate: Der Weg zum Beruf zwischen "Teilhabe an Bildung" und "Teilhabe am Arbeitsleben" in: Die Sozialgerichtsbarkeit 2017, S. 491-498,SGb 2017, 491 ff.

von Boetticher, Arne: Das neue Teilhaberecht, 2. Auflage, 2020, zit.: von Boetticher (2020)

Bundesagentur für Arbeit: Situation schwerbehinderter Menschen, Mai 2020, download unter https://statistik.arbeitsagentur.de/DE/Statischer-Content/Statistiken/Themen-im-Fokus/Menschen-mit-Behinderungen/generische-Publikation/Arbeitsmarktsituation-schwerbehinderter-Menschen.pdf (Abruf 28.6.2021)

Bundesarbeitsgemeinschaft für Rehabilitation (BAR): Rahmenvereinbarung über den Rehabilitationssport und das Funktionstraining vom 1.1.2011, download unter https://www.bar-frankfurt.de/fileadmin/dateiliste/_publikationen/reha_vereinbarungen/pdfs/Rahmenvereinbarung_Rehasport_2011.pdf (Abruf 28.6.2021)

Bundesarbeitsgemeinschaft für Rehabilitation (BAR): Handlungsempfehlungen Trägerübergreifende Aspekte bei der Ausführung von Leistungen durch ein Persönliches Budget vom 1.4.2009, download unter https://www.bar-frankfurt.de/fileadmin/dateiliste/_publikationen/reha_vereinbarungen/pdfs/Persoenliches_Budget.pdf (Abruf 28.6.2021)

Bundesarbeitsgemeinschaft für Rehabilitation (BAR): Gemeinsame Empfehlung "Reha-Prozess" vom Februar 2019; abrufbar unter https://www.bar-frankfurt.de/fileadmin/dateiliste/_publikationen/reha_vereinbarungen/pdfs/GEReha-Prozess.BF01.pdf (29.08.2021)

Bundesarbeitsgemeinschaft für Rehabilitation (BAR): 1.Teilhabeverfahrens-Bericht; abrufbar unter https://www.bar-frankfurt.de/themen/teilhabeverfahrensbericht/teilhabeverfahrensberichte.html?get=params&cHash=ff0e1d5c08f3f335e833f32bd6843788 (14.10.2021)

Bundesarbeitsgemeinschaft für Rehabilitation (BAR): Trägerübergreifende Ausgabenstatistik der BAR, Reha-Info 1/2021, abrufbar unter https://www.bar-frankfurt.de/service/reha-info-und-newsletter/reha-info-2021/reha-info-012021/traegeruebergreifende-ausgabenstatistik-der-bar.html (28.06.2021)

BMAS – Bundesministerium für Arbeit und Soziales: Häufige Fragen zum Bundesteilhabegesetz (BTHG) vom 25.10.2018, Berlin, abrufbar unter: https://www.bmas.de/DE/Soziales/Teilhabe-und-Inklusion/Rehabilitation-und-Teilhabe/Fragen-und-Antworten-Bundesteilhabegesetz/faq-bundesteilhabegesetz.html (Abruf am 30.06.2021), BMAS (2018)

CDU, CSU und SPD: Deutschlands Zukunft gestalten, Koalitionsvertrag für die 18. Legislaturperiode vom 27.11.2013, Berlin, abrufbar unter: https://www.bundestag.de/resource/blob/194886/696f36f795961df200fb27fb6803d83e/koalitionsvertrag-data.pdf (29.06.2021)

Dau, Dirk H./ Düwell, Franz Josef/ Joussen, Jacob (Hrsg.): Sozialgesetzbuch IX Rehabilitation und Teilhabe von Menschen mit Behinderungen, Lehr- und Praxiskommentar, 5. Auflage 2019, zit. Bearbeiter in LPK-SGB IX

Deinert, Olaf / Welti, Felix: StichwortKommentar Behindertenrecht, 2. Auflage 2018, zit: Bearbeiter in SWK Behindertenrecht

Deinert, Olaf/ Neumann, Volker: Rehabilitation und Teilhabe behinderter Menschen Handbuch SGB IX, 2. Auflage 2009

Deutscher Verein für öffentliche und private Fürsorge (Hrsg.): Fachlexikon der Sozialen Arbeit, 8. Auflage 2017

Deutscher Verein: Eigenständiges Leistungsgesetz für Menschen mit Behinderung schaffen – Bundesteilhabegeld einführen, in: Nachrichten des Deutschen Vereins 2013, S. 484-485

Deutscher Verein: Empfehlungen des Deutschen Vereins: Von der Schulbegleitung zur Schulassistenz in einem inklusiven Schulsystem, in: Nachrichten des Deutschen Vereins 2017, S. 59-66,

Deutsche Rentenversicherung Bund: Rahmenkonzept zur medizinischen Rehabilitation in der gesetzlichen Rentenversicherung; 3. Auflage, 2009; abrufbar unter: https://www.deutsche-r

entenversicherung.de/SharedDocs/Downloads/DE/Experten/infos_reha_einrichtungen/kon zepte_systemfragen/konzepte/rahmenkonzept_medizinische_reha.pdf?__blob=publication File&v=1 (Abruf am 19.02.2021)

DIMDI – Deutsche Institut für Medizinische Dokumentation und Information (Hrsg.): Internationale Klassifikation der Funktionsfähigkeit, Behinderung und Gesundheit, Genf, (Anm.: das DIMDI ist WHO-Kooperationszentrum für das System Internationaler Klassifikationen), 2005, abrufbar unter: https://www.dimdi.de/dynamic/de/klassifikationen/downloads/?dir=i cf (Abruf am 28.6.2021),DIMDI (2005)

Ehmann, Frank/ Karmanski, Carsten/ Kuhn-Zuber, Gabriele (Hrsg.): Gesamtkommentar Sozialrechtsberatung, 2. Auflage 2018, zit.: Bearbeiter in GK SRB

Eicher, Wolfgang/ Luik, Steffen: SGB II Grundsicherung für Arbeitsuchende Kommentar, 4. Auflage 2017, zit.: Bearbeiter in Eicher/Luik

Fasselt, Ursula/ Schellhorn, Helmut: Handbuch Sozialrechtsberatung, 6. Auflage 2021, zit.: Bearbeiter in HSRB

Feldes, Werner/ Kohte, Wolfhard/ Stevens-Bartol, Eckart (Hrsg.): SGB IX Sozialgesetzbuch Neuntes Buch Rehabilitation und Teilhabe von Menschen mit Behinderungen, Teil 1 und Teil 3, 4. Auflage 2018, zit.: Bearbeiter in Feldes at al.

Giesen, Richard/ Kreikebohm, Ralf/ Rolfs, Christian/ Udsching, Peter (Hrsg.): BeckOK Sozialrecht, 50. Edition, Stand 1.9.2018, zit.: Bearbeiter in BeckOK Sozialrecht

Grube, Christian/ Wahrendorf, Volker/ Flint, Thomas: SGB XII Sozialhilfe mit Eingliederungshilfe (SGB IX Teil 2) und Asylbewerberleistungsgesetz Kommentar, 7. Auflage 2020

Hänlein, Andreas/ Schuler, Rolf (Hrsg.): Sozialgesetzbuch V Gesetzliche Krankenversicherung, Lehr- und Praxiskommentar, 5. Auflage 2016, zit.: Bearbeiter in LPK-SGB V

Hauck, Karl/Noftz, Wolfgang: SGB IX Rehabilitation und Teilhabe behinderter Menschen, Loseblattsammlung Stand 2018, zit. Bearbeiter in Hauck/Noftz, SGB IX

Heinisch, Daniel: Modernes Teilhaberecht im Bundesteilhabegesetz?, in: Nachrichten des Deutschen Vereins 2016, S. 537-541,NDV 2016, 540

Hellrung, Christina: Inklusion von Kindern mit Behinderungen als sozialrechtlicher Anspruch, 2017, Wiesbaden

Kampmeier, Anke/ Kraehmer, Stefanie/ Schmidt, Stefan: Das Persönliche Budget, Selbständige Lebensführung von Menschen mit Behinderungen, 2014

Keil, Stella: Das BTHG - Die Änderungen im Eingliederungshilferecht (Teil 2 SGB IX), in: Die Sozialgerichtsbarkeit 2017, S. 447-451,SGb 2017, 451

Kossens, Michael/ von der Heide, Dirk/ Maaß, Michael (Hrsg.): SGB IX Rehabilitation und Teilhabe behinderter Menschen mit Behindertengleichstellungsgesetz, Kommentar, 4. Auflage 2015, zit. Bearbeiter in Kossens/von der Heide/Maaß

Kuhn-Zuber, Gabriele: Soziale Inklusion und Teilhabe – Die Reform der Eingliederungshilfe unter Berücksichtigung des Rechts auf unabhängige Lebensführung und Einbeziehung in die Gemeinschaft aus Art. 19 BRK, Sozialer Fortschritt 2015, 259 ff

Kuhn-Zuber, Gabriele: Abgrenzung der Leistungen zur Sozialen Teilhabe von den Leistungen der medizinischen Rehabilitation, RP Reha 2020, 16 ff.

Kunkel, Peter-Christian/ Kepert, Jan/ Pattar, Andreas Kurt (Hrsg.): Sozialgesetzbuch VIII Kinder- und Jugendhilfe, Lehr- und Praxiskommentar, 7. Auflage 2018, zit.: Bearbeiter in LPK-SGB VIII

Lachwitz, Klaus/ Schellhorn, Walter/ Welti, Felix: HK-SGB IX Handkommentar zum Sozialgesetzbuch IX, Rehabilitation und Teilhabe behinderter Menschen, 3. Auflage 2010, zit.: Bearbeiter in HK SGB IX

Luthe, Ernst-Wilhelm: Rehabilitationsrecht, 2. Auflage 2015, Berlin, zit.: Bearbeiter in Luthe (2015)

Luthe, Ernst-Wilhelm: Teilhabe an Bildung nach § 75 Bundesteilhabegesetz, in: Neue Zeitschrift für Sozialrecht 2017, S. 441-447,NZS 2017, 444 ff.

Münder, Johannes/ Meysen, Thomas/ Trenczek, Thomas (Hrsg.): Frankfurter Kommentar zum SGB VIII Kinder- und Jugendhilfe, 7. Auflage 2013, zit.: Bearbeiter in FK-SGB VIII

Neumann, Dirk/ Pahlen, Ronald/ Greiner, Stefan/ Winkler, Jürgen/ Jabben, Jürgen (Hrsg.): Sozialgesetzbuch IX Rehabilitation und Teilhabe behinderter Menschen, 14. Auflage 2020, zit.: Bearbeiter in Neumann/Pahlen/Greiner/Winkler/Jabben

Pieroth, Bodo/ Schlink, Bernhard: Grundrechte Staatsrecht II, 24. Auflage 2008

Literaturverzeichnis 273

Poscher, Ralf/ Rux, Johannes/ Langer, Thomas: Von der Integration zur Inklusion, Das Recht auf Bildung aus der Behindertenrechtskonvention der Vereinten Nationen und seine innerstaatliche Umsetzung, 2008

Schlegel, Rainer/ Voelzke, Thomas (Hrsg.): juris PraxisKommentar zum SGB IX – Rehabilitation und Teilhabe von Menschen mit Behinderungen, online Kommentar, 3. Auflage 2018, zit.: Bearbeiter in Schlegel/Voelzke, jurisPK SGB IX (jeweils mit aktualisiertem Bearbeitungsstand)

Schlegel, Rainer/ Voelzke, Thomas (Hrsg.): juris PraxisKommentar SGB VII – Gesetzliche Unfallversicherung, online Kommentar, 2. Auflage 2014, zit.: Bearbeiter in Schlegel/Voelzke, jurisPK SGB VII (jeweils mit aktualisiertem Bearbeitungsstand)

Schlegel, Rainer/ Voelzke, Thomas (Hrsg.): juris PraxisKommentar SGB IV - Gemeinsame Vorschriften für die Sozialversicherung, online Kommentar, 3. Auflage 2016, zit.: Bearbeiter in Schlegel/Voelzke, jurisPK SGB IV (jeweils mit aktualisiertem Bearbeitungsstand)

Schneider, Egbert: Das neue Bundesteilhabegesetz, in: Wege zur Sozialversicherung 2017, S. 67-72, WZS 2017, 72

Schütte, Wolfgang: Neue Eingliederungshilfe? Der Entwurf eines Bundesteilhabegesetzes aus sozialrechtlicher Sicht, in: Nachrichten des Deutschen Verein 2016, S. 435-439,

Statistisches Bundesamt: Empfängerinnen und Empfänger von Eingliederungshilfe für behinderte Menschen insgesamt, nach Ort der Leistungserbringung und Ländern am 31.12.2019; abrufbar unter https://www.destatis.de/DE/Themen/Gesellschaft-Umwelt/Soziales/Sozialhilfe/Tabellen/t005-kap5-9-ebm-empf-insg-bl-odl-3112.html (28.06.2021)

Theunissen, Georg: Empowerment und Inklusion behinderter Menschen – Eine Einführung in die Heilpädagogik und Soziale Arbeit, 3. Auflage 2013

Trenczek, Thomas/ Tammen, Britta/ Behlert, Wolfgang/ von Boetticher, Arne: Grundzüge des Rechts, Studienbuch für soziale Berufe, 5. Auflage, 2018, zit. Bearbeiter in Trenczek et al. (2018)

WHO: Disability prevention and rehabilitation, Technical Report Series 668. Genf. 1981, download unter http://apps.who.int/iris/bitstream/handle/10665/40896/WHO_TRS_668.pdf?sequence=1&isAllowed=y (Abruf 28.6.2021)

Stichwortverzeichnis

Die Angaben verweisen auf die Randnummern des Buches.

abweichungsfeste Regelungen 44
Akteneinsicht 475
Allgemeines Gleichbehandlungsgesetz 1, 4, 395
Amtsermittlungsgrundsatz 475
andere Leistungsanbieter 448 ff.
– Rechtsstellung der Teilnehmenden 450
– Sozialversicherung 450
– Wahlrecht 451
Anfechtungsklage 487
Angemessenheit
– in der Eingliederungshilfe 55 ff.
– Kostenvergleich 57
– vergleichbare Leistungen 55
– Wohnen außerhalb besonderer Wohnformen 58
– Zumutbarkeit 56
Ansprüche gegen Dritte 276 ff.
– gesetzlicher Forderungsübergang 277 f.
– Unterhaltsansprüche 278 ff.
– Unterhaltsansprüche Volljähriger 278
Antrag
– als Beginn des Verwaltungsverfahrens 472 ff.
– Antragsberechtigung 473
– auf Anerkennung der Schwerbehinderung 382
– auf Ermäßigung/ Erlass des Rundfunkbeitrags 468
– auf medizinische Rehabilitation 145 f.
– auf Teilhabe am Arbeitsleben 170
– in der Eingliederungshilfe 298
– leistender Reha-Träger 70
– Persönliches Budget 121 f.
– zuständiger Leistungsträger 474
Antragsaufsplittung 78 ff.
– in „Konsensfällen" 80 f.
– Widerspruchsrecht 81 f.
Arbeitgebermodell 127
Arbeitsassistenz
– durch das Integrationsamt 409
– Notwendigkeit 411
– Teilhabe am Arbeitsleben 167
– WfbM 410
– Zuständigkeit 412

Arbeitsbereich 437 ff.
– Arbeitsentgelt 441
– Dauer 438
– Rechtsstellung 440
– Zielsetzung 437
– zuständige Rehabilitationsträger 439
Arbeitsförderungsgeld 441
Assistenz im Krankenhaus 320
Assistenzleistungen 233 ff.
– Arbeitsassistenz 167, 409 ff.
– begleitete Elternschaft 237 f.
– Ehrenamt 238 f.
– einfache Assistenz 235 f.
– Elternassistenz 237
– Erreichbarkeit einer Ansprechperson 240
– Fachkräftegebot 236
– Fahrtkosten 233
– Kommunikationskompetenzen 236
– neue Ausrichtung 234
– pauschale Geldleistung 317
– Poolen von Leistungen 318 f.
– qualifizierte Assistenz 235 f.
– Soziale Teilhabe 233 ff.
– Teilhabe an Bildung 216 f.
Aufschiebende Wirkung 485
Ausbildungsgeld 193
Ausgabendynamik
– in der Eingliederungshilfe 259
Ausgleichsabgabe 393
Ausländer:innen
– Eingliederungshilfe 296
Ausschuss für die Rechte von Menschen mit Behinderungen 2
– Individualbeschwerde 2
Barmittel in Einrichtungen 328
Barrierefreiheit 21
BAR s. Bundesarbeitsgemeinschaft für Rehabilitation 101
Bedarfsermittlung 72 f.
– Begutachtung 75
– in der Eingliederungshilfe 330 ff.
– Orientierung an der ICF 331
Beförderungsdienste 247 ff.
Begleitende Hilfe im Arbeitsleben 407 ff.
Begleitete Elternschaft 237 f.

Begründete Mitteilung bei Fristversäumnis 85 f.
- Gründe für Fristverlängerung 86

Begutachtung 75

Behindertengleichstellungsgesetz 1, 4

Behindertenpauschbetrag 463

Behindertenrechtskonvention s. UN-Behindertenkonvention 2

Behinderung
- Barrieren 21
- Begriff 15 ff.
- Bundesteilhabegesetz 17
- Dauer 20
- Funktionsbeeinträchtigungen 18
- Interaktion mit der Umwelt 21
- Sozialrecht 29
- Teilhabebeeinträchtigung 22
- von Behinderung bedroht 23
- Wechselwirkung 16 ff.

Beistände 473

Beratung
- durch EUTB 108 ff.
- durch Fachkräfte der Eingliederungshilfe 268
- durch Sozialleistungsträger 111

Beratungshilfe 491

Beratungspflicht
- sozialrechtlicher Herstellungsanspruch 112

Berufsbildungsbereich
- Dauer 435
- Rechtsstellung 436
- Zielsetzung 434
- zuständige Rehabilitationsträger 436

Berufsbildungswerke 173

Berufsförderungswerke 173

Berufsschulunterricht
- Teilhabe an Bildung 213

Beschäftigung schwerbehinderter Menschen 391 ff.
- Übungsfall 421
- Übungsfalllösung 507

Bescheid 470, 482
- Wunsch- und Wahlrecht 54

Bescheidungsurteil 489

besondere Wohnform
- Kosten der Unterkunft 320
- Wahl der Wohnform 58

Besuchsbeihilfen 315

Betreuungsbehörde
- Beteiligung am Gesamtplanverfahren 329
- Beteiligung am Teilhabeplanverfahren 93

Betriebliches Eingliederungsmanagement 400 ff.

Betriebs- oder Haushaltshilfe, Kinderbetreuungskosten 302

Bevollmächtigte 473

BIH 403

Bio-psycho-soziales Modell 16

BTHG
- Reform der Eingliederungshilfe 257 ff.

Budgetassistenz 123

Budget für Arbeit 452 ff.
- Dauer 454
- Höhe 454
- Leistungsberechtigung 452 f.
- Sozialversicherung 456
- zuständige Leistungsträger 455

Budget für Ausbildung 452 ff.
- Leistungsberechtigung 452
- Leistungsumfang 454
- Sozialversicherung 456
- zuständige Leistungsträger 455

Bundesagentur für Arbeit
- Rehabilitationsträger 40
- Schwerbehinderung 401

Bundesarbeitsgemeinschaft der Integrationsämter und Hauptfürsorgestellen 403

Bundesarbeitsgemeinschaft für Rehabilitation 101 ff.
- Aufgaben 103
- Ausgestaltung der trägerübergreifenden Zusammenarbeit 104
- gemeinsame Empfehlungen 105
- Mitglieder 102
- Teilhabeverfahrensbericht 103

Bundesteilhabegeld 342

Darlehen
- in der Eingliederungshilfe 361 f.

Dienstaufsichtsbeschwerde 481

Drohende Behinderung 23
- bei Leistungen zur Teilhabe an Bildung 215

Ehrenamt
- Assistenzleistungen 238 f.

Ehrenamtliche
- Ausschluss bei Vorstrafen 371

Stichwortverzeichnis

Eigenbeitrag
- Abzug von der Eingliederungshilfe 354 f.
- beitragsfreie Leistungen 356
- besondere Höhe 356 ff.
- einmalige Anschaffungen 358
- für volljährige Kinder 358
- Höhe 353
- in der Eingliederungshilfe 342 ff.
- Kinder in Heimen 357
- mehrere Leistungen 358
- Überblick 343
- Übungsfall 364
- Vorleistungspflicht des Eingliederungshilfeträgers 354 f.

Eilbedürftigkeit
- einstweiliger Rechtsschutz 492 f.
- in der Eingliederungshilfe 340

Einfache Assistenz 235 f.

Eingangsverfahren
- Dauer 431
- Rechtsstellung der Teilnehmenden 432
- Zielsetzung 431
- zuständige Rehabilitationsträger 433

Eingliederungshilfe 255 ff.
- als Teil des Fürsorgerechts 260
- Angemessenheit 295
- Antragserfordernis 298
- Assistenz im Krankenhaus 320
- Aufgaben der Länder 264
- Ausgabendynamik 259
- Ausländer:innen 296
- Ausschlüsse 296 f.
- Aussicht auf Erfolg 291
- Auswahlermessen 294 ff.
- Bedarfsermittlung 330
- Beratung 268
- besondere Aufgaben der Leistungsgruppen 263
- besondere Bedeutung der 255
- besondere Höhe des Eigenbeitrags 356 ff.
- Besonderheiten bei den Leistungen 301 ff.
- Besuchsbeihilfen 315
- Betriebs- oder Haushaltshilfe, Kinderbetreuungskosten 302
- Darlehensgewährung 361 f.
- Dauer 294
- Deutsche im Ausland 297
- Eigenbeitrag 342 ff.
- Einsatz von Vermögen 359
- Einzelfallentscheidung 294 ff.
- Entscheidung der Schulträger 60
- Erforderlichkeit und Geeignetheit 291
- Ermessensleistung 293
- Fachkräftegebot 267 f.
- Ganztagsbetreuung 306
- geeignete Leistungserbringer 369 ff.
- Hochschule 307
- Inklusion 262
- Kraftfahrzeughilfe 305, 314
- Leistungen für Wohnraum 320
- Leistungen zur Teilhabe an Bildung 306 ff.
- leistungsberechtigter Personenkreis 287 ff.
- Leistungsentscheidung 294 ff.
- Leistungsformen 300
- medizinische Rehabilitation 302 f.
- Menschenrecht 262
- Nachrang 273
- pauschale Geldleistung 316 f.
- Personenzentrierung 258
- persönliches Budget 300
- Planungsverantwortung 264
- Poolen von Leistungen 311 f. 316 ff.
- Prüfungsschema 365
- Rechtsanspruch 288
- Reform zum 1.1.2020 257 f.
- Rehabilitationssport und Funktionstraining 302
- Reisekosten 302
- Schulbildung 306
- Sicherstellungsauftrag 265
- Soziale Teilhabe 313 ff.
- Sozialraumorientierung 324 f.
- sozialrechtliches Dreiecksverhältnis 366 ff.
- Teilhabe am Arbeitsleben 304 f.
- Teilhabegeld 260
- Trennung von Fach- und existenzsichernden Leistungen 258
- Überblick 261
- Übergang von Ansprüchen 276 ff.
- Übungsfalllösung zu den Leistungen 505
- Übungsfalllösung zu den Voraussetzungen 504
- Übungsfalllösung zum Einsatz von Einkommen und Vermögen 506
- Übungsfall zu den Voraussetzungen 299
- Unterstützung 268
- Verantwortung 264 ff.
- Verhältnis zu eigenem Einkommen und Vermögen 279 ff.

- Verhältnis zu existenzsichernden Leistungen 274
- Verhältnis zu Hilfen nach dem SGB XII 275
- Verhältnis zu Pflegeleistungen 280 ff.
- Vertragsrecht 366 ff.
- Voraussetzungen 287 ff.
- Vorleistungspflicht des Eingliederungshilfeträgers 354 f.
- Weiterbildung 309 ff.
- Wesentlichkeit der Behinderung 289 f.
- Wunsch- und Wahlrecht 55, 295
- Ziele 262 f.
- Zusammenarbeitsgebot 266
- Zuständigkeit 269
- Zweitausbildung 307

Einheitliche Ansprechstellen 392

Einkommenseinsatz
- Abzug des Eigenbetrages 354
- Begriff des Einkommens 346 ff.
- besondere Höhe des Eigenbeitrags 356 ff.
- Einkommensgrenze 348 ff.
- existenzsichernde Leistungen 345
- Höhe des Eigenbetrages 353
- in der Eingliederungshilfe 342 ff.
- Überblick 343
- Übungsfall 364

Einkommensgrenze 348 ff.
- bei Minderjährigen 352
- Kinderzuschlag 350 ff.
- Partnerzuschlag 350 ff.

Einstweiliger Rechtsschutz 492 f.

Elternassistenz 237 f.

Eltern mit Behinderungen
- begleitete Elternschaft 237 f.
- Elternassistenz 237 f.
- Gesamtplankonferenz 332
- Teilhabeplankonferenz 98
- Wunsch- und Wahlrecht 51
- Ziele der Rehabilitation 7

Entscheidungsfristen
- bei mehreren Reha-Trägern 77
- des leistenden Reha-Trägers 74 ff.
- Folgen bei Fristversäumnis 83

Ergänzende Leistungen
- Akzessorietät 190
- Antrag 206 f.
- Funktionstraining 197 f.
- Haushaltshilfe 202 ff.
- Kinderbetreuungskosten 202, 205

- Leistungsüberblick 191
- Rehabilitationssport 197 f.
- Reisekosten 199 ff.
- Sozialversicherungsbeiträge 195
- Überblick 210
- Übungsfall 211
- Übungsfalllösung 501
- unterhaltssichernde Leistungen 192 f.
- Ziele 189
- Zuständigkeit 209

Ergänzende unabhängige Teilhabeberatung 108 ff.
- Beratungsinhalt 109
- Beratungsziel 109
- ergänzende Beratung 111
- Fachstelle Teilhabeberatung 110
- Peer Counseling 110
- Teilhabeplankonferenz 99

Ermessensentscheidung
- Auswahlermessen bezüglich Art, Umfang und Dauer der Leistung 131
- Eingliederungshilfe 294
- Rechtsschutz 489

Ermessensreduktion auf Null 489

erstangegangener Träger 70

Erstattung selbstbeschaffter Leistungen 83 ff.
- bei unaufschiebbaren Leistungen 87
- bei zu Unrecht abgelehnten Leistungen 87
- wegen versäumter Entscheidungsfristen 83 ff.

Erwerbsfähige Leistungsberechtigte mit Behinderungen 34

Erwerbsminderung 26

EUTB
- s. unter ergänzende unabhängige Teilhabeberatung 108

Externer Vergleich 370

Fachausschuss 429

Fachkräfte
- Anforderungen 371
- Ausschluss bei Vorstrafen 371

Fachkräftegebot
- bei qualifizierter Assistenz 236
- Beratung und Unterstützung 268
- für Leistungserbringer 371 f.
- in der Eingliederungshilfe 267 f.

Fallverantwortung
- des leistenden Reha-Trägers 70

Stichwortverzeichnis 279

- Folgeantrag 71
Familienheimfahrten
- als ergänzende Leistungen 199
Faustregeln
- Übungsfälle 67
- Übungsfalllösung 495
- zur Bestimmung der Zuständigkeit 36 ff.
Feststellung der Leistungen 334
Folgeantrag
- Fallverantwortung 71
Förder- und Betreuungsgruppen 428
Förderung der Selbsthilfe 143
Frauen mit Behinderungen
- bei der Teilhabe am Arbeitsleben 160
- Selbstbestimmung 10
Freibetrag
- in der Eingliederungshilfe 360
Fristen zur Entscheidung 74 ff.
- bei Leistungen von Amts wegen 76
- Folgen bei Fristversäumnis 83
Früherkennung und Frühförderung 141
- Korridorleistungen 141
Führungszeugnis
- Pflicht zur Vorlage 371
Funktionstraining 197 f.

Ganztagsbetreuung 306
Gebärdensprachdolmetscher 246
Geeignete Leistungserbringer 369 ff.
- Fachkräftegebot 371 f.
- Gewaltschutzkonzept 372
- Qualitätsmanagement 372
- Wirtschaftlichkeit 370
Geldleistung
- Mehrkosten 53
- pauschale Geldleistungen 317
- Persönliches Budget 113
Gemeinsame Empfehlungen 105 f.
- Rechtscharakter 106
Genehmigungsfiktion 86
Gerichtsverfahren 486 ff.
Gesamtplan 335 f.
- Beteiligung 335
- Inhalt 337 f.
- Kombination mit Teilhabeplan 96
- Schriftform 336 f.
Gesamtplankonferenz 332 f.
Gesamtplanverfahren 322 ff. 329
- Abschluss 338

- Barmittel in Einrichtungen 328
- Bedarfsermittlung 330 ff.
- Beistand 326
- Beteiligung des Trägers der Kinder und Jugendhilfe 327
- Beteiligungsrechte und -pflichten 326 ff.
- Feststellung der Leistungen 334
- Gesamtplan 335 f.
- Gesamtplankonferenz 332 f.
- Jobcenters, Beteiligung des - 328
- Pflegebedarf 327
- Rechtsschutz 338
- Sozialhilfeträgers, Beteiligung des - 328
- Teilhabezielvereinbarung 341
- Überblick 323
- Verfahrensgrundsätze 324
- Verhältnis zum Teilhabeplan 322
- Verwaltungsakt 338
- vorläufige Leistungen 340
Gesamtzuständigkeit
- für alle Kinder mit Behinderungen 64
gesetzliche Krankenversicherung
- Rehabilitationsträger 40
gesetzliche Rentenversicherung
- Rehabilitationsträger 39
gesetzliche Unfallversicherung
- Rehabilitationsträger 37
Gewaltschutzkonzept 372
gewöhnlicher Aufenthalt
- örtliche Zuständigkeit 269
Gleichbehandlungsgebot 1
Gleichstellung
- Schwerbehinderung 381
Grad der Behinderung 382 f.

Hamburger Modell 142
Härtefallklausel 359
Haushaltshilfe 203 f.
- Kostenerstattung 204
Heilmittel
- Soziale Teilhabe 63
Heilpädagogische Leistungen 241
- Komplexleistung 241
Herkunftsprinzip
- örtliche Zuständigkeit 271
Hilfen zur Pflege
- häusliche Pflege 285
- Pflege in Einrichtungen 286
- Verhältnis zur Eingliederungshilfe 284 ff.

Hilfeplan
- Kombination mit Teilhabeplan 96

Hilfsmittel
- Kinder mit Behinderungen 151
- medizinische Rehabilitation 139
- Soziale Teilhabe 251
- Teilhabe am Arbeitsleben 166, 304
- Teilhabe an Bildung 216

ICF 16
- Bedeutung für die Bedarfsermittlung 331

Individualisierungsgrundsatz 50
- in der Eingliederungshilfe 334

Inklusion 2, 262

Inklusionsbeauftragte 417

Inklusionsbetriebe 422

Inklusionsvereinbarung 397

Instrumente der Bedarfsfeststellung 72

Integrationsamt 408
- Arbeitsassistenz 412
- Aufgaben 401
- Beteiligung am Teilhabeplanverfahren 93
- Organisation 403
- Zuständigkeitsklärung 402
- Zustimmungserfordernis bei Kündigungen 414

Integrationsfachdienst 404 f.
- Adressaten 404
- Aufgaben 406
- Beauftragung 405

Jobcenter
- Beteiligung am Teilhabeplanverfahren 93
- Rehabilitationsträger 34

Kinderbetreuungskosten 205

Kinder mit Behinderungen 59 ff.
- Besonderheiten bei der medizinischen Rehabilitation 151
- Beteiligungsrechte 61
- Definition „Kind" 59
- doppelte Diskriminierung 59
- Früherkennung und Frühförderung 62
- gemeinsame Betreuung 60
- Gesamtzuständigkeit 64
- Heilmittel 63
- Hilfsmittel 151
- Kraftfahrzeughilfe 250
- Krankenversicherung 466
- Pflegeleistungen in der Schule 66
- seelische Behinderung 40
- Selbstbestimmung 10

- Soziale Teilhabe 64 f.
- Teilhabe an Bildung 64 f.
- Wunsch- und Wahlrecht 51
- Ziele der Rehabilitation 7

KJSG 64

Klageantrag 487 f.

Komplexleistung
- Früherkennung und Frühförderung 141
- heilpädagogische Leistungen 241
- Persönliches Budget 116

Koordinierung der Leistungen 69 ff.
- Abweichungsverbot durch das SGB IX 44
- leistender Reha-Träger 70 ff.
- Mehrheit von Rehabilitationsträgern 78 ff.
- Teilhabeplanverfahren 88 ff.
- Übersicht 69
- Übungsfall 100
- Übungsfalllösung 497
- Verbindlichkeit der Verfahrensregelungen 69

Korridorleistungen 141

Kosten der Unterkunft
- in besonderen Wohnformen 320

Kostenerstattung
- selbstbeschaffter Leistungen 83 ff.
- zwischen Rehabilitationsträgern 78 f.

Kostenvergleich
- bei Leistungen der Eingliederungshilfe 57
- im Vertragsrecht (sog. „externer Vergleich") 370

Kraftfahrzeughilfe 247 ff.
- Eingliederungshilfe 305, 314
- für Minderjährige 250
- Kfz-Steuerbefreiung für schwerbehinderte Menschen 461
- Leistungen 249
- Teilhabe am Arbeitsleben 166

Krankenversicherung
- Kinder mit Behinderungen 466

Kündigungsschutz 413 ff.
- außerordentliche Kündigung 416
- Geltungsbereich 413
- Integrationsamt 414
- Zustimmungserfordernis 414 f.

Lebenslagenmodell 285

Leistender Reha-Träger 70 ff.
- Beauftragung von Sachverständigen 75
- Bedarfsermittlung 72 f.
- Entscheidungsfristen 74 ff.

Stichwortverzeichnis

- Leistungen von Amts wegen 76
- Träger der Fallverantwortung 70
Leistungen aus einer Hand 69, 78
Leistungen der Eingliederungshilfe 300 ff.
- Übungsfall 321
Leistungen für Wohnraum 230 ff.
- Angemessenheit 232
- behinderungsbedingter Mehrbedarf 232
- Eingliederungshilfe 320
- einmalige Leistungen 230
- gesteigerter Wohnbedarf 232
- laufende Leistungen 231 f.
Leistungen von Amts wegen
- Fristen zur Entscheidung 76
Leistungen zum Erwerb und Erhalt praktischer Erkenntnisse und Fähigkeiten 244 f.
- Tagesförderstätten 245
Leistungen zur Betreuung in einer Pflegefamilie 242 f.
- erzieherischer Bedarf 242
- Tagespflege 243
- Vollzeitpflege 243
Leistungen zur Förderung der Verständigung 246
- Gebärdensprachdolmetscher 246
Leistungen zur Mobilität
- Beförderungsdienste 247 ff.
- Kraftfahrzeughilfe 247 ff.
Leistungen zur Nachsorge 143
Leistungen zur Teilhabe
- Verwaltungsverfahren 469 ff.
Leistungen zur Teilhabe an Bildung
- Eingliederungshilfe 306 ff.
- inklusives Bildungssystem 309
- lebenslanges Lernen 309
- Poolen von Leistungen 311 f.
- Recht auf Bildung 309
Leistungsentscheidung
- Berücksichtigung der individuellen Situation 50
Leistungserbringer
- Betreuungsvertrag 52
- Leistungserbringungsrecht 366 ff.
Leistungsgesetze
- abweichungsfeste Regelungen des SGB IX 44
- Verhältnis zum SGB IX 43 f.
Leistungsgruppen 30 ff.
- Überblick 31

Leistungskatalog
- der medizinischen Rehabilitation 139
- der unterhaltssichernden und ergänzenden Leistungen 190
- offener 131
- Soziale Teilhabe 229
- Teilhabe am Arbeitsleben 162 ff.
- Teilhabe an Bildung 216 f.
Leistungsvereinbarung 373
Medizinische Rehabilitation
- Abgrenzung zur Krankenbehandlung 137 f.
- Antragstellung 145
- Arbeitstherapie 142
- Belastungserprobung 142
- Besonderheiten bei Kinderrehabilitation 151 ff.
- Dauer 148
- Eingliederungshilfe 302 f.
- Erhaltung des gesundheitlichen Status 134
- Förderung der Selbsthilfe 143
- Früherkennung und Frühförderung 141
- Hamburger Modell 142
- Komplexleistung 137
- Leistungsentscheidung 145 ff.
- Leistungskatalog 139
- Mutter/Vater-Kind Kuren 143
- Ort der Leistungserbringung 147
- psychosoziale Begleitleistungen 144
- stufenweise Wiedereingliederung 142
- Überblick 150
- Übungsfall 156
- Übungsfalllösung 499
- Voraussetzungen 135
- zeitliche Ausschlussklausel 147
- Ziele 134
- Zuständigkeit 149 f.
- Zuzahlung 148
Mehrheit von Rehabilitationsträgern 78 ff.
Mehrkostenvorbehalt
- in der Eingliederungshilfe 55 f.
- Zumutbarkeit 56
Meistbegünstigungsgrundsatz 473
Menschen mit seelischen Behinderungen
- Selbstbestimmung 10
- Unterstützung durch Integrationsfachdienste 404
Menschenrecht
- Eingliederungshilfe 262
- UN-Behindertenrechtskonvention 2

Merkzeichen 388 ff.
Minderung der Erwerbsfähigkeit 28
Mitwirkungspflichten 476 ff.
– Nichtbefolgung 478
Mutter/Vater-Kind Kuren 143

Nachrang
– der Eingliederungshilfe 273
– der Leistungen zur Sozialen Teilhabe 228, 313
Nachteilsausgleich 420
– Definition 458
– Maßnahmen 458 ff.

örtliche Zuständigkeit
– Herkunftsprinzip 271
– in der Eingliederungshilfe 269 ff.
– Neugeborene 272

Parkausweis 462
Pauschale Geldleistung
– in der Eingliederungshilfe 316 f.
– Zustimmungserfordernis 317
Personenzentrierung 258
– im Leistungserbringungsrecht 374
Persönliches Budget 113 ff.
– Antrag 121 f.
– Arbeitgebermodell 127
– Bewilligungsbescheid 126
– Budgetassistenz 123
– budgetfähige Leistungen 117 f.
– einfaches Budget 116
– Eingliederungshilfe 300
– einstweilige Anordnung 129
– Gutscheine 119
– Höhe 123
– Leistender Rehabilitationsträger 121 ff.
– Leistungsform 113
– Leistungsträger 120
– Rechtsschutz 128 f.
– Rehabilitationsträger 120
– sozialrechtliches Dreiecksverhältnis 114
– trägerübergreifendes Budget 116
– Übungsfall 130
– Übungsfalllösung 498
– Verfahren 121 ff.
– Verträge 126
– vorbeugende Feststellungsklage 128
– Zielvereinbarung 124 f.
Pflegekasse
– Beteiligung am Gesamtplanverfahren 327
– Beteiligung am Teilhabeplanverfahren 93

– Zusammenwirken mit dem Träger der Eingliederungshilfe 281 ff.
Pflegeleistungen
– der Pflegeversicherung 281 ff.
– häusliche Pflege 283
– Hilfen zur Pflege 284 ff.
– in stationären Einrichtungen 282
– überwiegender Pflegebedarf 282
– Verhältnis zur Eingliederungshilfe 280
Pflegeversicherung
– Rehabilitationsträger 35
Pflichten der Arbeitgeber 392 ff.
– Ausgleichsabgabe 393
– Benachteiligungsverbot 395
– Betriebliches Eingliederungsmanagement 400
– Meldung freier Arbeitsplätze 394
– Prävention 398 ff.
– Präventionsverfahren 399
Poolen von Leistungen 311 f.
– bei der Schulbegleitung 312
– Soziale Teilhabe 318
Prozesskostenhilfe 491
Prüfungsschema
– für Leistungen der Eingliederungshilfe 365

Qualifizierte Assistenz 235 f.
Qualitätssicherung
– als Aufgabe der BAR 103
– als Teil der Leistungsvereinbarung 373
– beim Persönlichen Budget 124
– Qualitätsmanagement 372
– Wirtschaftlichkeits- und Qualitätsprüfungen 368

Recht auf Bildung 309
Recht der Eingliederungshilfe 257 ff.
– Überblick 261
Rechtsanspruch
– auf Aufnahme in eine WfbM 427
– auf ein Persönliches Budget 115
– auf Erstellung eines Teilhabeplans 92
– dem Grunde nach 131
Rechtsantragsstellen 486
Rechtsmittel 490
Rechtsschutz 482 ff.
– Anfechtungsklage 487
– aufschiebende Wirkung 485
– Beratungshilfe 491
– Bescheidungsurteil 489

Stichwortverzeichnis

- einstweiliger Rechtsschutz 492 f.
- Ermessensreduktion auf Null 489
- gegen Ermessensentscheidungen 489
- Gerichtskostenfreiheit 491
- Gerichtsverfahren 486 ff.
- Klageantrag 487
- Prozesskostenhilfe 491
- Rechtsmittel 490
- Übungsfall 494
- Übungsfalllösung 509
- Verpflichtungsklage 488 f.
- Verpflichtungsurteil 488
- Widerspruch 483 ff.
- Widerspruchsbescheid 484

Rehabilitation
- Begriff 6
- Einweisungsvorschrift 5
- Finalprinzip 6
- Sozialversicherung 196
- Ziele 7

Rehabilitationsleistungen 131 ff.
- Grundsatz der Nahtlosigkeit 104
- offene Leistungskataloge 131
- pflichtgemäßes Auswahlermessen 131
- Rechtsanspruch dem Grunde nach 131
- Voraussetzungen 45
- Wunsch- und Wahlrecht 47 ff.

Rehabilitationssport und Funktionstraining
- als ergänzende Leistung 197 f.
- Eingliederungshilfe 302

Rehabilitationsträger 30 ff.
- Bundesagentur für Arbeit 40
- Bundesarbeitsgemeinschaft für Rehabilitation 101 ff.
- gemeinsame Empfehlungen 105
- gesetzliche Krankenversicherung 40
- gesetzliche Rentenversicherung 39
- gesetzliche Unfallversicherung 37
- Integrationsamt 408
- Jobcenter 34
- Leistungssystem 3
- Pflegeversicherung 35
- Rangfolge 36 ff.
- Schaffung strukturell passender Angebote 60
- Sozialhilfeträger 33
- Träger der Eingliederungshilfe 33, 41 f.
- Träger der Kinder- und Jugendhilfe 42
- Versorgungsamt 38
- Zuständigkeiten 30 ff. 45

Reisekosten
- als ergänzende Leistungen 199 ff.

- Eingliederungshilfe 302
Rundfunkbeitrag 468

sachliche Zuständigkeit
- in der Eingliederungshilfe 269

Sachverständige
- zur Bedarfsfeststellung 75

Schiedsstelle 377
Schlichtes Verwaltungshandeln 470
Schonvermögen 359
Schulbegleitung 216 f.
- in der Eingliederungshilfe 312
- Poolen von Leistungen 312

Schwerbehinderte Menschen
- Behindertenpauschbetrag 463
- freiwillige Krankenversicherung 465
- Kfz-Steuerbefreiung 461
- Kfz-Steuerermäßigung 461
- Parkausweis 462
- Pflichten der Arbeitgeber 392 ff.
- Rundfunkbeitrag 468
- vorzeitige Altersrente 464
- Wohngeld 467

Schwerbehinderten-Ausgleichsabgabenverordnung 379
Schwerbehindertenausweis 384 ff.
- Dauer 386
- Einzug 387
- Merkzeichen 388

Schwerbehindertenausweisverordnung 379
Schwerbehindertenvertretung 417 ff.
- Aufgaben 418
- Rechte 419
- Wahl 417

Schwerbehinderung 25, 379 ff.
- Anerkennung 382
- Ansprüche gegen den Arbeitgeber 396
- Antragserfordernis 382
- Ausweis 384 ff.
- Befreiung von Mehrarbeit 420
- begleitende Hilfe im Arbeitsleben 407 ff.
- Begriff 380
- Beschäftigung 391 ff.
- Gleichstellung 25, 381
- Inklusionsvereinbarung 397
- Kündigungsschutz 413 ff.
- Nachteilsausgleich 420
- Nachteilsausgleiche 458 ff.
- Teilzeitarbeit 396
- unentgeltliche Beförderung 459
- Zusatzurlaub 420

Selbstbeschaffung von Leistungen 83 ff.
Selbstbestimmung 9 ff.
- Assistenzleistungen 234
- Aufgabe der Eingliederungshilfe 262
- besondere Bedürfnisse von Frauen mit Behinderungen 10
- besondere Bedürfnisse von Kindern mit Behinderungen 10
- besondere Bedürfnisse von Menschen mit seelischen Behinderungen 10
- Empowerment 13
- Pflegebedürftigkeit 14
- Selbstständigkeit 12

Selbstbindung der Verwaltung 106
SGB IX
- Aufbau 3 f.
Sicherstellungsauftrag
- in der Eingliederungshilfe 265
- nicht für andere Leistungserbringer 449
- nicht für Budget für Arbeit oder Ausbildung 455

Sonderfahrdienst 390
Sorgeberechtigte
- Beteiligungsrechte 61
Soziale Teilhabe 224 ff.
- Assistenzleistungen 233 ff.
- Befähigung und Unterstützung 225
- Eingliederungshilfe 313 ff.
- gleichberechtigte Teilhabe am Leben in der Gemeinschaft 224
- Heilpädagogische Leistungen 241
- Hilfsmittel 251
- individueller Maßstab 226
- Leistungen 229 ff.
- Leistungen für Wohnraum 230 ff.
- Leistungen zum Erwerb und Erhalt praktischer Erkenntnisse und Fähigkeiten 244 f.
- Leistungen zur Betreuung in einer Pflegefamilie 242 f.
- Leistungen zur Förderung der Verständigung 246
- Leistungen zur Mobilität 247 ff.
- Leistungsentscheidung 252
- Nachrang 228
- Poolen von Leistungen 318
- Tagesförderstätten 245
- Übungsfall 254
- Übungsfalllösung 503
- Voraussetzungen 227 f.
- Ziele 224 ff.
- Zuständigkeit 253 ff.

Sozialleistungen
- Wunsch- und Wahlrecht 47
Sozialleistungsträger
- Beratungspflichten 111
Sozialraumorientierung
- bei den Leistungen zur Sozialen Teilhabe 225
- Ermessensentscheidung 294
- in der Eingliederungshilfe 324 f.
Sozialrechtlicher Herstellungsanspruch 112
Sozialrechtliches Dreiecksverhältnis 114, 366 ff.
Sozialversicherung
- Budget für Arbeit 456
- Budget für Ausbildung 456
- Stellung der WfbM-Beschäftigten 442

Tagesförderstätten 245
tatsächlicher Aufenthalt
- örtliche Zuständigkeit 270
Teilhabe am Arbeitsleben 158 ff. 180
- andere Leistungsanbieter 174, 448 ff.
- Antrag 170
- Arbeitsassistenz 167
- Begleitleistungen 164 ff.
- Berufsbildungswerke 173
- Berufsförderungswerke 173
- besondere Leistungsformen 173 ff.
- Besonderheiten bei der Bundesagentur für Arbeit 182 ff.
- Besonderheiten bei der Rentenversicherung 179 f.
- Besonderheiten Träger der Eingliederungshilfe 186 ff.
- Budget für Arbeit 169, 452 ff.
- Budget für Ausbildung 169
- Dauer 172
- Expertise der Bundeagentur für Arbeit 170
- Frauen mit Behinderungen 160
- in der Eingliederungshilfe 304 f.
- Kosten der Aus- und Weiterbildung 165
- Kraftfahrzeughilfe 166
- Leistungen an Arbeitgeber 168 f.
- Leistungsentscheidung 170
- Leistungskatalog 162
- psychosoziale Hilfen 165
- Rechtsstellung der Teilnehmenden 175 f.
- Überblick 187
- Übungsfall 188
- Übungsfalllösung 500
- Unterstütze Beschäftigung 177

Stichwortverzeichnis

- von schwerbehinderten Menschen 391 ff.
- Voraussetzungen 161
- Werkstatt für behinderte Menschen 174, 422
- Ziele 158 f.
- Zuständigkeit 178 ff.

Teilhabe am Leben in der Gemeinschaft
- Soziale Teilhabe 224

Teilhabe an Bildung 212 ff.
- Berufsschulunterricht 213
- in der Eingliederungshilfe 306 ff.
- Leistungen 216
- Leistungsentscheidung 218
- Menschen mit drohender Behinderung 215
- pädagogischer Kernbereich der Schule 217
- Schulbegleitung 216 f.
- Träger der Kriegsopferfürsorge 222
- Träger der Sozialen Entschädigung 222
- Übungsfall 223
- Übungsfalllösung 502
- Unfallversicherung 221
- Voraussetzungen 214
- Ziele 212
- Zuständigkeit 219 ff.

Teilhabegeld 260

Teilhabeleistungen
- Leistungsgruppen 30 ff.
- Wunsch- und Wahlrecht 48

Teilhabeplan 88 ff.
- bei Bezug von Alg II 90
- bei Leistungen aus mehreren Leistungsgruppen 91
- bei Mehrheit von Reha-Trägern 90
- bei Pflegebedarf 90
- Beteiligte 93 ff.
- Datenschutz 96
- Form 96
- Inhalt 95 ff.
- Kombination mit Gesamtplan 96
- Kombination mit Hilfeplan 96
- Pflicht zur Erstellung 89 ff.
- Rechtsanspruch auf 92
- Rechtswidrigkeit der Entscheidung bei Nichterstellung 92
- Wunsch- und Wahlrecht 52
- Zuständigkeitsübergang von Jugend- zur Eingliederungshilfe 90

Teilhabeplankonferenz 97 ff.
- Durchführung 99
- nach Ermessen 97
- Pflicht zur Durchführung 98
- Vorschlagsrecht der leistungsberechtigten Person 97
- Zustimmungserfordernis 97

Teilhabeplanverfahren 88 ff.
- Schulträger 60

Teilhabeverfahrensbericht 103

Teilhabezielvereinbarung 341

Träger der Eingliederungshilfe 33, 269 ff.
- Rehabilitationsträger 41 f.

Träger der Kinder und Jugendhilfe
- Beteiligung am Gesamtplanverfahren 327
- KJSG 64
- Rehabilitationsträger 42

Träger der Kriegsopferfürsorge
- Teilhabe an Bildung 222

Träger der Sozialen Entschädigung
- Teilhabe an Bildung 222

Trägerübergreifende Zusammenarbeit 104

Trennung von Fach- und existenzsichernden Leistungen 258

Übergangsgeld 192

Übergang von Ansprüchen 276 ff.

Übliche Bedingungen des allgemeinen Arbeitsmarktes 26

Übungsfall
- Beschäftigung schwerbehinderter Menschen 421
- Beschäftigung schwerbehinderter Menschen (Lösung) 507
- Einsatz von Einkommen und Vermögen in der Eingliederungshilfe 506
- ergänzende Leistungen 211
- ergänzende Leistungen (Lösung) 501
- Faustregeln 67
- Faustregeln (Lösungen) 495
- Koordinierung der Leistungen 100
- Koordinierung der Leistungen (Lösung) 497
- Leistungen der Eingliederungshilfe 321, 505
- medizinische Rehabilitation 156
- medizinische Rehabilitation (Lösung) 499
- persönliches Budget 130
- Persönliches Budget (Lösung) 498
- Rechtsschutzverfahren (Lösung) 509
- Soziale Teilhabe 254
- Soziale Teilhabe (Lösung) 503
- Teilhabe am Arbeitsleben 188
- Teilhabe am Arbeitsleben (Lösung) 500

- Teilhabe an Bildung 223
- Teilhabe an Bildung (Lösung) 502
- Voraussetzungen der Eingliederungshilfe 299
- Voraussetzungen der Eingliederungshilfe (Lösung) 504
- WfbM 457
- WfbM (Lösung) 508
- Wunsch- und Wahlrecht 68
- Wunsch- und Wahlrecht (Lösung) 496
- zum Eigenbeitrag 364
- zum Einkommenseinsatz 364
- zum Rechtsschutzverfahren 494
- zum Vermögenseinsatz 364

UN-Behindertenrechtskonvention 2
- Ausschuss für die Rechte von Menschen mit Behinderungen 2
- Inklusion 2
- Selbstbestimmung 9
- Wahl der Wohnform 58

Unentgeltliche Beförderung 459
- einer Begleitperson 460

Unfallversicherung
- Teilhabe an Bildung 221

UN-Kinderrechtskonvention 59

Untätigkeitsklage 480

Unterhaltssichernde Leistungen
- Ausbildungsgeld 193
- monatliche Berechnung 194
- Rehabilitationsträger 192
- Übergangsgeld 192

Unterstütze Beschäftigung 177

Vergütungsvereinbarung 375

Vermögenseinsatz 359 ff.
- existenzsichernde Leistungen 345
- Freibetrag 360 ff.
- Härtefallklausel 359
- nicht verwertbares Vermögen 361 f.
- Überblick 343
- Übungsfall 364

Verpflichtungsklage 488 f.

Versorgungsamt
- Rehabilitationsträger 38

Versorgungsmedizinverordnung 383

Vertragsrecht
- Eingliederungshilfe 366 ff.
- externer Vergleich 370
- geeignete Leistungserbringer 369 ff.
- Leistungsvereinbarung 373
- Schiedsstellenverfahren 377

- Sonderregelung für Minderjährige 378
- Sonderregelung für volljährige Internatsschüler:innen 378
- sozialrechtliches Dreiecksverhältnis 366 ff.
- Vergütungsvereinbarung 375
- Vertragsschluss 376
- Wirtschaftlichkeits- und Qualitätsprüfungen 368

Vertrauensperson 417

Verwaltungsverfahren
- Akteneinsicht 475
- Amtsermittlungsgrundsatz 475
- Antrag 472 ff.
- Dienstaufsichtsbeschwerde 481
- Gebärdensprache 475
- Grundsätze 475 f.
- Kostenerstattung 479
- Leistungen zur Teilhabe 469 ff.
- Mitwirkungspflichten 476 ff.
- Überblick 471
- Untätigkeitsklage 480

Voraussetzungen für Leistungsanspruch
- Regelung in den Leistungsgesetzen 45

Vorbehalt abweichender Regelung 43

Vorläufige Leistungen
- in der Eingliederungshilfe 340

Vorleistungspflicht des Eingliederungshilfeträgers 354 f.

Werkstätten für Menschen mit Behinderungen 422 ff.

Werkstätten-Mitwirkungsverordnung 444

Werkstattrat 444

Werkstattvertrag 440

Wertmarke 459

Wesentliche Behinderung 289 f.

WfbM 26, 422 ff.
- andere Leistungsanbieter 448 ff.
- Arbeitsassistenz 410
- Arbeitsbereich 437 ff.
- Aufgaben 424
- Aufnahmeverpflichtung 429
- Berufsbildungsbereich 434 ff.
- Eingangsverfahren 431 ff.
- Eltern- und Betreuerversammlung 445
- Fachausschuss 429
- Frauenbeauftragte 446
- Leistungen 430 ff.
- leistungsberechtigter Personenkreis 426 f.

Stichwortverzeichnis

- Mindestmaß an wirtschaftlich verwertbarer Arbeitsleistung 427
- Mitbestimmung 444
- Rechtsanspruch 427
- Rechtsgrundlagen 425
- Rentenversicherung 443
- Sozialversicherung 442 f.
- Übungsfall 457
- Übungsfalllösung 508
- Verfahren 430 ff.
- Wahlrecht 451
- Ziele 423

WHO 6

Widerspruch 483 ff.
- Gegen die Antragsaufsplittung 81 f.

Widerspruchsbescheid 484

Wirtschaftlichkeit
- eines Leistungsangebotes 370

Wirtschaftlichkeits- und Qualitätsprüfungen 368

Wunsch- und Wahlrecht 47 ff.
- Angemessenheit 55 ff.
- berechtigte Wünsche 48
- Bescheid 54
- Geldleistungen 53
- Gestaltungsermessen 50
- in der Eingliederungshilfe 55 ff. 295
- Leistungserbringer 52
- Leistungsgesetze 47
- Leistungsträger 52
- Mehrkostenvorbehalt 54
- Teilhabeleistungen 48
- Teilhabeplan 52
- Übungsfall 68
- Übungsfalllösung 496
- WfbM & andere Leistungsanbieter 451
- Wirtschaftlichkeitsgebot 47, 54
- Wohnform 58

Ziele der Rehabilitation 7

Zielvereinbarung
- Kündigung 125
- Persönliches Budget 124 f.

Zuständigkeit
- für die Eingliederungshilfe 269 ff.
- für Leistungen zur Sozialen Teilhabe 253
- für Leistungen zur Teilhabe am Arbeitsleben 178 ff.
- für Leistungen zur Teilhabe an Bildung 219 f.
- für unterhaltssichernde und ergänzende Leistungen 209 f.
- medizinische Rehabilitation 149 f.
- Regelung in den Leistungsgesetzen 45

Zuständigkeitsklärung 70 ff.

Zustimmung Integrationsamt
- Ermessen 414
- Verwaltungsakt mit Doppelwirkung 415

Zweiter Teil SGB IX 257 ff.
- Überblick 261